本书为国家社科基金重大项目《我国多民族道德生活史系列研究》
(13&ZD064) 的阶段性成果之一

民族伦理与
道德生活研究

杨国才 李伟 王韵等 ◎ 著

中国社会科学出版社

图书在版编目(CIP)数据

民族伦理与道德生活研究／杨国才，李伟，王韵等著．—北京：中国
社会科学出版社，2016.3
ISBN 978 – 7 – 5161 – 8329 – 8

Ⅰ.①民…　Ⅱ.①杨…②李…③王…　Ⅲ.①民族学 – 伦理学 – 研究 –
中国　Ⅳ.①C95 – 05②B82 – 059

中国版本图书馆 CIP 数据核字(2016)第 123980 号

出 版 人	赵剑英
责任编辑	任　明
特约编辑	乔继堂
责任校对	张依婧
责任印制	何　艳

出　　版	中国社会科学出版社
社　　址	北京鼓楼西大街甲 158 号
邮　　编	100720
网　　址	http://www.csspw.cn
发 行 部	010 – 84083685
门 市 部	010 – 84029450
经　　销	新华书店及其他书店

印刷装订	北京市兴怀印刷厂
版　　次	2016 年 3 月第 1 版
印　　次	2016 年 3 月第 1 次印刷

开　　本	710 × 1000　1/16
印　　张	23.75
插　　页	2
字　　数	390 千字
定　　价	68.00 元

目　录

总　论

上篇　少数民族伦理研究

中篇 道德生活研究

下篇 民族女性道德研究

总　论

民族伦理与少数民族道德生活史综述

杨国才* 王 韵**

由云南民族大学妇女/性别研究与培训基地、云南省民族伦理学会、广西壮族自治区伦理学会共同主办的"民族伦理与少数民族道德生活史讨论会",于 2014 年 4 月 11—13 日在云南民族大学雨花校区召开,来自宁夏大学、曲阜师范大学、广西教育学院、百色学院、贵州师范学院、凯里学院、云南大学、云南师范大学、昆明理工大学、云南民族大学、云南农业大学、云南财经大学、云南中医学院、昆明学院、大理学院、《道德与文明》杂志社、四川省社科联、云南省社科院等 20 多个单位的 50 多位领导、专家、学者及 30 多位博士、硕士研究生参加了会议。会议共收到论文 41 篇,与会成员围绕"民族伦理与少数民族道德生活史"的主题,以及培育和践行社会主义核心价值观,提高中华文化国际影响力为指导等几方面进行了广泛而热烈的交流。现将会议研讨的主要内容综述如下:

开幕式由云南民族大学妇女/性别研究与培训基地主任、云南省民族伦理学会会长杨国才教授主持,她认为在党的十八大精神引领下,民族伦理的春天已经到来,希望大家加强交流,推动民族伦理学科的创新和建设;云南民族大学副校长王德强教授,中国少数民族伦理学研究会会长、宁夏大学副校长李伟教授,中共云南省委宣传部副部长张瑞才研究员,四川省社会科学联合会副主席唐永进教授,《道德与文明》杂志社主编杨义芹教授,广西教育学院党委副书记卫荣凡教授均作了精彩致辞,对本次大会研究主题进行了精彩的界定。

---

* 杨国才,女,白族,云南民族大学教授、博士生导师,中国伦理学会民族伦理学专业委员会副会长,云南省民族伦理学会会长。

** 王韵,女,白族,云南省民族中等专业学校老师,云南民族大学哲学与政治学学院伦理学硕士研究生。

一　民族伦理道德建设与多民族社会道德生活史研究

党的十八大报告中强调："全面提高公民道德素质。这是社会主义道德建设的基本任务；推进公民道德建设工程，弘扬真善美、贬斥假恶丑；推动学雷锋活动、学习宣传道德模范常态化。"因此，公民道德建设是兴国之基，关系到我国以什么样的精神风貌立足于世界民族之林，去实现民族复兴的梦想。

与会代表一致认为，要推进公民道德建设工程，加强社会公德、职业道德、家庭美德、个人品德教育，加强社会诚信和政务司法公信教育，加强政治思想、理想信念的教育，则必须弘扬中华传统美德，弘扬时代新风，弘扬真善美、贬斥假恶丑，引导各族人民自觉履行法定义务、社会责任、家庭责任，营造劳动光荣的社会氛围，培育"知荣辱、讲正气、作奉献、促和谐"的良好风尚，才能培育中华各民族的自尊自信、理性平和、积极向上的社会心态。

对于民族伦理道德的建设，李伟教授结合自己申报国家社科基金重大项目的经验首先指出，近年来整个国家在民族伦理学研究方面有了很大的转变，对道德的研究逐渐向生活和精神方面转移，使民族伦理学研究达到一个新的高度。但是民族伦理道德的建设与发展仍然缺乏机理，民族伦理还没有形成跨学科、跨区域、跨单位的学科团队，导致申报国家基金项目始终停留在个人对基金的申请，这样加大了申报的难度。他呼吁跨学科、跨区域的学术单位团队的形成，这对伦理学、民族学以及社会学都将是一个很好的合作。需要清晰地把握国家的战略思路，将正确的思路变成理论和对实践的指导，才能真正使学术走向社会、走向现实。其次，他还提出了关于多民族道德生活史课题总问题是中国多民族道德生活的形成、形态、变迁及价值问题，研究对象是包含汉民族在内的我国多民族道德生活史，指出在研究当中应注意的几个问题：一是我国多民族的道德生活史并不是单一的，各民族的伦理价值体系，不是某一民族就能代表的；二是民族道德生活史不同于一般意义上的社会史、思想史和政治史，它包括各民族社会精英、普通民众和社会制度在内的生动的、具体的道德生活史；三是民族道德生活史的阶段划分不以朝代更替为标准，而是以社会转型变化、社会重大事件及变革为标志；四是注重民族问题与道德生活的交流，包括汉族与各少数民族以及各少数民族之间的交流、碰撞与对话，并强调在此过程中各民族道德生活之间的互补性、互融性以及每一个民族与中华民族整体之间多样性与同一性的关系，总结中华民族多元一体由自发到自觉的历史脉络和发展趋势。

在民族伦理学研究的方法上，高力教授首先提出了民族伦理学学科属性的问题：第一，他认为民族伦理学应该是伦理学的民族伦理学，这样的民族伦理研究才具有理论特色、话语特色以及研究方法的特色，但在研究方法上并不排斥民族学、社会学、心理学的研究方法；第二，在理论研究问题上，他认为道德的民族性以及民族的道德性两者的关系问题是基础性的问题，道德的民族性界定了道德主体的民族归属以及道德主体的实践活动、民族特色，由此又引发了民族道德的多样性和共同性的关系问题；第三，道德的民族性和非民族性的问题；第四，民族和国家的问题；第五，民族道德与宗教道德的问题，构建和谐社会需要我们正确贯彻和落实党的民族宗教政策，把握好宗教和道德之间的关系。

杜振吉教授从学术期刊主编的角度，针对近年来涉及伦理道德的社会热点事件，提出了道德教育的问题，透彻地分析了个人利益与集体利益的关系，重新诠释了"人民"的含义，对于社会上违背伦理道德的现象，呼吁要构建合理的、可行的伦理道德规范体系，要求人们要遵守人道原则、公正原则、生命原则。

苏丽杰教授以云南的孝文化传承为例，生动地解释了"孝"字与"人"字的关系，认为孝是为人之本、家庭和睦之本、国家安康之本以及人类延续之本，要把握好时代的特色，将传统伦理道德与社会主义和谐社会建设有机地统一起来。

高崇慧教授站在法学的平台上认为法律人要扮演好法律人、自然人、权利人、文化人的角色，必须处理好四个关系即法律和政党的关系、法律与权力的关系、法律与文化的关系及法律与大众的关系，提出了法律人的职业伦理道德如何内化为自身的人格的问题。因此，与会者一致认为，民族伦理道德的研究是面向实际生活的，是贴近社会发展的。

二　少数民族伦理道德生活和伦理道德的变迁

与会代表对培育和弘扬社会主义核心价值观，必须立足中华优秀传统文化有了进一步理解。牢固的核心价值观，都有其固有的根本。抛弃传统、丢掉根本，就等于割断了自己的精神命脉。在博大精深的中华优秀传统文化中，少数民族优秀的伦理道德文化是我们在世界文化激荡中站稳脚跟不可缺少的一部分，不同的民族由于地理环境不同，其伦理道德生活也不一样。

司霖霞教授对侗族合款中蕴含的原生态伦理道德进行解读，认为侗族的伦理道德思想主要体现在侗歌当中，侗歌、民间故事和侗族合款是其伦理道德的载体。阐释了在漫长的社会发展过程中，形成了侗族独特的社会伦理与家庭伦理。

有的学者从哈尼族居住空间的选择、梯田生产方式和宗教信仰等方面论述了哈尼族的生态伦理，围绕梯田来描述了哈尼族生态伦理观在不同环境中的变迁。李云霞博士就云南哈尼族与国外的阿卡在生产、生活、行为规范、伦理道德、价值观念方面作了比较，指出生态环境不同，其道德生活也不一样。

陈业强副教授阐述了瑶族"度戒"仪式，认为"度戒"是传承其传统伦理道德的载体，度戒中传承的伦理道德，对瑶族的生存和发展产生了深刻的影响，对建构瑶族现代伦理道德有着重要的启迪作用。

刘华政副教授从法的角度对两块石碑进行解读与思考，结合十八大精神，强调法治的作用，提出少数民族族际伦理有助于各民族之间解决纠纷的观点。

钟红艳教授介绍了壮族民间戏剧"壮剧"的形成和种类，通过传统各式各样的剧情反映出"真、善、美"的伦理道德思想，这种直观的伦理思想表现方式，便于民众的理解和认同，有利于和谐社会的构建。

覃守达副教授以广西壮族民间传统宗教信仰的调查为例，总结出民族道德生活史的研究必须从早期的民族生活史与田野调查的民族生活史相结合才能切实研究好多民族的道德生活。

孙浩然副教授从宗教的角度阐释了慈善道德的内涵，指出宗教道德具有世俗性和神圣性，剖析了宗教伦理与世俗伦理、佛教慈善与儒教、道教、基督教、伊斯兰教慈善之间的异同，对慈善伦理的构建起到了不可忽视的作用。

秦元旭博士以原生态的视角介绍了贵州少数民族传统的伦理道德，提出少数民族的伦理观念应该随着时代的变迁而与时俱进。

在城市化的进程中，作为少数民族优秀伦理道德，仍然在少数民族社会中生存与发展，人们通过审视少数民族道德生活，找到少数民族伦理道德的根基。

三 民族伦理与少数民族妇女发展

党的十八大报告明确提出"坚持男女平等基本国策，保障妇女儿童合法权益"。第十一次全国妇女代表大会强调要充分发挥我国妇女的伟大作用，包括注重发挥妇女在促进家庭和睦与社会和谐中的重要作用；党的十八届三中全会通过的《中共中央关于全面深化改革若干重大问题的决定》明确指出：家庭在健全城乡发展一体化体制机制和推进社会事业改革创新中具有重要作用；我国人口发展"十二五"规划也明确提出"建立和完善提高家庭发展能力的政策体系"的要求。因此，如何在全面深化改革开放的新形势下，推进家庭和谐建设与社会全面进步，特别是在这个过程中进一步促进男女平等和妇女发展。因此，少数民族妇女的发展与民族伦理学的融合，是这次会议的重要议题。

因为女性作为社会发展不可或缺的力量，其社会地位是一个国家发展水平的标志之一。今天的中国，女性在社会生活和生产中越来越多地担负起了重要的责任。我国作为一个发展中国家，想要实现社会进步，就必须提高妇女在社会发展中的社会地位。正是因为妇女社会地位对于社会发展有着巨大的影响力，有很多的专家学者对于对妇女地位成因以及妇女社会地位在法律、经济、政治、教育和婚姻家庭等社会各方面发生的变化进行了研究。这对于促进妇女发展，实现男女平等、共同发展，具有重要意义。

与会代表认为，在少数民族社区，妇女在家庭、社会以及宗教事务的参与过程中，少数民族妇女拥有一定的地位和权利，在有的民族中妇女的地位比男性还高，特别在和谐家庭、民族团结、边疆稳定中，少数民族妇女发挥了积极作用。当然，有的学者认为，面对一个开放的现代社会，少数民族女性角色的构建不能只局限于家庭关系和角色扮演上，而应该着眼于女性整体素质的提高，去积极适应开放、竞争的社会。作为民族女性也应该不仅重视政治参与，而且要不断提升宗教信仰、文化教育、就业能力、卫生保健等各个方面的能力。因此，民族女性的现代发展既要注意发扬传统社会中对妇女尊敬，发展男女性别角色的和谐关系；又要大力培育现代女性意识，重视女性的尊严、价值、权利的平等，才能促使女性整体社会地位的全面提高。许多学者用生动事实论证了妇女的作用。

云南民族大学教育学院纳西族学者陈柳博士认为，在摩梭传统社会中，女性在其独特的"家屋社会"、婚姻形式和宗教信仰等方面的主导性作用，使摩梭女性获得了较高的地位。但是，女性也面临着个体与家庭之间的矛盾冲突。20世纪80年代以来，国家力量、市场经济、外来文化等因素对摩梭社会文化造成了强烈的冲击，对摩梭女性地位产生了稳固和贬抑的双重作用。摩梭女性的现代发展仍面临着诸多问题，需要注意发展的全面性。年轻的摩梭女性在与外界的接触中，在与外界建构的摩梭女性形象的比照中，开始自发地建构现代摩梭女性角色。她们既想保留家屋空间中传统的主体地位，又想摆脱家屋对女性的约束去追求个体自由。年轻摩梭女性一般选择外出打工的方式离开母系大家庭，但是由于摩梭女性受教育程度一般较低，科学文化水平不高，她们一般只能选择餐厅服务、旅游业中的歌舞表演等，没有良好的就业能力，在遭遇到主流社会的边缘化后，在外出几年后往往又重回大家庭，重复传统的农业生产和家务劳动。总体来看，摩梭妇女的现代发展还面临着妇女意识和观念、文化和教育等一些普遍性问题。

云南民族大学人文学院李勤副教授作了题为《边疆少数民族妇女的生态伦理》的学术报告，她从生态文化与传统文化传承的视角以及社会性别的视角，关注少数民族传统文化及身处这一文化下的妇女的生产与生活的经验。她认为保护生态与保护民族文化和保护妇女的利益是三位一体、相互联系的。她提出新世纪生态文明制度建设与创新包含了要完善科学决策制度、强化法治管理制度和形成文化道德制度。而云南边疆地区是民族文化多样性和生物多样性凸显的地区，也是我国环境保护的重点区域，在这个区域建设生态文明本身就是社会经济跨越式发展，生态文明制度中文化道德制度的建立尤为重要。边疆民族文化传统中有许多有利于生态文化道德制度建立的文化制度体系，这些体系在过去社会经济发展过程中被破坏或忽略，而女性是生态环境的重要守护者和保护者。

民族地区性别平等是实现全社会性别平等的重要内容之一，在这次研讨会中，云南民族大学马列部杨庆毓副教授作了《大理白族传统婚俗中的伦理道德研究》的学术报告，她指出白族传统社会性别观念深置于传统婚姻习俗这种潜规则、潜意识中，深刻影响当代人的生活习惯与行为规范，由此决定了白族女性发展的复杂性、艰巨性。

云南农业大学的张慧博士以昆明三个社区为例，对城市化进程中失地女性的城市融入进行了研究，她指出女性失地农民城市融入在经济、文化、心理方面问题凸显，必须从建立和健全社会保障制度，加强素质教育和职业教育，进行城市文明化的宣传等方面着手，帮助失地女性克服困难，逐步适应城市生活的转变。云南农业大学董海珍老师运用性别平等视角，分析了农村大龄青年婚姻失配现象的原因，认为性别偏好、重男轻女是导致性别失调的重要因素，造成农村大龄男子缔结婚姻难的现实问题。

四　青年学者的论坛

与会的专家认为，要讲清楚中华优秀传统文化的历史渊源、发展脉络、基本走向，讲清楚中华文化的独特创造、价值理念、鲜明特色，才能增强青年学生的文化自信和价值观自信，才能认真汲取少数民族优秀传统文化中的思想精华和道德精髓，才能弘扬以爱国主义为核心的民族精神和以改革创新为核心的时代精神，就必须深入挖掘和阐发少数民族优秀传统文化中"讲仁爱、重民本、守诚信、崇正义、尚和合、求大同"的民族精神，才能使少数民族优秀传统文化成为涵养社会主义核心价值观的重要源泉之一。

以王韵为代表的研究生就独龙族、纳西族、白族、傣族、傈僳族等的伦理道德生活进行了分析，有的研究生就少数民族伦理道德生活研究进行了述评和展望，了解前人的研究，探讨自己的研究视角；有的同学对老师们关于民族伦理学的方法和理论提出了质疑；有的对民族道德生活的内涵提出了自己的见解；有的对少数民族家庭道德生活感兴趣；有的同学与同学展开辩论，有的老师与学生对话。观点交锋，论点交战，展现了莘莘学子的朝气。

总之，本次研讨会不仅加强了各高校学者间的交流与合作，而且开创了专家学者与学生的互动，老教授与青年教师的对话，男女学者的交流；同时，为伦理学研究工作者和女性学研究者提供了交流的平台，为民族伦理学与民族女性学理论与实践的结合创造契机，为中国女性学的学科建设添砖加瓦，为实现男女平等、促进民族团结、维护边疆社会和谐稳定，使各民族妇女、儿童体面工作、有尊严地生活作努力。

中国多民族道德生活史研究的
总体思路与设计

李　伟* 潘忠宇**

摘　要：我国多民族道德生活史系列研究的对象是：构建中华民族整体的包括汉族在内的我国多民族道德生活史。研究的总体问题是：我国多民族道德生活的形成路径、基本形态、变迁过程及价值体系。研究的总体思路是：根据以往研究的成果，借鉴社会史、生活史和思想史研究的范式，根据民族道德生活史的特点，首先建构起一个研究范式、分析框架和指标体系，然后据此，通过回族、裕固族、蒙古族、纳西族四个单一民族道德生活史的研究成果，再来验证和修正研究的总体建构，开展其后的多民族道德生活史的系列研究。它有助于深刻理解和把握中华民族精神的深刻内涵和伦理文化的丰富样态，对进一步增强中华民族的"文化自觉、文化自信、文化自强"，丰富中国特色的社会主义核心价值体系和各民族的共有精神家园具有重要的学术价值和现实意义。

一　我国多民族道德生活史系列研究的
学术价值和现实意义

从道德生活史入手，研究中国几千年文明史中伦理道德纲常发生的演变，特别是近代以来社会伦理道德秩序的巨大变化，是我国伦理学学术研究方向的一个重大转变。

---

* 李伟，男，宁夏大学副校长、教授、博士生导师，国家社科基金重大项目《我国多民族道德生活史系列研究》首席专家。

** 潘忠宇，男，北方民族大学马克思主义学院院长、教授、博士生导师，国家社科基金重大项目《我国多民族道德生活史系列研究》子课题"回族道德生活史研究"负责人。

　　这种转变首先表现在研究的重心从书斋的经典文本转向活生生的道德生活现实。以往研究伦理道德发展的历史往往停留在历史上一些思想家的经典伦理学文本上，往往以经典文本为题材，分析特定伦理思想的内涵、传承、发展和影响，这种研究通常有一个前提性的假定，就是不同时代的伦理思想都是对若干相同的伦理问题的思考和解答；伦理思想史上的某些核心概念（无论是中国天人合一的宇宙观和以仁学为中心的人生观中的仁、义、礼、智、信，还是西方伦理思想中的自由、平等、博爱、人道、正义）都具有某种固定不变的定义；一种伦理学说从形成到传播都存在着一种明显或隐含的逻辑或系统。伦理思想史学家的任务就是要阐明这种逻辑或系统。而转向道德生活史的研究路径则跳出了这种文本框架，这种研究路径不是仅仅片面地关注经典世界中的思想文本，而是更加重视实际社会生活中道德生活的主体怎样表述他们的伦理思想和道德动机，怎样看待和思考他们身边的道德生活世界，这种研究既侧重研究实际道德生活中的伦理思想言说，以及其中包含的伦理价值和理想、信念，而且更关注道德行为的群体性、社会性和时代性的观念世界。当把视角投向活生生的道德生活世界，那些核心的伦理价值观念就没有什么固定的永恒不变的定义，而只是在具体语境中的具体含义，并且对同一个概念的理解也往往因人、因时、因具体的空间环境而变化。同时，他们把历史上的伦理思想既看作当时社会道德生活的反映，更重要的是把它们视为社会道德生活的本身。

　　其次，这种研究既关注社会上层统治者和士大夫阶层的精英道德文化和思想意识形态，而且更关注社会下层人民大众的世俗道德文化，这个文化既包括人民大众个人的深层人格和精神面貌，也包括群体层面的世俗风尚、信仰、理想、道德生活方式等，关注这种社会下层道德生活的运动形式以及给社会风貌带来的变革，而在历史上这种世俗的民间道德社会运动往往被上层视为异端的思想观念并被禁止和迫害。这种历史的经验特别引人深思。

　　再次，这种研究不仅关注单一民族特别是汉民族的道德生活的历史演变，而且把视角投向在中华民族多元一体和一体多元发展的历史趋势中各个民族的道德生活历史，特别是关注各民族道德生活之间的交流、对话和融合的趋势如何从自在走向自为。

　　最后，这种研究范式的转变使研究的对象、内容、题材、理论取向和分析框架以及研究方法都发生了重大的变化。仅从方法论的角度看，这种转变给人们的最大启示就是如何通过有效的研究方法来贯彻道德历史主义的意识，也就是凸显道德生活的历史性和社会性，从具体的语境出发尽可能准确地把握道德生活形成、演变的历史氛围，了解其本来的含义和影响，这种新方法论意识的出现使历史中的道德伦理更接近于"历史"。

因此，在中国正在发生的伟大的社会变革实践中探索各民族道德生活发展与变迁，以丰富具有中国特色的社会主义伦理思想与道德理论，是当代中国伦理学学术研究中一个非常有潜力的发展方向，也是中国学者在全球化背景下与开放的世界进行文明对话的一个重要途径。国家社科基金重大项目"我国多民族道德生活史系列研究"就是在这种学术背景下申报获批的。课题由宁夏大学作为责任单位，第一批研究有12所高校作为合作单位，首批启动的子课题成员中有70名教授、82名博士以及50多名少数民族学者，具有多学科的专业背景、扎实的专业基础、丰富的研究经验、较强的研究能力和合理的团队结构。

课题的研究有助于深刻理解和把握中华民族精神的深刻内涵和伦理文化的丰富样态，对进一步增强中华民族的"文化自觉、文化自信、文化自强"，丰富具有中国特色的社会主义核心价值体系和各民族的共有精神家园具有重要的学术价值和现实意义。由于我国民族伦理学和民族道德生活史研究在学科建设上还处于初创阶段，在这方面跨地区跨学科的学术合作与研究还很少，尤其是跨地区、跨学科的学术团队还没有形成，因此在国家社科基金重大项目层面的研究对于多地区、多单位、多学科的学术合作和研究队伍的培养都有着建设性的意义。

二　我国多民族道德生活史系列研究的对象问题和主要内容

（一）我国多民族道德生活史系列研究的总体思路和研究对象

我国多民族道德生活史系列研究的总体思路是：根据以往研究的成果，借鉴社会史、生活史和思想史研究的范式，根据民族道德生活史的特点，首先建构起一个研究范式、分析框架和指标体系，然后据此，通过第一批开题的回族、裕固族、蒙古族、纳西族四个单一民族道德生活史的研究成果，再来验证和修正研究的总体建构，开展其后的多民族道德生活史的系列研究。

我国多民族道德生活史系列研究的对象是构成中华民族整体的包括汉族在内的我国多民族道德生活史。

在这里，"我国多民族"是指：中华人民共和国政府在民族识别中确认的民族，亦即我国现有的具有法律地位的56个民族，是对56个民族的概称。但由于文献资料的缘故，我国多民族道德生活史系列研究的"我国多民族"对象，主要是指具有本民族语言文字和文献史料，开展研究难度相对较小、研究时间和条件允许的，包括汉族在内的民族。而对于只能用口述史、民族志等方法才能进行道德生活史研究的民族，将作为进一步研究的对象。

研究中的核心概念"道德生活"，我们暂且将其定义为：道德生活是社会生活的重要现实形态，是具有道德意蕴、可以进行善恶评价的生活，是一种实然与应然相结合的现实的文化生活形态。它是个体道德行为与群体道德活动的统一。

从道德社会学视域看，道德生活是社会共同体在社会空间（结构）中发生的、融合于社会生活本身的制度、规范、思想和活动，是社会生活中以道德为主题的社会制度（显性的和隐性的）、结构（人际关系结构及社会道德结构）、观念（道德观念和社会规范）、行为（个人行为与社会行为）及其互动关系的总和。其中：（1）社会道德制度是指被法律条文等固定下来的正式（显性）制度如家庭、婚姻制度、生育制度、庆典和仪式和以传统和风俗习惯为表现的非正式（隐性）制度，如道德禁忌、乡规民约；（2）社会道德结构是指社会结构中的人际关系结构（包括血缘关系、社会地位、等级关系、代际关系、尊卑关系、性别关系、群体关系、阶层关系及其结构）；（3）社会道德观念是建立在人际关系基础之上的道德观念、行为规范和不同主体形式的道德体系；（4）社会行为中包括个人道德行为（是指个人的道德情感、道德行为和道德品质）和社会道德行为（是指为实现道德社会化而表现的道德要求、道德教育、道德训练、道德控制、道德评价）；（5）道德的社会互动是指不同社会道德主体之间的社会交往关系和相互影响。

研究中的"民族道德生活史"是指：民族道德生活的发生、发展过程；不同时期的民族道德生活表现；民族道德生活的变迁；不同历史节点民族道德生活的标志性事件、人物和案例。

我国多民族道德生活史研究主要就是研究在历史上各个时期的各个民族人民现实的道德生活，也就是研究各个民族人民历史上在社会生活实践中，那些与社会道德思想、伦理理论相对应的，具有一定道德意义和价值，能够作出道德评价的生活事象及其发端、形成、演变的发展规律。这些道德生活主要体现在社会生活中以道德为主题的社会制度（显性的和隐形）、结构（人际关系结构及社会道德结构）、行为（个人行为与社会行为）等层面，体现在人们的道德关系、道德言行、道德风气、道德习惯等方面，存在于人们的婚姻家庭、国家社会、政治关系、职业生活、公共生活和交往关系、个人品德修养等各个领域中。因此，研究中国多民族道德生活史就要研究：中国各民族道德生活的形成、发展演变、存在形态和表现形式，各民族之民族风俗、民族礼仪、民族心理、民族宗教、民族艺术等因素中蕴含的民族道德意蕴，民族风俗等因素与民族社会伦理关系、道德观念、道德心理、行为方式、风俗习惯、道德评价和价值追求之间的联系，中国各民族道德生活史与多元一体的中华民族道德文化之间的深层关系。

（二）我国多民族道德生活史系列研究的问题和主要内容

中国多民族道德生活史系列研究课题内涵的总体问题是：中国多民族道德生活的形成路径、基本形态、变迁过程及价值体系。中国是一个统一的多民族国家，有56个民族，都为中华民族的统一和中华文明的建设作出过重要贡献。民族的道德生活史是民族发展中民族道德的现实形态，要想了解民族的传统文化及其核心价值观，继承和发扬各民族文化的优秀传统，更好地为构建社会主义和谐社会和建设中华民族共有精神家园服务，就必须研究民族的传统文化及其传承与发展史，更必须研究民族的道德生活史。那么，我国各民族道德生活是如何形成、发展演变的，其存在形式和表现形态是什么？各民族之民族风俗、民族礼仪、民族心理、民族宗教、民族艺术等因素中蕴含着怎样的民族道德生活意蕴？民族风俗等因素与民族社会伦理关系、道德观念、道德心理、行为方式、风俗习惯、道德评价和价值追求之间存在着怎样的联系？我国各民族道德生活史与多元一体的中华民族道德文化之间有着怎样的关联？这些问题可归结为我国多民族道德生活的形成、形态、变迁及价值问题，这就是我国多民族道德生活史研究课题内涵的总体问题，是研究的"一条主线"。围绕这条主线，衍生出与主题紧密相关的四个问题：

1. 民族道德生活史的视域和基本形态、问题域

其具体问题是：民族道德生活史的相关概念有哪些？这些概念应如何界定？民族道德生活是如何呈现的？其呈现的道德状态之间的关系如何？民族道德生活史的研究立场与理论借鉴，其所研究的主要问题与学术价值？

2. 民族道德生活的价值需求和影响要素及形成与演化

其具体问题是：道德对民族生活的价值和作用？哪些因素以及如何影响、制约民族道德生活？民族道德的产生经历了什么样的过程？有何形成机理？在民族社会生活中民族道德生活发生过哪些演化？

3. 民族道德生活的结构要素和表现形式

其具体问题是：民族道德生活表现在哪些具体的生活领域？民族道德生活对民族生活有何价值？这需要考察民族道德生活的宗教叙事架构；总结民族道德生活典范；把握民族道德生活关系；研究民族道德生活结构；分析和总结民族道德生活的制度和规范；阐释民族道德生活功能。

4. 民族道德生活的变迁规律、传承进化及当代价值

其具体问题是：民族道德生活发生变迁的动因和规律是什么？民族道德生活对当代中国社会生活有何意义？这需要研究：民族道德生活变迁的总趋势、变迁的阶段性特征、变迁的表现形态、变迁的动因、变迁的一般规律和变迁的具体形式等问题；民族传统道德生活与当代道德生活的冲突与适应；民族道德生活的传承与进化；各民族道德生活之间的互补共生；民族道德生活的核心理念；民族道德生活的"一体多元"和"和而不同"；民族道德生活的当代价值和意义；民族道德生活的研究价值等问题。它们构成了研究的主要内容。

三 我国多民族道德生活史系列研究的总体研究框架和子课题构成以及相互之间的内在逻辑关系

（一）我国多民族道德生活史系列研究的总体研究框架和子课题构成

我国多民族道德生活史系列研究的总体框架由两大部分构成：综合创

新性研究和主体资源性研究。

综合创新性研究既包括在课题研究的总论中，也包括在课题研究的单一民族子课题研究中，但主要侧重在总论中。总论主要研究的是"我国多民族道德生活史"的基本理论内涵，包括：民族道德生活的形态界定、民族道德生活研究范式的选择、民族道德生活内在根基的阐释、民族道德生活影响制约因素及形成机理的探讨、民族道德生活演化发展的梳理、民族道德生活存在形态的考察、民族道德生活对民族生活价值的分析、民族道德生活变迁动因和规律的揭示、民族道德生活当代价值和意义的阐释。

主体资源性研究，主要是我国各民族道德生活史。对上述问题的研究，需要分别研究中华民族各单一民族道德生活形态及其发展过程。鉴于我国民族众多，无法在短时间内依靠少数研究者完成此项任务，因此，本项研究将依托中国伦理学会民族伦理学专业委员会的 13 所成员单位高校的不同科研团队，采用整体设计、分别论证、集团申请、分工合作的方式，分阶段对这些民族开展研究。第一批研究的子课题有：（1）我国多民族道德生活史总论；（2）回族道德生活史研究；（3）蒙古族道德生活史研究；（4）裕固族道德生活史研究；（5）纳西族道德生活史研究；（6）藏族道德生活史研究；（7）白族道德生活史研究；（8）畲族道德生活史研究；（9）壮族道德生活史研究；（10）土家族道德生活史研究；（11）维吾尔族道德生活史研究；（12）苗族道德生活史研究；（13）满族道德生活史研究；（14）羌族道德生活史研究。

考虑到首期研究的多样性、典型性和代表性，首批子课题选择、确定的原则是：一是人口多、中、少的民族的兼顾。子课题中，既包括了人口较多民族的道德生活史，如回族、蒙古族、藏族、壮族、维吾尔族、苗族、满族，也包括了人口较少民族的道德生活史，如纳西族、裕固族、羌族，还包括了人口居中民族的道德生活史，如白族、土家族、畲族；二是地处南北、西东民族的道德生活史兼顾；三是聚居集中和散居民族的道德生活史兼顾；四是五个少数民族聚居省区兼顾；五是民族历史时间长短兼顾。由此，凸显了我国多民族道德生活史的多样性、典型性、代表性。

通过对这些民族的调查研究，建立初步的研究规范，积累必要的研究经验，经过整合提升再推广开展对其他各少数民族的全方位的研究。

（二）我国多民族道德生活史系列研究的内在逻辑关系

我国多民族道德史系列研究由两大部分构成：一个"总论"和多个

子课题研究。两大部分从中国多民族道德生活史的一般形态和个别形态两个角度、两种形态相互支撑、补充、结合，共同支撑"我国多民族道德生活史"这一总课题。"总论"作为综合创新性研究，是着眼于中国多民族道德生活史课题整体所确立的核心概念阐释，适用性方法选择，重点研究对象确定，民族道德生活价值阐释等一系列分析民族道德生活史的理论范式、方法等，这对于研究和分析"专论"中单一民族道德生活史子课题具有提供理论基础、确定理论范式、推荐恰当研究方法、提供价值分析范例等基础作用。而子课题作为主体资源性研究，是"总论"的展开或具体化。它通过对单一民族道德生活史的研究，扩大中国多民族道德生活史的研究视野和范围，支撑并丰富我国多民族道德生活史的研究内容，十三个子课题之间逻辑上是并列关系。

由于中华文明产生、存在和发展的大环境具有某种共同性，因而，各单一民族道德生活史之间有许多共同性，可以相互借鉴、参照、遵循。但是，由于中国各民族的多样性和发展程度的不平衡，各民族道德生活史的发生条件、形成机制、存在形式、表现形态、地位作用、价值观念、社会作用也千差万别，千姿百态，各呈纷彩。由此形成了中国丰富多彩的民族道德生活历史，构建了中华民族"多元一体"、"一体多样"的道德文化。

四　我国多民族道德生活史系列研究的预期目标

（一）在学术思想理论方面的预期目标

（1）揭示民族道德生活的形成机理和存在形态，提炼民族道德生活的变迁规律和当代价值；（2）通过对道德生活的概念内涵的探索，构建中国多民族道德生活史的研究范式和学科形态，建立关于民族道德生活及其历史发展的知识论体系；（3）建立道德生活史研究的方法论原则，建立研究的分析构架和指标体系；（4）全面收集反映各民族道德生活的文献资料、典型案例和实证资料，建立起多民族道德研究的数据库；（5）通过多学科的综合研究，勾画出不同民族鲜活的伦理道德画像和道德发展的历程，展示独具特色、富于魅力的民族道德生活。

（二）在学科建设发展方面的预期目标

（1）在伦理学学科发展方面：系统研究民族道德的生活形态及其历

史，为伦理学学科的理论形态和一般形态提供民族道德生活史的现实形态和民族特殊形态的范例支撑，丰富其内涵和内容；（2）在社会生活史学科发展方面：系统研究民族道德的生活形态及其历史，以"道德生活史"及"民族道德生活史"视域和基础扩展社会生活史学科维度，细化、深化社会生活史学科内涵；（3）在民族学学科发展方面：系统研究民族道德的生活形态及其历史，凸显民族生活和民族文化的"道德"价值，弘扬民族文化的"正能量"，丰富、彰显民族学学科的理论价值和现实意义。

我国多民族道德生活史系列研究的突出特点是把伦理学的价值分析与民族学的实证分析以及历史学的历史分析结合起来建立起自己的理论视角。一方面，作为民族道德生活的历史，它遵循伦理学的研究范式，以元伦理、规范伦理、德性伦理的逻辑线索作为勾勒民族道德生活的主线，注重对于一个民族的道德生成、道德养成和道德建构三大领域的考察，辅之以影响道德生活的社会结构要素，完整描述民族道德生活的历史进程和现实状态。另一方面，由于人类道德生活是个复合型生活，道德生活本身的研究也要符合课题对象的这种特殊性质。这就决定了中国多民族道德生活史的研究将必然涉及民族伦理学、道德社会学、民族学、文化学等诸多学科领域的重要问题。因此，在学科建设发展上，它需要综合运用道德社会学、伦理思想史、民族学、宗教学、历史学等学科方法和已有知识、研究成果进行综合研究。通过研究，将在民族道德生活史料中所发现的重要的文化传承元素、社会共同心理现象带进伦理学领域，运用民族伦理学、道德社会学、民族文化学等诸多交叉学科的理论，努力寻找接近于问题本身内在规律性的科学钥匙。因此，本课题的研究，不仅对于民族道德生活史学科的完善具有重要推动意义，而且对推动社会学、民族学、宗教学、文化学、历史学、语言学等学科方法的进一步发展具有重要的价值，也必将对这些学科的建设和发展产生相应的学术影响。

（三）在资料文献发现利用等方面的预期目标

（1）全面搜集中国多民族道德生活史研究史料，为中国多民族道德生活史研究提供丰富素材；（2）系统整理中国多民族道德生活史研究史料，为中国多民族道德生活史研究提供可靠依据；（3）全面汇集中国多民族道德生活史研究主要史料，为今后开展中国多民族道德生活史进一步的深入研究和相关研究奠定基础；（4）深入阐释中国多民族道德生活史研究主要史料，揭示其中人及其文化的本性价值。

以往人们将民族的语言文字、神话传说、宗教信仰、英雄史诗、训谕诗、叙事诗以及祝词赞歌等，一般看作民族政治、经济、法律、宗教、语言、文学、艺术或"历史后"的，更确切地说是"后历史时代"的现象。因而民族的语言学家、文学家、艺术家、历史学家，很少有人去关心这些史料背后所隐蔽起来的人及其文化的本性。也就是说，研究不同学科的学者一般关注自己研究方向和学科方面的史料，而忽视其他学科的人文关注和历史资料。这样，人们就容易遗忘了在这些历史文化"客体"背后所隐蔽起来的那些历史文化"主体"的非常重要的，而且是能够决定意义的"影子"。这个"影子"就是人及其文化的本性。然而，民族道德生活史的事实告诉我们的是，在这些文化生活领域所传承下来的人及其文化的本性，才是民族道德生活得以延续、得以传承的真正的内在心灵、情感、思想，甚至精神的根基。

在资料文献发现利用方面，本课题研究一方面建立在已有成果、文献的基础上，同时还要挖掘利用考古资料、民族志、民族史及相对系统的哲学、伦理学文献，甚至神话、诗歌、民族民谣等各种体裁文献资料，揭示其中人及其文化的本性的价值。这些资料包括：（1）书刊类：包括历史记录、历史著作、文献汇编、史乘、史论、报纸杂志、家书等；（2）地方志民族志类：记载各个时期各个地区的社会生活、历史变迁、地理沿革、风土人情等情况的各类书籍；（3）档案类：档案分公、私档案两种，除公家档案外，还有大量的私家档案，如私人信札、笔记、谱牒、契约、账簿、商号、文书等；（4）口述及碑文，包括碑文、碑刻、墓志、家谱、家训、碑官野史、格言、歌谣、笔记、回忆录、调查记录、口传资料、群众传说等；（5）文艺作品类：史诗、小说、诗歌、神话等；（6）日常生活中的文字遗留：包括如历史上的农民历、商店的账簿、土地契约书，以及私人来往的书信等；（7）图像类：如绘画、壁画、刺绣图案等；（8）实物类：包括古代建筑、家具、衣物、器物、饰品、钱币、墓葬，用以探讨当时人的生活及观念等；（9）风俗类：借由对于当今流传风俗文化的观察，作为讨论历史现象的依据。

少数民族伦理与道德生活的研究对象与方法

杨国才

摘　要：民族伦理学研究在20世纪80年代从西南民族地区开始到西北地区，到全国的展开，并且从研究向学科建设发展；提出民族伦理研究的对象是道德的民族性；少数民族道德生活的研究对象则是各民族道德生活与多元一体的中华民族道德文化之间的关系；民族伦理与民族道德生活研究的方法则汲收各相关学科的研究方法。如民族学、伦理学、社会学的一些方法，来作为民族伦理和民族道德生活的研究方法。

关键词：少数民族伦理；道德生活；对象；方法

民族伦理学研究从开始到在全国形成一定趋势，经过了一个复杂的过程。随着民族伦理学学科建设的发展，民族伦理学的研究逐渐向民族道德生活历史的研究发展。

一　民族伦理道德学科建设的历史发展

（一）全国的状况

从过去历史来看，在全国范围内，虽然以前人们对民族伦理学的研究积累了一些资料，然而，人们从没有以学科建设的高度来进行研究，也就从来没有人将其作为一门学科来看待。而民族伦理学的真正出现，则是在20世纪80年代末期。也正是在这个意义上，民族伦理学的建立，与其他任何新兴学科一样，也经历了一个从无到有、从小到大逐渐发展的过程，从不重视到开始重视的过程。

因为人们过去对民族伦理学的研究是不太重视的，有时甚至是有意无意地忽视乃至抹杀了民族伦理学的客观存在。例如，在民族伦理学真正创立之前出版的《中国伦理学说史》、《中国伦理思想史》等著作中，都极少涉及或基本上没有包含我国少数民族伦理思想。在这种情况下，一些学者特别是少数民族学者们不得不提出疑问，难道我国少数民族就没有自己的伦理思想？中国少数民族的伦理思想应该包括在中国伦理思想中等等的意见，如同20世纪70年代中国哲学界在讨论中国哲学史时，对少数民族有没有哲学、少数民族哲学应属于中国哲学史中的哪一部分等问题应该予以重视一样。

实际上，在我国的历史上，无论是消失了的民族还是现存的民族，都有其独具特色的伦理思想和道德规范，都为丰富和发展中华民族的伦理道德思想作出过贡献，而且在整个人类伦理思想史上，都具有其自身的价值。也正是在这样的背景下，自20世纪80年代以来，全国对民族伦理学的研究越来越引起人们的普遍关注。

1. 在西部的情况

可以说，对我国少数民族伦理内部的研究，西部地区早于东部沿海地区和东北地区。为什么这样说呢？如同对中国少数民族哲学社会思想史的研究一样，80年代初西部的云、贵、川等省的学者、各大学（高等院校）、省社会科学研究院等联合收集、整理和出版相关资料。而在少数民哲学的研究中，包含了许多少数民族伦理研究，但将其作为一门独立学科研究，应追溯到1987年4月，由四川、陕西两省组织发起的"第一次中国西部伦理学会"的会议。会议中，有的学者正式提出进行"民族伦理研究的重要性与必要性"，并试图从理论上加以阐述和论证。从此，少数民族伦理道德思想作为一门新兴学科，才在西部各省涌现出大批学者进行热心钻研。

2. 在云南的发展

从少数民族伦理学的学科构建过程和发展的历程来看，少数民族伦理学从不重视到重视、从无到有、从自发到自觉或从分散到相对集中来讲，云南的学者群在这一学科创建过程中，均发挥过不可磨灭的作用。

可以说，从少数民族哲学中把民族伦理学分离出来，最早举起"少数民族伦理学"大旗的是云南。

学科的确立从1989年10月正式开始实施，当然，酝酿、组织、讨论等工作在 1983 年就开始了。在全国伦理学，即罗国杰、宋希仁、徐启贤等老一辈学者的推动下，1989 年云南省成立了"民族伦理学研究会"，一直就高举"民族伦理学的旗帜"；同时召开了第三次西部地区的伦理学的学术研讨会。会后，又将研讨会论文编辑出版，书名就为《民族伦理学研究》。可以说，该书也是民族伦理学的第一本论著。后人的许多专著和许多观点，可以说均在该书一些观点的基础上引申。所以，《民族伦理学研究》的出版，为民族伦理学的学科建设奠定了扎实的基础。

（二）民族伦理学进入大学课堂

民族伦理学学科自产生开始，在全国的发展就存在不平衡性与分散等特点，为了改变这一状况，我国许多前辈学者曾作过努力。如在 20 世纪 80 年代末，中国伦理学会的会长罗国杰教授、宋希仁教授等人，曾建议在中央民族大学哲学系成立"民族伦理教研室"，但这个建议当时并没有得到落实。因为此时还没有该学科的学科带头人。熊坤新老师虽然从西藏民族学院调到了中央民族大学，可学科建立仍然没有被提到议事日程。直到 20 世纪 90 年代初，中央民族大学哲学系的系主任佟德富教授才在本科生中开设了少数民族哲学的选修课；云南师范大学的伍雄武教授从 80 年代末开始在中国哲学史研究生中开设少数民族哲学，后来又增加了少数民族伦理学。到 1989 年，云南大学开始招收"民族伦理学"的硕士研究生，2005 年云南民族大学申请到了民族伦理学硕士点并开始招生。几所院校伦理学研究生的招生，方才使少数民族伦理学真正进入了大学的讲堂。

在省外，除北京中央民族大学外，13 所民族院校的原哲学系接触过。直到 21 世纪全国各地大学对伦理学才开始加强重视。

（三）民族伦理学的新发展

经过长期努力和酝酿，2011 年 8 月 21—25 日，在宁夏大学召开了中国民族伦理文化学术研讨会暨中国伦理学会民族伦理学专业委员会成立大会，会议就民族伦理的基本理论、民族伦理与社会和谐、单一少数民族伦理文化与价值、民族伦理典籍及跨学科研究等问题进行了讨论。会议结束后，宁夏大学又争取到民族伦理学的博士点方向授予权。标志着民族伦理学学科建设又上了一个台阶。

二　民族伦理学的研究对象

民族伦理学的对象与方法，实质上也就是关于该学科的实质性问题。对于民族伦理学的对象，学术界一直有不同的看法。

（一）民族伦理学的研究对象

学术界关于民族伦理学的研究对象，也一直存在着争议，可谓众说纷纭。

1. 历史上关于民族伦理学研究对象的不同界说

众所周知，伦理学是一门古老的科学，而民族伦理学则是一门新兴的边缘学科。关于伦理学的研究对象问题，历史上曾经有过不同观点的争辩。

（1）品德论、行为论、至善论、道德原则

伦理学的的创建者可以追溯到古希腊的亚里士多德。他曾提出伦理学的目的不是知识，而是实践。这也就是关于德行的修养和幸福的实现的道德科学。其研究对象是"至善"。因此在古希腊时代，哲学以研究人的品德为主，并试图为人的行为提出规范，最终达到至善的境界，从而判定道德原则。

古希腊的哲学家苏格拉底、柏拉图，都曾把知识和理念作为判定善恶的标准。柏拉图曾认为善的"理念"是道德的起源，而"善是知识和真理的源泉"，他曾这样说过："智者和勇士是善的，愚人和懦夫是恶的；享有快乐的人是善的，处于痛苦的人是恶的。"[1] 伊壁鸠鲁认为：快乐是幸福生活的开始和目的。因为我们认为幸福生活是我们天生的最高的善，我们的一切取舍都是从快乐出发，我们的最终目的是得到快乐，而以感触来判断一切的善。[2]

17 世纪荷兰的哲学家斯宾诺莎说："一个人越努力并且能够寻求他自己的利益或保持他自己的存在，则他便越发具有德行。"[3] 18 世纪法国的

---

① 周辅成：《西方伦理学名著选集》下卷，商务印书馆 1996 年版，第 44 页。

② 北京大学哲学系外国哲学史教研室编译：《古希腊罗马哲学》，商务印书馆 1961 年版，第 364 页。

③ ［荷］斯宾诺莎：《伦理学》，贺麟译，商务印书馆 1998 年版，第 171 页。

爱尔维奇说："利益是我们用于判断各种行为的根据，它使我们注意每一行为对于公众是否有利、有害或无关，从而判断它是道德的或是恶的，或是可容许的。同样，利益也是我们判断各种观念的根据。所以，不论道德问题或是认识问题，都只是利益支配着我们的判断。"在神学家奥古斯汀看来，道德评价的标准以上帝的意志为准则，他认为上帝的思辨是求真、行善和审美的基础，凡是符合上帝旨意的行为就是善的、道德的；反之，就是恶的和不道德的。

德国哲学家康德强调道德的普遍性和必然性并非来自感性经验，而是来自先验的善良意志和纯粹理性。

费希特认为，每个人生来都具有一种道德心，这种道德心来自理性，是善的本能，使人具有正直、善良、诚实、克己等美德。

黑格尔哲学则认为道德是一种绝对精神。

费尔巴哈也说过："德行和身体一样，需要饮食、衣服、阳光、空气和住居。如果缺乏生活上的必需品，那么也就缺乏道德上的必要性。"

此外，国外学者还有许多关于品德论、行为论、至善论及道德原则的论述。而在我国历史上，也有许多关于这方面的论述。

在我国的春秋战国时期，孔子曾说过，"道"是最高的理想和准则，"德"是"道"在具体行为中的表现，两者的根本在于"仁"。"志于道，据于德，依于仁。"（《论语·述而》）

孟子是强调人性本善的，他曾经说："恻隐之心，人皆有之；羞恶之心，人皆有之；恭敬之心，人皆有之；是非之心，人皆有之。恻隐之心，仁也；羞恶之心，义也；恭敬之心，礼也；是非之心，智也。"（《孟子·告子上》）

继孟子之后，荀子则主张人性本恶，他说："今人之性，生而有好利焉，顺是，故争夺生而辞让亡焉；生而有疾恶焉，顺是，故残贼生而忠信亡焉。故必将有师法之化，礼仪之道，然后出于辞让，合于文理，而归于治。"

（2）道德规范、幸福说、道德行为说

随着历史的变更、社会的发展，后来的国内外学者在伦理学研究对象问题上提出了各自不同的看法，有人认为伦理学是研究道德原则和道德规范的科学；而有的人认为伦理学是关于人类幸福的学问；有的学者则提出伦理学是研究人的道德行为的。美国哲学家弗兰克·梯利（1865—1934）在其著作《伦理学概论》中作出了归纳，他认为："伦理学现在可以大致地定义为有关善恶的科学，义务道德科学和道德原则、道德评价、道德行为的科学。"

对这个观点，国外有许多学派做过阐述，中国哲学史上许多哲学家、伦理学家也做过类似的论述。

然而，上述介绍均为国内外古代关于伦理学研究对象的观点，而世界上的各民族又怎样理解上述这些观点呢？

例如，世界上信奉犹太教、基督教的民族，其在行为上就有"十诫"的道德训诫和道德约束，强调人们的道德行为。《圣经·出埃及记》中说："要崇拜唯一的上帝而不可崇拜别的神，不可制造和敬拜偶像，不可妄称上帝的名字，须守安息日为圣日，须孝敬父母，不可杀人、不可奸淫、不可偷盗、不可作假见证陷害人、不可贪恋别人妻子财务。"

世界上信仰佛教的民族如泰国、新加坡，中国少数民族中有藏族（藏传佛教）、傣族（小乘佛教）、纳西族、白族和布朗族等民族，这些信仰佛教的民族要求人们的行为必须向善弃恶，并具体要求人们要按照"十善"道德信条来规范自己的行为。

"十善"的内容：不杀生；不偷盗；不邪淫；不妄语；不两舌；不恶口；不绮语；不贪欲；不瞋恚；不邪见。

而佛教的十条道德戒律要求人们必须做到：不杀生；不偷盗；不淫；不妄语；不饮酒；不涂饰；不听视歌舞；不坐高广大床；不非时食；不蓄金银财宝。（《沙弥十诫法并威仪》、《沙弥尼戒经》）

佛教中的"十恶"分别为：杀生、偷盗（不与取）、邪淫、妄语（虚诳语）、两舌、恶口（粗恶语）、绮语（杂秽语）、贪欲、瞋恚、邪见。（《法界次第初门》）

在《初真戒律》中亦提到：不得不忠不孝不仁不信，不得阴贼潜谋，害物害己，不得杀生、戒淫邪，不得败人成功、离人骨肉，不得损毁贤，不得饮酒食肉，不得贪求无厌，不得交游非贤，不得轻忽言笑。

可以说，世界上信奉宗教的国家和民族，均为自己的行为规定了种种戒律，即善恶信条，或者道德规范，这都是一种行为准则。

（二）现代关于民族伦理学研究对象的不同观点

20 世纪 80 年代末，关于民族伦理学的研究对象问题，在学术界引起了广泛讨论，相对地集中在西部第三次伦理学理论研讨会中。会上，与会代表围绕民族伦理学的研究对象，展开了最热烈的讨论，提出了一些新的看法，主要观点分为三个方面。现在介绍四个方面，就是在后一次讨论会上陕西师范大学的李健和成都学者谢洪思等人在《民族文化与我国少数民族的道德建设》中的观点，概括为"以民族的道德文化现象为研究对象"。所以，后来许多文章和专著介绍三种观点，或就三种观点中的某一点来发挥，具体表现为：

其一是以道德的民族性为研究对象。

这种观点认为民族伦理学的研究对象是道德的民族性。并列举了四条理由：

第一，民族是道德文化产生与发展借以实现的重要形态；

第二，民族是道德主体性的重要展开形式，这不仅表现在民族是道德文化内容的不可忽视的决定性力量，而且表现在民族是道德社会调控不可缺少的主体；

第三，一定的民族心理结构是道德文化的重要基础；

第四，各个民族都有自己伦理意识的表达形式。

从这四条理由进而指出：民族伦理学既不同于普通伦理学从宏观角度整体性地把握道德文化，又不同于从微观角度把握某个具体民族的道德文化，而应从中观角度去把握民族道德文化。

其二是以民族的道德文化现象为研究对象。

这个观点主要是陕西师范大学政治系的李健教授提出来的。他认为民族伦理学应以民族道德文化现象为其研究对象。因为道德是人类生活中的一种特殊的文化形态。道德文化现象是指人类生活中用善恶进行评价的，依靠社会舆论、内心的信念和传统习惯来维系的一类社会文化现象。

这种观点强调：古往今来，任何一个人都生活在一定的民族共同体之中，任何一种文化也都具有一定的民族性特征。道德文化也是如此，每一种类型的道德文化都具有一定的民族性特征，表现为一定的民族道德文化现象。民族伦理学则要全面地研究道德文化的民族性特征，换言之，民族伦理学是以民族道德文化现象为其研究对象的。①

其三是以民族的道德现象为研究对象。

这种观点认为民族伦理学是以民族的道德现象为自己的研究对象的。它是介于民族学和伦理学之间的边缘学科。简而言之，民族伦理学"就是研究民族道德的科学"。

---

① 张哲敏、杨国才等主编：《民族伦理研究》，云南民族出版社 1990 年版，第 15—23 页。

所以，持这个观点的雷克勤先生认为：应当通过各民族道德发展的历史和现状的研究，对各民族之间的道德差异的比较研究，对各民族之间的道德渗透和影响的研究，从而揭示各民族道德发展的客观规律。

其四是以民族的道德性和道德的民族性为研究对象。

这种观点认为，民族伦理学的研究对象是民族的道德性和道德的民族性。它要求民族伦理学研究应首先从民族的生产活动、社会经济活动以及宗教、艺术、民俗等文化现象中，区分出民族的特殊的伦理意识和活动现象，进而实证描述。强调道德的民族性就是指道德的民族特点，在上述实证论述的基础上，总结各民族道德的不同特点、发展规律，分析其得失所长，以民族发展进步为价值目标和坐标，揭示其继承变革的方向和规律。

以上几种观点都有其合理之处，但我们更倾向于第一种观点。因为后两种观点把道德的民族性或民族的道德性作为民族伦理学的研究对象，势必会大大缩小或局限了民族伦理学的研究范围，而且道德的民族性或民族的道德性，毕竟只是民族伦理道德或民族伦理道德现象中问题的一部分，它绝不可能综合或概括民族伦理道德或民族伦理道德现象的所有方面。至于第二种观点中要求"从中观角度把握民族道德文化"，是研究民族伦理学的方法问题，而不是民族伦理学的对象问题。第三种观点要求"以民族发展进步为价值目标和坐标，揭示其继承变革的方向和规律"，只是民族伦理学研究的目的意义问题，也不是其对象问题。因此，我们认为第一种观点是比较正确的，用它作为确定民族伦理学的研究对象，基本上可以囊括民族伦理道德或民族伦理道德现象有关的所有方面，都应视作是民族伦理学所研究的对象和范围。

三　道德生活的研究对象

"道德生活"是一个复合概念，它由"道德"与"生活"构成。要对"道德生活"进行界定，首先应当弄清楚"道德"与"生活"的具体含义。

（一）"道德生活"的界定

关于什么是"道德"这一问题，在伦理学界存在着数十种乃至上百种定义，通常人们所说的"道德"，具有两方面的含义。其一是指正确处理个人与个人、个人与社会乃至个人与自然关系的规范和规则，它用善良与丑恶、诚实与虚伪、高尚与卑鄙、光荣与耻辱等概念评价人们的行为，调整社会道德关系。其二是指人的品德或德行，它是一个人在社会生活的基础上，基于对社会和人生的理解，形成的比较稳定的内在品质。故唐凯麟教授认为："道德作为社会的一种特殊的调控力量和个人完善的重要方式，是完整统一的，这种统一也就是道德的主体性和规范性的统一。"①

什么是"生活"呢？《说文解字》认为，生：进也。象草木生出土上。下象土，上象出。活，流声也。引申为不死之称。从生活的这一辞源看，生活指的就是人从出生到死亡的整个历程。在这一历程当中，人就必须通过自身活动，形成与外部世界的关系，创造自身得以生存的价值、形成社会关系和自身的内在精神。这决定了人的生活中总是充满了各种目的，这些目的不断实现使世界不断变化。从这个意义上看，人类的生活就是改造世界的活动，就是超越自身的原有状态的活动，就是创造人类历史的活动。在人类一切有目的的活动过程中，总是伴随着人类的各种价值判断，诸如善恶、对错、公平、正义，等等。英国学者 M. 奥克肖特则认为："道德生活是由人类情感和行为决定的，它受艺术而不是人本性的左右，是一种可选择的行为活动。"② 同样，对于一个民族来说，它的生存和发展也通过它的一系列历史性活动而必然地显现为一种道德生活。因此，有的学者认为："自觉的自己支配自己的生活乃是道德生活的本质。"③ 有的学者则认为："道德生活是有关人们利益关系的实践理性生活。"④ 这说明并不是先有人类的一般生活，后有人类的道德，或者相反。总之，道德与人类生活息息相关。马克思说："人们为了能够'创造历史'，必须能够生活。但是为了生活，首先就需要吃喝住穿以及其他一些东西。因此，第一个历史活动就是生产满足这些需要的资料，即生产物质生活本身。"⑤

（二）道德生活的对象

根据对道德与生活的上述界定，道德生活可以相应地理解为下述两种

　① 唐凯麟：《伦理学》，高等教育出版社 2001 年版，第 58 页。

　② ［英］奥克肖特·巴比塔：《论人类道德生活的基本形式》，张铭译，载《世界哲学》2003年第 4 期。

　③ 唐君毅：《道德自我之建立》，广西师范大学出版社 2005 年版，第 15 页。

　④ 高兆明：《道德生活论》，河海大学出版社 1993 年版，第 13 页。

　⑤ 马克思、恩格斯：《马克思恩格斯选集》第 1 卷，人民出版社 1995 年版，第 79 页。

情形：一是人类合于德行的有目的性活动，二是人类合于道德规范的有目的性活动。这两类情形的道德生活之间存在着内在的联系，因为德性在本质上就是人格化的道德规范，而道德规范在本质上则是非人格化的德性，二者之间可以在一定条件下转化。

张岱年先生认为，道德生活的基本原则是"生理合一"。所谓生即是生命、生活，所谓理即是当然的准则或道德的规律。他既反对将生与理绝对对立开来、单纯讲理而不重生的纯理想主义，也反对将生与理视作无差别的同一、只讲生而不重理的自然主义，主张把生与理有机统一起来既重生亦重理的生理合一论。在张岱年看来，"理只是生之理，离开了生就无所谓理；生也必须受理的裁制，好的生活即是合理的生活。理离开生，便是空洞的，生离开理，必至于卤莽灭裂"。生理合一首先要求注重生，注意生活的实际，其实理只是求生之充实、生之圆满所应遵循的规则。倘若不顾生命的存在、生活的实际，只讲空洞的遵循伦理规则，结果会导致对生活的损害。其次，生理合一的原则要求生活必须受道德规律的指导与约束。单纯地只讲自己的生活、不讲生活中所遵循的规则，结果必至于毁坏了生活。坚持生理合一的原则，要求人们一方面要培养生命力，发展生命力，充实生活，扩大生活，另一方面要遵循道德准则，以道德准则规范生活，使生活遵循道德规则。总之，生的圆满即是理的实现，理的实现即是生的圆满。因此，少数民族道德生活也一样，故高力教授指出："民族道德生活的意义是一个民族对于生活应当如何的体验与认同，是对于如此生活何以值得的追问。由于生活世界是由不同意义构成的世界，各民族对这个意义世界的理解和把握也不同，生活的意义成为各民族生存发展的精神支撑和动力。"①宁夏大学李伟教授则认为："道德生活是社会道德生活的现实形态，是具有道德意蕴、可以进行善恶评价的生活，是一种实然与应然相结合的现实的文化生活形态。它是个体行为与群体道德活动的统一。"

根据对于"道德生活"这一概念的界定，我们可以将"道德生活"的内容确立为如下几个方面：

一是从社会规范层面，可以包括：人与自我如何相处。也就是说人们的道德情感、道德信仰、道德素质、幸福观、生死观、生命伦理的关系问题。人与社会如何相处，内容包括：国家认同、民族认同、国家安全、社

---

① 　高力：《民族道德生活的关系、规范和意义》，《桂海论丛》2014 年第 1 期。

会稳定、婚姻家庭伦理、职业伦理、社会公德、经济伦理、教育伦理、政治伦理、制度伦理等方面。人与自然如何相处，也就是人们与自然、生态怎样和谐相处的伦理问题。

二是个人德行方面，它包括：勇敢、诚实、纯朴、勤俭、贞节、智慧、节制、善良等行为规范。

总之，少数民族道德生活的研究对象就是各民族道德生活史与多元一体的中华民族道德文化之间的关系。

四 民族伦理和道德生活研究的方法与原则

民族伦理学作为一门新兴的边缘学科，与其他学科一样，在建构和发展过程中，也必须有学科自身的研究方法。

（一）民族伦理和道德生活的研究方法

民族伦理学的研究方法是多种多样的，可以归纳为四个方面：

1. 以马列主义毛泽东思想为指导

研究民族伦理学，必须以马克思主义为指导，这是我们各门学科理论研究的基本立场和原则，也是各门学科理论研究的基本立场，无论是老学科还是新学科，无一例外。因为马克思主义民族观和伦理学是马克思主义整个体系中的重要组成部分。尽管马克思主义经典作家们生前没有对民族伦理学作过专门的研究，但他们关于民族问题和伦理学的一些著作中也发表过一些论述，尤其是关于民族和道德的时代性、阶级性，今天仍然是研究民族伦理学的指南。

2. 纵向和横向相结合的方法

研究民族伦理学，既要进行纵向比较，也要进行横向比较。所谓纵向比较，就是要按照历史发展的顺序，从古至今、从过去到现在地进行比较，弄清少数民族伦理思想发展的"来龙"与"去脉"及历史和现状。这既包括对少数民族传统道德文化的研究，也包括对少数民族伦理思想现状的了解。同时，还包括对少数民族道德发展未来趋势的预测。所谓横向比较，则是要把某一民族的道德状况与其他民族的道德状况进行平面比较。这种比较应该是没有地区界限和国家界限的，应该包括古今中外各民族道德状况（特别是道德现状）的比较。进行纵横比较的结果，可以克服单个民族伦理思想的局限性和狭隘性，以便从中发现问题，求同存异，互相吸收、借鉴和消化。

3. 宏观和微观相联系的方法

从宏观和微观上同时入手的方法，就是一方面从整体上去把握少数民族伦理道德的多样性和复杂性，发现其共同性和差异性，从而找出各个少数民族道德发展的规律性和特征；同时，也要从微观入手，即从单个少数民族的伦理道德研究开始，用"解剖麻雀"的方法，比较系统地研究各个少数民族伦理道德发展的历史与现实状况，这样才能深入地对各个少数民族的伦理思想家和伦理学著作进行具体分析，为宏观研究提供依据及材料。

4. 吸收各学科的研究方法

研究民族伦理学除了运用文献调查法、实地观察法、访问调查法、问卷调查法等方法外，还必须吸收各相关学科的研究方法。如民族学、伦理学、社会学的一些方法，来作为民族伦理学的研究方法。如：

民族学的方法

民族学在长期的实地调查实践中，形成了一种行之有效的方法，如比较常用的调查法：观察与参与观察。观察法是指研究者根据一定的研究目的、研究提纲或观察表，用自己的感官和辅助工具去直接观察被研究对象，从而获得资料的一种方法。所谓参与观察法，就是研究者深入到所研究对象的生活背景中，在实际参与研究对象日常社会生活的过程中所进行的观察。

个别访问法。个别访问法又称面谈访问法。即通过访问者与被访问者之间的面对面的接触交谈，从而搜集调查资料的一种方法。

会议调查法。指调查主体（调查者）通过召集一定数量的调查对象（被调查者）举行会议，或直接参加有关部门举行的一些相关会议，利用会议这种形式来收集资料、分析和研究某一社会现象（调查内容）的一种调查方法，主要程序包括：一是了解情况、收集资料。二是讨论、研究有关问题。

问卷调查法。问卷是用书面形式间接搜集研究材料的一种调查手段。通过向调查者发出简明扼要的征询单（表），请其填写对有关问题的意见和建议来间接获得材料和信息的一种方法。问卷可分为结构式、开放式、半结构式三种基本类型。结构式，通常也称为封闭式或闭口式。这种问卷的答案是研究者在问卷上早已确定的，由回答问卷者认真选择一个答案画上圈或打上钩就可以了。开放式，也称为开口式。这种问卷不设置固定的答案，让回答问卷者自由发挥。半结构式，这种问卷介乎结构式和开放式两者之间，问题的答案既有固定的、标准的，也有让回答问卷者自由发挥的，汲取了两者的长处。这类问卷在实际调查中运用还是比较广泛的。

谱系调查法，又称谱牒分析法（详见图1）。

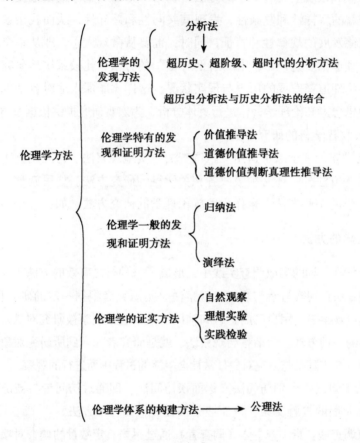

图 1

自传调查法。以个人为对象，全面记录其生平经历，反映出一个人的历史，而且反映出一个人的家族史、行业史、民族史等。

定点跟踪调查法。又称历史溯源法，是指在某一社区建立固定调查点，对于一个群体进行有间隔性的长期持续不断的观察，以研究这一群体在总体上或局部上发生的演变，从中发现历史演变的特点、原因和规律。如上老一辈民族学家对于他们早年调查的社区旧情难忘，费孝通"五访江村"、林耀华"三上凉山"就是以"定点跟踪"来探索社区的变迁的。

文物文献收集。是指通过对文物文献的收集、鉴别、整理，并通过对文物文献的研究，形成对事实科学认识的方法，当前文物文献的收集研究方法主要体现在文献研究法上，内容分析法通过对文献的定量分析、统计描述来实现对事实的科学认识。这两种方法有共同的对象，都不与文献中记载的人与事直接接触，因此又称为非接触性研究方法。二者的区别是在分析的重点与分析的手段上有不同。

社会学的方法

社会调查学的方法体系分为三部分：科学的方法论，社会调查的基本方法，社会调查的程序和使用调查工具的方法。

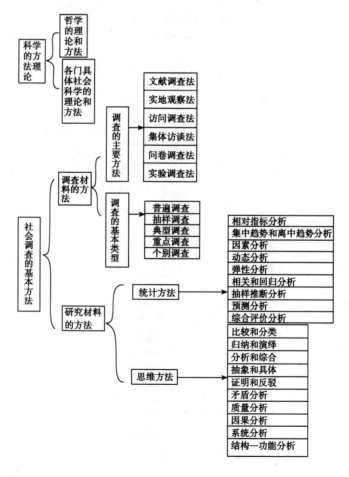

图2

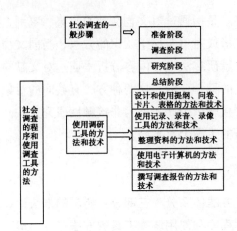

图3　社会研究方法

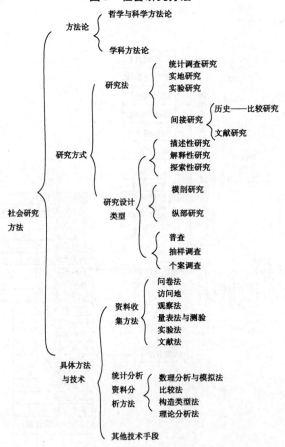

图4　社会研究方法

（二）民族伦理和道德生活研究的基本原则

1. 实事求是的原则

实事求是指从实际对象出发，探求事物的内部联系及其发展的规律性，认识事物的本质，也指按照事物的实际情况说话办事做学问。实事求是是我们党的思想路线的核心，是毛泽东思想的灵魂，也是马克思主义中国化理论成果的精髓。

2. 科学严谨的原则

指在民族伦理学的研究过程中，要以民族伦理学相关的理论知识为指导，做到研究的科学性，同时也要坚持审慎的创新，做到研究的严谨性。

总之，运用各种方法收集资料是民族伦理学学科理论研究的基础，只有大量地占有材料，运用材料，才有可能把民族伦理学从个别上升到一般，由朴素的思想资料上升到理论形态。收集资料既包括整理各民族历史上遗留下来的伦理思想资料（含文字记载史料和口述史料）都要求调查工作者深入到各民族群众中，掌握各民族现实生活中已经发生变化和正在或即将发生变化的资料。同时，在开展对民族伦理学研究的过程中，还要特别注意民族理论和民族政策的正确应用，在研究民族道德生活现象时，要注意运用马克思主义民族理论作正确的解释，按照党和政府所制定的民族政策来证明，才有可能使少数民族伦理学和少数民族道德生活建立在具有严谨结构、体系规范化的基础上。

民族伦理学研究有关问题的反思

高　力[*]

摘　要：民族伦理学是介于民族学和伦理学之间的一门交叉学科，是可以运用民族学方法研究不同文化背景下各民族道德生活的伦理学学科。要深入对民族伦理学进行研究，在已有的文献史料记载上，仍需要通过对民族道德观和行为规范形成的过程、类型、性质等方面进行分析研究，来总结出民族道德生活的真实性和多样性。然而，民族道德生活史必然面临着民族道德现代的走向问题，我们在遵循道德发展规律的基础上，必须处理好传统道德与现代道德的关系。

关键词：民族伦理学；道德；民族道德生活

自 20 世纪 80 年代末以来，我国民族伦理学的研究至今已近 30 年，无论是民族伦理学的基本理论还是族别伦理的研究均已取得一定的成果。1990 年 6 月，云南民族出版社首次出版了《民族伦理研究》（论文集）[①]，同年 12 月，云南民族出版社出版了高发元主编的《中国西南少数民族道德研究》[②]。此后，贵州教育出版社出版了《贵州省少数民族传统伦理道德研究》[③]，云南民族出版社出版了由高发元主编的《中国少数民族道德概览》[④]。熊坤新的《民族伦理学》[⑤]，高力的《民族伦理学引论》[⑥]，龚友

　＊ 高力，男，云南大学公共管理学院教授，兼任中国伦理学会理事、中国伦理学会民族伦理学专业委员会副会长。

① 张哲敏主编：《民族伦理研究》，云南民族出版社 1990 年版。

② 高发元主编：《中国西南少数民族道德研究》，云南民族出版社 1990 年版。

③ 刘明华、龙国辉主编：《贵州省少数民族传统伦理道德研究》，贵州教育出版社 1991 年版。

④ 高发元主编：《中国少数民族道德概览》，云南民族出版社 1992 年版。

⑤ 熊坤新：《民族伦理学》，中央民族大学出版社 1997 年版。

⑥ 高力：《民族伦理学引论》，新疆人民出版社 1998 年版。

德的《中国少数民族道德史》①，成为民族伦理学理论研究的先期代表作。马绍周、隋玉梅的《回族传统道德概论》②，杨国才的《白族传统道德与现代文明》③，杨虎德、熊坤新的《西北世居民族伦理思想研究》④，熊坤新、李建军的《新疆诸民族伦理思想研究》⑤，郑英杰的《文化的伦理剖析——湘西伦理文化论》⑥，刘俊哲的《藏族道德》⑦，李伟、潘忠宇的《回族伦理文化导论》⑧，谢青松的《傣族传统道德研究》⑨，艾兵有的《佤族伦理道德研究》⑩ 等，是族别伦理研究的主要成果。杨志玲的《儒家道德文化在云南少数民族地区的传播与传承》⑪，则是研究儒家道德文化与云南少数民族伦理互动的代表作。至今已发表的数百篇学术论文，在民族伦理学的基本理论和族别伦理阐释方面亦展示了民族伦理学研究的基本状况。基于上述研究成果，对我国民族伦理学研究的有关问题进行反思是十分必要的。

一　基本理论的追问与释义

首先，关于民族伦理学的学科属性与地位问题。民族伦理学归属于伦理学的研究范畴，对此，学术界并无争议。然而，关于民族伦理学的学科性质涉及民族学、伦理学学科之间的关系，涉及民族学和伦理学的学科方法论之间的关系，是民族学的民族伦理学还是伦理学的民族伦理学，这一学科归属的问题还有说明的必要。将民族伦理学定位于伦理学的一个分支学科，表明其是伦理学的民族伦理学，而非民族学的民族伦理学。因而，

① 龚友德：《中国少数民族道德史》，云南人民出版社 1998 年版。
② 马绍周、隋玉梅：《回族传统道德概论》，宁夏人民出版社 1998 年版。
③ 杨国才：《白族传统道德与现代文明》，当代中国出版社 1999 年版。
④ 杨虎德、熊坤新：《西北世居民族伦理思想研究》，青海人民出版社 2008 年版。
⑤ 熊坤新、李建军：《新疆诸民族伦理思想研究》，中央民族大学出版社 2008 年版。
⑥ 郑英杰：《文化的伦理剖析——湘西伦理文化论》，贵州民族出版社 2000 年版。
⑦ 刘俊哲等：《藏族道德》，民族出版社 2003 年版。
⑧ 李伟、潘忠宇：《回族伦理文化导论》，黄河出版传媒集团宁夏人民出版社 2011 年版。
⑨ 谢青松：《傣族传统道德研究》，中国社会科学出版社 2012 年版。
⑩ 艾兵有：《佤族伦理道德研究》，上海人民出版社 2013 年版。
⑪ 杨志玲：《儒家道德文化在云南少数民族地区的传播与传承》，中国社会科学出版社 2009 年版。

民族伦理学才具有伦理学的学科属性。将民族伦理学定位于介于民族学和伦理学之间的一门交叉学科，则具有一种方法论的意义，表明民族伦理学可以是运用民族学方法研究不同文化背景下各民族道德生活的伦理学学科。以民族学的方法研究民族道德现象所具有的特色优势在于，客观地再现各民族的道德生活状况，使道德的民族性的理性概括具有现实的道德生活基础。应该说，运用民族学方法研究民族道德现象并不能排斥伦理学的研究方法，也不能放弃伦理学的一般原理。放弃伦理学的一般原理和学术话语的民族伦理学研究，运用民族学的理论和研究方法进行的民族道德生活研究，就将是民族学的民族伦理学。如果认为以伦理学的学科范式来建构民族伦理学的研究内容，仅以抽象演绎的方法来概括民族道德生活现象，就会使之成为伦理学的"民族版"，那么这也是对伦理学的学科范式和抽象演绎方法的片面理解。事实上，伦理学的学科范式不是一成不变的，其基本的理论原理对于指导民族道德现象的研究也是十分必要的，否则，无论如何运用田野调查，其实证资料如何可信有效，终究只能是民族道德现象的经验资料描述。田野调查、实证考察是抽象演绎的基础，但并不排斥抽象演绎，而且归纳分析的结论还是抽象演绎的起点。现实的民族道德生活现象可以也应当运用田野调查和实证考察的方法，而历史的民族道德现象则只能运用典籍资料分析演绎。因此，民族伦理学是伦理学的分支学科，是将伦理学的一般原理和研究方法与民族学的研究方法相结合而对民族道德现象进行研究的交叉性学科。

其次，关于道德的民族性和民族的道德性是中国民族伦理学研究首先提出的问题，经过数十年的探讨，现在看来仍然属于民族伦理学研究的基础性问题。道德的民族性界定了道德主体的民族归属及实践主体，由此引发民族道德的多样性和共同性的关系（横向），以及民族发展中的阶段性道德和阶级分化中的道德的阶级性、民族性和共同性的关系（纵向）。在方法论上，民族道德的特殊性源自于这两大关系的分析，这两大关系是由民族经济社会发展的历史进程所决定的。如果说以民族学、人类学的方法来描述民族道德生活事项，包括节庆、婚俗、丧葬等仪式的丰富多样，就能揭示民族道德的多样性的话，那么这可能成为民族学的民族道德经验描述，而不是民族伦理学的研究。无论民族道德生活事项如何丰富多样，民族伦理学也不能仅仅停留在对生活事项的直观描述和不同民族之间的比较上。民族伦理学的目的是通过对这些民族社会中民间生活事项的观察和描述，进一步揭示其伦理的内涵，以道德语言加以解释、概括和阐释。这一过程就是将民族道德生活事项概括为民族道德现象的过程，对民族道德现象的研究，目的就在于揭示道德的民族性以及民族道德现象的多样性。

由此，必须深入分析不同民族经济发展的历史以及在一定经济发展水平上的包括道德在内的政治、法律、宗教、艺术等文化现象之间的关系。仅以政治和宗教为例，道德的民族性与民族关系、宗教关系具有复杂的深刻联系，不同的民族政治关系和宗教信仰，使民族道德生活打上了相应的印记，民族道德的政治属性和非政治属性之间、民族道德的宗教伦理和非宗教伦理之间的过程和联系，使各民族的道德具有了自身的特征。这就是道德的民族性和民族的道德性的基本依据，无论道德的民族性和民族的道德性的表现形式如何具有多样性，根本上还是由这一基本依据所制约的。

关于道德的民族性与非民族性方面，从逻辑上讲就是民族道德和一般社会道德的关系问题。在民族与国家的发展中，道德的民族性涉及民族政策、宗教政策的政治层面和实践活动过程。民族道德不是脱离一般社会道德而独立存在的一种独特形态，各个民族的社会道德生活都受到一个国家占统治地位的意识形态的影响，政治上层建筑对于民族道德的影响或者是直接的或者是间接的。因而，民族道德具有了程度不同的政治属性和不同的价值立场，同时也反映着一般的社会道德的属性和要求。更何况在一个国家的经济生活中，生产方式和经济发展水平引发的利益关系和矛盾，除了政治、经济、法律的调节方式之外，道德调节方式的内容和要求根本上是由其经济基础所决定的。因此，道德的民族性、多样性与普同性之间并不存在排斥的关系，民族伦理学的研究旨在从普同性中揭示民族道德的特殊性，说明道德的差异性。

从宗教研究的角度来看，民族道德在与原始宗教的共同发展进程中，经过逐步分化，在与现代宗教发生联系时，或者主动接纳或者被动接受改造而使民族道德宗教化或宗教道德化，民族道德具有了宗教属性和民族宗教具有了道德属性，这一现象在中国少数民族中不难看到。事实上，宗教问题具有民族性和非民族性的关系问题，在信仰和非信仰的矛盾中，不同民族和同一民族的不同群体之间存在着复杂的关系。在现当代，正确贯彻和落实民族政策和宗教政策，正确把握宗教问题中的民族性和非民族性关系、民族问题中的宗教方面和非宗教方面、政治方面和非政治方面的关系，突出民族道德的普同性，强化民族道德在协调民族关系方面的积极作用，对于化解民族矛盾、增强民族团结，显然具有极为重要的意义。

二 思想观念和行为规范的研究

关于民族伦理思想的史料、典籍和人物述评，对于有文字历史的少数民族来说，典籍史料的翻译、编纂，对于民族道德的研究是必不可少的条件。民族伦理观的研究以及各民族行为规范的概括，需要在史料基础上和田野调查中进行分析总结。各民族的公平观、荣辱观、幸福观、善恶观、生命观、生态观、消费观，等等，具有丰富的内容和特色，是民族价值观的核心部分和民族道德现象的重要体现。

少数民族的道德史料典籍的整理编纂，是我国民族伦理学研究中的薄弱环节。敦煌地区广为流传的约成于 5、6 世纪的古藏文《礼仪问答写卷》是吐蕃伦理文化的文献标志，西双版纳傣族四部伦理道德教科书中最主要的一部《布栓兰》（又译为《布算兰》）是若干个时代以来傣族必读的一本礼仪、道德教科书。《布栓兰》是傣语，可译为"爷爷对儿孙的教育"，其流传形式有口头传授和文字记载两种；成文本又为"贝叶本"和"棉纸抄本"两种，五六万字。流传于云南武定、禄劝彝区的《劝善经》，成书时间大约在明正德十二年（1517），约 22900 字，通篇以道家《太上感应篇》章句为母题，每章之后结合彝族风俗习惯、哲学伦理进行宣教说理，传授知识。全文分为劝善、戒恶两大部分，天人感应、道德标准、悖善行为、善恶有报四个段落，宣扬了善恶有报的宗教观念。该书由马学良、张兴等翻译，由中央民族学院出版社 1986 年出版。云南人民出版社 1999—2002 年出版的《纳西族东巴古籍译注全集》（100 卷本），成为研究纳西族道德生活的宝库。

维吾尔族古典文学的杰出代表作，中国伊斯兰教哲理性的劝谕长诗作品《福乐智慧》，原名《库达德卢比利克》（Kutadolu Bilik），意为"赐予幸福的知识"，11 世纪喀喇汗王朝维吾尔族著名诗人优素福·哈斯·哈吉布（约 1019—1092）著。诗作计 13290 行，由 85 章正文和 3 篇箴言诗组成。另有两篇序言。其主要内容以伊斯兰教的伦理思想为准则，劝喻人们用知识和智慧消除愚昧和无知，以正义、幸运、智慧、知足为箴言去修身养性，为人处世，协调社会关系，治理国家，求得幸福。在伦理观上，以伊斯兰教的止恶扬善为核心，倡导正义、贤明、慷慨、无私、清廉、谦虚、人性、友爱、公正、善良，反对自私、奸诈、妄行、贪婪、暴虐、悖逆、欺骗、谗言。认为人生短暂坎坷，而善行使人永乐，恶行犹如堕入火狱。还认为可汗、伯克们道德品质的优劣对整个社会道德风尚具有决定性影响。该书是突厥传统文化与阿拉伯伊斯兰文化及中原汉文化有机结合的结晶。

以上所述仅为我国各民族道德生活中历史积累的部分内容，对于分析研究和概括提炼民族道德观和行为规范提供了丰富的资源，有关民族道德观和行为规范形成的过程、类型、性质、特征、作用和意义等，可以从中进行分析研究。

三　民族道德生活研究

民族道德生活的研究引起了当前学术界的高度关注。道德在调节规范社会生活中各种利益关系的状况及其在人类社会生活中形成发展和变迁的历程，构成人类的道德生活和道德生活史。由于道德主体的属性不同，道德生活就具有民族道德生活和阶级道德生活、个人道德生活和社会道德生活之分，存在民族道德生活中的物质生活与精神生活之间的关系以及由物质生活条件和生存环境决定的精神文化的适应性问题。各民族在道德生活中形成的行为规范是感性经验到理性自觉的历史过程，无论是初级形式的行为规范还是高级形式的行为规范，在调节生老病死、婚丧嫁娶等日常生活行为方面发挥着重要的作用，从而体现出了民族道德生活具有的意义，并成为和谐民族关系、推进民族发展的精神动力和文化财富。作为观念形态的民族道德、作为行为规范的民族道德以及作为生活形态的民族道德，都是各民族以实践—精神的方式认知和把握道德世界的重要方式。

在民族道德生活的研究中，族别或族际伦理的研究是有积极意义的。多民族道德生活的系列研究需要会聚专家队伍，展开对我国各个民族道德生活的分类研究。探寻各民族道德之间的关系以及民族内部族际的关系，是族别和族际伦理研究的重要任务，我国各少数民族与儒家伦理的互动流变关系，存在着直接或间接、自觉或不自觉、主动或被动、或先或后的交流碰撞。儒家伦理对少数民族道德的影响是多方面的，对少数民族的发展和文化变迁具有重要的意义，各民族道德由此成为中华传统道德的重要组成内容和具体表现。

　　民族道德生活的研究应当揭示其变迁发展的历史。民族道德生活史、民族伦理思想史经由传统到现代的历程，既与社会形态的变革密切相关，也与生产力发展和经济发展阶段有关，与作为观念形态道德的自觉意识及其语言文字、典章著述有关。因此，民族道德生活以及伦理思想的阶段性，要依据各民族的发展实际，考虑多重因素进行划分以及道德发展规律的特殊性，不能简单地套入社会发展形态中。

　　民族道德生活史必然面临民族道德的现代走向问题。传统中的民族质朴伦理，需要弘扬的优秀道德，在"经济人"的冲击下，在义利关系的选择中，面临巨大的挑战。民族道德赖以存在的经济活动方式、生活方式以及生存环境的变化，使"原生态"的民族道德发生变迁，这是不以人的意志为转移的过程。民族道德不是与社会主义道德相分离的特殊类型，民族道德的传承变迁进入公民道德建设的实践中，这是必然的趋势。就道德的价值共性而言，民族道德与社会主义道德本质上也是一致的。我国经济社会快速发展，社会文化建设全面开展，社会主义核心价值观是文化多元一体的灵魂，民族道德在日常生活中可以有丰富多彩的表现形式，但其性质和内容则属于社会主义现代化进程中的公民道德建设的范畴，从民族道德到阶级道德再到公民道德的进程，是人类应当尊重的道德发展规律。

孝文化与社会主义和谐社会建设

苏丽杰[*]

摘　要：中华文化博大精深，特别是其中的优良传统和文化对人们正确处理人与人、人与社会、人与自然的关系都具有积极的指导和借鉴作用。孝文化作为中华文化的重要组成部分，影响着人们的思想和情感，维系着家庭和社会的稳定与和谐。本文从对中国孝文化的诠释、孝文化在云南的印迹及孝文化与社会主义和谐社会建设的关系三个方面说明了继承和弘扬孝文化对于增强我国的文化软实力，践行社会主义核心价值体系，用高尚的道德引导青年大学生具有重大的现实意义。

关键词：孝文化；云南；和谐社会；重要作用

中国人把孝视为：人立身之本、家庭和睦之本、国家安康之本，同时也是人类延续之本。"孝"千百年来是中国社会维系家庭关系的道德准则，是中华民族的传统美德，生养之，死祭之，永怀之，被视为"仁之本"。做忠臣孝子，一向是做人的最高境界。孝道思想是中国古代儒家伦理道德规范中的核心内容，是中华民族传统美德的重要组成部分，也是长期以来人们立身处世的重要依据，是中国社会一切人际关系得以展开的精神基础和实践起点，是社会教化的核心和根本。孝文化是中华民族文化的根和脉，对当今的社会主义和谐社会和精神文明建设具有重大的现实意义。

* 苏丽杰，男，白族，云南民族大学马克思主义学院院长，教授。

一　孝及其文化意蕴

　　"孝"字属会意字。金文上面是老（像一位长发驼背的老人），下面是子（含义孩子），合起来像孩子用自己的头顶来扶持老人行走，表示孝顺。本义是孝顺。《孝经》曰："孝，畜也，养也。"被看作"德之本"。孝是与顺结合在一起的，因此，顺也是孝的具体表现。孝还有具祖先崇拜、尊祖敬宗的人文宗教意义；具有珍惜生命、延续后代的哲学意蕴。《尔雅·释训》中将"孝"解释为"善父母为孝"。《说文解字》对孝作了生动而准确的解释是"孝，善事父母者，从老省、从子，子承老也"，善事父母就是在物质上奉养父母。孝最初仅限于调整父母与子女之间的家庭伦理，并无社会规范的意义。其主要内容是祭祀祖先、善事父母。国家出现以后，仅限于血缘家庭的崇敬祖先、善事父母的"孝"逐渐延伸到政治、宗教、社会的广阔领域，成为一种社会性的道德准则。

　　中国历朝历代有大量的有关孝道的孝子录、孝行录和劝孝诗。早在汉魏六朝时期，就已经出现了大量的以孝子事迹为题材的人物杂传。相传为元代郭居敬编写的《二十四孝》，就取材于这些为普通民众所喜闻乐道的故事，这是专门用来教育儿童的启蒙读物。孝道不仅在中国有着广泛而深入的影响，甚至对日本、韩国等东边国家都有着深刻的影响。如日本东京大学南葵文库所藏古抄本《孝行录》。该书分前后两部分，共62章，每章各叙一孝子故事，形式与中国的《二十四孝》相仿，均以概括孝迹的四字句作为篇名，在正文叙述之后附有五言四句的小诗。

　　在《二十四孝》中有"孝感动天、戏彩娱亲、鹿乳奉亲、为亲负米、啮指心痛、单衣顺母、亲尝汤药、拾葚供亲、为母埋儿、卖身葬父、刻木事亲、涌泉跃鲤、怀橘遗亲、扇枕温衾、行佣供母、闻雷泣墓、哭竹生笋、卧冰求鲤、扼虎救父、恣蚊饱血、尝粪忧心、乳姑不怠、弃官寻母、涤亲溺器"24个感人脏腑的故事。从其中讲述的人物来看，上至先秦、下迄赵宋，既有王侯将相，也不乏平民百姓，而且绝大部分在历史上都确有其人，所述孝行也大多有据可凭。因为在中国传统文化最鲜明的特点就是人情社会、亲情的文化，而维持人情、亲情最强劲的力量就是"孝"。因此，在中国人的眼里及根深蒂固的观念中就是"百善孝为先"。有了这一点，就能实现家庭和谐、社会稳定、国泰民安。

由此可见，宗法观念、祖先崇拜等伦理观念就作为中华文化的因子而积淀下来，进而又作为一种遗传基因，成为培育中国文化的独特土壤，成为中国古代社会意识、社会心理的普遍根据。传统孝观念在漫长的历史发展中，经过历代统治者、思想家的改造，已经变成了一种内涵极其丰富的伦理规范。

二　孝文化在云南的印迹

孝文化在我国各少数民族的古籍文献、古遗迹中都有很多的记载，在各民族文化和思想中占有很大的比例。云南作为祖国的西南边陲，与中原文化交流、交融有着悠久的历史，其中的孝文化也渗透和镌刻在云南各地，影响着人们的思维方式、行为方式的价值取向。

位于昆明西山昆明公墓金宝山艺术园林，就是充分将西山自然景观与中国孝文化有机结合的典范。艺术园林将二十四孝石雕像展示于其中，很好地提升了艺术园林的艺术品位、文化价值及教育功能。

在昆明西山龙门就有一座圣父母殿，上书"极判以成乾坤祖炁，两仪分而为阴阳阳属天阴属地胚胎天地元神"。充分展示了天地人之关系及父母的神灵的地位和作用。在西山龙门还有一眼"孝牛泉"，又名牛井。《昆明县志》记载：明朝嘉靖初年，道士赵炼隐居于此，"若无水，以牛载汲，垂二十余年矣。一日牛忽死，其处即陷为井，水味殊甘冽，虽盛暑不竭"。民间传说：明朝昆明牛屠赵五，买了母牛及牛犊。一日磨好刀，绑翻牛欲杀，忽听门外有人叫，他放下刀，开门，未见人影。返身不见屠刀，只见牛犊跪对母牛垂泪，屠夫疑惑，打起小牛，果然刀藏于小牛腹下。赵五拾起屠刀，牛犊泪如泉涌，望着母牛衰鸣。此情景令赵五心颤手抖，顿生怜悯之心，自愧以屠为生，不如牛犊有孝心，于是放下屠刀，牵母牛和小牛到三清阁出家修道。到了三清阁，母牛渴了，小牛犊以角抵石舐崖，穿石成井，井成泉涌，母牛喝上甘泉。此泉称为孝牛泉。

昆明荷叶山山顶文化公园墙体上刻有《弟子规》全文。

江川李家山古墓群遗址出土的云南著名战国时期青铜器——牛虎铜案则刻画的是母牛用生命捍卫牛犊的平安，歌颂母爱的伟大和无私无畏。牛虎铜案具有极高的艺术境界极具艺术观赏价值，系国宝级文物。

云南建水孔庙在许多文物的记载中体现了孝的思想和精神。在显著位置就提到践行孝道的八要：一要"敬爱"；二要"奉养"；三要"侍疾"；四要"承志"；五要"立身"；六要"谏诤"；七要"送葬"；八要"追念"。

可以说在中华大地，在云南的山山水水，都留下了孝的痕迹，在每一个人身上都染上了孝的色彩，在每一个人心里都刻有孝的烙印。

昆明从2006年10月开始就举办了"金宝山杯"首届昆明十大孝顺儿女评选活动，推出"昆明新二十四孝"、"昆明十大孝顺儿女"，以及"昆明三个和谐家庭"。这对构建社会主义和谐社会具有重要的推进作用。因为孝道是中华民族的传统美德，在经济飞速发展的今天，社会更需要提倡和弘扬这种美德。

三　孝文化与社会主义和谐社会建设

国之本在家。中国是一个熟人社会、亲情社会。这是中国几千年的文化和特点。由社会的人到家庭的人到家族的人再到社会的人、国家的人和现代的人。中国人的思维方式总是在天地人的框架内思考问题。"人"是要互相支撑，才能顶天立地，存在于天地之间，生存发展。而"众"就是人人都离不开互相的支撑，这样才能更好地生存与发展，才能抵御来自内外的各种威胁和挑战；人人都献出一点爱，社会将变得更加美好。

和谐是社会主义的本质。其内在的前提和基础都离不开中国传统文化忠孝（爱）。中国文化传统中不仅有孝，更有博爱：不仅要对生养自己的父母行孝，还要老吾老以及人之老，幼吾幼以及人之幼。并且常把忠孝联系在一起，并使忠位于首位，这样就把家国的关系厘清了。即没有国哪来家，当然国又是由每一个家、每一个具体的人构成的，这是十分清楚的。

孝文化其中蕴含许多超越时空的普遍伦理精神，在中国几千年发展过程中对维护国家、社会的和谐稳定，发挥了重要的功能。具体来说，中国传统孝文化的主要功能可以概括为以下几个方面：第一，社会稳定的功能。历经千年的传统孝道，教育于全社会，实行于各阶层，使全社会具有了一种共同的道德认识和行为标准，成为一种民族意识，使国民在家尽孝，为国尽忠，忠孝合一，外在强制性的社会规范和内在道德修养结为一体，强制性的社会规范和内在道德修养结为一体，人人行孝悌之道，服从和维护权威，从而有利于天下太平，维护了社会政治的稳定。第二，文化教化功能。中国传统孝文化经历代统治者的推崇和文人学士的褒扬，深入到中华民族的潜意识之中，成为人们的一种自觉意识。第三，家庭和谐的功能。孝自古以来就有促进家庭和睦、代际和谐的意义。孝敬父母及其亲戚，可理顺家庭中的主要关系，立威于兄弟之间，扬名于村邻之域，造就家庭的整体感与和谐气氛，中国百姓追求"家和万事兴"，其中就蕴含着对和睦家庭的追求。不可否认，由于传统孝文化毕竟是古中国小农经济和宗法制度的产物，内容庞杂，良莠不齐，优劣并存。鉴于传统孝文化本身具有的双重性及其对传统社会所起的积极和消极两方面的作用，在经济、政治、文化、社会都发生了重大变化的今天，我们一方面应继承和弘扬传统孝文化的精华内容，剔除其糟粕；另一方面则应从时代发展与和谐社会的需要出发，赋予孝道伦理以时代精神和新的内容，促成其从传统社会向现代社会的转化。

在信息化、网络化的时代，人们的思想观念和价值观念取向复杂多样，主流观念与非主流观念同时并存，先进文化与落后文化相互交织，民族的优秀传统文化不断受到冲击和消磨。还有的学生见到老师不打招呼，遇到小道不会给老师让路。凡此种种，倒还觉得不以为然。没有心怀感激，更没有敬畏心理。相反，我国的台湾地区和邻国的韩国，在这方面就保持和继承得比较好。这就给我们社会主义和谐社会的建设提供了很好的启示：特别是对青少年进行社会主义和爱国主义的教育，一定不能大而空，应从大处着眼、小处着手。最好的学习从借鉴开始，最好的创新从继承开始。要赋予中国优秀传统文化的孝文化以新的时代内涵。这就是要以社会主义核心价值体系的培育为根本，从身边的点点滴滴做起，立德树人，由内而生外，用社会主义核心价值体系武装全党、教育人民、引导青年。特别是要在大学生中开展自爱、自信、自立、自强的主题教育活动，树立民族自信和自觉。建设面向现代化、面向世界、面向未来，民族的、科学的、大众的社会主义文化。一个自爱都做不到的人，是不可能奢谈其他的。由自爱到爱父母、爱他人到爱祖国、爱民族再到爱社会主义，并为建设中国特色社会主义贡献自己的智慧和力量。因为社会主义核心价值体系是社会主义意识形态的根本。历史和现实反复证明，没有核心价值体系，一种文化就立不起来、强不起来，一个民族就没有赖以维系的精神纽带，一个国家就没有统一意志和共同行动。越是深化改革、越是扩大开放，就越是要加强思想政治教育工作，将社会主义核心价值体系融入国民教育和精神文明建设全过程，在全社会牢固树立社会主义核心价值体系的指导地位，充分发挥社会主义核心价值体系对社会思潮的引领、整合作用。

"建设社会主义文化强国，增强国家文化软实力，必须坚持社会主义先进文化前进方向，坚持中国特色社会主义文化发展道路，培育和践行社会主义核心价值观，巩固马克思主义在意识形态领域的指导地位，巩固全党全国各族人民团结奋斗的共同思想基础。"①因此，在孝文化与社会主义和谐社会建设中要始终坚持以社会主义核心价值体系为根本，注重历史积淀，挖掘文化精髓，反映时代要求，彰显地域特征，做到历史与现实、理想与信念、价值与精神、行为与规范的有机统一。中共云南省委将"高远、开放、包容"的高原情怀和"坚定、担当、务实"的大山品质，概括提炼为新时期的云南精神。云南省高校工委则在全国率先提出了"爱党爱国、立身做人，勤学善思、立志成才，历练本领、立业为民的当代大学生核心价值观"，将传统文化、地域特色、时代特点做到了契合和统一，增强了思想政治教育工作的针对性、实效性，提高了社会主义意识形态的感召力、说服力、吸引力和影响力；在孝文化与社会主义和谐社会建设中要善于积极借鉴国外一切优秀文明成果，加强社会主义核心价值体系教育，完善中华优秀传统文化教育，形成爱学习、爱劳动、爱祖国活动的有效形式和长效机制，增强形式的社会和责任感、创新精神、实践能力；在孝文化与社会主义和谐社会建设中要积极推进中华文化的"综合创新"、增强中华民族文化的认同感和凝聚力。在各种创新中，文化创新是灵魂，起着先导作用。古往今来，每一个伟大的民族都有自己独特的文化，民族的觉醒往往是文化的觉醒，相反，民族的衰落往往首先从文化的衰落开始。中国的文化软实力建设要在继承民族文化优良传统的同时，准确地把握时代特点，做到"既不割断历史、又不迷失方向，既不落后时代、又不超越阶段"，走"古为今用、洋为中用，批评继承、综合创新"之路。②

---

① 《中共中央关于全面深化改革若干重大问题的决定》，《人民日报》2013 年 11 月 16 日。
② 赵子林：《经济全球化背景下我国文化安全探析》，《思想理论教育导刊》2011 年第 4 期。

上篇　少数民族伦理研究

世界各国有众多民族，不同民族有着不同的风俗习惯，因而有着不同的伦理道德观念。中国历来是一个重伦理、尚道德的国家，伦理道德观念和准则，在各个民族处理内外民族关系，处理民族成员与民族整体以及与国家和社会的关系时，发挥着重要的调适作用。因此，民族伦理道德是民族意识和民族文化的重要组成部分，它对一个民族的素质，对一个民族的团结，对一个民族的发展，对一个民族的兴衰，起着不可低估的作用。尤其是对民族成员的身心成长、家庭关系、事业发展，对民族整体的社会风尚、精神风貌、文明状况所起的作用，都是不言而喻的。

社会主义精神文明是社会主义社会的重要特征，是社会主义现代化建设的重要目标和重要保证，而思想道德建设是社会主义精神文明建设的核心和灵魂。中国是一个统一的多民族的社会主义国家，我国有55个少数民族，他们在长期的历史发展过程中，形成了许多优秀的伦理道德传统。认真研究少数民族优秀传统伦理道德，对于丰富中华民族伦理道德的内涵，促进社会主义精神文明建设的发展，实现中国共产党第十六次全国代表大会提出的全面建设小康社会的奋斗目标，具有极其重要的理论和现实意义。

德昂族传统婚恋伦理及现代价值

李 旭* 林 庆**

摘 要："人是文化的动物"，在人类社会发展的进程中，文化起着至关重要的推动作用，而在文化的系统结构和动力功能中，伦理精神具有基础性、动力性、目的性，对文化的产生、创造和维护起着关键作用。恋爱是婚姻的前奏，婚姻是家庭的基础，家庭是社会的细胞，婚恋自由基础上形成的家庭更和谐，和谐稳定的家庭则能带动人的全面进步，促进社会的稳定、健康发展。不同的民族有不同的传统婚恋伦理思想和规范（民族性），这些传统婚恋伦理思想和规范随着时代的变迁和社会的发展会呈现出不同的时代特征（时代性），传统婚恋伦理中优秀的成分需要继承，糟粕的成分需要扬弃。因此，如何在全面深化改革开放的新形势下，推进家庭和谐建设与社会全面进步，特别是在这个过程中进一步促进男女平等和妇女发展，是新时期恋爱婚姻家庭伦理研究的重要议题。

关键词：婚恋；伦理思想；家庭伦理

德昂族是云南特有的人口较少民族，在长期的生产、生活实践中，他们给人类留下了独具民族特色的道德文化遗产，被学者杨毓骧誉为"居住在岩洞而有道德的人"①。在德昂族丰富的伦理遗产中，其恋爱婚姻伦理别具特色，在历史上产生了深刻影响。在恋爱、婚姻方面，中原地区的民族讲究父母做主、门当户对、离婚受限等，几千年来，人们严格遵循着"父母之命、媒妁之言"的古训，只有这样，才是明媒正娶，名正言顺。

---

* 李旭，男，云南教育出版社副编审。

** 林庆，女，云南民族大学教授。

① 杨毓骧：《德昂族："居住在岩洞而有道德的人"》，《中国国家地理》2011年第9期。

德昂族则重视青年男女的恋爱、婚姻自由，父母一般都不反对，提倡少收彩礼。离婚自由，对历史上曾经盛行的族内婚、偷婚、抢婚、入赘婚、离婚行为等也较开明，寡妇再嫁也不受歧视，等等。本文着重探讨德昂族传统婚恋伦理及其现代价值。

一　德昂族传统婚恋的源起

爱情是婚姻家庭的基础。德昂族与其他民族一样，在自然发展过程中，有自己独特的婚恋方式，遵循自己的婚恋伦理，即强调追求恋爱自由、重视婚姻自主、离婚自由。

德昂族的创世神话《达古达楞格莱标》，蕴含着丰富的远古信息，在这块史学界称为"未开垦的处女地"上，可以清晰地追溯到德昂族人婚姻形态的演变过程，并从中窥见其恋爱方式和所遵循的恋爱伦理规范。按德昂族的传统婚恋习俗，每一个社会成员从恋爱到婚姻的过程中，约需经过山野对唱初识、竹楼笙歌寻偶、婚前相讴送嫁和婚礼众歌往贺四个具体阶段。

德昂族的恋爱和婚姻能够自由，源于广泛流传于族人中的真实的爱情悲剧故事。德昂族地区有很多有关恋爱、婚姻自由的爱情故事和传说，其核心都是围绕着爱情这一永恒的主题来描述的，其中最有名的是青年岩瓦和姑娘玉束的爱情悲剧。岩瓦吹的芦笙调被称为《芦笙哀歌》（又叫《泪水调》），现在还在德昂族中广泛流传，几乎所有的老年人和年轻人都会吹。青年人在爱情上遭受挫折的时候，常用它来表达感情，姑娘听到那凄凉哀怨的调子，还会流下泪来。梁河地区的德昂族在举行婚礼的大喜日子，还必须唱《芦笙哀歌》，意思要人们不要忘记，他们的婚姻能够得到自由，是这对青年的不幸换来的。作为男女青年恋爱的传情物葫芦丝，其来源也与爱情故事有关。

一对青年的爱情悲剧产生了动人心弦的音乐和歌调，又深刻影响和改变了一个民族的婚姻制度，说明德昂族恋爱、婚姻自由制度得来之不易。现在，德昂族青年男女的恋爱和婚姻十分自由，父母和长辈一般不干涉，且恋爱和婚姻也不受家庭条件限制，只要姑娘和小伙子喜欢，决定因素是双方的自愿。青年男子可以任选配偶，未婚姑娘也可自主选择对象。他们的恋爱生活有非常丰富的内容和鲜明的民族特色。德昂族在婚恋上的传统习惯法是：姑娘爱上哪个小伙子或者姑娘让人看上了，不嫁是不行的，至于嫁的姑爷好不好是姑娘的命运，父母无能为力。如遇到女方父母刁难，女方可不经过父母的同意到男方家与男方同居，父母也无可奈何，而聘礼也因此减半。① 因此在婚恋问题上，姑娘有更多的自主权和选择权。由于是自由恋爱结成的婚姻，所以德昂族家庭夫妻感情融洽，离婚的很少。②

二　德昂族传统婚恋方式与特点

德昂族的恋爱方式有何特点，有何择偶标准呢？德昂族的传统恋爱习俗，说起来极富浪漫色彩，整个恋爱过程与对歌为伴，也有着与众不同的行为伦理准则。德昂族未婚青年最重要的恋爱方式是"串姑娘"（德昂语称"豪味尼别"）。德昂族青年男女到了婚恋年龄，都要参加青年男女的婚恋组织"青年组"，由其带领大家进行集体性的社交活动。男方组织的领头人被称为"司脑干"，女方组织的领头人被称为"阿巴干"。这两个组织带领青年男女参加本村或外村的一些重大社交活动，如喜庆活动、节日活动、聚会和娱乐活动等。通过这些活动，为青年男女的相识和恋爱提供机会和场所。过去，小姑娘和小伙子在十五六岁以后就可以加入青年组织，集体或单独地进行"串姑娘"活动。凡是不同姓的姑娘，男青年均可去串，舅婊、姨婊也可通婚，但姐姐未出嫁以前不能串其妹妹。黑德昂、红德昂和花德昂之间也可以通婚，若红德昂娶黑德昂女子，要按照黑德昂礼节，反过来也一样。③ "串姑娘"的方式比较灵活，如果小伙子看上了哪位姑娘，就在夜幕降临后，踏着月色来到姑娘家的后门附近唱山歌、轻吹芦笙或低声吟唱，暗递情意。姑娘闻声后，知道有小伙子来找她约会，不论认识与否，她都要点燃火塘，烧茶备水，梳妆打扮，迎接小伙子的到来。如果姑娘对歌声无动于衷，则表示拒绝。如果姑娘与小伙子搭话或对歌，则表示姑娘喜欢小伙子且愿意和小伙子恋爱，并把小伙子迎进家中的客房里。如果小伙子从较远的地方来，姑娘会更加热情地招待。小

---

① 《德昂族简史》修订本编写组：《德昂族简史》，民族出版社 2008 年版，第 144 页。

② 德昂族实行一夫一妻制，忌同姓婚姻，存在着同姓不婚的制度，因为他们认为，只要同姓就会有血统上的相同，血统相同的人相婚配，不利于子孙后代的繁衍和健康。德昂族与其他民族联姻的比较少，限制较严。

③ 《德昂族简史》修订本编写组：《德昂族简史》，民族出版社 2008 年版，第 140 页。

伙子进门后，姑娘要为他捧上一杯香茶，然后两人坐在火塘边交谈或对唱山歌。

德昂族男女青年的择偶标准，并不是单纯追求外表的美，主要还是以"男耕女织"的传统通过"尚美标"进行衡量，男的要具有良好品德、强壮体魄、耕种技能。女的除了应具备男子的条件外，还要具备织缝技能和贤惠孝顺的良好品德。德昂族男女青年享有充分的择偶自由，父母极少干预，由父母或长辈包办的情况非常少见，即使是因为缺乏男劳力而招赘的，如果女儿不同意，也不能实现。男女青年择偶的方式很多。一般来说，一是在节日或者参加别人婚礼期间，男女青年集体对歌择偶；二是在生产劳动或劳动对歌中择偶。

三　德昂族传统婚恋的约定

按照德昂族的传统婚恋习俗，每一个社会成员从恋爱到婚姻的过程中，约需经过山野对唱初识、竹楼笙歌寻偶、婚前相讴送嫁和婚礼众歌往贺四个具体阶段，每个阶段又有不同的特点。当德昂族青年男女经过多次试探、交谈觉得对方符合自己的择偶标准时就意味着爱情的加深，随后，双方会互赠礼物。之后，男女双方就可以禀告父母，如果双方的家长也同意时，男方就要请村寨老人选择一个比较好的日子，举行"吃茶"的订婚仪式。"吃茶"在晚上于女方家举行，男女双方都请寨中所有老人到女方家帮助商议订婚之事，同时也议定结婚日子。老人们秉公正直帮助男女家说话，到鸡叫头遍时，各种条件都讲好了后，男家将事先准备好的一包茶叶交给女家煮好，由将要成家的小伙子和姑娘双手捧着献给所有参加的老人，每人喝上一大碗，表示对老人的谢意，随后通风报信的人立即赶到男方家把消息告诉全家。于是男方家就将预先准备好的酒、肉、菜、饭挑到女方家，请老人们共同进餐。当老人们高高兴兴地举杯敬酒并说上几句祝福语后，"吃茶"仪式就结束了。我们今天常说，爱是婚姻的基石，爱需要双方深入了解，德昂族青年男女的婚姻正是基于这种自由恋爱、互相了解基础上的，因此也就不难理解为何德昂族人的婚姻非常稳定、离婚现象较少。

德昂族的青年在婚姻缔结上有一定的自主权，做父母的也比较尊重儿女的心愿。结婚时，男方要给女方聘礼，德昂族称为"奶水钱"，聘礼虽然不重，但按习惯是必须给的。聘礼数量由男方经济情况决定，一般不少于五六十元，也有高达 1000 元的，表亲礼 100 元，越姐嫁礼①100 元。娶亲时还要给女家一二百斤肉，一定数量的茶叶（一般是 4 包）、砂基、芦子、草烟、盐巴（一般是 4 包）、酒（一般是 50 斤）、米（一般是 100 斤）和鸡蛋②。若姑娘属外寨，还要给寨里送些谷子。一般来说，德昂族的结婚聘礼只是一些象征性的礼品，接新娘的人们的背箩里装着约 1 公斤多草烟、4 碗大米，还有媒人带的 8 元钱，其中 6 元给爹娘、2 元给内亲，哪怕人再多，即使每人只能分到几分钱也不能再向男家多要。在少数民族中，德昂族的结婚聘礼恐怕是最少的了。男方办完了聘礼，方可迎娶新娘。新媳妇接到家，要宴客三天，请全寨人来进餐，客人送些烟草、蔬菜和木柴作为礼物。结婚对男方是一项沉重的负担，新中国成立前因结婚而卖田、借贷的相当普遍，男方往往由于无力把女方娶回来而去女家入赘。婚后不和睦，可以离婚。若由男方提出，出几斤米、几元钱请村寨头人祭神树并通知女方回娘家即可；若系女方提出，则必须赔偿男方在结婚时付出的彩礼，这对妇女是一种束缚。

四　德昂族传统婚恋中的特殊现象

在婚姻形式上，德昂族总的来说讲究明媒正娶，但是不论从古老传说，还是从现在的婚礼习俗观察，似乎都在曲折、形象地反映出德昂族在历史上曾有过抢婚、偷婚、逃婚、入赘的习俗，这些婚俗从一个侧面反映出德昂族的家庭伦理状况。

德昂族以前曾有偷婚、抢婚的习俗，究其原因，大多是因为年轻人双方相爱，而女方父母拒绝男方求婚，然而一对恋人对爱情却忠贞不渝，发誓生死相随，在这种情况下才会发生偷婚、抢婚。尽管如此，德昂族的偷婚、抢婚仍然遵守着自己的民族传统，按照一定的规矩，在符合礼仪、伦理中进行，其处理的方法也显得非常有趣。应当指出的是，德昂族人的偷婚不是目的，只是表明男女青年对爱情和婚姻的忠贞态度。应指出的是，

① 根据德昂族习俗，嫁娶是按照长幼顺序排列的，若弟（妹）先于哥（姐）之前嫁或娶，弟（妹）要向哥（姐）送五尺白布给他们擦脸。

② 艾傈木诺：《德昂族的婚礼充满情趣》，《中国国家地理》2011 年第 9 期。

随着时代进步，人们的观念正在发生变化，偷婚、抢婚现象已基本不再发生。

在德昂族社会一直存在一种特殊婚姻形式，即入赘婚姻。入赘指的是男方到女方家里落户，即男子就婚于女家并成为其家庭成员，俗称"倒插门"。对这一婚姻现象，不同民族文化背景的人群有不同的看法。实际上，这种婚姻只是在家庭生存压力影响下男婚女嫁采取的不一样的形式。德昂族社会如何看待这一特殊的婚姻现象呢？在德昂族社会中，从妻居的入赘现象比较普遍，那些缺少或没有男劳力的家庭需要劳动力，需要养老接代，故通常会招纳男性成员较多或男子家贫而无力娶妻的子弟入赘。在父系大家庭没有解体前，人们普遍愿意借招赘来扩充家庭劳动成员，家境贫寒无力娶妻的人家，其子弟也只能以身为质到女家完婚。当然这种招赘、入赘的婚姻的前提是要得到女方认可，如果女方不喜欢男方也不能入赘，因为在德昂族社会里入赘婚姻也是自由民主的。

对于离婚行为的态度，不同的民族是有差别的。处于不同历史时期，生活在不同区域的人们，对离婚这一社会现象持不同的看法。如在锡伯、蒙古及信仰伊斯兰教的哈萨克、塔吉克等民族中，对离婚都持否定态度，离婚行为极少，离婚妇女及其家庭受到歧视。同恋爱自由一样，德昂族青年男女离婚也是自由的，且男女双方都享有解除婚约的自由，但婚后极少出现婚变。德昂族婚姻伦理思想中包含尊重个性自由、主张男女平等、重视社会责任、强调婚姻家庭稳定性的思想，很少出现离婚。德昂族婚后夫妻间如发生纠纷，多由家长、亲戚劝导、调解，如果夫妻感情确实不和睦，感情已经破裂，经有关人员调解无效，又经"在岗"（头人）调解不行，则可以办理离婚。离婚调解费由男方付给。若女方主动提出离婚，就要赔偿夫家所送的一切彩礼，婚姻关系就此解除。若夫妻不睦，男方提出离婚，只要出几斤米、几元钱，请村寨头人（安章）祭神树或大青树后，即可解除婚约，并通知女方回娘家。现在的离婚，除了传统的仪式必须进行外，还要到当地乡镇府办理离婚手续，才算正式离婚，否则离婚无效。按照德昂族的传统伦理规矩，夫妻离婚后，其所生子女原则上男孩随父、女孩随母，婴儿（不论男婴、女婴）由母亲抚育，长大后跟随母亲生活。不过，总的来说，德昂族人的婚姻家庭生活是十分温馨和睦的，也是十分牢固的，这应归功于德昂族人长期以来形成的优良的婚姻伦理传统。

德昂族社会一般不会出现"通奸"的婚外情现象，其习惯法规定，若与有夫之妇通奸被发觉，奸夫交公众处罚，罚款数元钱。若妇女对丈夫不满可另嫁，但要赔给男方彩礼。新中国成立后，德昂族地区在处理婚变的问题上，主要是根据国家有关法律规定及村规民约由村公所及相关部门具体操作，传统习惯法已退居次要地位了。

五 德昂族传统婚恋遵循的伦理准则

德昂族青年男女的恋爱，富含着严格的伦理规范，呈现出四个显著特点。一是以对歌形式进行。男女青年的恋爱过程是一个散发着浓郁乡土气息的、以美妙动听的歌声贯穿始终的过程。男女青年谈情说爱，基本上不用语言来"谈"来"说"，而用对歌的方式来倾诉衷情，表达爱慕之感。二是单独串姑娘的谈情说爱活动，往往在女方家进行。夜色降临的时候，小伙子吹着动听的葫芦丝或弹着悠扬的玎琴，来到姑娘家后门外低声唱着求婚情歌。① 三是德昂族青年恋爱虽然很自由，但也有很多伦理规矩和禁忌，诸如禁止氏族内恋爱的原则、选择对象的标准等，尤其是对女性规范较多。如谈恋爱都必须在女方家的火塘边进行，或交谈或对歌；无论天冷或天热，火塘里都要生起明火；小伙子只能从姑娘家竹楼后门进来，走到姑娘卧房前的火塘边，坐在靠进门方向的火塘角，男女双方切忌对坐；女性的言谈举止要庄重、文雅、自尊，男女双方不能随便嘻哈打笑；男女对歌鸡叫时必须结束；比较注重婚前性伦理，很少出现私生子等。四是恋爱的目的是婚姻，而不是肉体性爱，更不是经济地位和社会权利，这是德昂族的恋爱异于西方传统和其他民族恋爱观的显著特点，也是德昂族社会基本不存在婚前性行为，不存在高离婚率，更不存在父母阻挠自由恋爱、包办婚姻的原因。恩格斯曾说过："如果说只有以爱情为基础的婚姻才是合乎道德的，那么也只有继续保持爱情的婚姻才合乎道德。"② 恩格斯对婚姻伦理的这一断言，既是对文明时代婚姻"不可离异性"的宗教神话的批判，又是对未来共产主义时代爱情与婚姻的伦理原则的预言，这一点，在德昂族追求爱情的过程中也可以找到基本的共同点。

---

① 德昂族的情歌，各支系有不同称谓的曲调，如若静支的"若格木外"（意为对唱的话）、来弄支的"色克"等，多用于表达爱情，有男女初见唱的赞美歌、相互问答的对答歌、表示思恋的想念歌等，也可唱其他内容。

② 《马克思恩格斯选集》第4卷，人民出版社1972年版，第78—79页。

　　德昂族青年男女在恋爱过程中严格遵守恋爱道德伦理，其父母充分尊重子女的恋爱和择偶自由，但是一旦小伙和姑娘订亲，就会让女儿把来串姑娘的其他小伙子的茶叶包退回，小伙子也就不会再来串了，这就避免了出现"单相思"、"三角恋爱"、"多角恋爱"、"婚外情"这些违背恋爱伦理的情况。德昂族男女青年的社交活动开始得比较早，一般都在年满14岁。在自由恋爱过程中，一般都比较注意恋爱伦理，并能自觉恪守，很少出现越轨行为，出现私生子的现象就更少了。可以说，对青年男女婚前性行为的控制始终是德昂族社会的一项共同行动。尽管德昂族男女青年可以自由恋爱，但在结婚前，不论双方相爱的程度有多深，都不能发生性关系。因为德昂族社会视婚前性关系为大逆不道，婚前生育更受人歧视，不仅当事人要受到村寨头人惩罚，其家人也会被人小看。如果个别男女青年一旦发生婚前性关系，会被视为极不道德行为，受到社会舆论谴责。如果未婚姑娘出现私生子的个别行为时，按德昂族的传统伦理规矩，还要被处以"神罚"、祭寨神或勐神，男方一定要到女方村寨中进行"洗寨子"礼，即男方到女方村寨，请寨中父老乡亲喝酒；请佛爷或安章（和尚还俗者，推选为祭司的人）念一天佛经，以清除污秽，向神灵赎其罪，然后男女双方才可以正式结婚，但这种事例不多见。

六　德昂族传统婚恋伦理的现代价值

　　恋爱和婚姻是家庭生活的前奏，自由恋爱基础上结合产生的家庭是社会稳定、和谐发展的基础。人类希望每一段婚姻都幸福美满，白头到老，但那实在是人们的主观愿望，其实有相当多的婚姻是无法达到的。传统的婚姻观认为：婚外情与婚外恋有着本质不同。前者虽具有一定普遍性，但没有动摇家庭，属于个人隐私，因此外人无权干涉。而婚外恋则是否定传统伦理观念，败坏人类文明，"是可忍，孰不可忍"。换句话说，偷情无所谓，婚变则有罪。传统伦理似乎是在维护家庭稳定，维护爱情的严肃性，人权何在？相比较，德昂族的恋爱自由、结婚自由、夫妻恩爱忠诚、再婚不受歧视、离婚自由，似乎更让人羡慕。

　　德昂族有自由恋爱传统，因此婚后的夫妻关系较为和睦，很少出现离婚。此外，良好的夫妻伦理也是德昂族家庭和谐的重要保证，是夫妻相处的坚实基础。据有关学者对潞西市三台山德昂族乡的勐丹村调查，该村离婚率只有6.5‰，这个离婚率在德昂族人中已经算高的了；而在德昂族人较集中的镇康县军弄乡，据调查，新中国成立后50多年内只有一对夫妻提出并办理了离婚手续。与德昂族人低得惊人的离婚率相比，当今社会的离婚率正呈直线飙升趋势。据有关专家学者分析，德昂族人的离婚率之所以较低，究其原因，可能是因为三台山地区的德昂族个体小家庭比军弄地区的个体小家庭独立存在的时间相对要长一些，同时，在现代市场经济中，传统观念与现代思想观念常存在着不协调的现象，这种现象经过反复碰撞，不可避免会使一小部分家庭发生婚变。① 尽管如此，德昂族人的婚姻家庭生活无疑是非常诱人的，尽管其家庭在物质生活上也许跟大都市里生活的人们不可同日而语，但其异常稳定而和睦的婚姻家庭模式毫无疑问具有很强的亲和力，在中华各民族的婚姻家庭模式中显得异常独特。

德昂族人长期以来追求婚恋自由，自由恋爱观念深入人心。尽管形式上仍经过由"父母同意"，经"媒妁之言"完成婚配，但父母一般都不反对。德昂族父母常说："姑娘让人看上了，不嫁是不行的。"这形象地表明德昂族父母对子女恋爱的热情支持，也自然成为并非父母包办子女婚姻的明证。基本上，德昂族男女青年都是通过自由恋爱、自行婚配的，应该说，较之于汉民族传统封建纲常伦理思想束缚下的包办婚姻、买卖婚姻，德昂族人的这种自由婚恋方式确实反映了一种大胆而又叛逆的观念意识。更重要的是，这种观念意识不仅在德昂族青年男女中流行，亦为德昂族社会认同和接受，并成为民族习惯法，这说明德昂族人的恋爱与恩格斯所预言的共产主义基于爱情的婚姻具有惊人相似之处。应当说，热切地追求婚姻自由是德昂族人的普遍观念，为此，他们对包办婚姻、买卖婚姻表现出强烈反感。对包办婚姻买卖婚姻的憎恨，对自由恋爱自由婚姻的追求，不仅产生了德昂族生动多样的婚恋习俗，而且也鼓舞了青年男女追求幸福的勇气。

尤为难得的是，德昂族青年男女的恋爱按照前述的恩格斯的说法是纯洁而合乎伦理规范的。现实中的德昂族青年男女为我们上了一堂真正纯真的爱情课，告诉我们离开性照样有爱情，这一切都有赖于恋爱双方对伦理规范和习俗的遵守。德昂族长期流传的民间传说、民间故事对恋爱的纯真和专一均有生动反映，特别是这些民间故事、传说塑造的一些典型艺术形

---

① 李家英：《德昂族传统文化与现代文明》，云南民族出版社2000年版，第101页。

象，更集中表达了德昂族人民向往美好爱情、追求婚姻自由的强烈思想意识和情感。这些婚姻习俗实际上体现并承载了德昂族特有的价值观念和伦理标准，而正因为如此，这些习俗方才获得恒久的生命力。作为一种价值标准，原始的平等、自由意识在德昂族的恋爱、婚姻家庭、社会关系中起着重要的作用。它带来了德昂族恋爱、婚姻关系中男女地位相对平等的恋人和夫妻关系，鼓舞了德昂族青年男女为维护恋爱和婚姻自由而顽强抗争的意志，激起了青年男女自由地追求美好爱情的勇气。在平和、仁爱的心性中滋养的原始平等、自由意识，孕育了德昂族人特有的恋爱、婚姻意识和理念，培育了其特有的自由恋爱行为模式和习俗风尚。而今，人们都意识到婚恋习俗是民族文化遗产不可缺少的一部分，并且采取了保护行动，这不仅能够维持文化的多样性，而且有助于提高民族的自尊心和自信心。如今，德昂族的传统婚恋伦理观念虽然在现代文明的挑战中已或多或少地发生了变异，但其对现实生活的影响力仍然不能低估，更不能漠然视之。我们认为，摒弃了具有迷信和封建色彩的部分后，德昂族的恋爱婚姻习俗仍然具有流行的土壤和生命力。德昂族婚恋伦理思想中包含的尊重个性自由、主张男女平等、重视社会责任、强调婚姻家庭稳定性的思想，对于我们构建当代中国的文明婚姻家庭伦理，仍然具有重要的启示意义。

大理白族传统婚俗中的伦理道德

杨庆毓*

摘　要：大理白族传统婚俗的仪式、习惯、行为规范，反映了白族勤劳致富、规避凶祸的幸福观，宽厚仁爱、团结互助的道德选择，以及重品行、遵孝道的伦理准则。

关键词：白族；传统婚俗；幸福观；伦理道德

婚俗在社会生活中是普遍存在而又潜隐不露的一种文化规范，与婚姻道德和婚姻法一样，具有规范人类婚姻行为的社会功能。不同的是婚俗文化通过隆重的仪式、约定俗成的习惯宣示民族价值意识，以庄严的典礼、一以贯之的家教彰显道德标准，以肃穆权威的礼仪途径，靠群体监督、宗教信仰、民族认同等因素来约束人们的婚姻行为。作为一种普遍公认的社会模式，它是一种便捷而有效的规范手段，维系着民族的传承与发展，并随着民族的发展而不断演变、完善。本文通过对大理白族传统婚俗隐含的幸福指向、道德选择、伦理准则进行分析，旨在挖掘其文化内涵，推陈出新，弘扬民族传统优秀文化之精髓。

一　勤劳致富规避凶祸的幸福观

幸福观是人们对幸福的看法，集中反映人的价值观。幸福作为人的一种心理体验，既是对生活的客观条件和所处状态的一种事实判断，又是对生活的意义和满足程度的一种主观价值判断。它表现为在生活满意度基础上产生的一种积极心理体验。白族传统婚俗通过仪式、规范，将勤劳致富、平安是福、长寿之福、多子多福的观念，融入群体的价值追求中。

---

* 杨庆毓，女，白族，云南民族大学马克思主义学院副教授。

　　白族是西南少数民族中较早从事稻作生产的民族之一，白族先民在长期艰苦的劳作过程中，养成了热爱劳动、勤劳持家的道德风尚，总结出了无数的家法族规，强调治家要以勤俭为先，"诫虚荣奢侈"。白族谚语"虎骨酒是泡出来的，好日子是苦出来的"，"最粗壮的菜粪最多，最幸福的人工作最忙"，"不怕缺少金银财宝，就怕缺少自信和勇气"，反映了白族人的幸福观。白族不以酒醉饭饱为满足，所以在白族婚庆上，无论兴致多高，或有多大的冲突，很少有酗酒、斗殴事件发生。同时讲求居处的舒适整洁，白族新婚夫妇要早起清扫庭院、挑水做饭的习俗，就是要求成家者需勤劳才能使家业兴旺。

　　对生命价值、家族兴旺的重视，形成了民间的幸福观。在新的家庭建立时，祈福避祸是十分重要的内容。家道不衰、兴旺发达、庆吉平安是白族人对婚姻家庭生活的良好愿望。一是表现在将追求幸福与生命价值联系在一起。在民间传统的幸福观中，长寿之福是最受重视和推崇的。婚俗活动中的仪式细节体现了白族对长寿幸福的向往和追求，如要请健康长寿、幸福的妇女来为新人订被子、做媒人。二是将追求个人幸福与家族发达联系在一起。因为个体的生命有限，传统婚姻追求传宗接代、香火永继，人丁兴旺、子孙有为、光宗耀祖便成为个人幸福的体现。追求人丁兴旺体现了民众对幸福的一种理解，成为民间幸福观中的重要内容。

　　福禄吉凶观念是白族人民在一定历史阶段上形成的、把握自己生活方式、展现自己生活意义的特殊方式。在人们追求幸福生活、避免灾祸不幸的愿望的驱使下，经过千百年的积淀，白族民间还逐渐形成一套避邪文化。白族避邪文化是由从静态的物件到动态的婚俗行为与仪式共同组成的。在婚庆中，有不同的避邪方法和避邪仪式。

　　一是用物件避邪。在婚庆中会利用各种物品，如植物、食物、动物、器具等避邪，针对"邪"的不同类型，所使用的避邪图像也有所不同。常有火、石灰、松、鱼、花瓶、升斗与谷豆，墨镜和镜子、青刺枝、桃弓柳箭、篙香、篙子水、葛蒲、艾枝、松、彩帕、红线、松明子、硬币等，以驱赶隐伏在屋内的各种凶神。

　　二是通过行为驱邪，如婚礼中的安喜床、压喜床、搭"彩棚"、吹唢呐、燃放鞭炮、闹洞房、送喜神、贴对联等行为，通过人——童男、未婚男人的阳气，目的就是驱邪祈福。

　　三是用图像避邪。针对"邪"的不同类型，所使用的避邪图像也有所不同。民居选址、布局属凶而设的避邪图像。为了避免"魑魅"进入居住空间，白族建筑在大门运用门神、狮子、大象、蝙蝠、鹿马、龙凤、麒麟、篙香、招财童子、利市仙官、符、对联等图像避邪。墙体外围运用彩绘的各类避邪装饰图像和瓦当、泰山石敢当、偷鸡神、独角兽（瓦猫）、陶鸡等图像构成民居外部的驱避体系。屋内家具陈设上都有避邪图像，厨房内要贴奏善堂（灶君）。二楼明间的祖坛上的图像也都是。

四是吉祥用品的运用。吉祥用品也是适应趋吉避凶的特定心理需求而生的，如新婚晚上要让新人吃用肠肚和粉蒸肉做成的象征男女生殖器的菜，寄托人们希望繁衍的美好愿望。新娘下轿后，为避免新娘双足触地，冲犯鬼神，在新娘花轿前铺好花席或红毡，新娘由人牵引徐徐前行，旁边有人不断交替向前铺设毡席，俗称"传席"。后改为用布袋铺路，俗称"传袋"。"袋"与"代"谐音，"传袋"有传宗接代之意。另外在新人床上撒红枣、花生、桂圆、栗子等果品，"枣"与"早"同音，"桂"与"贵"同音，将此四物各取一字拼凑起，即"早生贵子"。另外花生还有花着生、有男有女之意，栗子有"立子"之意。这些谐音皆是源于巫术。

总的来讲，以人为本，避邪的信仰、避邪的图像、避邪的仪式、吉祥用品的运用，共同组成了活态的白族祈福避邪文化体系。这种维护生存而有序的方式，能流传久远而保存至今，主要是民众集体的心理需求，这种看似非理性的思维、行为潜藏着民族理性的人生追求。

二　宽厚仁爱团结互助的道德选择

"仁"的价值理想，其目的就是要把人类社会中的仁爱精神和仁爱要求，转化为每个人的内在自觉。中国文化主张人们时刻注意与自己的良心进行沟通，不断地唤醒隐藏在人内心深处的道德良心。在白族婚礼中进行的礼仪教育，通过反复展演，促使人们不断反省，对人格的这种价值追求，锻造了白族温良恭让与热情豪爽相结合的民族性格。

团结互助是白族人民在家庭生活及社会生活中处理人与人、个人与群体的行为准则。白族传统中团结互助的原则，不仅局限于家庭、村落内部的互助关系，同时也包含家庭、村落之间以及社会中人与人广泛的互助关系，这种行为准则已经化为一种行为习惯。白族人民历来都把帮助别人看作自己的义务，把个人与群体视为一个整体，来解决生产生活中的困难。

白族谚语"一根麦秆编不成一顶草帽","有花才有蜜、有国才有家","不怕巨浪再高,只怕划桨不齐","一根藤容易断,十根藤比铁坚",表明了白族团结协助的理性生存认知。在生产力发展水平相对比较低下的情况下,团结互助是民族成员能够战胜各种灾难、克服各种困难而生存繁衍的适应性选择。在婚礼的组织、进行中都能感受到民间的自组织力量。

结婚是少男少女人生角色的重要转折点,意味着从此将告别少不更事、无忧无虑的生活,自立门户,担负起家庭和社会责任。白族传统婚礼上,当青年男女即将步入独立、成熟、肩负责任的新的人生旅程,在这种人生历史转折的关键场所,白族婚俗通过对婚姻当事人这一关键人群的婚事缔结的程序安排、要件的规则,通过亲友的祝愿和老人的交代,庄严而郑重地行使他们训导、教育后代的职责,在传统婚礼中实现对婚姻当事人角色转换的道德教化和伦理素质的塑造,进一步推进着年轻一代的社会化。白族传统婚礼仪式是一次特殊而又重要的心灵成长教育。它让当事人通过一系列烦琐的礼仪磨炼,明白仁爱美德的魅力,最大限度地满足人们日常生活的要求而永恒和持久。白族传统婚俗对成亲的男女当事人的教育和训导,通过反复展演,促使人们不断反省,不断地唤醒对人格价值的追求,使青年能继承本民族发展史上最为宝贵的财富,从而胜任崭新的社会角色,为未来的人生顺利发展做充分的准备。[①]

白族婚礼的举办就是亲朋好友团结互助的最佳体现,白族民间常常把办事期间亲朋好友是否愿意鼎力支持,作为一个人做人如何的评价标准。如举办婚礼中,远方的客人因路途遥远需要住宿,仅靠主人家准备的被褥是不可能解决一时之需的,这时就需要向村里的乡亲借。有时遇到远房亲戚人多,还需要借宿。如果没有这种互助,婚礼中的难题就很难解决。这种乐于为他人排忧解难的互助行为是白族社会生活中历史悠久的最基本行为规范选择。据大理白族村民回忆,随着商品经济的发展,到民国时期逐渐出现专门为办红白喜事提供服务、帮助办事的人家借被褥和张罗借宿事宜的民间组织,但也不能完全取代民间的互助形式。

三　重品行遵孝道的伦理准则

传统中国是伦理本位的社会,伦理成为认识和处理人与人之间相互关

[①] 王飞、杨玲:《云南少数民族传统文化与道德教育研究》,云南大学出版社 2009 年版,第 42 页。

系的基本道理和准则。伦理构成的关系是道德的基础，伦理关系以情理而定，其生成的道理往往以道德的形式表现出来。受儒家思想影响，白族传统婚俗也通过择偶标准、性关系、恋爱行为、服饰规制等，具体反映民族的伦理道德要求。

选择配偶重"品行"是白族传统婚姻的一大原则。白族无论贫富，强调选择有道德原则的人，才值得信赖，是婚姻长久的重要基础。这种价值取向无形中成为白族民众为人处事坚守诚信、正直的重要尺度。

白族从原来普遍允许婚前和婚外性关系，演变为逐渐只允许婚前性关系，发展到仅个别较偏僻地区和特定节庆容许婚前和婚外性关系（如绕三灵），无疑都是婚姻道德观的一种进步。一夫一妻制的婚俗对于婚外情和重婚行为有重要的约束作用，如南诏时期规定"既嫁有犯，男子格杀勿论，妇人亦死。或有强家富室责资赎命者，则迁徙丽水瘴地，终弃之，法不得再合"。虽有富豪之家用巨资赎命，但也要流放到缅甸伊洛瓦底江一带。处罚十分严重，使违俗者承担着内心自责和社会谴责的双重压力。婚俗的规范功能对婚姻和家庭的稳定有重要意义。它表明，性道德成为白族生活方式中用以处理两性关系的基本观念和准则，是白族物质资料生产发展的水平和人口生产的实际需要，是随着科学和文明的提高而提出相对一致的性道德准则。

服饰是一个民族区别于其他民族最原始、最直观的特征，同时服饰是一种无声文化，"一个社会的性别制度是该社会将生物的性转化为人类活动的产品的一整套组织安排，这些转变的性需求在这套组织安排中得到满足"[1]。在公共场合，已婚者和未婚者被差异化的服饰所区别。服饰表现为一种道德律令，明确昭示着应该怎么做和不应该怎么做。这种服饰权利上的变化标志着未成年向成年过渡的实现，并在伦理的意义上获得恋爱与婚姻的权利。

白族服饰在男、女两性区别的基础上，按不同年龄段与婚姻状况构成相对统一的服饰模式，其款式变化不大。白族按不同年龄段，在色彩上，黑、青、红、白诸色各有侧重。服饰款式的相对趋同性延伸为款型制式的连续性，深刻地浸透着对本民族尊严、信念、习俗文化的自我认同，维护着本民族伦理观的完整性。

---

① 王政、杜芳琴主编：《社会性别研究选译》，三联书店1998年版，第23页。

　　头饰是民族识别最形象的标志，也是一个民族在文化崇尚、审美心理和风俗习惯等的表现，与民族称谓、民俗心理、生命礼俗等社会文化现象相连。[①] 大理白族妇女头饰有一定的地域差别。以生活在洱海周围的白族为例，未婚姑娘衣着较艳丽，头戴色彩鲜艳的绣花头巾或花手帕，形如满月，发辫盘于头帕外，缠以大红绒线，一侧垂下雪白的缨穗。已婚女性的服饰趋于朴素，色彩趋于稳重、典雅，这是对已婚妇女行为、情感节制的要求与表达。

　　白族女性头饰从结婚开始改变。正席以前是长辫，结婚出嫁这天除头发辫插着红花以外，其余与平时一样；正席第二天，梳新娘头，把原头发辫梳成燕舞八格提篮棒式髻、头两额分出两扇髻扇。戴上绣花凉勒帽，帽上佩戴有银制凤头。鹤庆甸南白族新娘装则在原有白族服饰的基础上，在袖口、帽子、围腰、鞋子上缀绣精美图案。中年妇女以蓝色服饰为主，"头帕靠额头边沿露出扎染布桃花和针刺绣花，头帕五层花布各层在头前额露出边沿叠压在一起，其余三边留出短抽纱边。头帕上裹上裹巾，裹巾的白色流苏聚在脑后，头帕在脑后自然折叠扎拢。有人戴白色长流苏，有人无长流苏，只留出裹巾一端的白色短流苏"，以素雅、端庄为美。老年妇女以黑头帕、黑褂、黑围腰为主系，配以深蓝底白色小花的扎染头巾，头帕在脑后扎成一团花似的，较高耸头，肃穆、庄重。[②]

　　服饰是白族妇女心灵手巧的具体表现。白族妇女在不同年龄段为自己制作不同的服饰，这个制作过程就是对妇女社会年龄的暗示，也是妇女接受、认同并自觉融入社会规范的过程。在人生的各个不同阶段，白族妇女均有其相适应的服饰规范来指导其装扮。通过每天的穿着打扮，以色彩、款式，通过视觉无声地传达民族的传统行为规范，以此潜移默化地规制妇女的言行，维护家庭、社会的道德秩序。与女性服饰这种不同年龄段穿着打扮的差异性要求不同，白族男性服饰则仅有白、蓝、黑三种色彩，款式上并无婚姻状况的明显区别，似乎印证了恩格斯关于一夫一妻制仅是对妇女约束的观点。女性服饰的差异性也是方便男性准确判断，而不去沾染有夫之妇，不去触犯民族的道德底线。

---

　　① 管彦波：《少数民族头饰中的图腾遗迹》，《云南民族大学学报》1995 年第 3 期。

　　② 郝翔等主编：《周城文化——中国白族名村的田野调查》，中央民族大学出版社 2001 年版，第 351 页。

　　中国社会向来强调长幼之序，孝的思想观念是中国传统家庭伦理文化的首要精神和核心观念，它不仅是亲子间的伦理价值观念与规范，而且渗透到社会生活的各个方面。据明天启《滇志》记载，包括白族地区在内的云南全省礼制有冠礼、婚六礼、丧礼、祭礼。在这些礼制的影响之下，明代白族知识分子普遍有着强烈的忠孝仁义思想。杨黼在《山花碑》中写道："恭承当母天地，孝养干子孙释儒。"① 杨楠金在《居家四箴》中也提出："子孝父心宽，斯心诚为确。"清代，白族地区封建家长制经济逐渐成熟，白族民间开始把儒家的"孝"、"悌"等思想吸收过来，结合本民族的习惯，订立乡规民约，要求阖村遵守。尊老敬老是孝的首义，它隐含在日常生活的行为规范中。

　　婚礼不仅是孝道的宣讲场，同时也是孝道的重要践行场所。白族婚礼中祭祀祖先等各种跪拜仪式，认亲过程中称谓的习得，都是生动的礼仪、孝道教育过程。社会认知理论认为，观察者通过观察他人的行为可以习得认知技能和新的行为模式，虽然个体通过亲身经历得到经验也是一种重要的学习方式，但榜样表现出观察者原本不具备新的思维模式或行为同样具有较大的教育功能，通过观察，观察者也能形成同样形式的思维和行为，促使新人学习、模仿，通过匹配将外在的行为和观念等内化，并通过用语词符号在头脑中表征外部和内部的各种事物、事件。通过语词符号与人交往、反省自己的意识经验，并储存下来，以便日后用适当的称谓扮演合适的角色，保持相应的行为。无数次的跪拜，实际就是一个复杂的、反复的输入——接受——反馈的内化过程。

　　白族婚礼中还通过各种曲目的演唱进行孝道教育，如《嫁女歌》中白族对即将出嫁的女儿的教导是："第一夫妻要和睦，第二孝敬老双亲，尊老爱幼好风气，我女要继承。"② 由此不难看出，夫妻和睦被放在首位，孝敬双亲位列其后。白族民众强调长幼有序，却没有将这种孝敬推崇到绝对的地步，这就是白族传统婚俗的特点，也是民族发展的逻辑——吸收但不全盘照搬。

---

① 杨政业、施立卓主编：《杨黼论丛》，云南民族出版社 2007 年版，第 67 页。
② 《中国歌谣集成·云南卷》（上），中国 ISBN 中心 2003 年版，第 54 页。

哈尼族生态伦理及其变迁

李祥福[*]

摘　要：哈尼族在其历史发展过程中形成了一些朴素的生态伦理：居住环境的选择体现了主动顺应自然的生态伦理；梯田农耕体现了可持续利用自然的生态伦理；自然崇拜蕴含着敬畏自然、感恩自然、善待自然的生态伦理。

关键词：哈尼族；生态伦理；变迁

哈尼族是人口数量仅次于彝族的云南省第二大少数民族，人口为163.0万人，占云南全省人口的3.55%（第六次人口普查数据），主要分布在云南省的红河哈尼族彝族自治州、普洱市、玉溪市和西双版纳傣族自治州；其中红河、元阳、绿春、金平、墨江、江城、宁洱、镇沅和元江等县是哈尼族人口比较集中的地区。从自然地理上看，哈尼族主要分布在澜沧江以东、红河（元江）以西的哀牢山区和无量山区。世世代代的哈尼人民在这片广袤山区创造了独特而灿烂的民族文化。哈尼族在其长期的发展历史过程中形成了许多传统伦理道德，他们在适应与改造自然的斗争中形成了善待自然、感恩自然与自然和谐共处的朴素生态伦理。

一　居住环境选择顺应自然的生态伦理

哈尼族集中的哀牢山区，其自然生态环境是以立体形态为显著特征，即立体地貌、立体气候、立体植被群落及其相互关系。哈尼族对于哀牢山整体自然生态环境的认识非常深刻——"要吃肉上高山，要种田到山下，要生娃

---

* 李祥福，男，彝族，昆明理工大学社会科学学院副教授。

在山腰"[1]，生动地道出了哈尼族对哀牢山整体自然生态环境的认识和顺应。

哈尼族村寨大多建在海拔800—1500米的气候温和的半山向阳地带，村后高山是茂密的森林，村前则是层层梯田。高山区森林、半山区蘑菇房组成的村寨和下半山区梯田，在哀牢山立体地貌和立体气候带中的不同层次的分布，构成了哀牢山山区独特的文化生态景观，形成一幅人与自然和谐相处的美妙画卷。居住在半山温和气候环境，是哈尼人在历史发展过程中对大自然的适应和选择——低海拔河谷地带气候炎热，瘴疬肆虐，不利于生存；高山地区则气候寒冷，四季阴雨连绵，又是猛兽出没之地，人畜庄稼皆难以存活；而居于半山间，既便于下山耕作，又易于上山狩猎，是梯田农耕生活的理想栖息地。

另外，哈尼族所建村寨的规模、人口的数量和梯田面积与自然资源（土地、森林和水源）数量之间形成合理的配置。哈尼族所居住的滇南哀牢山区，因受地理条件的制约，很容易造成社会与自然资源之间的失衡。一旦人口增殖过多，对开垦梯田的土地、水源等自然资源的需求就到了难以负载的程度，也就必然引起大村落的分化和重组；哈尼族地区大寨与小寨、旧寨与新寨的关系说明了这种村落适应自然资源而发生的分化与组合。为了有效地避免因人多地少而可能引起的种种纷争，一部分人主动迁离老寨，寻找新址建寨安家，再另外开垦出新的梯田，以此求得人与自然关系的新均衡，这样哈尼族地区的自然生态和村寨规模以及人口分布就得以维持一种动态的平衡。这是哈尼族认识和尊重自然规律、经济规律，使人口与赖以生存的生态环境保持合理搭配、与土地相互协调的具体体现。

二 哈尼梯田农耕中的自然生态伦理

根据相关史料，哈尼族在滇南地区耕作梯田已有1300多年的历史。哈尼梯田农耕构建了"梯田——村寨——水系——森林"四度同构的、可持续发展的良性循环农业生态系统，被誉为人与自然和谐共处的经典范例，2007年，成为云南省第一个国家级湿地公园。2013年6月，列入《世界遗产名录》。

哈尼族在长期的农业实践中，以自己的勤劳、勇敢和智慧创造出了适

---

① 雷兵：《哈尼族文化史》，云南民族出版社2002年版，第113页。

合当地自然生态环境的农耕文化，即以雄奇、锦绣、壮丽为世所震惊的哈尼梯田。哈尼族为主的各族人民利用"一山分四季，十里不同天"、"山有多高，水有多高"的特殊地理气候，发挥聪明才智和创造精神开垦的上百万亩农业生态奇观，仅梯田的核心区元阳县境内就有 17 万亩。哈尼族的梯田农业，是利用哀牢山区地貌、气候、植被、水土等立体性特征，创造出的与自然生态系统相适应的良性农业生态循环系统。它有一整套较为科学、严谨的梯田耕作程序。

哈尼梯田耕作中施肥方法充分体现了保护环境、永续利用自然资源的生态文明价值。哈尼族农业生产中非常注重自然施肥。其梯田的用水来自深山老林，这种自然流水夹带着原始森林中的大量腐质物顺流来到田间；另外，当地民族的牲畜往往野放山林，每逢下雨天，雨水就将人畜粪便冲至沟渠，顺水而来流入梯田。因此，哈尼族梯田所用之水有丰富的肥源和较强的肥力。哈尼族农耕生产中的人工施肥也具有重要的环保价值。其人工施肥方法主要有两种：第一种是"冲肥"。冲肥分为两种：一是冲村寨肥塘，平时家禽牲畜粪便、垃圾灶灰积集于此。到了雨季，则利用山水，搅拌肥塘，使肥水顺沟冲下，流入梯田；二是冲山水肥，每年雨季到来，在高山森林积蓄一年的枯叶、牛马粪便顺山而下，人们趁势把山水引入梯田以增加肥力。这种施肥方式是哈尼族梯田农耕文化所独有的一种生产经验。第二种是对秧田的特殊加肥，就是以各种植物包括其他地方不用的紫茎泽兰或飞机草加入蒿类植物泡入秧田，任其腐烂发酵。到第二年开春耙田时，将未能腐烂的枝茎拣出。这种加肥法因蒿类植物其性苦辣，具有既可肥田又能杀虫防虫之功效。

现在各种化肥的普遍使用对生态环境的消极影响已越来越明显，如破坏了土壤的原有成分，污染了水质和植物，导致一些梯田水生物的灭绝等。哈尼族在传统农耕作业中，无论是自然施肥还是人工施肥，都堪称是可持续发展的典范，值得研究和继承发展。

三　哈尼族自然崇拜蕴含的生态伦理思想

由于居住区域环境的封闭性，哈尼族受内地宗教影响甚小；同时由于居住区域内地形地貌的复杂性，也没有形成哈尼族统一的宗教。哈尼族普遍信奉万物有灵的原始宗教。哈尼族的原始宗教中，有许多内容反映了他们试图利用自然而又敬重自然、顺从自然的生态观念。例如，水崇拜和森林崇拜。

水崇拜在哈尼族的自然崇拜中占着重要的位置，这是因为水与哈尼族的生活息息相关。哈尼梯田农业是哈尼族适应哀牢山区"山有多高、水有多高"的自然环境，对水资源充分利用的结果；所以，水是梯田的命根子，梯田是哈尼族的命根子，水即哈尼族的命根子。对水的崇拜正反映了水对这个民族的重要性。

哀牢山区的哈尼族，在每年最隆重的农业祭祀节日"苦扎扎"和"昂玛突"期间都要专门祭祀水井和龙泉。届时，哈尼族的咪谷和摩匹率领村里的部分男子，携带鸡、鸭、米、酒等各种祭品进行祭祀。在祭祀水井的过程中，"年长者要对年轻人进行保护森林、爱护水源、尊重水井节约用水等教育"。① 哈尼族水崇拜，源于哈尼族梯田农业对水的依赖与需求，利用宗教祭祀强化了人们对水资源的敬畏、保护和珍惜意识。另外，为了在梯田农耕生产过程中对水资源的合理利用，哈尼人民发明了"木刻分水"法和"自然冲水"法，保证公平、合理而又科学地利用水源，保证每块梯田都得到充分的肥料和水量供给。

森林崇拜是哈尼族又一种极具生态意义的自然崇拜。哈尼族梯田农业的命根子是水，而水源自于森林。哈尼族对人与自然的关系有正确认识："有山就有水，有水就聚人，水来自于山，山靠林养育。"而且这种正确的认识进一步上升为对森林的虔诚崇拜。对于森林植被这个哀牢山自然生态系统的核心，哈尼族深刻地理解并形成了朴素的自然生态观念。他们认为哀牢山之所以"山有多高，水有多高"，原因在于有森林。

因此，哈尼族崇拜的神树林一般有四处：一是在能够同时眺望几个村寨的山头上，选一片茂密树木，作为这一片地区的总管树林，祭祀最为隆重。直到现在，每年"苦扎扎"节日期间，有些哈尼族要到神林杀牲祭献。二是村寨的神林，"普麻俄波"（意为建寨神林），为一村一寨神树林。林中不许放牧，更不许砍伐，一般禁止女人进入。对寨神林的祭祀，各地有不同的称呼和仪式。元阳一带哈尼族称为"昂玛突"，意为寨神之祭。祭祀寨神林的"昂玛突"节是哈尼地区普遍的重大节日，这个节日各地时期有异，一般在农历二月间举行。节日期间，寨子共同凑钱购买牺牲，在咪谷的主持下举行立寨门、祭祀水井与寨神树，举行长街宴等各种

---

① 王清华：《梯田文化论：哈尼族的生态农业》，云南大学出版社1999年版，第92页。

节日仪式和习俗。三是村寨下方的神林"朗主主波",是镇压恶兽,严禁其危害禽畜的神灵所在。祭祀在每年农历的十月间举行。届时,寨中户男性家长前往神林参加祭祀。由咪谷主持,由摩匹念咒,杀红公鸡和红白母鸡各一只。祭毕,将所杀家禽的头爪、翅尖等埋入土中,以为震慑野兽。四是位于距村寨约半公里路的山道旁的"咪刹刹波",它是人与野鬼分界处的神树林。祭祀在每年夏末初秋时,村中各户男性家长聚会于神树林边,杀一只羊祭祀神林,祈求神灵阻拦野鬼,不让进入村寨祸害村民。

目前,哈尼族地区最为普遍的森林崇拜是寨神林崇拜。有些哈尼族寨神树林的禁忌非常严格,寨神山上每一棵树每一片叶都是被保护和崇拜的对象,不仅存活着的树不能损其枝叶,不能攀爬,就连死去的树枝、树干也不能任意搬动,或拾回做柴,否则就是对寨神大不敬。哈尼族对神树林的崇拜、祭祀,有效地保护了森林和水资源,这是哈尼人民借助神力保护自然环境,保护了"哈尼山区的绿色水库"。①

四 哈尼族生态伦理面临的挑战与变迁

主要研究民族文化的文化人类学理论认为,"文化的变迁是一切文化的永存现象,促使文化变迁的原因,一是内部的,由社会内部的变化而引起;二是外部的,由自然环境的变化及社会环境的变化如迁徙、与其他民族的接触、政治制度的改变等而引起;而文化是一个整体,文化的一个部分发生变迁,必然引起整体中互相关联的部分的反应,即连锁反应"。②随着哈尼族社会经济的发展、与外部世界交往互动的加深,哈尼族的文化系统呈现快速变迁的态势,而作为其组成部分的生态伦理也受到强烈的冲击。对哈尼族传统生态伦理冲击比较大的有以下几个方面:

一是集体化时期,"大跃进"、"大炼钢"、"学大寨"等背景下,不适宜地毁林开荒。笔者所在的家乡,甚至到20世纪70年代中期仍然进行着不同村寨之间的"造梯田"竞赛:比总面积、比一块梯田的面积;你造一亩,我造两亩,你造五亩,我就造十亩,结果这些梯田,由于水源不足、土层破坏等原因后来都荒废了;另外,实施"承包制"后,人们生

---

① 卢朝贵:《哈尼农耕文化》,云南省德宏民族出版社2011年版,第42页。

② 黄淑娉、龚佩华:《文化人类学方法研究》,广东高等教育出版社1998年版,第209页。

产积极性大大提高，哈尼族地区又兴起新一轮造田运动；但是此时哈尼族地区梯田面积相对环境容量已饱和。超过环境总体容量，不断开垦梯田，增加了耕地面积，对周围的生态环境造成了破坏。近年来，这些当年开垦的田地附近常常发生泥石流、山体滑坡，严重地影响了农业生产。

第二是随着人口不断增长，人地矛盾突出。传统上，哈尼族村寨上方往往是水源林和各种神林连接成片。但是随着人口增加，村寨规模扩大，连片的森林越来越少，很多村寨的神树林面积越来越小，由过去的几十亩上百亩到现在很多村寨只有象征性的几亩。

第三是20世纪90年代以来，梯田农业开始大规模引进杂交稻。杂交水稻产量很高，基本解决了哈尼族的粮食问题。但是，因杂交稻的种植，人们不得不使用大量的化肥和化学农药，从而改变了梯田原来的生态环境。梯田活水养鱼，是哈尼族梯田农业生产的一项重要内容。梯田养鱼不用喂食，常流田水所带来的大量细小浮游生物和稻谷花粉就是其主要食物。梯田活水养殖的种类多为鲫鱼，还有鲤鱼和江鳅。此外，田里还盛产泥鳅、黄鳝、田螺和田蛙等水产。这些水产品有两个特点：一是生长期较长；二是由于天然活水养殖，肉质鲜嫩。在哈尼族饮食文化中，梯田养鱼和梯田水产占着重要的位置；梯田所产之鱼，是高蛋白营养食品的重要来源。而现在，由于大量使用化肥和化学农药，致使梯田水产养殖已几乎毁灭。

杂交稻的种植，也对哈尼族的文化系统产生了影响。例如，哈尼族居住的"蘑菇房"，有形似蘑菇头的草顶。这草屋顶不仅遮风挡雨，更为重要的是使屋内冬暖夏凉，通风干燥；稻草屋顶是哈尼族住房建筑的显著特点和重要组成部分。这种草顶需要每两年更换一次，这就需要大量适合的长秆稻草。因此哈尼族梯田农业的所选稻谷都必须具备"高秆"的特点，秆高一般都在1.5米以上。而杂交稻则是低秆的；现在哈尼族只能用石棉瓦代替稻草。哈尼族文化生态景观中森林、蘑菇房和梯田是其主要构图要素，而这一奇妙的景观将不再能保了。另外，杂交水稻的种子农民无法自己选种。

第四是外来物种的入侵。哈尼族地区外来入侵的植物是紫茎泽兰。由于这种植物几乎不影响梯田生产，对旱地耕作的影响也较容易控制；再加上其生长快，是一种很好的薪材，其性苦良等特点还有些药用价值，哈尼族地区并不把它作为有害物种。但是近年来两种外来水生入侵物种给哈尼族梯田生产带来灾难性的影响：一种是小龙虾，另一种是福寿螺。近两三年元阳县政府每年投入上百万元资金来应对小龙虾对梯田生态的威胁。

摩梭人的家社会和伦理精神

杨庭颂[*]

摘　要：宁蒗县永宁地区作为纳西族摩梭人世代居住的聚居地，至今较完好地保留了以母系血缘人伦为主轴的家庭伦理道德观念。摩梭人最具代表性的民族文化不是走婚，而是和谐理念。在以道德世界观与伦理世界观的分殊为基础，以伦理精神的生长过程为视角，以"和谐"为切入点的研究中，对永宁摩梭社会的家屋道德与家社会的伦理精神进行审视，重新勾勒出家社会和谐伦理精神的生长脉络，有助于对以和谐为民族特色的摩梭社会作进一步研究。

关键词：摩梭；伦理；精神；家屋

迄今为止，在对传统摩梭社会进行研究的过程中，理论旨趣往往限于聚焦在摩梭人的走婚文化，但却忽略了隐藏在走婚背后的最具摩梭人民族文化特色的理念：和谐。这不得不说是学术研究上亟待正视的方面。事实上，在以走婚为婚恋形式、以母系血缘人伦为主轴、以家屋荣誉为核心利益的摩梭文化中，贯穿如一的伦理精神正是"和"。同其他民族一样，纳西族摩梭人的伦理道德与其他社会观念一样，其形成是漫长而渐进的过程，它以经济为基础，受到当地的风俗习惯、宗教信仰、神话传说、生产力发展水平、生产关系等因素的影响，并随着时代的发展而生成与之相应的伦理道德文化。摩梭人传统伦理文化内容多样、形式丰富，具有深度挖掘研究的可行性。在宏观层面，摩梭文化至少包括了宗教信仰、家庭伦理、婚恋道德、丧葬习俗等涉及社会生活多个方面的伦理道德文化。这些伦理道德文化是摩梭人在历史发展中，适应生产生活方式的变化逐渐形成的"民族文化"。由于摩梭社会的文化背景、伦理观念有别于其他民族，

---

* 杨庭颂，男，云南民族大学哲学与政治学院硕士，现为东南大学博士研究生。

因而既具有一般社会道德观念的共识，又表现出独具一格的特点，其中以母系人伦为主轴的家庭伦理是有别于其他民族的特色文化。

一 家屋本位价值观的形成及特点

永宁地区摩梭人传统伦理道德观念的形成与其经济基础与生产方式密不可分，受到神话信仰中女性崇拜的影响，在多元文化交融的历史背景中，以母系人伦为主轴的家庭观念，最终落实于家屋本位的价值导向与宗法人伦制。这种家屋本位的价值导向随着其后生产方式和经济环境的发展，在婚恋观与家庭形式中衍生出相应的家庭伦理道德规范。但各方面的伦理道德观念都是以母系血缘人伦关系为主轴而展开的。

母系血缘人伦关系与家屋本位的双重价值导向的形成与传统摩梭社会的现实生产方式密不可分。

第一，将家屋荣誉视为核心利益。这是长久以来奠基于宗法人伦与生产力发展水平等多方面原因的共作而产生的。首先，农耕马帮的经济生产形式决定了家屋是组成摩梭社会最基本的单元，个人无法自立门户。传统小农经济的生成方式和闭塞的交通产生的相对封闭性使大多数人的活动局限于宗族范围内部，对他们而言永宁摩梭社会即整个世界。其次，家庭是人们的情感支柱，祖母舅舅为家庭成员提供了精神和生活品供给，温情的宗族网络给成员提供了民族认同感所需的外部成长环境，这是产生家屋本位的心理机制。再次，因为没有系统的成文法规，家屋内部的人伦规范与宗族的乡约民俗的融合，串联起伦理风俗与宗法人伦的双向融合。这种家与社会双层结构基础上的德法共作的结合成为对人们内心约束与外部评价的双向制约机制。多方面的原因，使摩梭社会形成了几千年来相对稳定独立的、注重家庭成员人际关系和谐的、家屋本位的伦理道德观念。

第二，在个人与家屋的关系上，全体成员均以家屋的利益为侧重点，个人利益无条件地服从家屋整体利益。人们在社会生活中的所作所为都以崇祖敬祖、增加家屋荣誉为己任，个人在社会中的地位，也是由家屋在整个宗族中的地位来决定的。撇开家屋，个人也就失去了得到社会承认的资本。反之，个人只有在兼顾个体与家屋的双向需要，实现个人和家屋的双赢时，才能获得家人及族人的赞赏。在这种家屋至上的价值观中，兄弟与姐妹、舅舅与侄子女、阿咪与子女，个人的价值总是体现在与他人的关系中。正是这种家屋本位的价值导向，使家庭成员形成了以家人为重、以家屋为怀的价值取向。

第三，生产力的相对落后使各家屋间的相互配合成为必需。家屋是摩梭社会的基本单元，社会是区域性的家屋间的联合与扩展。这种基于血缘亲情与生成方式的融合产生了家与社会的同构性，形成了摩梭社会深厚的家族宗法制的基础，这就使家庭伦理文化对宗法人伦观念的形成产生了直接的影响。使"和睦"的家屋伦理规范成为摩梭社会中和谐思想的缘起。因此，社会层面的"和谐"实际上是家庭成员人伦关系的德性要求——"和睦"的扩大化。也就是说，"和睦"与"和谐"这一基本理念贯穿着摩梭社会的家屋内外。社会的"和谐"以家屋"和睦"为基础，如果没有家屋成员间的"和睦"，就缺少了社会生活中各个单一家屋对整个摩梭社会维系"和谐"的德性供给。在此基础上，可以说社会的和谐是家屋和睦的推衍。"和"，在摩梭家庭伦理、社会关系中是一个标志性的概念。

二 家社会伦理精神的生成

伦理是构成精神的重要内涵之一，但伦理与精神又有不同。精神是黑格尔哲学体系中一个包含伦理道德内涵的术语。与伦理相比，精神的特色是意识、理智、意志的统一，精神内涵着知行合一的因子，这种知行合一既是理智与实践的化合，同时，精神也是一个具有多种属性的价值概念。它既是个体人格的表现，又可以作为民族特色的文化符号。伦理、民族、精神三者之间的同一性可表达为："民族是伦理的实体，伦理是民族的精神。"[1] 当伦理实体与精神相连，形成伦理精神的概念时，伦理精神就不同于普通意义上的精神，它是实体伦理意识与实体伦理意志的统一，它扬弃了个体精神中的主观性，表现了社会共体中内在的理性秩序。如果说个人精神是个体德性精神的表现，伦理精神则表现为民族作为整个的共体的人伦精神和内在秩序。具体来说，"伦理精神"有广义狭义之别。狭义的伦理精神主要关涉的是人与人、人与社会、人与自身的伦理关系，它是一定社会内在秩序的体系。广义的伦理精神不仅体现了一定社会的内在秩序，它还体现人与社会、人与自然的关系。包括人对社会和自然的所负责

---

[1] 樊浩:《伦理精神的价值生态》，中国社会科学出版社 2007 年版，第 25 页。

人和所应履行的使命。① 简言之，伦理精神既是一种人伦精神的表现，也是一定社会或伦理实体中所体现的秩序理性的人文精神。

"家屋道德"，是关于个体在家屋中基于"道德自我意识"的升华，在长期的生活中所形成的"道德世界观"的基本概念。家社会是基于伦理共体的实存，由体现"道德世界观"的家屋道德升华至伦理精神的"伦理世界观"② 概念，是由"道德自我意识的自在"上升为"伦理客观意志的自为"。

家屋是自然的、最初的伦理实体，以血缘为基础、以爱为纽带、以家屋和谐为其基本规定性。家屋作为伦理实体，是人们道德情感发展的根源。在家屋的道德观念中，家庭成员相亲相爱、共同劳作、财产共有、共育子女、无里外厚薄之分，只有相互照顾、彼此关心之情。成员间自觉恪守家屋成员的义务职责，这种情感确立了家屋的"伦理始点"的地位。家屋即是自然的、最初的伦理实体，是道德世界观的形成及确证阶段，是伦理观念的真正始点。对个体而言，在家屋中形成的"道德世界观"培养的是安伦尽分的人伦意识。这种"道德世界观"的实质是一种"道德自我意识"，它以道德与自然以及义务与幸福间的对立为基础，以道德统摄自然，坚持义务的本质性。借着义务，个体的"道德世界观"得以形成，从而在其后的家社会的伦理实体中获得自由。义务是"道德世界观"形成的标志，着重培养尚处意识阶段的善性。在家屋中，成员意识到家屋的伦理实体性，恪尽家屋成员的义务职责，从而使自己在"道德世界观"中摒弃了道德与自然的对立，而获得了家屋这一伦理实体的肯定的自由。因此，义务是个体获得自由的实质性条件，"在义务中个人毋宁说是获得了解放。一方面，他既摆脱了对赤裸裸的自然冲动的依附状态，在关于应做什么、可做什么这种道德反思中，又摆脱了他作为主观特殊性所陷入的困境；……在义务中，个人得到实体性的自由"。③

"所谓社会和公共领域不过是由一个个母屋家屋组成。所谓公众根本

---

① 陈爱华：《论和谐伦理精神》，《道德与文明》2007 年版。

② "伦理世界观"是樊浩先生提出的概念，本文借鉴了他的观点，详见樊浩、成中英主编《论"伦理世界观"》，《伦理研究》（道德哲学卷），东南大学出版社 2006 年版。

③ ［德］黑格尔：《法哲学原理》，范扬、张企泰译，商务印刷馆 1961 年版，第 167—168 页。

不可能独立于家庭而存在。"① 家屋是家社会的基本组成单位，家社会是家屋的扩大。"整个摩梭文化的最基本单元，是家屋，是所谓家社会。"② 把家屋这一初始阶段伦理实体的"道德自我意识"情感扩大化而至整个摩梭宗族，就进入了以家社会为伦理实体的"伦理世界观"，这是伦理精神发展的一个阶段过程。在道德意识层面，伦理精神由"道德世界观"走向"伦理世界观"。"伦理世界观是关于伦理与自然、伦理世界与自然世界之间关系的基本观点。"其价值追求和根本品质是："和谐。"③ 伦理世界观是伦理共体的世界观，如果把伦理世界比作道德个体，则伦理世界观是这个体的道德世界观。"伦理世界观"在关于伦理与自然的对立方面，坚持伦理义务的本质性，扬弃伦理与自然的对立，从而达成现实的统一。在这种扬弃与统一中，作为"道德世界观"的"道德自我意识"与作为"伦理世界观"的"伦理客观意志"达成统一。

家屋作为具有过渡性质的自然的伦理实体，不仅因为子女独立人格的养成，而且因为家屋在子女生长中所执行的使命的完成。一般而言，作为自然的、最初的伦理实体的家屋，其规模较小、血缘关系越紧密，越便于家屋成员亲密关系的形成。而随着双系家庭、父系家庭的出现，家屋成员不再有单一的人际血缘关系，传统的母系家庭转向多重血缘亲情的大家庭。伦理精神通过家屋的分化，而进入的下一阶段就是家社会。家社会是随着血缘关系的非单一性、主体意识的增强出现的。家屋的伦理实体向家社会的伦理实体开始了过渡。家社会包括作为社会细胞的家屋和由家屋组成的宗族。个人和家屋是宗族和家社会的一员。伦理的自然同一性不在，人与人之间的互助更直面互爱亲情。在家社会中人们不再像在家屋中一样本着纯粹的血缘之爱的精神，而是含有以互爱互利的因子而形成的宗族式家社会。所以，后家屋时代的家社会某种程度上也是人们可以互相满足需要的共同体。家社会的伦理实体是利己与利他相统一的社会体系。可以从主客观两个方面来理解家社会这一伦理实体。客观的家社会是宗族的人伦关系和家屋间的伦理秩序的扩大化；主观的家社会是基于认同感的安伦尽

---

① 周华山：《无父无夫的国度——重女不轻男的母系摩梭》，光明日报出版社 2001 年版，第 47 页。

② 同上书，第 311 页。

③ 樊浩：《道德形而上学体系的精神哲学基础》，中国社会科学出版社 2006 年版，第 203 页。

分的族意识。家社会既是融合各种伦理关系而形成的价值合理性的伦理实体，是家屋个体与宗族整体相统一的伦理共体。

家屋的"道德自我意识"与家社会的"客观伦理意志"的价值整合，是"道德世界观"与"伦理世界观"的统一。家屋与家社会的关系是家与社会一体的族意识的延伸。这种家与社会一体的伦理精神，决定了它不同于契约与城邦模式而建立的伦理实体。因为既然是家屋与家社会一体，以母系宗族为本位，那么伦理精神的理念就必须既适用于家屋又适应于家社会。因为如果只适用于单一家屋内部，就不能体现调节各家屋关系的社会手段性作用，家社会就会因缺乏人伦秩序的有效合理性而陷于无序。如果只适用于家社会，那么整个宗族生活就会失去摩梭文化最为特征的家屋温情，更重要的是这与作为社会基本单位的"家"的价值原理相悖而使社会缺乏生活滋味，更不可能维系和谐的社会秩序。因此，和谐的家族式社会自然的走向了一条既"家"又"社会"的家社会道路。

三　家社会和谐伦理精神

20 世纪 90 年代，联合国将永宁落水村评为全球 50 个模范社区之一。摩梭地区获此殊荣的突出原因就在于摩梭独特的家屋意识文化观念，以及融入整个民族血液中的和谐理念，其中对"家"的独特理解是摩梭文化的精髓。

摩梭文化中家社会的伦理精神从其历史生成的视角来看，凝练了摩梭伦理道德文化的多元一体性、适应生存环境的调适性、平等待人互相尊重的包容性等民族伦理精神，是经过对本民族优秀文化世代提炼后，凝聚而成的新时期以社会为大家的家社会伦理精神，这也是作为少数民族优秀文化资源的摩梭文化对构建和谐社会的重要贡献。家社会的伦理精神不仅熔铸在本民族的凝聚力中，而且成为摩梭人的价值理念，并通过和谐人际关系、和谐伦理行为等多方面展现出来。和谐人际关系是家社会伦理精神在关系层面体现的和谐伦理精神，包括人与人、人与己、人与社会等伦理关系，体现为和睦相处的包容性的伦理精神。当这种伦理精神作用于现实，便是影响社会和谐与秩序理性的伦理行为。伦理精神对人际关系和伦理行为的影响表现在使人的意识由知性向理性、由意识向意志发展，使"道德世界观"中的对个体至善的追求向"伦理世界观"中的对整体至善的升华。当意志与实践结合，使伦理精神由概念外化为文化的物质形式，现实的生活方式就是伦理精神发挥作用的结果。如摩梭社会具有代表性的和谐理念就是对民族伦理精神的诠释。

摩梭人婚姻家庭在不同的发展阶段有不同的表现形式，伴随母系家庭、双系家庭、父系家庭等家庭形式出现的还有相应的伦理道德。但无论在何种形式中，宗族与家屋是价值思考的起点。所以，摩梭人的家意识是与家屋的小家与宗族的大家相联系的家社会。家屋与宗族相联系是由血缘纽带所连接的，二者间的区别在于共同居住与共同拥有财产与否。前者是同居共财的家屋，后者是别居异财的家社会。家屋与宗族都是由同一血缘主脉的祖先分化下来的女性子嗣为主干所构成，因而聚与别在摩梭人的观念中只是生活场所的大小之分，而无内外之别。宗族的基础是家屋，但宗族的整合力作用大于单个家屋的联合，这些作用主要通过伦理规范表现出来，它起到维系族人凝聚力的作用。这种凝聚力是通过两点发挥其作用的，一是通过血缘上的同一，二是因为小农经济的力量联合。农耕社会的性质，加之永宁地区具有相对封闭与独立性，村邻关系就是全部的社会关系。因此村里关系和血缘亲族关系一样也是以"和"为主旨而开展的。这样的家社会意识使和谐共处、相亲相爱、与世无争的伦理观念让摩梭人将社会视为一家。其次，摩梭人如此重视家意识，还是因为他们认为自己的一切都是祖先的馈赠，崇祖敬祖即是精神共通一脉，又能够获得祖先给予自己的吉佑。此外，摩梭人的家观念不仅体现在对祖先的敬畏和宗族社会的和谐共处，而且体现在每个摩梭人的意识里。摩梭人认为无论男人女人都必须以家为本，只有以家为本的家社会思维模式才能让整个摩梭地区发展兴旺。他们认为能够处理好家庭内的小事和邻里之间乃至摩梭宗族内的大事才算是有本事的反映。反之，如果仅自己事业有成，对家里的老人和族内的事情不管不问，那才是应遭鄙视的；对整个摩梭社会的建设起到贡献作用，那才是应受称赞的。

总之，无论是家屋的团结还是整个宗族社会的和谐，都是为了摩梭人的繁衍和兴旺，每一个摩梭人意识里的家屋概念都无法与整个摩梭宗族这个家社会相脱离。摩梭人的家意识与血缘、地缘、情缘紧密相连，要理解摩梭人的家意识就必须考察这三者的关系，否则我们无法读懂摩梭人的"家"意识。

侗族传统伦理道德思想

司霖霞* 张 华**

摘 要：侗族主要分布在湘、黔、桂三省的交界处，有着悠久的历史和灿烂的文化，在历史发展的过程中形成了一整套适应本民族价值取向的行为规范和伦理道德观。侗歌、民间故事、侗款是侗族传统伦理道德思想的主要载体。

关键词：侗族；传统；伦理道德；思想

侗族主要聚居在我国的西南部，主要分布在贵州省的天柱、锦屏、黎平、从江、榕江、剑河、三穗、镇远、铜仁、江口等县（市）和玉屏侗族自治县，湖南省的通道、新晃、芷江、靖州等侗族自治县及绥宁、会同、黔阳等县，广西壮族自治区的三江、龙胜、融水、罗城、环江等自治县。此外湖北省的恩施、宣恩、咸丰等县（市）还有数万人，全国侗族人口大约296万人。侗族分布的区域从自然地理上划分可分为南、北两个区域，这也是文化意义上的分区。

一 侗歌侗款和民间故事是侗族伦理道德的载体

侗族传统伦理道德思想主要体现在侗族人民的日常生活、礼仪、礼节及风俗习惯等方面。尤其体现在侗款款词之中，而款规、款约的传承主要是依靠侗歌来完成，因此侗歌是侗族伦理道德传承的主要载体之一。

（一）侗歌中的伦理道德

侗族人民人人爱唱歌，村村寨寨有侗歌队，有的村寨甚至有若干个侗

* 司霖霞，女，贵州师范学院教育发展研究中心、历史与社会学院教授。
** 张华，女，贵州省贵阳市第八中学历史高级教师。

歌队，真可谓是"歌的海洋"，侗族亦有"饭养身，歌养心"之说。唱歌可以促进身心健康，可以使人心胸宽阔，可以使人对未来充满希望。所以侗家人少年学歌，中年唱歌，老年教歌，使侗歌世世相传，使歌队代代出现。他们通常在鼓楼里为群众演唱。歌队所学的歌，多是广大群众公认的传统优秀侗歌，如古歌、劝世歌、礼俗歌、情歌等。青年人通过学歌唱歌，既可了解本民族的历史，又可受到良好的道德风尚教育。

许多侗族村寨都有侗戏班，逢年过节，侗戏班都无偿为本村或邻近村寨的侗族群众演唱侗戏，它不仅丰富了侗族人民的精神生活，对演员和观众也是一种教育。有许多侗戏剧目，如《珠郎娘美》、《萨岁》、《梅良玉》、《陆本松》、《卜宽》、《三媳争奶》等都可以使人们明辨是非、认识善恶、树立爱憎，并从中受到美的熏陶，体现了侗族人民的道德倾向和道德风貌。

（二）民间故事中的伦理道德

在侗族地区，流传着大量的民间故事传说，这些故事传说中蕴含着丰富的伦理思想。每当农闲季节或夜间空闲，侗族群众总喜欢集中在鼓楼内烤"千家火"，听寨老们讲述古老的传说故事。有些故事既生动有趣，又很有教育意义，如《吴勉的故事》、《卜宽的故事》、《姜映芳的传说》，等等。这些传说故事，不仅使听众得到快乐，而且受到各方面的传统教育、思想教育。

有的故事传说与叙事歌内容相同，主要反映青年男女的真挚爱情。比如《珠郎娘美》就是南部侗乡喜闻乐听、众所赞赏的优秀作品。它反映了侗族妇女坚贞不屈、忠于爱情的伦理思想和机智勇敢、敢于斗争的光辉形象。还有《莽岁刘妹》、《航珠美秀》、《秀娘吉银》，等等，均广泛流传于民间。

（三）侗族合款中的伦理道德

"侗族合款"是以血缘关系为基础、以地缘关系为纽带的村与村、寨与寨的联盟，是具有自治和自卫性质的民间社会组织。也叫"合款""款"或"门款"。款组织为了规范其成员的行为，制定了一系列规章制度——"款约法"。款组织的规模或大或小，主要分布在湘、桂、黔三省交界的侗族地区。

任何文化要维系社会的正常运转，必须有一套社会控制模式，"款"

及"款约"即是侗族社会的传统控制模式。"款"是组织,"款约"是侗族习惯法文本。款约一般分为"六面阳"和"六面阴"两大部分,其中"六面阳"多为轻罪,"六面阴"多为重罪,较详细地规定了人们的行为准绳及对越轨者的惩罚方式。

如禁止小偷小摸,"不准谁人,起心不良,蓄意不好。五更黑衣,夜半子时,捅猪圈、拱牛栏,盗走牛、偷走羊;偷了圆角牯,盗走扁角水牛",如果被抓到则给予严惩,"抓得真实把凭,就要秉公惩处。如果退让不追究,就是放虎进山林,坑害众人,搞乱乡村。今天,把犯者三个一处葬,五个一坑埋"①;青年男女可以自由恋爱,"姑娘坐家绩麻,男子游村走寨;男游村乡,女坐檐下",但其行为必须遵守规矩,不可破坏他人家庭,"切莫风流浪荡,拦母鸡进窝;离间别人夫妻,脱妇人裹脚。挑拨别人婚事,挖他人墙脚,如果拐卖妇女,强奸诱惑,伤风败俗,该受发落。你做得不干净,要自己打扫干净,轻要罚银三十两、七十正,重要破产赔偿,家财荡尽;多者余,少者光,富者吃穷,贫者吃完"②;人们生产也需遵守秩序,如田塘用水,要合乎情理,"共源的水,河路的水,公有公用,田塘有利。大丘不许少分,小丘不许多给。引水浇傍田,灌冲田,上面先灌,下面后浇",合理用水,是为了"田在上的有饭吃,田在下的也该有谷米"。③ 不准移动山林、天地界石,不准进山偷笋、偷柴、砍生树(幼树),严禁毁山毁林、毁溪毁河。在侗族社会,款约是直接规范人们行为的条款,是维护人与人之间正常关系的法律保障,同时有效地培养了人的道德品质。除以上条款外,款约还有其他的款词,如创世款、习俗款、祝赞款,等等。这些款约的内容大都是为了规范和调节侗族社会内部矛盾、缓和人际关系,维护社会和谐与稳定。

二　侗族传统伦理道德的主要内容

在人类认识史发展的长河中,每一个民族都是在长期的社会实践活动中,以本民族特有的方式,对世界进行理解和掌握。在解决本民族生存和

---

① 湖南少数民族古籍办公室编:《侗款》,杨锡光、杨锡、吴治德整理译释,岳麓书社1988年版,第85页。

② 同上书,第88页。

③ 同上书,第90页。

发展这个最根本问题的过程中，必然会产生对真善美的追求和对假丑恶的扬弃。这便是道德伦理思想产生的根源。侗族的原始伦理道德的主要内容包括社会伦理、家庭伦理和婚恋伦理。

（一）社会伦理道德

在侗区，自古以来就有一整套令人崇敬的高尚伦理道德观念和优良的社会风尚。侗家人尊老爱幼，扶苦助贫，热爱公益事业，团结互助，民主平等。其社会风气远近闻名，因而以文明礼貌之乡而著称。

1. 热心公益事业

在侗族山寨，公益事业甚多，如修鼓楼、建公房、挖水渠、架花桥、造凉亭等。创办这些公益事业，侗族人从来不用硬性摊派，大家个个争先恐后，尽其所能去做。人们把这些事业视为自己的光荣义务和神圣职责。侗寨的每座鼓楼里边，冬天有旺盛的火塘，供人取暖；夏天有清凉的泉水，供人解渴；还有一双双新草鞋随你取用。这些好事都是村寨里的年轻人争先去做的，他们也从不愿留姓扬名。

热心公益事业的观念，已深入人心，并成为一种重要的人生价值和生活准则。至今，有些侗寨修塘、挖渠、架桥仍然是有钱出钱，有力出力，有智出智，万众一心。他们既不计较个人得失，也不计较谁家出多出少，这是侗家人对优良传统的一种继承和发扬。

2. 团结互助

侗族人一贯以团结互助为美德，以维护集体利益为光荣，并以此作为自己行为的标准。对丧失劳动力的孤寡老人，各家都争相帮助，轮流照顾。在生产劳动中，也常年互相帮工、换工，凡是需集体做的事，更是踊跃参加。一村有难，邻近村寨也都会赶来支援。其中有这样一首侗歌，充分反映出侗家人团结互助的观念和美德：

> 一根棉纱难织布哟！一滴露水难起浪。
> 抬木过梁要几根杠哟，建造新房要靠众人帮。
> 你拉绳来我拉杆哟，你拿锤来我穿枋。
> 咚空咚空响不停哟，大厦落成喜洋洋。①

---

① 杨通山等：《侗族风情录》，四川民族出版社1983年版，第312页。

与人为善，成人之美，尊老爱幼，也是侗族传统的生活准则之一。如青年人在鼓楼、风雨桥唱歌歇息，见到老年人来了，即不约而同地站起来打招呼、让座位。年轻人如在窄险道路上和老人相遇，会让老人先走，并主动搀扶老人上坡、过桥。如遇老人挑担子，也会主动帮助挑送一段路，或送到老人家门。这些传统世代沿袭，当代人们依旧遵守。

（二）家庭伦理道德

家庭伦理道德是传统伦理道德的重要组成部分。家庭伦理是侗族调整家庭成员关系的道德行为规范，是维系家庭生活的准则，侗族家庭一般比较牢固。家庭成员关系融洽。这与侗族的道德伦理教育有关。而执教者主要是祖父母、父母或嫡亲、姻亲等长者。

1. 尊老爱幼、文明礼貌

侗族之所以被人称为"文明礼貌之乡"，是与她世世代代不间断地进行礼仪教育紧密联系着的。当孩子长到三四岁时，父母亲则开始对其进行礼仪教育。如客人冬天进屋，则让客人坐在最安稳、最暖和、无烟熏的地方；客人夏天进屋，则让其坐在最凉爽、最干净的地方；饭前，应打水给客亲洗手；饭中，则教子女将最好的鱼、肉搛给客人或长辈，添饭也要添锅心饭给客亲；饭后，应舀水给客亲再次洗手、洗脸，还应先试水的温度，既不能太凉，也不能太烫。尤其是女孩子，从小必须接受这方面的培训，长大后才被人们视为有教养的姑娘。

长辈们还忘不了把行路的礼仪传授给下一代。如青年须让老人先走；妇女须让男人先走；挑担子的须让闲人先走；本寨人须让外寨人先走。若是同路随行，晚辈应帮长辈拿东西，挑轻担子的人须与挑重担子的人换着挑，等等。

此外，在公共场所也有严格的礼仪需要家长们向后代传授。如在鼓楼、卡房里聚会时，青年人不得从长者面前跨越，须跨越时，必须说声"对不起"；不得在老年人面前跷"二郎腿"；不得高声喧哗；不得使用长烟杆，等等。在与人交谈时，应先称呼，然后再说要说的话；在与一些不认识或称谓不清的长辈接触时，均应根据不同对象称对方为"父亲"、"母亲"或"祖父"、"祖母"，意为您和我的父母、祖父母一样应受敬重。

2. 夫妻平等、父慈子孝、兄友弟悌

侗族家庭基本是男尊女卑，但由于婚姻的缔结和财产继承方面有其独特的地方，反映到夫妻关系上又有其独特之处。首先，在婚姻的缔结上，侗族大多是自由恋爱、自主婚姻，婚前都经历过一到两年或更长时间的恋爱过程，建立了牢固的爱情基础。因此，夫妇一般都能互敬互爱，养儿育女，家庭稳定。其次，新中国成立以前，侗族女子出嫁都有一份"陪嫁田"到夫家，有一份稳定的家庭财产，在家庭财产方面有一定的自主权，并不完全依赖于丈夫，家庭财产属于夫妻"公有制"。这是家庭稳固的主要因素之一。虽然侗族夫妻关系以男尊女卑为主，但实际上的"丈夫为一家之主"多半是指参加社会内部活动而言，如家族讨论重大行动以及红白喜事等，以丈夫参加为主，其家庭内部的生产与生活等事务均由夫妻共同决定、共同承担。总之，侗族的夫妻关系以互相尊重、互相恩爱为主体，都是家庭的顶梁柱。而且"从一而终"的思想在人们的头脑里占据着重要位置。

父母与子女的关系。"父慈子孝"是侗族普遍的伦理观念，父母养育子女，子女孝顺父母是天经地义的职责。

兄弟姐妹的关系。侗族家庭关系中，很重视"兄友弟悌"思想，普遍奉行"当哥为父，当嫂为娘"的伦理思想。家庭中兄弟之间平等友爱，互敬互助，被视为家道兴旺的标志。

（三）婚恋伦理道德

侗族是一个恋爱自由的民族，"父母之命，媒妁之言"在侗族地区是没有生存空间的。侗族青年的恋爱方式较为多样，恋爱环境宽松自然。如南部方言区有"行歌坐夜"，北部方言区有"玩山凉月"等。他们的恋爱活动都是以群体的形式进行，一般是三五成群相约而行。他们恋爱时所唱的情歌种类较多，有琵琶歌、牛腿琴歌、笛子歌、木叶情歌等。琵琶歌在侗语中称"嘎比巴"（al bic bac），曲调优美，抒情性强，从而备受侗族青年喜爱；牛腿琴歌，侗语称"嘎果吉"（al oh is），速度徐缓，委婉缠绵，是男女青年"行歌坐夜"时喜爱唱的情歌；笛子歌，侗语称"嘎笛"（gu di），旋律优美，技巧性强，多为男女青年"行歌坐夜"时演唱；木叶情歌，侗语称"嘎罢每"（al dav meix），因用木叶伴奏而得名，演奏简易，是恋爱中的青年上山耕种和幽会的最佳选择。美妙的情歌在侗乡终年飞扬，千里侗寨无不沉浸于歌的海洋之中。

从侗族的传统对歌活动中可以看出，侗族的对歌活动实际上是以婚恋为中心目的展开的。通过这些对歌活动来增强男女之间交流的机会，从而使更多的年轻人找到自己的恋爱对象。

行歌坐月时双方都不会受到对方的限制，小伙子们可以结交很多女友，走很多"月堂"；姑娘们也可以结交许多前来坐月的男友。在交往过程中，双方相互了解，都在努力寻找适合自己的对象。经过一段时间的行歌坐月，如果双方情投意合，就互相邀约常来常往，使感情不断加深。如果结交的是远道的情侣，小伙子可以寻找机会邀请女方到家里做客，方法可以采取当面邀请，也可以采取温和的强制手段：小伙子预先邀集几个要好的伙伴，趁姑娘路过本寨时，把姑娘强邀进家，然后设宴款待，歌唱酬答，然后再放鞭炮送姑娘回家。到了姑娘家，也同样设宴款待，由姑娘的弟弟作陪，并且两寨之间因此而结成友好村寨。

"走寨"的交往方式一般流行于南部侗乡，这种活动大多是在与外村外寨的异性青年一起进行。汉语把这种活动叫作"玩姑娘"。小伙子们往往在晚上的时候，三五成群地走街串巷，去与姑娘们唱歌谈心。玩山也是北部侗乡的婚恋活动，通常在野外的山坡上进行，他们把这种地方叫作"花园"。小伙子们约姑娘们秘密地到离家十余里以外的山上进行。玩山一般都有这样几个过程：初会、请坐、约日子、借把凭、分离、再会、盟誓、成双等。玩山时唱的歌围绕着这些程序也就有了丰富的内容。它大致包括初会歌、请坐歌、赶坳歌、借把凭歌、约日子歌、陪伴歌、分离歌、相思歌、盟誓歌等等。这些歌随着感情的深化在不同的阶段来唱，一直唱到双方情浓如火，心心相印，然后山盟海誓，私订终身。反映了摆脱父母包办婚姻，让有情人终成眷属的婚姻伦理道德。

在侗族聚居的广大区域之中，由于生产力水平极低，因而只有一定程度的封建社会经济形态，实际还保留着浓厚的古老的原始经济形态。这种经济形态孕育了侗族人民古雅淳朴、关心集体、尊老爱幼、崇尚英雄、崇尚劳动、扶弱济贫、热情好客、宽容和谐的道德伦理价值取向。道德规范是建立道德意识和价值观的核心和"定位器"，是社会主体善恶、美丑、正义和非正义等观念的价值评价和行为选择。侗族优良的传统道德伦理观已深入人心，成为人们自觉的追求，成为主体的社会行为的价值取向，也成为侗族历史上一代又一代的民族心理素质和优良的民族精神，值得现代人借鉴和发扬。

瑶族"度戒"仪式中的传统伦理道德

陈业强* 符广兴**

摘　要：瑶族独特的"度戒"仪式是传承其传统伦理道德的重要载体，对瑶族的生存和发展发挥了重要的作用。瑶族"度戒"仪式中的传统伦理道德包括耕读继世，孝敬父母，诚信正派，团结互助，和睦友爱，敢于斗争，性爱严格等。瑶族"度戒"仪式中的传统伦理道德具有维护村规民约和瑶族利益的作用。

关键词：瑶族；"度戒"仪式；伦理道德

一　瑶族"度戒"仪式

瑶族的"度戒"仪式是瑶族的一种传统风俗习惯。由于历史原因所造成的频繁迁徙而形成地理上的分割和不同区域政治、经济、文化发展的不平衡，各地"度戒"仪式也发生了很大的变异，叫法不同。"在瑶族社会中，每个成年男子都要经过度戒仪式，因此度戒有成年礼的性质。宗教习俗认为，瑶族男子未经度戒就不算成年，不能参加日常的社会活动，甚至不能恋爱、结婚，更不能担任村寨的社会公职。"① 因此，凡未经过度戒的人，生前没有神兵保护自己，死后不能成神，只能变成野鬼，不能享受后代的祭祀。只有经过"度戒"的人，才能使家人和自己保平安，使家业兴旺。瑶族"度戒"的年龄不同，一般在15—20岁，接受"度戒"的男青年，要选定吉日，在亲人的陪同下，穿上整洁的衣服，带上礼品到师公家拜师。到了师公家门前，受戒者跪在门前，真诚地说拜师。师公把

　＊　陈业强，男，贵州师范学院教务处副处长，教授，博士。

　＊＊　符广兴，男，云南大学西南边疆少数民族研究中心博士研究生。

　①　黄钰、黄方平：《瑶族》，云南民族出版社1990年版，第77页。

受戒者扶进门，杀鸡备宴，确认师徒关系，然后择吉日举行度戒。"在决定度戒之后，要请主持度戒的师公和道公（均称为师父）。被请的大师父叫证戒师父，二师父叫引教师父，三师父叫保见师父，再有同坛师父若干名，以及已度戒的若干徒弟也前来帮忙。"① "在现实中，'度戒'仪式基本上都是度道仪式与度师仪式合并举行的，单纯的度道仪式或度师仪式几乎见不到。这大概是因为，合并举行，场面会热闹很多，此外，单纯的度道或度师，其花费与度道、度师合并进行差别甚微，所以度道和度师合并举行在经济上也比较划算。"②

二 瑶族"度戒"仪式中的传统伦理道德

在历史发展进程中，瑶族人为了躲避历代封建王朝的压迫和剥削，他们被迫离开自己的故土，逃入大山峻岭之中，恶劣的自然环境使瑶族人的生产、生活极为艰难。他们长期经历着"逢山吃山，逢水吃水，砍木头吃木尾"③ 的生活。由于瑶族人特殊的生存环境，致使瑶族社会至今还保留着较为传统的原始道德，并逐步演变为瑶族的传统道德规范。

（一）耕读继世

由于历史及瑶族自身民族性格的原因，瑶族祖祖辈辈生活在大山峻岭之间，顽强地与自然环境作斗争，耕耘贫瘠的山地，以维持生存。险恶的自然条件使瑶族人养成了勤耕的道德观念。只有勤劳耕耘，才有可能填饱肚子，维持生存；只有勤劳耕耘，才能生产更多的粮食，用来交换必要的生活用品。在瑶族民间广泛流传着这样的顺口溜：

要有饭吃，就得"手握紧锄"；
要有衣穿，就得"勤织棉布"；
要有钱花，就得"勤喂猪鸡"。

---

① 徐祖祥：《瑶族文化史》，云南民族出版社2001年版，第141页。
② 黄贵权：《靛村瑶族——那洪村蓝瑶文化的调查与研究》，云南民族出版社2003年版，第152页。
③ 赵廷光：《论瑶族传统文化》，云南民族出版社2002年版，第71页。

在瑶族社会中，人们崇尚勤劳，鄙视懒惰。勤劳与否，成为青年男女择偶的重要标准，没有人喜欢好吃懒惰的人，懒惰的人往往找不到对象，无法建立家庭，尤其是男性；而勤劳的人会受到尊重，得到爱情。瑶族人重视对子女的劳动教育，从小就让子女参加力所能及的劳动。男子到十三四岁，就要做割草、放牛、砍柴、挑水、舂米等劳动；女子到了十三四岁要学习缝衣、绣花、织腰带、扎染等手艺。男子到了十五六岁就开始跟成年人一样参加劳动，学习耕田、插秧、收割等劳动。瑶族人把勤劳视为最高尚的美德。

（二）孝敬父母

在瑶族"度戒"仪式中，师父通过经典戒律、条文教育弟子：父母养育子女的艰辛以及人生循环的客观规律，教育做子女的要孝敬自己的父母，这是子女应尽的义务，也是社会的要求。只有人人尽孝，人才能少有所育、老有所养，社会得以延续，人类得以繁衍。在《盘王教人传》中有这样的描述："三更儿哭三更起，四更鸡啼方入睡"；"左边湿了右边湿，两边湿了抱儿肚上眠"；"奉劝后生敬父母，有饭莫让父母饥；人生一世若无孝，后来到你做爹娘"。① 以此来教育盘王子孙要对父母尽孝。另外，瑶族人不但有孝敬亲生父母的道德，还有尊重岳父母的传统道德。由于瑶族的传统婚姻习俗中有招婿的传统，所以孝敬岳父母就注定成为瑶族的传统道德。"终身从妻居的男子，要改变原姓氏，为女方传宗接代，死后登入女方册簿中，在世时是女方的人，死后是女方的神，与亲生父母和兄弟姐妹之间只保持血缘关系，不再属于家族的成员。"② 所以，瑶族传统告诫女婿"上门"之后要尊重岳父母，使他们衣食无忧，安度晚年。大多数女婿能做到待岳父母如自己的亲生父母。

（三）诚信正派

瑶族人在社会交往中讲诚信、重承诺。明代邝露在《赤雅》中记载："对神盟誓，其法令人忘死。"汉代李来章在《八排风土记》中曰："瑶人生言诺"；宋代的《岭外代答》中记载："瑶人要约以木契全二板刻之，

---

① 赵廷光：《瑶族祖先崇拜与瑶族文化》，中央民族大学出版社 2002 年版，第 156 页。
② 同上书，第 136 页。

人执其一，守之其信。"清代钱元昌在《粤西诸图蛮记》中道："刻木记之，终身不负。"瑶族在人与人交往中，不论大事小事讲诚信；凡自己作过承诺的事情，从来不会反悔。瑶族人经常讲"说话不算数的人不是瑶家人，不是好朋友"。瑶族有结拜"老庚"的习俗，结为老庚的两家人关系十分亲密，老庚的友谊有的维持二三代人。若没有诚信作为基础，很难相信拜"老庚"习俗能够存在。在瑶族社会中，"甚至'搞是非'、'吃人命'等血族复仇事，凡经老人调停，双方同意了协调的条件，并喝过和好酒后，就会信守条约，不再挑起事端，否则会引起更大的战争"。[①]由于瑶族人遵守讲诚信的道德，所以在瑶族地区才会出现"夜不闭户，路不拾遗"的景象。

"戒仪"中的条文戒律告诫受戒者，做人要光明磊落、办事公道、为人正派，不可心术不正，害人嫁祸。人在社会中要严格要求自己，对别人要宽厚温和。瑶族人讲公平、讲道理，若遇重大纠纷，由老人们协调解决，大多数情况能互相体谅，平等相待，不会以强凌弱。为人正派，做事公道，这既是瑶族社会对瑶族人的要求，也是瑶族人的一种养生之道，因为只有人做到公道正派，才可能保持内心的安宁、和谐，只有保持内心的安宁、和谐，才能延年益寿。瑶族公道正派的道德既是维护正常社会秩序的需要，也是个人延年益寿的需要。

（四）团结互助、和睦友爱

利用"度戒"仪式中的条文戒律教育受戒者，骨肉同胞要团结，只有团结互助，才能共同克服生活中的困难。俗话说"打虎还需亲兄弟"，只有重手足之情，才可能振兴家业。若一个人连自己的亲生兄弟都不团结，就没有资格结交朋友，别人也会看不起那些与兄弟不团结的人。瑶族人除了具有兄弟团结的传统道德之外，还有团结互助的传统美德。过去由于瑶族人迁移不定，单靠个人的力量无法克服生活中的困难，因此瑶族人重视集体的力量。每当遇到困难，他们就相互帮助，相互合作。在瑶族社会中，人们都会对遇到天灾人祸的家庭给予无私的援助。因此，在瑶族地区很难发现乞讨、流浪的人。例如，在瑶族地区，若哪家盖房，大家都会前来帮忙，有物的出物、有力的出力而不讲报酬；哪家的地不够耕种和维

---

① 奉恒高：《瑶族通史》（中），民族出版社2007年版，第426页。

持生活了，人们会把自己多余的土地借给他来耕种。瑶族地区有相互关心、相互爱护、相互照顾的传统道德。正如度戒条文、戒律所说的："爱乡近邻自家内，患难之时人救人；见人落难莫欺笑，伸手互济相救人。"①

瑶族人讲夫妻和睦、家庭和睦、邻里和睦、与外族人和睦。首先，瑶族的传统道德要求夫妻之间要互帮互助，相互体谅，只有夫妻和睦，才能确保社会稳定有序。其次，瑶族人注重家庭和睦。在《盘王教人传》中曰："父母相和是孝顺，兄弟相和不分家；夫妻相和同到老，妯娌相和家道兴；姐妹相和看娘面，千朵桃花同树根；天地相和草自生，两国相和不动兵；忍忍让让不伤情，欢欢喜喜家道成；言语谨慎依道理，横道若来忍耐时；家中不和邻舍欺，邻居不和是非多；行善莫怕敲夜门，守法莫怕国无宁。"② 再次，瑶族人有与邻居和睦相处的道德。瑶族人在与邻居交往过程中，和睦相处、团结互助，他们经常说："远亲不如近邻。"最后，瑶族人与外族人友好相处。每当其他民族的人进入瑶区时，都会感受到瑶族地区的民风淳朴，瑶人容易相处，尤其是瑶族人有热情好客的习俗。

（五）敢于斗争

"瑶族是一个受压迫最深、最富有反抗斗争精神的民族，对历代封建统治阶级的剥削和压迫从来没有屈服过。"③ 历史上，瑶族一直处于迁移流动之中，其主要原因是由于封建统治阶级的民族压迫、民族歧视和政治压迫。据史书记载，在东汉时期，为反抗东汉封建王朝的苛捐杂税，湖南西部、中部和南部的瑶人曾举行过多次起义。在《明英宗实录》卷五十二中有如下记载："其始为徭所据，不输粮役，既而数径征剿，徭渐散亡，乃以其田或招农民，或给粮户耕种，而瑶人未殄者，其占田如故也。"④ 清代政府为了巩固自己的统治地位，连续几年对广西的瑶族地区用兵，瑶族人民奋起反抗，伤亡惨重。瑶族人民不仅有反抗历代封建王朝的斗争精神，还具有反对外来侵略的精神。光绪年间，帝国主义在广西和广东地区修建教堂，进行文化侵略。瑶族人民对外国的文化入侵非常气愤，他们联合汉族群众，烧毁教堂，拆毁帝国主义修建的教会学校。

---

① 赵廷光：《瑶族祖先崇拜与瑶族文化》，中央民族大学出版社 2002 年版，第 154 页。
② 同上书，第 155 页。
③ 赵廷光：《论瑶族传统文化》，云南民族出版社 1990 年版，第 76 页。
④ 奉恒高：《瑶族通史》（上卷），民族出版社 2007 年版，第 296 页。

（六）性爱严格

在"度戒"仪式中，师父要对弟子进行婚姻道德教育。瑶族通婚范围一般情况只限于本民族或者支系内。传统上，瑶族人不兴离婚，不管感情如何。由父母包办的婚姻，大多数情况是先结婚后恋爱，很难发现离婚的现象。这是瑶族严肃的性道德观念影响的结果，瑶族不允许有婚外情的发生，婚外恋或婚前性行为是被族人看不起和受舆论谴责的。如"未成年的孩子不能参加婚礼，同村的青年男女之间不能随便交往和唱风流，在与外村青年对歌时，必须集体相约而去，再集体一起回来，唱风流时不能只在两个人之间进行等"①。瑶族同寨青年男女不准互相往来，也禁止在一起唱歌。同龄的男女青年在劳动生产的往返路上相遇时要相距十米左右并且不准互道姓名和问话，女方要背向对方站在路的下边让行。这说明瑶族人有非常严格的性道德。瑶族人同姓同宗要相隔五代以后才能结婚。一个村寨子的人一般也不结婚。传统上瑶族人不论政治地位高低，经济状况如何，严格实行一夫一妻制。瑶族社会一旦发现未婚男女发生了性关系，就会责令双方杀鸡或杀猪办席，给寨老、出师、出主"洗脸"，接受惩罚教育。若女方怀孕，就要强迫双方成婚，而不管双方接受与否。对于婚后发生婚外性行为的人处罚更严厉，除了给寨老"洗脸"之外，还要罚款，并向全体寨民承诺绝不重犯。因此，很少有人敢违反神的戒律做坏事。

三　瑶族"度戒"仪式中传统伦理道德的功能

在瑶族"度戒"仪式中，师父把祖辈沿袭下来的戒律、教条传授给弟子，使瑶族传统道德得以传承和发展。"度戒"在瑶族的发展过程中起着非常重要的作用。通过"度戒"仪式，弟子接受瑶族传统道德的教育，从而使瑶族人在日常生活中接受传统伦理道德的约束，维护正常的社会秩序，促进瑶族社会的和谐发展。

（一）教育年轻人

由于瑶族特殊的历史进程和生活条件形成了瑶族独特的传统风俗和道

---

① 徐祖祥：《瑶族文化史》，云南民族出版社2001年版，第270页。

德原则。为了使传统习俗和道德得以传承，就需要一定的形式来传递它们。瑶族先民通过"度戒"仪式传承传统习俗和道德，保持瑶族的特色。在瑶族"度戒"仪式中，受戒者要学习十戒内容，在十戒中包含着大量传统道德成分。受戒者通过学习十戒内容进行传统道德教育。瑶族先民在长期的发展过程中意识到民族要兴旺发达、社会要协调发展，就必须有一定的道德规范，必须把这些规范一代一代传承下去。瑶族"度戒"仪式就是在这样的要求下产生的，通过仪式教育瑶族青年要遵守传统道德，维护传统秩序。特别需要指出的是，瑶族"度戒"仪式中有尊敬长者的教育。这既是为了维护瑶族的传统道德，更是为了维护瑶族生存和独立的需要。在瑶族先民社会里，有威信的长者或头人是维护传统道德和调整人际关系的重要力量。尊重长者，既是对其劳动的尊重，也是维护其权威。瑶族先民生活条件恶劣，生产力水平低，这就需要一种权威和凝聚力，团结集体的力量战胜困难，获得生存。于是，尊重长者和服从长者就成了瑶族度戒的一个重要内容。另外，瑶族社会里，男女之间有严格的约束。瑶族青年男女婚前交往自由，但严禁发生性关系，若要发生性关系，会受到舆论的谴责或者村寨的惩罚。瑶族婚后更不允许有外遇，若有外遇必会受到严厉的惩罚，如游寨或罚款等。

（二）维护村规民约

"在成文法出现之前，少数民族社会的有序运行，主要依靠风俗习惯和村规民约来规范和协调人与人、人与自然和社会之间的关系。"[1] 瑶族大多居住于深山密林之地，交通不便，社会欠发展，生产生活相对贫困和落后。由于瑶族地区长期处于封闭状态，致使村规民约在瑶族地区仍然发挥着重要作用。虽然中华人民共和国成立以后，国家加强了在瑶族地区的普法力度，但瑶族社会里的村规民约仍起着相当大的作用。瑶族的乡规民约主要是由瑶族乡村的村领导召集村民会议，就某些问题达成一致意见，形成决议，写成书面材料，在村民会议上进行宣读，用来规范村民的生产和生活。随着社会的进步，瑶族地区村规民约中的消极成分逐渐被扬弃，而积极的、合理的成分被传承下来，如今仍然规范着人们的生产和生活。

---

[1] 杨国才、童吉渝、李晓亮：《多学科视野下的艾滋应对》，中国社会科学出版社 2007 年版，第 382 页。

村规民约是由村民会议产生出来的，在"度戒"仪式中，受戒者接受的传统道德会直接影响村规民约内容的制定，"度戒"仪式中的伦理道德间接影响瑶族人的生产生活。所以说"度戒"仪式中的伦理道德对维护瑶族社会的稳定、发展起着重要的作用。自20世纪80年代改革开放以来，瑶族人民发扬瑶族的优秀传统道德，以村规民约的形式，解决新时期遇到的新问题。如："贵州荔波瑶麓瑶族乡瑶族，为杜绝近亲结婚，提高人口素质和质量，革新婚姻礼仪，并减轻新婚夫妇经济负担，便召集乡民大会，宣布十届人大会议通过的婚姻改革的决定，同时刊刻碑文，矗立于乡政府广场前，以规范、约束村民。"①

（三）维护瑶族利益

瑶族"度戒"仪式，是瑶族先民为了本民族的生存、发展而流传下来的一种习俗。自古以来，道德用来调整人与人之间关系，人类社会因为有道德的存在才不断向前发展。由于瑶族特有的曲折历史背景，所居住的恶劣自然环境，决定了瑶族人必须用本民族特有的传统道德来约束本民族的行为，促进本民族的发展。在历史发展过程中，瑶族人在吸收了大量汉族传统道德的基础上，形成了具有本民族特色的传统道德。如瑶族人有重群体观念和平均观念，这是瑶族人为维护瑶族利益而传承下来的道德观念。越是生产力落后的民族，越需要依靠集体的力量战胜自然、获得生存和发展。瑶族所具有的团结互助、热情好客、讲诚信、讲和睦等传统道德，正是瑶族人重本民族利益的体现。瑶族人的平均观念明显，这也是瑶族落后生产力的体现。瑶族人若没有平均观念，他们中的成员就无法生存。如：在瑶族地区，一个人不管参加狩猎与否，只要猎获野兽时在现场，就可得到一份猎物。

瑶族"度戒"仪式是传承其传统伦理道德的重要载体，度戒中所传承的伦理道德，对瑶族的生存和发展发挥了重要的作用。瑶族"度戒"仪式中的传统伦理道德具有维护村规民约和瑶族利益的作用。随着时代的变化，瑶族"度戒"仪式中的伦理道德观念也在发生变化。但是，弘扬瑶族"度戒"仪式中的优秀传统伦理道德，对建构瑶族现代伦理道德，将有重要启迪作用。

---

① 黄海：《瑶山研究》，贵州人民出版社1997年版，第19—21页。

傣族泼水节的狂欢伦理文化[*]

傣族泼水节的狂欢伦理文化 *

赵　煜^{**}

摘　要：傣族泼水节是傣族生产、生活中最盛大、最重要的节庆，近年来其节庆表现出狂欢化的发展趋势，而节庆狂欢中蕴含了深厚的民族伦理欢和思想。

关键词：傣族；泼水节；狂欢伦理

"泼水节"，傣语称为"桑勘比迈"，或"楞贺桑勘"①，对于这个节日，在云南西双版纳傣族自治州，人们称呼它不是泼水节，更多的是称其为傣历新年。这个节日是傣族三大节日②中最盛大、最隆重的节日，而节庆狂欢中呈现出的伦理思想对傣族社会产生了重大影响。

一　傣族泼水节变迁与现状

傣族源于古代南迁的百越民族，南迁到云南和东南亚一带的傣民族都有过泼水节的习俗。对于傣族泼水节的起源，不同地区的傣民族有不同的版本，尽管各种版本的传说各有不同，但其相似的地方十分突出。比如，各种传说中，都提到恶魔侵入民间，民为除害割其头颅，被割头颅落地会给人间带来巨大灾难，特别是因头颅落地，火焰蔓延所引发的雨旱失调。对傣族人民来说，旱雨季的变化事关其生产和生活，旱雨季失调直接影响

---

* 基金项目：2012 国家社会科学基金项目"节庆资源动员与少数民族村落发展研究"（项目编号 12XSH013）。

** 赵煜，女，昆明理工大学社会科学学院，副教授。

① 《西双版纳州志》，新华出版社 2002 年版，第 500 页。在云南西双版纳地区也曾将"勘"写作"衍"，其傣语发音更多接近于汉语拼音中的 han 与 kan 之间。本文采用州志的用字。

② 傣族一年生活周期中的三大节：泼水节、关门节、开门节。

其生计，所以，各种传说都将雨旱的失调视为巨大灾难，这是当地民众生计的象征，它强调了现实生活中维持生计条件的重要性。

其次，在各种传说中，也共同提到了七女捧托、泼水消灾。女性具有养育、生育、繁殖、再生的喻义，"水"同样常为"雨"的象征，泼水清洗，有去旧迎新、除尘消灾之意，从中也可看出"雨"和"水"对当地人民而言，不仅事关生计，也具有新生和吉祥之意，它暗含了人们在新年来临之际，祈求风调雨顺、五谷丰登之意。

再次，在泰国与缅甸的传统版本中，显示出这个节日与神的联系，表明这个节庆的起源及内容与民族的宗教信仰也是有一定联系的。实际上由于傣族普遍信仰小乘佛教，而传统的傣族泼水节一般都是在公历4月中旬，与佛教的浴佛节时间差不多，泼水节中一项重要的活动就是要"赕佛"，因此，它有时也就被称为浴佛节。实际上对傣族而言，泼水节更多的就是傣历新年节。浴佛只是其迎接新年、祭祀祈福的重要年节活动。

西双版纳傣族过新年，集中的日期是三到四天。按照传统，傣家人在新年来临之际，各家各户都要打扫卫生，拆洗被褥，干干净净地迎接新年。这一天在傣语中称作"宛麦"①，相当于农历的除夕。如果和今天的傣族泼水节作比的话，相当于1375傣历新年（公历2013年）西双版纳勐海县勐遮镇曼恩地区的傣族泼水节中14日②，今天在14日这一天傣族人家过泼水节时，仍然保留打扫卫生、准备过节食品的习俗，但在现在的傣族泼水节中14日这一天除了为节庆做准备外，一项很重要的内容就是要"赕大青树"，也就是祭寨神树，也有的村寨在赕佛之日一并完成。"宛麦"之后，即是"宛恼"，即泼水之日。这一天相当于1375傣历年曼恩村委会所管辖地区的傣族泼水节中的15日，在这一天傣族民间的过节仍然大多保留原来的传统，浴佛、泼水。"宛恼"之后，是"麦帕雅宛"，即傣历的元旦。在这一天人们一早要到佛寺赕佛、滴水，即泼水节中的

---

① 杨美清、征鹏：《西双版纳风物志》，云南教育出版社1986年版，第4—5页。也有当地学者将这三天分别称呼为"晚闹"、"晚在"、"叭晚麻"，见刀国栋《傣渻》，云南美术出版社2007年版，第29页。

② 现在，在西双版纳地区每年各县各乡镇过节的时间并不是统一的，而且在民间不同年份过节的三天时间并没有完全固定下来，因此此处只能选取一个傣族地区的具体日期作比，以便更好理解三天的仪式和内容。此处以傣历1375年勐海县勐遮镇曼恩村委会所管辖的傣族村寨子过节时间作比。

"赕佛"，"赕佛"之后人们要举行一年中最隆重的"赶摆"（集体欢庆、娱乐）。在有大江大河的地方还要举行划龙舟，没有大江大河的地方就会集中起来进行赶摆，放高升，打起象脚鼓，唱歌、跳舞。这是整个节庆中最重要的一天，一定程度上可以说这一天没有过，这个节就没有过。这一天的节庆内容基本上沿袭至今，从时间上看相当于 1375 傣历年曼恩地区的傣族泼水节中的 16 日。当然，随着变迁，一些傣族地区已不完全按照此方式过节，时间上也不完全遵照此时序，有的甚至将"赕大青树"、"赕佛"、泼水放在同一天进行，但不管怎样，傣族过泼水节无论是过去还是当下，至少目前看来"赕佛"、泼水、"赶摆"是其永恒的主题。而在这三大节庆活动中，泼水由以前仅是浴佛后村寨内小范围的娱乐嬉戏活动发展成为狂欢性的重要节庆活动，甚至一定程度上成为最重要的活动内容，而节庆由此也就由"傣历新年节"变为了"泼水节"。

二　泼水节的狂欢性及其伦理思想

傣族的泼水节之所以能从一个单纯的年节发展成具有特定民族内涵的地域性狂欢节，是与该民族特有的"水"文化、"酒"文化、傣民族团结协助、和谐共生的民族精神密切相关的。

1. "水"狂欢中的伦理

说到傣族，人们常用水傣或水一样的民族来形容。人们之所以用水来概括傣民族的民族特质，与其族源、地理环境、生产、生活方式有很大关联。

从族源上说，傣族起源于古代的百越民族。"天下无越不爱水"，据史籍记载，百越民族向喜"刀耕水耨"的生产方式，所以，古越人常选择有广阔水域的地方居住。大部分南迁的傣族无论是生产方式还是生活方式都保留着其祖先爱水的习俗，大多择水而居。一般，傣族居住的地理环境或靠大江两岸，或多有小河经过。由于滨水而居，傣族的稻作文化很发达，农业生产以水稻种植为主。因此，人们也长用"有林就有水，有水就有稻，有稻就有傣家人"、"摆夷因水而居，一日三浴"① 来描述傣家生活。当然，除此之外，由于傣族居住地多属热带地区，一年只分旱季和雨季，雨水的多少直接关系着人们的生产、生活。人们渴望风调雨顺，渴望像水一样柔

---

① 艾罕炳：《西双版纳傣泐民俗文化探源》，云南教育出版社 2007 年版，第 11 页。

和平静地生活，所以，无论是日常的用水、玩水、戏水，还是重要日子的泼水、滴水祭祀、放水灯、祭水神，都可看出傣族是用水来除污去秽，祝福祈祷。水成为傣民生活当中不可或缺的一部分，离开了水，其生产无法继续、宗教祭祀无法开展、年节无法庆祝、生活习惯无所适从。

　　一个民族的文化、特性往往是与其自然环境、生态环境相辅相成的，人们选择适宜自己的生态环境，同时自然生态环境也对人，或者说对生活在那里的某一民族性格的塑造产生很大影响。由于傣民族长年生活在富足的水域，水土肥美，生活充裕，悠然自得，因此，在傣民族的性格中兼具了"水"特有的温柔、坚韧、透明、包容、开放的特点，傣族是一个非常温和、宽容、爽朗、欢快的民族。正是这样一种民族的豁达与欢快，能使傣族在泼水活动中，较少受到很多理性思想的约束和制约，能在节日中尽情地、无拘无束地释放和表达自己的情感。这一点本身就能调动人们的狂欢情绪，能使人们在嬉戏中，把愉快的激情扩展到最大限度。

　　因此，在节日中用水作为道具进行娱乐、嬉戏，就最能调动人们的情绪，达到抒情展怀的目的。在傣族人看来，无论是滴水、洒水、泼水，都是圣水、是福水、是吉祥水，人们以能够融入这样的水而狂欢而自豪。人人都知道，水这种东西看似柔软无力，但它汇集在一起，一盆盆地泼向你，身体可能会受到一定的伤害，但是由于有了这样一种文化的认同，在泼水狂欢中，傣族或当地人不管被泼得有多湿，有些人甚至是用棉花塞着耳朵在泼水，有些人眼睛被泼得红肿起来，但人们的脸上都是喜笑颜开，怡然自得地乐在其中。缺乏这样一种地域文化、民族文化的认同，是很难理解为什么在当地，泼水能引发全民、全城的狂欢。

　　2. 参与意识与狂欢

　　傣族是一个集体参与意识非常强烈的民族。有学者认为傣族的集体精神，最早是源于"共食"这一习俗。在傣族早期的歌谣《沙罗的传说》中说到，古时，东西非常少，打到东西的人有吃的，打不到的人没有吃的，饿的饿，病的病，人越来越少，后来沙罗宣布无论打到什么，都要平均分配，有苦大家受，有福大家享；傣族创世史诗《巴塔麻嘎捧尚罗》中也讲道，"人类之初，因为彼此之间抢夺粮食，天下大乱。直至帕雅桑木底出现，才为众人平均分配，不再争吵打架，人类兴旺"[①]。这些记载

---

① 　赵世林、伍琼华：《傣族文化志》，云南民族出版社 1997 年版，第 183 页。

可以看作傣族最初集体精神的萌芽。后来，随着傣族社会文化的积累，逐渐形成了本民族伦理道德的贝叶书籍——《布栓兰》。该书在谈到个人与集体的关系问题时，开宗明义地说道："一棵树不成林、一根木架不起桥"；"一个人的本事虽大，也难抵御漫天而来的灾难和风沙"。它告诫人们："众人爱可把你举到竹梢，众人恨可把你摔落谷底……"①《布栓兰》是傣语称谓，汉语可译为"爷爷对儿孙的教育"，千百年来，它一直是傣族人民必读的礼仪伦理书籍，在它的影响下，团结友爱、协助互助的集体精神成为傣民族的传统美德之一。

这种积极参与意识正是傣族泼水节能由一个普通的民族年节，发展成为一个有地域特点、有民族文化底蕴的狂欢节的必备基础。众所周知，一个狂欢节的形成是需要有一定的聚集规模和民众参与热情的，只有大家都积极地参与在其中，狂欢的氛围和效果才能形成。傣族泼水狂欢精神的形成，除了有水的文化认同、酒的刺激功能外，另一个重要的因素就是其民族的集体精神和积极的参与意识。在这种集体精神和参与意识的影响下，对傣族人民而言，傣族的年节已不再是自家一家的节日，它更是全民族共享的节日。傣族人民过泼水节和汉族过春节有很大的一个不同点，汉族的年节喜欢关起门来，自家过节；傣族人过年节则喜欢打开门，走出去，和大家一起过节。正是这样的一种参与意识与共享精神，才使泼水狂欢活动由洒水祝福的形式，发展成为今天的全民、全城、全镇的狂欢节日。

一定程度上，正是这种积极的参与心态和共享精神，将狂欢引进了傣族的生活中。实际上，在狂欢节日中，参与者都具有一种"参与意识"，这使他无法将节日中的活动视作身外之物，也无法与节日保持一定距离来加以认识，如果这样的话，他也就感受不到狂欢的乐趣和韵味。就像前面所提到的外来游客，由于缺少相应的文化认同，自然在节日中总是或多或少会以旁观者的身份来参加，而非真正的节日的参加者，当然会在狂欢的刺激、兴奋中有一定的不适，因为他缺少节日认同者所具有的与节日本身难于分离的"参与意识"。这种"参与意识"使得在节日中，个人空间社会化、文化化了，而社会空间也相应个人化了。

3. 和谐精神与狂欢

傣族是一个深具和谐思想的民族。傣族的和谐思想首先源于其生态环

---

① 岩温扁等：《贝叶文化》，四川民族出版社 2001 年版，第 33 页。

境。人类作为自然和生态进化的产物，自身的心身都将受到所处环境的影响。生态环境在影响个体生理、心理、性格的基础上，造就和形成共同生活于其间的民族性格、特质和文化。从我国境内傣族的分布上来看，除元江、新平一带的小部分傣族外，大部分傣族都居住在沿江、沿河土地肥沃、水利条件优越，适宜农业生产的坝区。由于生态环境优越，傣族的生活富庶而稳定。富裕稳定的生活和舒适的生态环境使傣族社会结构稳定，基于对资源争夺而引发的社会冲突较小，因此，也形成了傣民族平和、热情的民族性格与和谐共处的民族思想。这是傣族和谐思想形成的原因之一。

傣族和谐思想形成的另一因素则与傣族的族源历史相关。从傣族的历史来看，无论是史前、史后还是在南迁的过程中都没有残酷的战争流血记载，没有什么关于厮杀鏖战、残酷斗争的文献记录。① 这一点反映出傣族无论是在族源内部，还是与族外各民族的关系中，向来以和睦共处、互让互存的共生和谐思想为基本的原则，形成了傣族地区和谐相融的文化价值观。导致傣族地区和谐思想形成的另一个因素就是傣族地区的宗教信仰。傣族原始宗教的核心是"万物有灵"，"灵魂不灭"、"万物有灵"使得傣民族和谐相融的意识得以加强。这种观念意识在佛教进入傣族地区之后，在佛教"共生"文化的影响下更加得以强化。

傣族特有的和谐思想深深融入生活的每一个细节中，包括在无拘无束、热情奔放的狂欢节日中。傣族泼水节泼水的主旨主要是表达祈福、祝福之意，其所体现出来的狂欢精神与世界上大多数的狂欢节或狂欢活动的狂欢主旨大相径庭。在西方，很多狂欢节不仅仅是一个庆祝的节日，它反映的是人们在特定环境下对等级化常规秩序的解构。人们以狂欢的形式来对抗社会制度、规范的限制。因此，西方的狂欢节中常常用荒诞不经、吊诡的形式来反对制度的限制、压制、约束，从而表达对自由的追求。在这种主旨下，狂欢精神表现出来的更多的是一种特定时空内的宣泄、刺激、放纵。而傣族泼水狂欢与此迥异，它不是特定时空内的喧嚣与迷乱，而是建立在民族传统价值观念上的一种和谐狂欢，它的社会不需要通过狂欢达到对常规秩序的解构、重构或再构，民众也不需要通过狂欢在短暂的时空中获得精神的释放和发泄，这是傣族泼水狂欢与世界上其他狂欢活动在本质上的区别。

---

① 艾罕炳：《西双版纳傣泐民俗文化探源》，云南教育出版社 2007 年版，第 28 页。

彝族史诗《梅葛》中的丧葬伦理观

毕丞姬*

摘 要："梅葛"是一种被我国云南彝族同胞用于传唱本民族创世史诗的古曲调，至今仍在云南省楚雄彝族自治州姚安、大姚一带广为流传。史诗反映了当地彝族人民在不同时代的生产活动、生活方式和他们对周围世界的认识，同时也涉及恋爱、婚姻、丧事、怀亲等社会习俗。它反映了历史上彝族人民与其他兄弟民族，特别是与汉族人民在经济、文化上的亲密关系，具有一定的史料价值，包含丰富的伦理观念。

关键词：梅葛；伦理；丧葬

一个人从生到死，需要经历各种社会礼仪的熏染，每一种人生礼仪都潜在地影响着人们的思维方式和生活习惯，也反映出了人们的内在情感。对于生与死的问题，每个人的理解都不同，但是对逝者的尊重，却是人们共同认可的准则。彝族的丧葬文化，其历史源远流长，内容丰富多彩，形式生动活泼，文化内涵极其深厚，在我国民间丧葬习俗中别具一格。

一 《梅葛》中的丧葬伦理内涵

彝族社会普遍重视人们成长过程中的各种人生礼仪，并利用礼俗、惯例、定制、规则中的伦理道德来规范人们的思想和行为。丧葬礼仪可分为丧礼和葬礼两部分，丧礼的内容极其丰富，是丧葬礼仪中重要的一部分。"梅葛"流传地的彝族受周边民族的影响，丧葬中的礼仪各区域有所差

---

* 毕丞姬，女，德宏师范高等专科学院教师，云南民族大学哲学与政治学院 2011 级伦理学硕士研究生。

异，但是大家共同遵循的就是都要请"毕摩"来唱"梅葛"，"梅葛"贯穿在整个丧葬过程中，从"梅葛"的内容，可以了解到彝族人民丧葬文化中的伦理内涵。

（一）生与死的自然调和

在对待生死的问题上，彝族人民是比较豁达的。在他们看来，人的死亡只是肉体的消失，而灵魂则是永远的存在，只是灵魂的生活转入另一个空间，仍然如现实生活中的人们一样。灵魂不死观可以说是彝族人民对待死亡的一种理解。这一思想不免让人想到了古希腊伟大的哲学家苏格拉底的思想，柏拉图所著的《斐多》中记述了苏格拉底在狱中谈话的内容："一辈子真正追求哲学的人，临死自然是轻松愉快的，而且深信死后会在另一个世界得到最大的幸福"；"真正的追求哲学，无非是学习死，学习处于死的状态。"① 在苏格拉底看来，肉体的死亡并不代表着人的消失，灵魂离开肉体才能寻求纯粹的知识，是生命的开始。

在《梅葛》中提到，在彝族人民看来，死并不只是人类、某一个民族或某一类人需要面对的，任何生物都会面临死亡，死亡对于万物来说是从生的时候就已经证实了的，是极其普通的自然现象，是天地及万物都没有能力阻挡的事情，上天在创造生命的同时也创造了死亡，"天王撒下活种子，天王撒下死种子"。② 所以，死亡是天定的，无人能改变。大地对于人们来讲是高高在上的，掌管着人类的生活，人类的生活祈求于它的恩赐，但是面对死亡，大地也是无可奈何的，在《梅葛》丧葬的死亡部分这样写道："死种撒出去，会让的就能活在世上，不会让的就死亡。"③ 万物从年月、节令、星月、大地、山、石，再到树木、牲畜、动物都没有撒不到的东西，撒不到的地方，都无法避开死亡。

死，对于彝族人民来讲是一种普遍存在的自然规律，但是，死对于彝族人民来讲，仅仅是肉体的死亡，人的灵魂是永恒的，人遵循自然规律肉体死亡，灵魂则也会遵循自然规律继续存活下来。对于彝族人民来讲，死并不代表着生命的结束，而是代表着另一番人生的开始，生既是死，死也

---

① ［古希腊］柏拉图：《斐多》，杨绛译，中国国际广播出版社2006年版，第23页。

② 云南省民族民间文学楚雄调查队收集翻译整理：《梅葛》，云南民族出版社1978年版，第200页。

③ 同上。

是生，生与死自然调和，让彝族人民对死亡得以新的解释。这种生与死自然调和的观念已存在于每一个彝族人的心中，成为一种普遍的生死观念，影响着彝族人民的生产与生活。

（二）丧礼中内涵着亲情

在彝族人民的生活中，在老人快咽气之前，儿女们都要来接气。在《梅葛》中也有相应的描述，当死种撒到病人身上的时候，病人就会病死，家里的阿爹生病了，为了不让阿爹死去，儿女到处去寻找不死的药，最终没有找到，只好带着阿爹到处去躲藏，希望能躲过去，世间万物都会死，躲在哪都无法避免死亡，最终阿爹像滚下箐底的石头一样不回头。这其实就是描写在逝者去世之前，家人面对着无法避免死亡的亲人的复杂心情。在家中老人生重病的时候，家中的人都要守在他们的病床前，尽自己的孝道。在面对这样的情况，总会希望能够找到不死的药，希望带着家中老者躲避死亡，体现出了对将要逝世的家人的爱。

老人去世后，家中要为老人穿上蓝色对襟衣，戴上黑色的三角帽，但是衣服不能选择用动物皮毛做的衣服，这样是为了避免逝者到另外一个世界被其他人认为是牲畜，不能以人的姿态生活在另外一个世界，这是对逝者的不敬。棺木钉严后，死者有几个儿女，就要煮几碗米饭，米饭上还要各放一个鸡蛋，供放在棺木的前面祭奠死者，在丧事结束后，鸡蛋要带回家中与家人共同食用，彝族人民认为这样可以保佑家人，而米饭则晒干后和家中谷物拌和在一起，能让粮食经吃。同时还要请毕摩来唱"梅葛"，从开天辟地、人类起源再到家族史和逝者的生平，为逝者指清道路，让他们能够到达另外一个世界与祖先们团聚。

彝族人民的丧礼，代表着家人对逝者离开现实生活后，为逝者进入另外一个新世界生活而采取一些措施，能让逝者在新的生活中过得好，过得顺利。同时也期望逝者保佑家人平安，让家人生活能够富足。在《梅葛》中，父母去世后，要请人去砍罗汉松来做棺材，在《创世纪》中，格滋天神找人种，罗汉松是被定义为好的树，是要被砍了之后不会死而是会发得更好，这里面寓意了逝者的善良，同时也表现出了希望逝者保佑后代能够越来越好。这是一种逝者与家人之间相互的关爱之情，虽然生活在不同的世界，但是并不能阻挡他们之间的亲情之爱。

二　《梅葛》中葬礼的道德观

葬礼既是对死者的哀悼，也是对死者的祝愿。葬礼中能够表现出家人对逝者的敬爱之情。葬礼不仅仅是家人参加，具有血缘关系的族人、亲人以及生活在同一地区的邻里、朋友，都会不约而同地来参加逝者的葬礼，以表达对逝者的尊重与祝愿。葬礼是由众多人参加的活动，逝者家人对逝者的葬礼准备的内容，包含的伦理内涵更加的丰富。

（一）"孝"为核心的道德观

"孝"是中华传统伦理的核心观念，也是中华传统伦理体系和诸种美德之首，古语云"百善孝为先①"，孝居百行之先。家是传统社会的基本单位，家庭中的伦理要求基本体现了整个社会对个人的要求，人首先是家庭中的一个人，然后才是社会上的一个人，个人修养的培养主要来源于家庭。家庭中首先的道德要求是对长辈的尊重，"父为子纲"，子女对父母要听从他们的要求。"孝"是子女对父母尊重的首要表现，对父母的"孝"从活着的父母、到死去的父母，还有一层"孝"是对祖先的崇敬。葬礼中的"孝"主要是对逝去父母的"孝"，同时也可延伸出对祖先的"孝"，葬礼既是为逝去父母到另外一个世界生活而努力，同时也是为了让祖先们能够在另外的世界幸福地生活在一起。

葬礼的伦理，包括内在的"孝"与外在的"孝"。内在的"孝"是个人内心的道德修养如何体现，通过葬礼得以表现出来；对父母的爱，在他们去世后，通过葬礼而表达出来。这种内在的"孝"是个人在日常生活中根据家人的教育、接受学校教育及外部社会的要求而自主自觉地养成的一种内在德行，具有自律的特点。而外在的"孝"则是葬礼上，通过各种形式，外人所看到的"孝"。这一般是由于本民族一直以来遵循的某种葬礼仪式，已经是本民族人们约定俗成的一种外在规范，如果不这样做，就会被他人看不起或是批评。这种"孝"具有他律的特点，是由于外在约束力而导致的。

对于彝族人民的葬礼，更多的体现是内在的"孝"，对葬礼仪式遵循

---

① （清）王永彬著，汪晓志平说：《围炉夜话》，希望出版社1991年版，第189页。

本民族采取的方式，本身是出于内在"孝"的推动，对逝去父母及祖先的"孝"的体现。在《梅葛》中，父母创造了家中的幸福生活，父母生病后，子女想方设法地希望能够让父母好起来，又是送鬼，又是祭神，想尽了办法。子女清楚地知道父母为自己所付出的辛劳，所以，在父母病重时便想尽办法让父母能够好起来，这也是告诉人们，虽然死亡是必然的，但是面对父母的病情，还是要尽自己的孝心。不管结果如何，作为子女，还是应该做自己该做的，尽子女应该尽的责任，这才是对父母的"孝"。"孝"体现在父母活着时子女对父母的关怀，也体现在父母去世后的丧葬礼仪中。

（二）"礼"为内容的道德规范

《论语》有云："生，事之以礼；死，葬之以礼，祭之以礼。"① 这就是说，对于逝去的父母要用相应的丧葬礼仪来安葬他们，葬的礼仪对于人们来讲是非常重要的，也是必须做到的。而对于这里的礼，各个地区的人们和各个民族都有各自的礼仪规范，彝族人民在其社会发展进步的同时，相应的丧葬礼仪也随着社会的发展而不断发展和完善。在彝族人民的生活中，平时的日常开销可能会以勤俭节约为美德，但是对于丧葬礼，隆重的程度往往是高于婚礼，由此可以看出，彝族人民对丧葬礼的重视。

"礼"是道德的一种外在的表现形式，从礼可以看出一个人或一个民族的涵养，只有当一个人或一个民族内在地具有了"仁"、"义"等的道德内容，他才能通过"礼"将这些内涵表现出来。也可以说"礼"更多的是一种形式，只有具有内容的形式才是完美的事物，内容与形式需要相互的结合，才能真正地体现出生活中完整的道德规范。这样看来，从"礼"人们可以看到一个人或一个民族的道德是如何。

丧葬礼，不仅仅是一种形式，内涵众多的道德规范，通过"礼"的形式，让更多的人了解到相应的规范，彝族的丧葬礼中基本以礼为内容，"礼"存在于整个丧葬礼中。葬礼的内容，一方面体现逝者家人的道德修养，另一方面，也是为了将这种葬礼表现给其他参与葬礼的人看，换句话说，就是做给活人看。所以，就葬礼之"礼"人们可以看到道德内在与外在约束的内涵。首先，"礼"体现一个家庭中每个人的道德修养，如果

---

① 杨伯峻、杨逢彬：《论语译注》，岳麓书社2009年版，第12页。

逝者的儿女本身不具备良好的道德修养，尽管把葬礼的各种仪式都做了，但是人们还是只能看到"礼"的外在形式，无法看到支撑着整个葬礼中对逝去父母"葬之以礼"的内容，没有道德内涵支撑的"礼"就仅仅只是一种形式，不能算作完整的葬礼。其次，"礼"外在的约束着一个家族、一个民族，"礼"是对死者的一种尊重与祝愿，葬礼中的参与者会将葬礼的内容看成是对自己的要求，作为同一家支和区域的人，只有做到同一样的礼仪，才能证明自己是这个家支、这一地域中的一分子。

彝族的丧葬礼形式比较多，但大多数地区都以火葬为主，火葬中蕴含着彝族人民深刻的伦理思想和道德情感。彝族先人以为，人活着时是有精灵附于人体之内的，然而精灵却不会随着人的死亡而灭亡，它可以在人死之后独立存在于世。但是随着汉族的迁入，各民族杂居在一起，文化不断地交融，在"梅葛"流传地的彝族基本上是实行"土葬"的，从梅葛的内容中人们可以清楚地知道，当地的彝族是"土葬"，是受儒家文化影响的表现。这并不代表着彝族人民灵魂不死观念不存在，他们认为，父母虽身体在"石房"、"土房"里，但是他们的灵魂子女是要将他们请回来的，用松树刻成爹的像，青冈木刻成妈的像，供奉在家里的家堂上。一方面证明父母的灵魂依然活着，虽然不是同一个世界，但是就如同生活在人们周围一样；另一方面，松树在格滋天神找人种过程中将它定义为不好的植物，砍了一棵就绝一棵，这其实是代表人去世后就不能再如生前一般生活在这个世界上，也是约束着逝者，让其不能再回来阳间，体现了彝族人民既希望逝者保佑生者能够生活幸福，也怕逝者回来阳间影响生者的幸福，是彝族人民鬼神崇拜的一种体现。

葬礼中为逝者唱"梅葛"，最后的内容是告诉逝者，逢年过节家里人都会祭他们，这是彝族对祭祖这一礼仪的重视，在彝族生活中，每年祭祖的花费都会高于其他的家庭开支，是彝族人民对祖先的尊重的体现，也是对祖先为家族所作的贡献的认可。在《梅葛》最后几段中，讲述了生者得到了逝者的生活经验后，按照祖先的经验来生产劳动，人们的生活"五谷丰收，人畜两旺"。是生者对已逝者的功劳的认可。

（三）"教"为目的的道德追求

道德本身具有教育的功能，葬礼中的规范同样具有教育人的功能，道德规范通过外在形式展现出来，让人们认识它，转化为个人的内在修养，同时也让人们认识到道德规范的外在约束力，提高人们的道德觉悟和认识，实现陶冶人们的道德情感。葬礼作为道德规范的一种形式，它的道德追求是为了教育世人，为世人树立良好的道德信念，培养出具有良好道德品质的人。

葬礼中体现出以"教"为目的的道德追求。首先，体现在对个人的影响，个人作为社会的一员，不可能脱离社会而单独存在。作为个人，是属于家庭中的一员，是一个家支中的一员，是一个民族中的一员。遵循整体的道德规范是个人必须做到的，葬礼只是众多规范的一种。对葬礼的认识，可以引申到对其他规范的认识。在葬礼中，逝者的家人都要求到场，如果没有到场，是要受到人们的谴责的，同时葬礼也是体现子女对逝者的孝，能够让下一辈的孩子们了解到，尊重长辈不仅仅是在长者活着的时候，还要延续到葬礼中，已经死后的祭祀，是对下一代人的一种特殊教育方式。在葬礼中，参加的每一个人，都能被葬礼所感染，实现道德情感的升华，参与葬礼的人们能够从中认识到对老人的尊敬的必要性，从生到死的过程中都需要做到对长者的尊重与敬爱。其次，在葬礼中，需要请家族中的人，以及"外家"的人，也就是外祖母家的人，这就让人们知道，参加葬礼的人都是一家人，具有血缘关系，是亲戚朋友，大家理应团结在一起，共同将葬礼完成。葬礼凝聚了人们的家族或宗族意识，凝聚了"同村人"的意识，让人们增加了族群识别的意识，有利于维护家族内部的团结。再次，在葬礼中，葬礼所呈现的内容，是彝族人民的传统文化，一方面体现葬礼是按照彝族人民严格的礼仪要求来完成的，要求人们严格遵守传统丧葬礼仪规范；另一方面，则是人们希望通过葬礼的仪式，能够让下一代了解到彝族丧葬仪式的过程，对他们进行传统礼俗的教育，让人们了解到祖先的历史，了解死亡的内涵，了解人们应该如何去孝敬长辈等。通过丧葬仪式，参与葬礼的人们都会受到或多或少的影响，也让人们学习到彝族的丧葬文化及礼仪规范，实现彝族丧葬文化的传承。

彝族的丧葬文化是通过"梅葛"的内容在彝族人民的生活中传承下来的，虽然没有纸质的书面材料予以记载，但是通过口耳相传的方式，还是让彝族人民的丧葬文化不断地传承下来，这也是彝族文化的一种特有方式。彝族的丧葬文化内涵着彝族人民的伦理观念，关于丧礼和葬礼的礼仪，规范着人民的生活，并随着时间的推移在延续。"梅葛"是彝族丧葬伦理规范的主要载体，通过"梅葛"可以深入了解彝族的伦理文化。

白族家族人际关系中的伦理观

施玉乔[*]

施玉乔[*]

摘　要：白族家族人际交往较为突出的是家族中人际关系的转变，如导致白族家族成员人数的削弱，家族功能不断被削弱，同时家族的核心人物由传统的长者转变为族中的精英（有年轻化的趋势）等。但在家族人际交往中的一些伦理仍值得我们学习，如孝文化和族际文化中的团结互助、和谐观仍然在白族家族人际中交往运用。

关键词：白族家族；人际关系；伦理观；仁孝；团结互助

一　白族传统家族人际关系中的道德规范

（一）人际关系

人际关系简单来说就是人和人之间的关系。不同学科和背景的人们对其解释不同。人际关系就其本质来说是一种社会关系①；中国人际关系的本土概念是：人缘、人情和人伦②；人际关系结构分为情感型人际关系和理想型人际关系，传统中国人行为是重情不重礼，而现代人际交往有着情感性，人际关系结构向理性人际关系结构变化的趋势③；我国农村人际关系是建立在人伦之上，体现的是血缘和地缘的人际关系等。④

＊　施玉乔，女，白族，云南民族大学人文学院 2013 级社会学硕士研究生。

①　李万星：《论人际关系》，《湘潭大学学报》1986 年第 1 期。

②　翟伟学：《中国人际关系的特质——本土概念及模式》，《社会学研究》1993 年第 4 期。

③　周建国、童星：《社会转型与人际关系结构的变化——由情感型人际关系结构向理性型人际关系结构的转化》，《江南大学学报》2002 年第 5 期。

④　宋国庆、沈丽巍、赖天能：《我国农村人际关系研究述评》，《长春工业大学学报》2008 年第 5 期。

本文描述的是白族家族人际关系，它主要是指家族内部成员之间的关系，围绕父子、夫妇和兄弟来展开的一系列行为关系。因其具有中国本土性，所以，他们之间关系是建立在人伦之上，体现的是血缘和地缘的人际关系；同时，他们之间的人际关系也是以人缘、人情和人伦为核心的。

（二）白族传统家族的结构

家是家族的基本组成元素，一个家庭我们可以称其为家族，而关于家结构的组成和扩展在费孝通先生的《乡土中国》中家族篇提到：在中国乡土社会中，家并没有严格的团体界限，社群里的分子可以依据需要，沿亲属差序向外扩大。构成这个所谓社圈的分子并不限于亲子。中国的家扩大的路线是单系的，就是只包括父系这一方面；除了少数例外，家并不能同时包括媳妇和女婿。在父系原则下女婿和结了婚的女儿都是外家人，在父系方面却可以扩大得很远，五世同堂的家，可以包括五代人之内所有父系方面的亲属。①

白族传统家族的结构基本如此，包括媳妇和女婿，我们将这种现象称为"入赘"，也就是俗语的上门女婿。这种现象在白族的家族中很普遍，他们传统的观念是长女留家，而且只要家里条件允许，女儿愿意留在家中，他们就采用将男方入赘到家中，但是他们的孩子的姓氏是随母姓的，三代之后改为同父姓。总体来说，白族家扩大的路线是单系的，是传统封建的父系制。同时，白族传统家族属于群体性质的团体，他与一般的群体相比更具有凝聚力和永久性，因为他们之间的关系主要是依靠血缘关系来维持的，当然彼此之间更多是有共同的利益。

（三）白族传统家族人际关系

从白族传统家族结构来看，他们之间是亲属关系，依靠血缘来维系。同时传统的家族之间除了血缘关系以外，还有地缘关系。同一家族成员往往生活在同一地域，共同地域的生活促使他们在日常生活中频繁交往，频繁的互动进一步加深了他们之间关系的紧密程度。功能主义视角把社会看作一系列的社会制度，分别执行专门的功能，以确保连续性和共识性。根据这种视角，家庭在满足社会的基本需要和维持社会秩序方面执行着重要

---

① 费孝通：《乡土中国》，北京出版社 2009 年版，第 57 页。

的使命。① 为了完成这种使命，使家族的传承一代一代地承接下去，确保不会出现断层，他们自然会为此营造一个良好的生存环境，确保大家族能够长久兴盛繁荣。而家族这个群体组织可以称为一个较小的比较完整的小社会，它自身功能包括了生育功能、经济功能、政治功能、文化功能和教育功能。家族之所以能够传承，也是因为其自身的功能。

共同体通常受某种特殊的控制形式支配，并通过诸如习俗、习惯和常规的不成文法来管理。权力和禁律施加了相当大的压力，尽管不存在被推选出来的握有惩罚权的官吏。准则是由一个人可称之为相互控制的东西来维持的。谁能充当共同体的代表并要规则必须被服从，则往往依赖于情境。② 而家族这个共同体，族长就是这个共同体的代表，他更多地考虑如何使家族稳定快速发展，必然会出现相应的规章制度和传统道德规范，使家族能够良性运行和发展。白族传统家族由于深严，规章制度（族规）对于家族成员有很强的约束力，但是它无法做到依规执行，族规面前人人平等，所以约束族人行为规范除了硬性的族规，还需要传统道德规范来约束，使之成为一种风俗和族人的习惯，尤其是在封建等级制度时期。同时族规对于家族成员的行为规范的约束力是不同的，因为他们之间有着嫡庶之分，也就是直系亲属和旁系亲属，这往往可以从他们的名字中来辨认，当然也可以从族谱中看，直系亲属的名字都是写在中间的，男右女左，夫妻对应。可以看出白族传统家族内部等级深严。

（四）白族传统家族人际关系中的行为规范

1. 仁孝

白族传统文化深受儒家文化的影响，从秦汉到明清，尤其是在明清时代，更是达到鼎盛，许多学者都认为明清是白族文化的转型期，当时经历了大量汉文化的渗透。如杨国才的《儒家伦理道德对少数民族的影响》③，杨志玲的《儒家道德文化在云南白族地区的传播》④，李福军《试论白族

---

① ［英］安东尼·吉登斯：《社会学》第五版，李康译，北京大学出版社 2009 年，第 196 页。

② ［德］卡尔·曼海姆：《重建时代的人与社会：现代社会结构的研究》，张旅平译，生活·读书·新知三联书店 2002 年版，第 268 页。

③ 杨国才：《儒家伦理道德对少数民族的影响》，《中央民族大学学报》1997 年第 4 期。

④ 杨志玲：《儒家道德文化在云南白族地区的传播》，《云南民族大学学报》2010 年 5 期。

伦理与儒家思想之关系》① 等，都是介绍儒家道德思想对白族伦理道德的影响，白族传统家族伦理道德思想从儒家思想中吸收的仁慈、孝敬等中华民族传统的伦理道德观，并且将其渗透到他们日常生活的行为中，使"孝"成为白族人民的一种美德。

　　仁孝在白族传统家族成员的日常生活行为上处处彰显，他们已经将孝文化渗透到每个家族成员日常生活和人际交往中，如孙雅丽和杨国才的《试论白族传统家庭及其道德规范》②，刘红的《白族民间文学的"孝"主题与汉文化》③，张锴的《白族传统孝道及其现代价值研究》④，叶雯馨的《白族民间故事中的孝文化研究》⑤ 等。这些文章从不同的视角描述了白族传统孝文化，笔者选择的是族人日常行为，从日常生活的小细节上来凸显白族传统的理论道德，总体来说就是一个"礼"字。在白族传统家族中要求族人要知礼、懂礼、守礼，严格规范自己在与他人交往时的行为，才能获得他人的认可和尊敬，一旦行为上有失礼之处，不但会受到旁人舆论的指责，家族也将会对其惩处，尤其是出现失礼于族中长辈时，会受到严厉惩处，最重的是逐出家族。在白族传统家族中，关于族人日常行为中对长者的态度是有着明确的规定的，而且在同一场合也有着一整套行为规范，直到现在，这些规范在一些历史悠久的家族一直言传，只是对族人的约束力在不断减弱，笔者的家族正是如此。

　　首先，体现在长幼有序上，从称谓开始，因为传统白族家族是按辈配资，家族中的地位是看族中的辈分，并不看年龄，因此在路上偶然遇见时，无论年纪多大，只要是辈分高，都必须恭敬地和"长者"打招呼，如果行为有什么失范，那么将受到自己家中长者的责骂，这种行为在他们看来是很失礼的，更严重的是他们从你的行为上已将你贴上不孝的标签，不良的印象一旦生成是很难改变的。逢年过节，家中小辈都会带礼品去看望长者；当某个小辈长时间外出归来，在拜见过父母之后，他们会立刻去看望族中辈分最高的长者，告诉长者外出也一直在惦念族中的长辈，是很孝顺的；当长辈卧病在床时，需要晚辈贴身没日没夜照顾，直到长者身体

---

　　① 李福军：《试论白族伦理与儒家思想之关系》，《宝山师专学报》2002 年第 3 期。
　　② 孙雅丽、杨国才：《试论白族传统家庭及其道德规范》，《云南学术探索》1998 年第 5 期。
　　③ 刘红：《白族民间文学的"孝"主题与汉文化》，《云南民族大学学报》2006 年第 2 期。
　　④ 张锴：《白族传统孝道及其现代价值研究》，大理学院 2012 届硕士学位论文。
　　⑤ 叶雯馨：《白族民间故事中的孝文化研究》，《大理学院》2013 届硕士学位论文。

康复，那时家中的族人也将纷纷过来探望和问候，而来的一般是晚辈或者同辈；面对长者弥留之际，需要家族中的直系晚辈都过来照顾和陪伴他最后的时光，当其去世时长者也将过来追悼，因为白族传统文化是死者为大。

其次，在日常生活饮食中，座位的安排长者要坐东方或者背对族谱之地（只能是男性长者有资格坐），当饭桌上饭菜摆放好后，先给长者和老人盛饭，同时要照顾他们的口味，将最好的菜盛到他们的碗里；路上遇到长者或年纪长者提着重物要主动帮忙。

再者，体现在取名和祭祖中，族人都是按辈分来取名的，同时字还体现嫡庶之分，每一辈取的字不一样，像笔者家族中德、子（林）、玉（祖）、万（五）、熹，这是五代人的字，同时在取名时不能与比新生儿辈分高的三代族人的名字重合，不然会被认为是对长辈的不尊敬；在祭祖中主要是节日，而其中最重要的是清明节和烧包节（中元节，农历七月十四日），在举行仪式时要求所有的族人都在场，除了少数有重大事件处理和外出未归来的族人外，都要求必须过来参加，在祭祖过程中有着一整套行为规范，要求族人严格按照要求来执行，如祭祀物品的摆放，和族人在祭祀时的位置，一般都是由长辈带领的，它主要体现的是对逝去的长者的追悼和告诉族人饮水不忘思源，我们之所以能在这里幸福地生活，更多的是受到他们的庇佑和他们给我们留下的这些物质的和精神的财富，使我们一代代人受用。

最后，体现在为家中长者庆祝生辰。古来六十为花甲，所以一般是在长者60岁时庆祝，这时家中的子女和晚辈会大摆宴席，宴请亲朋好友，也会请人来为长者（父母）吃斋念经，祈求父母身体健康、家中事事顺利等，这种行为的背后就是告诉大家他们很孝顺，家中很融洽。但是这种习俗一直延续至今，更多的是一种铺张浪费的行为，因一些家庭无力承担，但是为了延续习俗和面子，不得不大事操办，是一种很不可取的行为，可以说是伪孝、伪善的。

2. 互助团结

白族家族还有生育功能、经济功能、政治功能和文化的功能，总体来说能够组成这个家族，除了依靠血缘关系之外，还因为族人之间拥有着共同的利益。共同的利益是家族这个组织形成和长久发展的核心和纽带。

正是因为这样，白族传统家族内部成员对于自身的定位很清楚，只有族人团结起来才能使家族更好地发展，才能不被其他家族人员欺负与鄙视，在白族的俗语中也提及"一根筷子易折断，十根筷子折不断"，告诫白族人民团结的重要性。所以当他们遭受外界欺辱时，会一致对外，当自己利益与家族利益相冲突时，会果断地选择以家族利益为先，不惜以牺牲自己的利益来保护家族利益。团结还体现在互助上，我们常常说国人很团结，不单单是他们在面对外来侵略者时，大家一起奋起反抗，为了国家，为了国人，同时当哪里遇上灾难时就会出现这样一个感人的场景：一方有难，八方支持。白族传统的家族之中也是一样的，在上文提到的当族人中遭遇疾病时，族人都会去看望，他们更多的是去送物品的，因为他们知道这个家中为了看病已经花费了很多，对于不殷实的家，早已是无法承受了，送钱又伤感情，所以他们会带许多营养的物品去看望，间接地在帮助他们；而遭遇丧事时会出现有钱出钱、有力出力的景象，帮族人渡过难关，有孤儿寡母的时候，他们的直系亲属会将承担大部分抚养这个孩子的职责；同时遇上喜事时，大家会过来帮忙，一起庆祝。这些习俗一直保留至今，规范着白族人的行为。

二　白族家族人际关系中行为准则的变化

（一）白族家族结构的变化

白族现代家族的结构依旧是单系的，只包括父系这边的，但是现在所面临的白族现代家族的规模在不断地减小。白族家庭由传统的四代同堂转向简单家庭、核心家庭、主干家庭或直系家庭、缺陷家庭、联合家庭、特殊家庭等，现代白族家庭结构以联合家庭和主干家庭为主，但是有着向以核心家庭为主要的类型转变的趋势。而对于白族家庭结构的介绍，在杨国才《白族传统道德与现代文明》① 中的"家庭"篇有很详细的描述。

主要的原因是自从国家出台计划生育政策之后，家族内部成员在不断的减少，在"60—70"后大多数家庭都是两个孩子（农村），而在80后家庭中就开始出现了大量独生子女家庭（农村），这是在笔者家族中出现的情况，以及笔者所接触的其他家族的现状。这也是导致白族现代家族规

---

① 杨国才：《白族传统道德与现代文明》，云南人民出版社2011年版，第221—263页。

模不断减小的原因之一。再者，随着改革开放之后，尤其是在城镇化进程不断加快的影响下，使白族农村人口流动速度加快、流动的范围不断扩散，同时传统农村生产方式已经不能适应现代化的要求，导致白族地区的农民的生产方式转变，最终出现的结果是同一地域的人们出现了社会分层现象，主要表现在贫富差距的扩大。这也在白族现代家族中体现出来，家族成员为追求财富和权力，打破了传统的同一地域模式和社会角色。传统的家长制被现在的拥有财富和地位的新一代中年人取代，在家族中新生精英占有着主要的话语权。

（二）白族家族人际关系的变化

改革开放之后，政府在不断加大对农村的扶持力度，使城镇化进程在不断地加快，白族家族内部成员为改善自身条件，寻求更多的财富和权力，不断向外迁移和流动，打破了同一地域性，同时在为改善自身的社会地位，他们通过各种合法渠道去实现自身的目标。随之而来的是家族内部成员之间的互动减少，之间的关系亲密度在不断减弱。同时，主要维持他们之间的利益关系也被打破，使他们之间的关系变得很薄弱，而家族的功能主要是生育功能，这个功能是在脱离家族后，家族成员可以自身完成，所以没有共同利益为纽带的家族，使家族成员之间的关系变得很紧张，家族的核心不再是围绕族长，而是最近崛起的家族内部精英，这些精英拥有着比较多的财富和在社会上有很高的地位或者拥有着权力，只有他们才能将家族凝聚在一起，但是总体来说白族现代家族的凝聚力在不断地减弱。现在，大理有一句很通俗的话来描述当前白族家族内部成员之间的关系："一代亲，二代表，三代里外都不是。"

（三）白族家族人际关系行为规范的变化

孝道和团结互助的思想依旧是在白族现代家族人际交往中的主流文化，仁慈、孝敬等中华民族传统的伦理道德观已渗透到白族现代家族中，引导和规范着白族现代家族成员行为。

近年来，家族中年青一代为了追求财富和权力不断向外迁移，家中只剩下老人和小孩，有能力者全家迁移，但是这种现象很少，这就导致两种情况的出现。一种是当他们迁移到新的地域，为了更好地融入新地域，让自己变为"当地人"，对自己的后代言传身教，教会他们在与人相处时应该怎么做，同时也用自己的行动来获得他人的认可。这时他们已打破了传统地域和血缘模式，将孝道和团结互助上升到了新的高度，孝已不再仅仅是对自己家族中的长辈，对于家族外的人也能做到尊老、敬老和爱老，在白族的村落中看到年幼者在路遇长者时会主动问好，当看到老人提重物时会主动帮忙等，再升华到热爱祖国、热爱共产党，这才是大孝。对于父母之爱是基础的，是作为子女的本分和职责，当你能做到对其他人和国家也有同样的思想，这才是品德的升华，才是高尚的行为。

团结互助的道德思想，很好地体现在"远亲不如近邻"这句话上，同时他们也相信在家靠亲属、出外靠朋友。族人迁移之后，他们在与他人交往中更多信仰团结和互助，他们坚信一个人的力量是有限的，只有大家团结在一起组成一个集体，才能走得更远，而在交往中诚信与道义一直是他们交往中的行为准则，因此他们在追求财富和权力时走得很远，也受到大家的尊重，尤其是家族中的族人。

而另一种情况恰恰相反，在他们身上我们更多看到的是道德失范，他们只看到自己的利益，将利己主义作为自己的信仰。出现这种情况的原因是随着全球化时代的到来，大量的外来文化的涌入，迷失在追求财富和权力之中，早已将白族传统优秀的伦理道德抛弃，认为是无用的，甚至是一种累赘，这是值得我们反思的。这种思想还被他们灌输到下一代，使他们的子女世界观和人生观被歪曲，用错误的价值观去看待和规范自己的行为，最终不利于自己的发展，也更危害社会。而他们往往是被族人所抛弃的。

三　白族家族伦理道德的失范与重构

随着城镇化进程加快，城乡一体化进程在不断加快，农村经济在快速发展，但是随之而来的新问题是物质文明的发展与精神文明的脱轨，大量的伦理道德失范现象的出现，如传统家庭养老模式面临的挑战，因其各方因素导致一些老人无法安享晚年，甚至出现对老人奴役和责骂现象，以及在与他人交往中的失信、欺诈现象。同时传统的伦理道德观遭到许多人的质疑，甚至一些优秀的传统道德文化遭到抛弃。是这些传统道德文化跟不上社会的变迁，与社会治理的主旨相违背，这使人们不断反思。白族家族也出现了相同的现象。

为什么会出现这种现象呢？涂尔干对此作了很贴切的解释：正因为经济事务主宰了大多数公民的生活，成千上万的人把整个精力投入在了工业领域和商业领域。这样一来，一旦这种环境的道德色彩不浓，许多人就会越出一切道德范围之外。如果要让责任观念深入人心，我们就必须得具有持续维持这种观念的生活条件。就人类本性而言，我们是不想压抑和限制我们自身的。但假设没有道德不断限制我们自身的行为，我们怎么养成了习惯呢？假使我们整天忙来忙去，除了考虑自己的利益之外没有其他规范可循，我们怎么会体会到利他主义、无私忘我以及自我牺牲的美德呢？经济原则的匮乏，不能不影响到经济领域之外的各个领域，同样，公民道德也随之世风日下了。①

因此，面对大量白族家族伦理道德失范现象的出现，使我们不得不考虑如何将其重构。笔者认为，加强家族内部凝聚力，重拾家族教育功能，加强对家族内部成员行为规范的约束，使其符合道德规范，同时长辈要做到言传身教，为晚辈创造一个良好的氛围，引导他们树立正确的人生观和价值观。同时，政府也应该利用一切可利用的媒介，加大对传统优秀道德文化的宣传，树立榜样和出台相关的法律制度，将其落实，为人际交往营造一个良好的氛围，使公民能够真正做到热爱祖国、热爱党、孝敬父母、尊老爱幼、奉公守法、团结互助、诚信待人、宽以待人，真正做到"老吾老以及人之老，幼吾幼以及人之幼"，促进白族家族人际关系与社会的和谐发展。

---

① ［法］埃米尔·涂尔干：《社会分工论——第二版序言》，渠东译，生活·图书·新知三联书店 2013 年版，第 16 页。

怒族家庭伦理道德文化

吴晓东*

摘　要：怒族在婚恋、家庭和伦理道德规范中保持了优秀的传统家庭伦理文化，且随着社会的发展不断地进步和完善。具体体现在怒族婚恋嫁娶中的伦理观；怒族父慈子孝的伦理观及怒族邻里团结所展示出来的伦理观念。

关键词：怒族；家庭伦理；文化

爱情是婚姻的前提，婚姻是家庭的基础。以爱情为基础的婚姻，是家庭幸福的基础，只有家庭幸福，才能推动社会发展进步。[①] 因此，有什么样的家庭，就有什么样的家庭道德与之相适应。怒族人民在长期的历史进程中形成了丰富多彩的独具少数民族特色的家庭伦理思想。包括恋爱、婚姻，都有其独特的方式。

一　怒族婚恋嫁娶中的行为规范

"广义上的婚姻，泛指血亲杂交以后出现的各种婚姻，其中包括血缘群婚、亚血缘群婚、对偶婚以及后来的一夫一妻制个体婚等。"[②] 恋爱是一个古老而神圣的话题，它是人类精神世界的重要组成部分之一。古往今来，人们对自由、纯洁的爱情怀着无限的向往，美满的婚姻、和睦的家庭一直是人们歌颂的主题。在历史的长河中，每一个民族都在逐渐的发展中构建出了各具特色的风土人情，在恋爱和道德中的表现也就不尽相同。

---

* 吴晓东，男，云南民族大学哲学与政治学院 2013 级伦理学硕士研究生。

① 罗国杰：《伦理学》，人民出版社 1989 年版，第 285 页。

② 熊坤新：《民族伦理学》，中央民族大学出版社 1997 年版，第 173 页。

怒族村寨中的青年男女择偶是在生产劳动和节日庆典中，通过观察接触来增加彼此之间的了解，在了解的基础上进行自由的选择。他们的选择有一套独特的方式，判断标准不是简单的追求外表、财富及地位，而是看重对方内在勤劳勇敢的品行和生产生活能力，身体健康状况。可见怒族青年男女的婚姻择偶标准的多样性与自由性。这种现象的出现也与现今交通条件改善有很大关系，高于先前的生活环境为他们的恋爱结婚创造了条件。

怒族村寨中的婚姻观念有其独特之处，他们通常会在男女双方通过接触彼此自愿的基础上，才确定恋爱关系。在确定恋爱关系后，男方会备些礼物到女方的舅舅家征得同意后才能确定下来，姑娘能否娶到家的决定权完全在舅舅手里。这种观念与怒族村寨中的社会生活方式有关。怒族曾经历过一段母系氏族社会，舅舅担负着养育外甥子女的社会责任，女子结婚征得舅舅的同意，体现着对舅舅养育之恩的报答与尊重。即使怒族社会已经跨过了母系社会生活阶段，但这种传统观念仍然没有改变，被原封不动地保留了下来。

恋爱结婚后的男女双方婚姻价值观极其坚贞，他们把怒江崖壁上的相思鸟（相思鸟是怒江独有的一种鸟类，雌雄终日在一起，如一只死亡，另一只会撞壁身亡，从不独自生活）爱恋精神引用到个人身上，双方已经爱恋结婚，终身忠贞不渝，不抛弃不放弃，其恋爱婚姻观念中的忠贞纯洁观念至今仍令人叹为观止。自从基督教传入怒族地区后，出现了新的现象。即：男女婚姻只能是信教徒之间才能结合，而且双方不能收彩礼。这为经济收入低，缺乏物资来源的恩爱青年男女所接受，并迅速得到推广。

马克思主义伦理学认为，合理、进步、美满的婚姻关系是建立在"爱情"和"义务"相统一的条件之上的。① 婚姻家庭是包括人们爱情生活在内的特定共同体。缺少爱情的"婚姻"就如缺乏灵魂的躯体。爱情是家庭生活的幻觉，所以，婚姻必须以爱情为存在的道德基础。怒族婚姻正是建立在以爱情为基础之上的婚姻道德观念，婚前交往，自由恋爱为彼此之间了解、培养爱情创造了良好的基础。他们看重人品、注重体格健硕的择偶标准，又为婚后创造物质财富创造了条件。只有能够从事生产、创造财富，才能在将来抚养孩子，承担照顾家庭的责任和义务。这些观念正好与马克思伦理学提出的"爱情与义务是相辅相成的"思想完全吻合。

————————————

① 《马克思恩格斯全集》第 1 卷，人民出版社 1972 年版，第 368 页。

爱情义务的建立，不仅能够维护个体家庭的稳固，还能巩固和发展婚姻借以建立的爱情纽带。① 怒族青年男女之间以"爱情"为基础的婚姻道德关系，符合社会主义社会道德的基本原则，适应现实生产力和社会关系的发展，有助于建立幸福美满的社会主义婚姻关系和家庭关系。被整个氏族认可并接受，作为整个氏族伦理道德价值取向，已被深深地植根于整个怒族婚姻道德体系中，并世代传承。

二　怒族父慈子孝的伦理观

从家庭的出现来说，夫妻是"家庭"这一概念的基础，有了婚姻关系，才会衍生出父子关系。但中国传统家庭观念认为，实质上，父子关系才是家庭的核心。夫妻之间讲究的是"情"和"义"，一旦感情出现破裂或消失，便可以正当地分开，但父子间是血缘上"亲"的关系，无论怎样的外界因素都无法否认这一关系和切断双方的联系，在怒族的家庭教育中，"孝"与"敬"是主要的内容之一。儿童在成长过程当中，首先要学习的就是如何对待自己的父母与长辈，一个不尊重父母的人，人们不仅轻视他，更会责备他的父母，认为他没有"教养"。值得一提的是，尽管怒族很早就受到汉文化的浸染，但他们很好地把其中的纲常伦理思想区分开来，对传统汉文化中"父为子纲"的思想有着自己的理解。

在怒族传统家庭教育中，父亲的威严也是慈爱的一种表现形式。怒江州地处险恶的高山峡谷地带，严酷的自然环境使那里的人们必须养成艰苦朴素、吃苦耐劳的精神和坚毅勇敢的性格，这些品性是怒族人民生活中的精神保障，故而怒族人民对子女是否能够拥有这些品性显得格外重视。为了子女将来能够在社会中立足，成为有用之人，父亲的"严"是教育中很必要的因素。所谓"严"，就是对子女的行为有明确和严格的要求，并且绝不能溺爱孩子，使孩子产生对父母的依赖，养成懒惰的毛病。在物质生活中，不论家庭贫富，父亲都会以身作则，督促子女养成节俭、不浪费的行为习惯，其中，对事物的浪费被看作最不能容忍的行为。在子女与长辈的相处过程中，父亲都要求孩子在行为和言语上表现出尊敬，如不允许在长辈面前大声说话，吃饭时要让长辈先动手，遇到长辈要鞠躬问好、用

---

① 罗国杰：《伦理学》，人民出版社 1989 年版，第 304 页。

敬语等。在带子女参加社会活动的过程中，父亲的威严也有着重要的作用，如参加节日庆典或婚礼时，孩子不得随意走动，小孩都必须待在父亲的身边，由父亲介绍给亲朋好友；在劳动过程中，子女必须耐心听父亲传授生活技能和劳作方法，其间不允许插嘴等无礼行为。父亲通常用格言或谚语来教导自己的子女孝的重要性，怒族广为流传的谚语中"父母的教诲不可不听，众人的决定不可不做"，"蜜蜂采蜜是为了过冬，父母养儿是为了养老"，"父亲不在，围栅腐烂；母亲不在，衣被破烂"，等等，都表现出了怒族父母爱子女、子女孝父母的道德品质。在品德的教育中，父亲会让子女明白"重义轻利"的道理，并教导孩子不要时刻把对别人的帮助记在心中。即使在子女成年后，父亲的训诫也有着相当的影响力，而子女在面对父亲的教导时，都会毕恭毕敬地聆听和接受。

"父慈"故而"子孝"，这是社会生活的自然性与必然性。怒族的传统父子伦理关系中，"敬"是"孝"这一行为的根本。不管大人小孩，在家中要尊敬自己的父母，出门在外要敬重自己的长辈。而"孝"不能仅仅表现在对父母的物质照顾上，更多的是对父母付出足够的精神关怀。孩子在表现孝敬方面主要体现在语言和行为上，他们把父亲当作自己的榜样，言行举止都模仿父亲，所以在怒族社会中，通常有"看一个孩子就能知道有怎样的父母"这一说法。怒族人的孩子通常都在很小的年龄就开始为父母分担家务，特别是农村家庭的孩子早早就开始学习独立处理一些家务，这也是他们表示对父母尽孝的方式。成年人在对待父母的过程中，不仅会自发地让他们吃得好、穿得暖，并且无论家庭条件如何，都会在父母的生日时为其祝寿。不孝敬父母的人对怒族人民来说是"畜生"的行为。单独组成家庭的怒族人，只要有空闲时间都会去拜访自己的父母，并聆听他们的教诲。这正是他们对父母尊敬与贴心的写照。

"父母年老，定要保护、报恩。养育之恩，应尽力报答为是。"[①] 怒族的父子关系中，礼敬和孝悌都是最为基本的人伦道德，更是发自内心的相互关爱之情，是做人的根本价值观。在怒族家庭中，不仅夫妻之间互敬互爱，父子之间也会做到相互尊重，子女对父亲的"孝"是建立在父子人格平等的前提条件下。父子之间的人格关系已开始成为平等关系，这使父子关系显得更为融洽，但在教育子女的问题上，怒族父母在尊重子女的前

---

① 王尧：《藏学研究文集》第二集，中国藏学出版社 1985 年版，第 109 页。

提下，更多的是持理性的观点去看待。对怒族家庭来说，自己的子女能够比自己更有作为是值得高兴的事，怒族家庭也认为教育子女使之贤明能干，对家族或家庭的兴衰有着至关重要的意义。

三　怒族邻里团结的道德观

怒族人民的生活环境较为严苛，常年多变和恶劣的天气和陡峭的地形，使在那里生活的人们了解到如果不携手共进的话早晚会被灭亡。严酷的生存环境不仅培养了他们勇于与自然作斗争的豪迈气概，也促使怒族人民牢牢地团结在一起。怒族在长期的和外族斗争过程中也使他们更加明白只有团结互助才能获得共同的自由。因此，团结互助是他们生存的根本。在农村家庭中，这种品德更是维系着他们进步的纽带，自古以来怒族村寨就形成了"一家有肉大家吃，一家有酒大家喝，一家有事大家帮"的伦理观念。在村里，只要一家人有困难，其他家都会不计报酬地给予最大的帮助。在偏远地区的村落，过去经常出现食物短缺的现象，只要一家人缺粮，其他家就会自发地为他们筹集粮食，把自己为数不多的口粮分给他们，且从不收取回报。当村里的一户人家开始建造房屋，村里的其他人都会主动去帮忙。"能够给邻居帮助，就是对自己最大的回报"，在许多怒族村落中，人人都把这句话当作邻里相处的原则。

怒族地区特色鲜明，文化多样。居住这里的各个少数民族在此创造了丰富多彩的民族文化。多宗教并存、多民族共融的文化特色，体现了东西文化荟萃和南北文化交融的特点，突出了各民族平等、团结、互助、共同发展的主题。

怒族人民在千百年的发展过程中，面对险恶的环境，在改造环境获得生存发展的过程中，在生活实践经验里，形成了一套独特的伦理道德观念。正是在这优秀思想的指导下，怒族人民才具有生生不息、团结奋进、敢于同恶环境作斗争的勇气与毅力，进而使怒族族群得以保全并繁衍下来。梳理这些思想，对加强怒族家庭伦理等非物质文化遗产的抢救与保护有着积极的现实意义。

白族传统的孝文化观念

樊庆元*

摘　要： 白族人民在与中原汉族人民的民族大融合过程中相互学习，相互交流，逐渐把以孝为主要精神的儒家思想融入自己的日常生活之中，与本主崇拜、巫师巫术、道教、佛教有机地结合，从而形成了独具特色的白族孝道文化。

关键词： 白族；孝道文化

孝文化在中国传统社会中占有举足轻重的地位，它可以说是中国传统儒家思想的核心精神。在长时间的民族大融合过程之中，云南白族人民渐渐接受儒家思想，研究白族文化史几乎等同于在研究儒家文化在西南地区的渐进历史过程。孝文化是儒家思想的精髓，作为深受儒家文化影响的白族文化，有关孝道的内容就显然成为白族人民的主体性文化，渐渐融入到白族人民的生活之中。比如白族的《包大邑本主的来历》中就讲述了一位孝子为给母亲采药治病而摔死在山崖下的故事。孝文化在白族社会进行升华，由孝转为爱、敬、亲、善、礼、让等思想。儒家思想中说"老吾老以及人之老，幼吾幼以及人之幼"，敬老慈幼就是白族的传统社会美德，白族社会中有"见老要弯腰，见小要抱抱；见老要尊敬，见小要亲近"的民间谚语。老年人无论在家里还是在社会团体中历来都是受人尊敬和爱戴的，白族小孩起名要尊重老人的意见，红白事都要请村里德高望重的老人主持，年轻人在路上遇到老人会主动让路，对老人说话要用敬语，等等，这些都是白族人民彰显孝道的变现。

"以孝治天下"几乎是古代所有中国封建帝国的治国理念，小孝于家，之于父母；大孝于国，之于君，之于民。自汉代"罢黜百家，独尊

---

* 樊庆元，男，云南民族大学人文学院伦理学硕士研究生。

儒术"以后，"君为臣纲，父为子纲，夫为妻纲"就成了封建国家的统治思想，孝的内容有了小家和大家之分，"举孝廉"曾一时成为进入官场的制度规则。自汉武帝征服西南夷，大批汉族民众迁移西南地区，加之秦帝国统一全国后派遣几十万秦兵戍守楚地及西南地区，汉文化开始影响西南少数民族，南诏国时期和大唐帝国进行了数次战争，大量汉民和唐军俘虏迁入西南地区，以儒家为核心的汉文化深入南诏国统治阶级上层之中。大理国时期由于和南宋毗邻，佛家和儒家文化成为大理国的主导思想文化，元朝时期在云南地区大兴学校，重点传授儒家教育思想，明清时期云南出现了许多书院，科举考试盛行一时，涌现了一大批儒家学者和朝廷官员。到了近代，西方学者费茨杰拉德在对云南白族进行考察后发出这样的感慨，"这里的白族人比汉人还汉人"[1]。

一　白族传统孝道的历史沿革

云南又称为彩云之南，传说源于汉武帝一个美丽的梦。自汉武帝征服西南夷后，大量汉族民众迁入西南地区，与原来的西南蛮族进行融合，逐渐形成了以宗法血缘关系为主导的新的部落联盟，当时就有乌蛮和白蛮之分。

（一）南诏国大理国时期的孝道

唐宋时期受中原文化影响的大姓部族开始出现，他们渐渐进入西南统治阶层内部，依靠凝聚起来的力量加强地区统治，南诏灭六诏依靠的主要力量就是当时的十六大姓部族，汉族大姓宗族的加入提高了西南地区的经济水平，同时也把先进的汉文化引进其中。南诏国时期，南诏和唐王朝进行了多次战争，大量的汉族人口被掠夺到洱海一带，成为新加入的滇西白族人口，直接加剧了民族融合。南诏王隆舜曾向唐使询问《春秋》大义，南诏国时期，南诏王还多次派遣白族子弟到蜀地学习儒家经典文化。被誉为"云南第一碑"的《南诏德化碑》，全文共 3800 余字，全部用汉文书写（南诏国时期白族没有自己的文字，以汉字作为自己的书面文字），碑

---

① ［美］C. P. 费茨杰罗德著：《五华楼》，刘晓峰、汪晖译，民族出版社 2006 年版，第186—194 页。

文中说阁罗凤自小熟读孔孟之书，"修文习武"，深爱儒家思想。对于和唐朝发生的战争是因为"奸佞乱常，抚虐生变"，致使"万里忠臣"受害，是不得已而为之的，南诏王一再申明"我自古及今，为汉不侵不叛之臣"，永远臣服唐朝。在与唐结盟后所立的《异牟寻誓文》，再次申明十分珍惜来之不易的君臣关系。后来唐朝在册封皮罗阁的诏书中说皮罗阁孝且兼忠，既有统率民众的才能，又有侍奉君王的忠心。在南诏国国君的影响之下，南诏民众贵族"不读非圣贤之书"。唐代梁建方所撰的《西洱河风土记》说："其先本于汉人，大略与中夏同，人死后，有杀马牛祭祀，衰布衣，拜谒尊卑之礼。"这个时期以忠孝为特征的儒家思想也成了当时社会的价值评价标准，如《南诏德化碑》记载："诚节王（皮罗阁）之庶弟，以其不忠不孝，贬在长沙。"唐代白族的《王仁求碑》，其碑文在颂扬墓主时，"字里行间充斥着忠、孝、节、诚、仁、义、礼、智等儒家信条"。

大理国在宋朝时期，与宋为臣属关系，这使儒家思想在白族地区的传播极为兴盛。当时的宋王朝虽然军事软弱，但是经济文化十分发达。据考证，宋朝的城镇化水平是有史以来中国历史上最高的一个朝代，海上丝绸之路的兴盛以及大儒朱熹推动下的理学使大宋王朝无论在经济上还是在文化上都对大理国具有极大的吸引力。宋明理学以理气作为形而上与形而下的研究主题，推崇礼教，其中孝道就被上升为一种"无所逃于天地之间，天之所以命成"的天命观念，这对大理国的影响至为深远。我们看大理国的国名就有以礼教治国的意思。大理国历代国君都对中原儒家文化很是崇拜，这直接影响了大理国的民众，于是民众贵族争相学习儒家文化，以说汉语、读儒家经典为荣，《桂海虞衡志》载："大理国人皆有礼仪。"当时许多儒生依靠熟读儒家经典而进入大理国统治阶层，"段氏有国，亦开科取士，所取悉僧道，儒生者"。

（二）元明清时期的孝道

公元 1253 年，元灭大理国，随后设置云南为行省，在大理设大理都元帅府。建设云南府学官，推行儒家思想，"充云南诸路儒学提举，董治大理、永昌、丽江鹤庆、姚安、威楚诸路学庠，所至庙宇圣像一新……"平章政事赛典赤·赡思丁"创建孔子庙，明伦堂，购经史，授学田"。后来忽必烈"命云南诸路皆建学以祀先圣"。元政府在文治上标榜"稽列圣之洪规，讲前代之定制"，选拔儒生才俊者进入朝廷，《中庆路学讲堂记》中说："爨僰亦遣子入学，诸生将百五十人。"自此云南开始走上开科取士的道路。其中以孝为核心精神的儒家思想渐渐成为西南地区的社会价值标准，在当时的许多墓志铭中都有体现，《故大理路差库大使董踰城福墓志铭》中载："长有奇操，忠信立节，孝义扬声，阊里称善，其子皆具为孝，友于兄弟之道焉……爱及我君，礼仪是尊。"通过元政府一系列的努力，儒学在云南地区的推广成果是可观的，不仅促进了民族之间的大融合，也加强了中央政府对云南地区的统治。《大理路兴举学校记》中说"行释菜之礼。牲币孔嘉，献享有仪，戴白垂髫，怡怡熙熙，于是华夏之风，灿然可观矣"。

　　明朝时期，西南白族人民几乎对儒家思想进行了全盘接受，一方面是由于明朝平定云南后对以往书籍文献全部付之一炬，同时大举开办学校，全面推行儒家文化。朱元璋于洪武十五年提出："府、州、县学校，宜加兴举，本处有司保民间儒士堪为师范者，举充学官，教养子弟，知礼仪，以美风俗。"① 洪武二十三年，已有云南白族地区的生源入国子监学习儒家思想。后来设置"云南提督学校按察司副使"，总管辖区内的学校教育。明代弘治十七年，明政府要求"各府、州、县建立社学，选择明师，民间幼童十五以下者送入读书"。② 明《云南志》中记载："郡中汉、僰人，少工商而多士类，悦其经史，隆重师友，开科之年，举子恒胜他郡。"另一方面是云南民众对汉文化的深度认可，尤其是对孝道文化的崇尚，这在白族祭祀文化上表现突出。《嘉靖大理府志》曰："戌日祭先，数而不读。"明代白族地区有每月戌日在家祭祀祖先和四时墓祭的风俗，在祭祀的礼仪和内容上，与中原已经没有多少差距了。同时明朝政府对西南地区采取"移民就宽乡"的制度，通过军屯、民屯及官屯将大量汉族人口迁移到大理等少数民族地区。白族人民直接和汉族民众在劳动、生活、学习中进行文化及习俗交流，儒家文化思想在原来"付之一炬"的思想空地上迅速生根。明代时期，书院在白族地区的发展对于儒家思想的传播也具有很大的影响作用。比如大理府的苍山书院、龙华书院、秀峰书院、象山书院等。"明以迄满清，学风日盛，人才蔚起，考其进化较速之

---

① 张纮：《云南机务钞黄》。
② 《明史·选举志》。

原因，皆由乡先贤辈不惮艰难，广建书院义塾，进子弟而课之。"① 儒学
文化的兴盛为白族地区造就了一大批思想家，以杨黼、杨南金、艾自新和
艾自修兄弟等为代表。杨黼，曾为《孝经》作了数万字的注释，我们从
《山花碑》上的字里行间中看得出他对"孝"的重视，"恪恭敬父母天地，
孝养教子孙释儒"。

（三）清朝及近代时期的孝道

清朝在统一全国后，在云南地区推行"改土归流"，设置流官，对于
中原汉民族和西南白族进行了区分对待，对于白族地区的民族大多采用宽
容的政策，这些都有利于民族间的交流和融通。加之明清时期的国家大一
统环境"最终改变了云南民族的构成，以汉文化为主体的格局从此成为
定局"。清《滇志》也说："白人，迤西诸郡强半有之。习俗与华人（汉
族）不甚远，上者能读书。"《赵州志》中记载："白人，有僰字，善夷
语，信佛事巫，常持斋诵经。然性勤俭，力田，颇读书，习礼教，通仕
籍，与汉人无异。"出现了"理学名儒，项背相望"② 的局面。

在 20 世纪 40 年代，西方人类学家费茨杰拉德在对大理白族地区进行
实地调查后之所以发出"白族人比汉人还汉人"的感慨，其中之一就表
现在当时基督教在云南地区传教招收的信徒寥寥，发展的少数信徒大部分
也是上年纪的老太太。在当时物质相对匮乏的年代，基督教对民众公益性
的救助对许多人是有很大吸引力的，这一点在中原许多地区得到很好的印
证，但是白族地区民众对基督教传教的反应之所以如此淡薄，主要还是深
受儒家思想的影响，尤其是孝道文化，在大多数的白族民众眼中他们尽孝
的对象是父母双亲、宗族长者，本主崇拜是他们最富有民族特色的宗教信
仰，拜天、拜地、拜父母的理念已经深入民心，对于外来神虽不排斥，也
没有多少接受的空间。

二　白族传统孝道文化的表现形式

家庭是构成社会的细胞，我们说"家国天下"，儒家自古就以修身、

---

① 民国《大理县志稿》。
② 龚友德：《白族哲学思想史》，云南人民出版社 1992 年版，第 128 页。

齐家、治国、平天下为己任，父母亲是儿童第一任教师，也是最重要的教师。

（一）家风家训中的孝道文化

研究白族家庭，首先要知道白族民众的家庭组织结构。白族家庭主要可分为简单家庭、核心家庭、主干家庭、联合家庭等形式。这里面主要以儿女父母共同生活的主干家庭和以儿女成家后与父母亲短距离分居的核心家庭为主，在这样的家庭结构中，父母的家庭教育几乎伴随着儿女的大半生。

白族父母十分注重对孩子的家庭教育和社会教育，白族俗话中有"抬锅卖也要供子女上学"，而且对于"子不孝父之过"的儒家思想很是认同。在日常生活中父母长辈口传身教许多白族家庭伦理道德规范。杨国才教授对白族家庭伦理道德进行了这样的总结："团结互助、孝敬父母、敬老慈幼的美德；群体内聚、维护统一的精神；热心公益、保护环境的意识；吃苦耐劳、爱岗敬业精神；为人正直、诚实守信的行为准则；公道办事、除恶扬善的道德风尚；恋爱自由的婚恋观；夫妻互敬、家庭和睦的道德观；勤俭节约、反对浪费的传统美德等"[1]，从这里我们可以看到白族的家庭教育深受儒家思想的影响。这里面的孝道文化有了很大的升华，除了传统的子女之于父母长者的孝道，还上升到维护社会稳定、公众幸福、国家强盛的善行。儒家思想中有"事父母能竭其力"，要求能够做到"生，事之以礼；死，葬之以礼，祭之以礼"，这一点在白族的祭祀文化、本主庙文化中有很好的体现。白族的祭祀场所分为堂祭、墓祭和祠祭，讲求四时祭祀，对于祭祀场地的选取、祭祀贡品的种类、祭祀礼仪的设置等都有严格的要求。在白族的《家规条例小引》中有极为细致的表述："一要敬祖先。凡吾族人于祖宗座前朔望焚香、肃拜，春秋二祭宜享祭丰洁、厚培坟墓、茸补祠宇，世世子孙咸知崇德报功，不忘发祥之所自也。二要孝敬父母。凡吾族人于宗祖宜念乾父坤母生我劬劳，贫则菽水承欢，富则甘旨亲陈，随分尽孝，下气怡颜，庶无遗恨终天。三要隆师长。凡吾族人欲读诗书上敬，宜于师长分上情礼，兼隆以资其教益，而一切有学问、道德及年长于吾者，亦当加以亲敬，切不可轻慢斯文，如此自受益无穷。"

---

[1]　杨国才：《白族传统道德与现代文明》，当代中国出版社1999年版，第2页。

由于在白族家庭中父权的影响力很大，所以儿女在父母亲面前极为恭顺，在父母生前许多宗族活动和家庭活动中儿女一般都遵从父母亲的意见，即使在双亲去世后对于祭祀的安排、财产的分配，作为具有继承权的长子也是要严格遵从父母亲的遗愿来处置，否则会被邻里视为不孝。这在儒家思想中称为"无违"，即不违背父母意愿。《论语·为政》中说："孟懿子问孝。子曰：'无违。'"当然白族人民对于儒家孝道思想的吸收过程中也有许多值得批判的地方，例如因为妻子不能生育可以休妻，男子也可以再娶，白族谚语中有"养个母鸡会下蛋，讨个媳妇不生娃"的说法，女子生男则喜、生女则忧，生男孩的家庭，父母长辈们会兴高采烈地去本主庙上香祈福，生女孩的妻子会在婚后受到长辈的传统道德压力。这些我们在儒家孝道文化中都能找到它的出处。在《孟子·离娄》中有"不孝有三，无后为大"，在《礼记》中有"孝有三：小孝用力，中孝用劳，大孝不匮"的记载。

（二）乡约民规中的孝道文化

在早期的民族融合过程中，大姓宗族势力对白族政治经济文化影响深远，在我们刚才所说的南诏依靠大姓宗族势力灭六诏的事件中深有体现。在后期的白族家庭结构中，由具有宗族血缘关系的人们结合而成的大家庭即联合家庭在上千年的白族历史发展中占有主要力量。为了维护宗族大家庭的利益，协调族群之间的关系，乡约民规便应运而生。

古代士大夫们以"三不朽"为终身奋斗目标，分别为立言、立功、立德，许多深受白族人民拥戴的白族士大夫为白族人民制定了许多乡约民规，其中对于孝道文化的推行可谓是不遗余力。洱源县玉泉乡，杨氏祖先杨南金在《居家四箴》中训诫后辈要力行孝道，"子孝父心宽，斯心诚为确。不患父母慈，子贤心自乐。父母天地心，大公无厚薄，大舜目夔夔，瞽瞍亦允若"。又于正德十四年（1519）在洗心泉旁立《洗心泉诫》，其中有"为父正，为母慈，为兄爱，为弟恭，为夫义，为妇顺，为子孝，为女洁，为士廉，为友信，为仆勤，为婢实，为富仁，为贫忍……"

白族人民推崇本主崇拜。所谓本主，顾名思义就是"本境之主"、"本境土主"，也可称为土主，白语叫"武增"，意即"我的主人"，是白族村寨祀奉的神祇的总称，是各村的守护神。大多被冠以本主的对象有自然神本主、民俗本主、英雄本主以及对于发展生产、弘扬文化作过贡献的本主,后两者我们可以归为偶像崇拜,大多被列为自己的祖先被祭祀崇拜。这些祖先遗留下许多的祖训族规,其中孝道文化尤为突出。例如喜洲杨氏宗族的祖规有以下的规定:"一是凡本族男女老少,必须严格遵族规家法,遵从祖宗遗训,循规蹈矩,守法。爱公,敬老爱幼,孝顺父母,孝友和睦,安分守己。"新仁里的《乡规碑》中说:"家常,父慈子孝,兄弟友恭,兴家之兆也。凡为子弟者,务须更各务生五理,出恭入敬。倘有不孝子弟,忤逆犯上,被父兄首出申言者,阖村重治。"这里面都深深体现了白族的传统孝道精神。

三　白族传统孝道文化的现代调适

《尔雅》中解释孝为"善事父母为孝"。《说文解字》说:"孝,善事父母者,从子,子承老也。"我们看"孝"字的小篆字形可以看到一个孩子搀扶一位老人,因此,孝即为子女对老人的一种美德行为。传统的白族孝道文化是以父权社会为基础的孝道文化,子女在行孝道时变现为顺从父母,甚至有些愚孝,这些都是深受儒家思想影响的。

儒家思想中的许多孝道范式在现代社会中为白族青年人身体力行,体现了许多在现代化生活的积极意义。如曾子在《礼记·祭义》中说:"孝有三,大者尊亲,其次弗辱,其下能养。"在经济全球化的今天,我们的改革开放和互联网技术的发展让许多年轻人有了大有作为的发展空间,许多白族年轻人依靠自己的勤奋与才智合法获得社会财富,能够在物质上更好地对父母行孝道;他们诚实守信、奉献社会,得到社会的好评和大家的尊重为父母赢得了尊重,他们是在以实际行动诠释着孝道精神。白族女性在新时代获得了极大的解放,她们和男性一样接受高等教育,参加社会实践,以往重男轻女的生育观也得到很大的改变,"不孝有三,无后为大"的思想在慢慢沉入历史的长河中。在家庭中传统的男权主义思想渐渐被男女平等、夫妻互助合作的和谐家庭道德观念所替代,在许多家庭和宗族活动中年轻人和长辈们济济一堂,相互尊重,群策群力,在许多场合中白族年轻人的舞台变得越来越宽阔。

新时代的孝道精神,更是表现在一种经过理性思辨的积极有为的孝道。

傈僳族民俗文化中的伦理观念

——以兰坪县营盘镇为例

王孔燕[*]

摘　要：每一个民族的发展过程中，都形成了各自的民俗文化，而每一个民俗文化之中都包含着深刻的伦理道德观念，体现着丰富的人文主义精神。傈僳族民俗中也有许多优秀的伦理道德观念值得我们去学习和探索。

关键词：傈僳族；民俗文化；伦理规范

傈僳族是中国三江流域的古老民族，并拥有悠久的历史文化。傈僳族目前有 70 多万人口。傈僳族自称"里苏"，渊源于南迁的古氐羌人。当为傈僳族先民的"筀夷"，远在公元 3 世纪前就散居在今四川的西昌、冕宁、盐边和云南丽江、宁蒗等地。唐初傈僳族属"乌蛮"部落集团中的"施蛮"、"顺蛮"成员。唐樊绰《蛮书》卷四中有"栗粟两姓蛮"，第一次记下了这一名称。随后《元一统志》中便称作"卢蛮"，至明代景泰《云南图经志书》称为"栗些"或"力些"。清朝时期傈僳族的书面记录名称与近代已经一致。乾隆《丽江府志略》记载："近惟居澜沧江边者，称为傈熟。"[①]

明正德《云南志》卷十一"丽江军民府"说："兰州，在府西三百六十里。唐时地属南诏，为卢蛮所居，名罗眉川。"据此记载，唐朝时期，县境内就是傈僳族的主要聚居区。《元一统志》"丽江路疆界"说"西至兰州冰琅山（现碧罗雪山）外卢蛮界四百八十里"。明嘉靖二十七年至二十八年（1548—1549）丽江知府木氏与西藏两个封建统治集团之间为争

＊　王孔燕，男，云南民族大学哲学与政治学院伦理学硕士研究生。

①　鲁建彪：《傈僳学研究》（一），民族出版社 2010 年版。

夺中甸、维西、宁蒗的统治权而发生了长期的战争，大批傈僳族人民被抽调当兵与藏军激战，后因不堪忍受木土司的压迫剥削便在部落首领"木必扒"的率领下，一部分迁徙到了澜沧江流域，另一部分渡澜沧江，越碧罗雪山迁徙到怒江流域。

傈僳族在兰坪范围内均有分布，多数聚居于澜沧江河谷两岸的兔峨、中排、石登、营盘。绝大部分的傈僳族与周围的兄弟民族交错杂居或小块聚居，因而形成大分散小聚居的分布特点。2008 年末，人口有 69678 人，占全县人口总数的 33.8%。①

一　傈僳族谚语中的行为规范

兰坪县内的傈僳族千百年来在生产生活中总结出了很多谚语和格言。通常有传授生产生活经验和教育处世为人的内容。还教育年轻人必备"三匠"功夫，才能在人世间过好日子。首先，有铁匠功夫，打铁要靠本事硬，要学会硬本领。其次，是木匠功夫，做人做事有分寸。再次，有泥水匠功夫，要与众人合得来。对人对事不要钻牛角尖，免得成为孤家寡人。充满人生哲理，语言深刻。例如："识字的人像老鹰在空中飞翔，不识字的人像鸭子在地上爬行；聪明人小心做人头发白，公獐子小心行路上牙长；天上无云不下雨，家中有儒才当官。"体现出了傈僳族对待文化知识的重要性。在学习、做人过程中不但要刻苦学习文化知识，而且在学习的过程中要谦虚，认真，不骄不躁。"见他人的马莫骑，见别人的弓莫拉。"反映出傈僳族不贪图便宜，不占小便宜，本分守纪，注重人格的品质。"要想穷，赌博嫖娼酗酒抽大烟，要想富，勤俭读书当官做好人；知识和技术放在肚子里，金银财宝不能随身携带；天空里有云彩才会下雨，珍惜名誉的人才能当官；发富不发贵，发贵不发富。"傈僳族深信知识改变命运。金钱和知识比起来，知识更重要。知识不但能够培养洁身自爱、勤俭节约、吃苦耐劳的良好的生活习惯，还能够改变命运得到物质上的丰厚满足以及在名利上的取舍。"做人不要太小气，小气多了生姑娘。精打细算成富人，铺张浪费成花子。找钱好像针挑去，花钱好像水中沙。人无法把金钱带进坟墓，金钱可以把人带进坟墓。"通过一些朴素的语言表达

---

① 朱发德：《营盘镇志》，云南民族出版社 2011 年版。

了傈僳族科学的金钱观、物质观。钱难挣，同时又容易花。但在花钱的时候不能铺张浪费，也不能太小气，科学合理的金钱关才能让家庭和谐、幸福、长久。保持良好的物质需要和合理的价值取向，以免误入歧途，害人害己。"好人一生平安得幸福，坏人遭灾难短命死亡；不听父母话，灾难就临头；今天你不孝敬父母亲，将来儿女也不孝敬你。"孝道观念也在傈僳族谚语中体现了出来。遵守孝道的前提是先拥有良好的思想品格，学会做人，而且是做一个好人。孝道在父子关系中是相辅相成的。"工具不好苦一天，妻子不好苦一世。"体现了女性的品德在傈僳族家庭伦理中的重要性。女性在家庭生活中既扮演了妻子的角色也扮演了母亲的角色。妻子品德的好坏影响着一个家庭的和谐与幸福。

二　傈僳族歌舞中的道德准则

营盘镇拉古村委会，由猴子岩、白水谷、老甸自然村组成。耕地面积2373 亩，辖 15 个村民小组，总人口 2920 人。拉古傈僳族保留着具有兰坪特色的傈僳族语言、习俗及文化。流传当地的舞蹈有属自娱性、交际性的《欠俄》、《刮其其》、《刮来沙》、《青沙刮》等，每种舞蹈分别有6—20 套舞。[①] 展现了傈僳族在人际交往中的活泼开朗、豪爽大气、团结友爱和对待生活的热情。有反映劳动生产过程，模拟禽兽动作和表现狩猎活动的模拟舞，俗称《生产舞》和《禽兽舞》，两种舞分别有20 余套。[②] 模拟舞，将人们自己最熟悉的农事活动、狩猎活动，以艺术形式，特别是以最适合表现动态的舞蹈加以表现，使人们司空见惯的事物经过加工后变得赏心悦目，富有寓意和象征性，给观众展现了一幅幅原始社会的狩猎、游牧、采集和农业生产的场景，同时也表达了傈僳族善良、勤劳、勇敢、朴实的人文情怀和对大自然的敬畏。相信灵魂不灭，崇拜鬼魂而为死者举行的丧葬舞有《诗德得》，跳丧葬舞的目的是"魂归故里"，让亡灵回到民族的发祥地与祖灵团聚。在舞蹈中，舞者背负死者生前的生产生活用具以及粮种、畜种，表示将东西送往亡灵归宿的地方；有模拟禽兽和狩猎动作，再现游牧迁徙的历史过程，同时还暗示亡灵在途中如何行进、觅食、

---

① 和文光：《傈僳族生态歌舞文化品牌构想》，《傈僳学研究》2010 年第 1 期。

② 同上。

住宿等。傈僳族的三大调《摆时》、《木刮》、《优夷》均在该处流行，但风格特点却独具一格，韵味鲜明特殊。田间地头，或是婚丧娶嫁的场合，都有他们的歌声，让听众咀嚼玩味不已，也备受文艺工作者的青睐。他们将收集、整理的音乐、舞蹈作品纷纷推向省级，乃至国家级的艺术殿堂。如：1986 年 12 月，怒江州农民文艺汇演期间，营盘镇傈僳族农民和生才、褚吉华自编自演的节目《父子同乐》获得表演一等奖；2000 年"中国第五届国际合唱节"期间，兰坪代表团演唱的无伴奏多声部合唱歌曲傈僳族《摆时》荣获优秀表演奖；2004 年 CCTV 首届西部民歌电视大赛活动中，兰坪选送的傈僳族《摆时》获铜奖。①

"阔时"，即过春节的意思。居住在怒江峡谷的傈僳族过阔时节都在冬月，但兰坪县境内的傈僳族每年的"阔时"节却与当地的汉族和白族一起要到腊月过。原因是：相传，头人刮木必离开兰坪后，一部分留下的傈僳族向毗邻杂居的汉、白族学会了种庄稼。他们用猎取的野味和采集的山货换回籽种、农具。一次，一个美丽的汉族姑娘爱上了一个英俊强悍的傈僳小伙，她不顾父母的反对，逃进了山寨与其成了婚。每到"阔时"节时，小伙都要备上丰厚的年货和妻子一道到岳父家拜年，可岳父家只收礼从不回赠丁点礼物，使他非常难过，认为不论他怎么勤劳能干，岳父还是看不起他。后来，岳父母对他的妻子抱怨说：你们过阔时节时，我们还未杀年猪、舂粑粑、酿酒熬糖，拿什么送给你们。姑爷知情后恍然大悟，决定以后过阔时节的时间推迟到汉、白族过春节的时候。但有关仪式还是沿袭相传，吃年饭前要接祖祭祖，同时在磨、碓、灶上插香敬香。正月初一，早饭前还要大声吆喝，把畜禽的灵魂招回家中。初四开始相互走访拜年，同时男女老少聚集广场打秋千，射粑粑，唱歌跳舞，纵情狂欢。总之，在处理人与人和人与自然的伦理关系中，傈僳族都在舞蹈中表现得淋漓尽致。

三　傈僳族人际交往中的规矩

傈僳族纯朴、耿直、爽朗、好客、有礼、善交朋结友。但长期以来，他们养成了手中无礼不探亲的规矩。按照傈僳族的家庭习惯，堂屋火塘是

---

① 朱发德：《营盘镇志》，云南民族出版社 2011 年版。

固定中心。中部上侧为神龛，右上首为家中最老的男主人坐处，其后为女性成员依岁辈顺序下排，客人如果是男性，就坐在仅次于男主人处，女性坐在女主人一侧，孩子则都在男女席左侧，同神龛相对的下首一方。他们的客人，包括了本村和邻近各村寨的直系、旁系亲戚及好友等"自家人"以外的本村本寨非亲非戚中的成年男女，这村寨的直系、旁系亲戚朋友，有姻亲的裙带关系，如女婿家直系、旁系亲戚及朋友，素不相识的异地异民族或本民族过路行人投宿和短暂停歇者，外出路上相遇者。

傈僳族待客的方式也很大方，每当亲戚和朋友们到来时，他们都会热情招待。家里有鸡就杀鸡，如果有腊肉就煮腊肉；家里没有鸡，可以到村子里买一只或赊一只来招待客人。如果远处有朋友或亲人来时，要杀猪或羊，见血待客，但不能用杀牛或绵羊来招待客人的。如果来客是男性，一般都要以酒来相待。客人到主人家以后，要说明在这里滞留的时间，以便主人有个安排，一般为两天或三天，大多为一天。不宜太长，以免影响主人家的招待和生产。客人离开时，家里送些东西给客人，一般为糯米、腊肉、油、酒等食物，不能让客人空手而回。客人也是如此，不能两手空空地到主人家，除非路过那个村子，如果两手空空到主人家中，那是不礼貌的事。物品可多可少，但是它能表示心意加深彼此之间的感情。比如家里有老人，送一点茶叶、一条香烟、一瓶酒、几斤红糖、麦芽糖、一点腊肉，甚至在外的可以背去一背猪食、一背柴火，一只鸡、几包青苞谷，当年的新米、豆类。逢年过节，送去饵块、糍粑、粉子面、白酒、核桃、柿子、核桃油、漆油、猪油等食品。有的还给老人或孩子一点钱，总之，在相互交往中有的以物易物互通有无，有的相互赠送各自的特产，从而形成手中无礼不探亲的交往原则。

同时，傈僳族还形成困难的日子不访友的习惯。以前，傈僳族农村每年有两次困难时期，一次是发生在农历三、四月份的春荒，这时候由于头年收的稻谷、苞谷、荞子等大春作物已经吃完，小麦、大麦、燕麦、蚕豆、豌豆、洋芋等小春作物还没有成熟，形成青黄不接的春荒，在这段时间里除非有特殊情况，一般都不出门探亲访友，担心到对方家里以后，给对方增添麻烦，使对方为难。故在傈僳族民间有"七月里别取蜂蜜，三月里别探亲访友"的谚语。农历的七月正是雨季，也没有鲜花盛开，如果还取养家中的蜂蜜，那么会使它们无食而死亡或逃走。还有农历的七月中旬到八月中旬，这段时间也是由于小麦、大麦、燕麦、蚕豆、豌豆、洋芋等小春作物已经吃完，而稻谷、苞谷、花荞等大春作物还不成熟的夏荒期间，人们生活困难。如果在这段时间里探亲访友也同样为难了主人家。为此，除了特殊情况以外，一般不在这两个时间里探亲访友。当然，并不是所有农户在这段时间里生活发生困难，其中也有富裕的农户，有的农户头年的谷子到第二年新谷成熟时还有吃不完的，头年的小麦，到第二年的小麦成熟以后都还有。这些农户，如果到他们家就会告诉客人，现在吃的是去年的粮食，这不是怠慢客人，而是讲述主人家的富有，客人应该向主人恭维几句，主人很高兴。

傈僳族热情好客，通常自己喜欢饮酒，以酒待客是他们的传统。但是，他们待客人的酒有两种，较为普遍的是白酒，用大米、小麦、苞谷砂之类的粮食酿制而成。一般在坛罐里捂上个把月以后再吃。另一种是烧酒，也叫干酒。这种酒往往用大麦、苞谷、高粱等粮食煮好以后放入酒曲，然后放坛罐里几个月以后再掏出来，在一个专门制作的蒸笼里上头放上一口较小的铁锅，里面的水不断地换成冷水，把酒放在蒸笼里，下面安一口大锅，里面放上水，下面烧火，把水煮沸，使酒气蒸发到上面那口锅底部，由于锅里有冷水，热酒气碰上冷锅形成酒，从漏斗槽里流出在蒸笼侧面接好的瓶子里，一般是100市斤粮食，可以熬45斤干酒，头道酒、二道酒品质好，三道酒、四道酒的品质较差些。干酒一般招待长辈和男客，而白酒招待女客。女人也有喝干酒的，但较少，多数女人不喝干酒、只喝白酒。男客到主人家里以后，主人家所摆上来的干酒和肉，客人不能全部吃光，要有意留下一部分退给主人家，给孩子们吃，全部吃光是不礼貌的。

家里来长辈或贵客时，要杀鸡、杀猪、杀羊招待客人。鸡肉煮熟以后，把鸡头、鸡肚、鸡腿、鸡肝等专门拣出来，摆在客人的面前，让客人吃。饭可以吃饱为准，菜也可以多吃，汤也可以多喝，可是肉不能吃光，哪怕贵客和长辈也不例外。主人不断地向客人碗里夹进去肉，客人也不能全部吃光，还是夹人碗里。大家都知道这是礼貌，要让客人吃好吃饱，怎么办？增加肉的数量，这样客人吃饱了还剩下一些肉。杀小猪时客人就吃饱了。妇女不管到哪里，除非出远门以外，凡是吃到酒和肉，都只是象征性吃上一两块肉，以喝肉汤和吃菜为主，不管家里多么富有，都要把肉和酒攒了回来给家里人。如果哪个妇女不这样做，自己吃光，那是可耻的事情。从小就受到这样的教育。可见，傈僳族待客、喝酒、吃饭均有自己独特的行为举止规范。

摩梭人的婚姻家庭及现实生活

普蒲天[*]

摘　要：摩梭人的"走婚"习俗下的婚姻关系，即夫妻无须建立一个家庭，也无须共享共同财产。这种母系的传统文化对社会结构产生了积极的影响。这种家庭结构和习俗适应了当地的家庭生活，生产发展，并建立了和谐稳定的家庭关系。

关键词：摩梭人；走婚；意义

一　摩梭人的历史文化背景

摩梭人是纳西族的一个支系，居住在云南省宁蒗县和四川省盐源县交界处的泸沽湖畔，以泸沽湖为中心，分布于四川和云南两地，因独特的母系文化而闻名于世。居住在四川境内的摩梭人成为蒙古族的一个分支，居住在云南的摩梭人成为纳西族的一个分支。[①]

摩梭人具有稳固的母系大家庭和特殊的婚姻模式，被国内外学者称为"地球上最后的女儿国"。其缔结的特点是：男不婚、女不嫁，男女双方不以夫妻相称，而是互叫"阿注"。"阿注"原是普米语朋友之意。[②]"阿注"婚姻以走婚为载体，没有法律关系，不用对双方负责。男子夜晚到女子家中访宿，第二天清晨又返回自己家中从事生产劳动，偶居的双方不组织共同家庭。一旦双方感情破裂则男不来访、女不接待，关系即算终止，以后各方根据自己感情趋向，再去寻找意中人。这种夜合晨离的婚姻关系称为"走婚"。阿注关系的缔结，以母系血统近

---

　*　普蒲天，男，云南大学人文学院哲学系伦理学硕士研究生。

　①　张积家：《摩梭家庭的亲密度与适应性研究》，《成都理工大学学报》2012 年第 5 期。

　②　徐亦亭：《永宁纳西族摩梭人的婚姻家庭和发展趋势》，《云南民族大学学报》2003 年第 4 期。

亲不婚的原则为界限，不受年龄、金钱、辈分、等级以及民族等条件限制。①

二　感情不受私有制和商品经济的影响

建立阿注婚的男女双方各居母家，没有共同的家庭经济；不会产生经济纠纷，一旦其中一方不愿意继续下去了，就可解除阿注关系；有了子女则由母方抚养，血缘按母系计算，财产由母系家庭继承，妇女是真正的"社会父亲"，父亲不用承担社会和家庭责任。这类家庭在当时被学者们称作"永宁纳西族母系家庭"。它属于人类婚姻家庭发展史上的对偶婚初期。是与其发展迟缓的封建领主经济中尚保留着集体生产、平均分配的原始氏族社会残余相适应的，家庭成员的关系较为和谐，集体生产，平均分配。首先，"阿注"婚姻不涉及经济，也不用考虑门当户对，完全是因为男女双方"感情相投，情感爱慕"，也会厮守终身。其次，摩梭人不允许近亲之间的结合甚至乱伦。他们不排斥外族，允许异族间的来往。建立男女"阿肖"的走婚关系，不受法律约束，也不注重门第，目前社会的婚姻有时看重的是经济、财产、社会地位、外表形象，老夫少妻、政治婚姻比比皆是。恩格斯在《起源》中对婚姻关系进行了分析，指出婚姻关系的发展是由社会的经济状况决定的，恩格斯认为，现代的性爱要以男女双方的互爱为前提，所以，在社会地位上男女是平等的。治国必先治家，家庭的稳定会维持社会的稳定，还可以避免很多社会问题，所以建立和谐、稳定的家庭尤其显得重要。以恩格斯严肃的态度来考察人们的爱情、婚姻、家庭，可以纠正我们对爱情、婚姻的模糊认识和错误观点，对于建立正确的婚恋观具有重要的意义。

摩梭人的母系家庭制推动着摩梭人的发展。这一高度赞美源于摩梭女人在家庭中的地位，不是因为她们的权力，而是因为她们对传统美德的延续，对家庭成员高度的责任感。每个老祖母都把家族治理得公平合理，井井有条。摩梭人的情感选择制度也许是世界上最文明的制度，不加任何物质条件地选择自己的爱人，不给爱人任何生活负担，不会因为

---

① 么加利：《泸沽湖地区摩梭人基础教育类型考察及问题分析》，《民族教育研究》2004年第4期。

柴米油盐而争吵，马克思主义认为爱情是婚姻的基础，这是婚姻的道德要求。而摩梭人不受商品经济和私有制影响的爱情，符合马克思主义关于爱情是社会主义婚姻基础的理论，将会是未来社会建立幸福美满婚姻的典型。

三 巩固了以家为本的传统观念

抚育子女、赡养老人，是传统社会的美德，这已是无可争议的、历久弥新的事实。人类婚姻家庭发展尊重并传承这一历史事实，而在母系家庭中更加重视，所以，我们可以清晰地看出摩梭人阿注婚的实质，及其在人类婚姻家庭发展史上所含的意义。实际上，阿注婚只是人类婚姻发展历程中一个较为低级的阶段。这种婚姻所表现出来的是"男子多妻、女子多夫"的特点，其实以母系为纽带的家庭形式，通过女性在家庭事务处理中及家庭待遇上占有重要地位的形式中体现出来，家中大事由辈分为长的女性决定，如家中最为尊贵的祖母床只能为家中年长的女性用，家中的一切经济收入要交由女性主妇来掌管，家中的一切重大事件都必须由女性（老母）来决策。母系居于较高的家庭地位。和一般的家庭中存在的"小媳妇"观念，存在讨进来的媳妇没有发言权、决策权，一切都得听从公婆和丈夫这种现象相比，这种以母系为纽带的大家庭形式，更为尊重妇女的人权，是母系社会形态的残留。摩梭人的民居，各种社会活动体现了家庭内部的和谐、尊老爱幼等高尚的习俗，女性和男性是平等的，但女性的地位通常比男性更高。究其原因，则可以在摩梭人信奉的达巴教经文中找到："在达巴经关于性别角色的表达中，女性总是与'生命源头'联系在一起，呈现出善良、美好的品德。摩梭人真诚、待人宽厚，具有良好的个人品质和社会公德，'道德为重，礼让三先'的风尚浓郁地存在于摩梭社会之中。"如，他们认为老年人为家庭的幸福和儿女的成长操劳了一生，理应受到尊重和爱戴。因此，不论饮食、起居皆分年长年幼，敬长辈，后给晚辈。他们的礼仪规定："第一个采摘的果子要先请老人吃，第一碗饭先端给老人……"他们崇母敬舅，所以在摩梭村里没有孤寡而无人赡养的老人。礼仪还规定："不欺负虐待伤残人，不嫌弃残疾人，尊重妇女儿童，禁止在家中说脏话、丑话、粗话。忌在家中谈有关性爱的话题，忌从长者和宾客面前路过，路遇长者要让道于下方，若骑马遇长者则要下马步行，忌往火塘里吐痰，忌砍伐水源和墓地上的树木，给人盛饭不能只盛一勺……"①走到摩梭人家中，你感到的是百倍的亲切和温馨，家中充满暖意，长幼有序，以文明礼貌教育后代，传承下来了美好的美德。

四　体现了现代文明和进步

摩梭人有一份朴素的爱情观，维系关系的要素是爱情。走婚不是外界所想的那么自由随意，更不是所谓的一女几男或一男几女的复杂关系，他们有自己的道德规范与行为准则。摩梭孩子进入成人阶段后，男女在一起劳动、节庆、跳舞对歌等交往过程中产生爱慕之情时，才开始真正的走婚，建立在双方"投缘"的感情基础之上，由此可知他们对待走婚很重视，且以感情为寄托。有了孩子以后不会随便更换阿注关系，感情稳定的会长相厮守，对感情忠贞。

外界有时误解摩梭人"走婚"，认为他们可以随便找伴侣，也可以随时更换。其实不然，当男方首次走访女家也是要有一系列"明媒正娶"的形式程序，正式地告知周围两者的阿夏关系。阿夏婚是建立在男女双方感情和伦理道德基础上的自由恋爱，双方通过唱山歌或劳动节庆等其他方式找到对方，双方的感情必须情投意合，没有包办代替。同时又是具有固定性的，只有在结束关系后才可结交新的阿夏。摩梭人也以做第三者为耻，不会朝三暮四，感情专一，如有人违反，便会受到舆论压力。成年后男女双方感情不和，在无孩子前更换"阿夏"、"阿注"是常有的事，而有了孩子后，就不可轻易更换了。其间男女双方无论任何一方，如果知道对方另找阿夏时，通常要给其送一个用麻布包着火炭、辣椒、鸡毛的小包，以示警告或绝交。若对方愿意悔改，就向送包者赔礼道歉，言归于好。摩梭人虽然实行走婚，但不乱婚。恩格斯历来主张，对待离婚更要慎重，不到万不得已时不能离婚。他曾说："如果当真要决定离婚，那我认为只有在万不得已时，只有在考虑成熟以后，只有在完全弄清楚必须这么做以后，才有权利决定采取这一极端的步骤，而且只能用最委婉的方式。"恩格斯是反对离婚的。恩格斯在对未来的婚姻家庭作了上述推"感情却已破裂"，符合马克思主义关于婚姻家庭的理论。恩格斯认为如果感

---

① 黄建明：《走进近日摩梭人》，《民俗研究》2001 年第 2 期。

情确已消失或者被新的热烈的爱情所排挤，那么离婚或分开对双方或社会都将成为幸事。所以摩梭人结为伴侣或分开都是经过深思熟虑的。

五　避免家庭传统矛盾

在这里，不存在"第三者"，没有"父母之命，媒妁之言"的封建规矩，没有"婆媳矛盾"，更没有"嫁鸡随鸡、嫁狗随狗"的说法。不存在寡妇、婚外恋、性问题、老人无人赡养、代际关系等社会问题。走婚制作为婚姻制度不需面对婚姻家庭种种社会问题。走婚作为婚姻制度在外界人的眼里也许不是一种稳定的婚姻形式选择，但对摩梭女性却有很多优势。

生活在母系大家庭的人都有血缘关系，大家情同手足，彼此照顾生活，形成强大的精神支持系统，母亲是至高无上的，不会有"婆媳矛盾"。整体观念是对抗生活事件或者消极情绪的良好疏通渠道。这在摩梭葬礼中充分体现：即便是再困难的家族，也要倾其所有甚至负债，完成各种礼仪，彼此相亲相爱。对葬礼的重视程度，体现出母系文化中强烈的人文关怀。摩梭葬礼中，年长体弱者被安排在安静舒适的地方，并由孙辈陪伴。这样不仅照顾到健康的因素，还令年长者在孙辈身上看到生的活力与希望，看到生命的延续，坦然面对死亡及其带来的悲痛。女性的细腻周到、温婉包容，都能很好地促进心理创伤的修复。目前社会中的丧葬，虽然也有亲朋好友的聚集，但与再者，在这种大家庭中，由于不存在个人财产、夫妻共有财产，因此不存在为了财产分割而兄弟阋墙、夫妻反目、父子相残之事，家庭成员更加单纯，由此也形成了家庭成员之间相互关心体谅的传统，从而达到"幼有所养、老有所靠、残有所依"的理想状况。在感情方面没有现代社会一直存在的婆媳姑嫂妯娌之间的矛盾；阿夏双方各居母家，减少很多因家庭琐事而引发的矛盾，彼此相敬如宾，若感情不好不会勉强凑合，不会为鸡毛蒜皮的小事争吵。

六　家庭成员间的亲密度

汉族人和摩梭人对于血缘关系都极为重视。直系血亲在家庭中都是牢固的。但是，研究表明，与汉族人相比，摩梭人的家庭亲密度显著地高于汉族人。这显然与摩梭人的母系制家庭有着必然的联系。摩梭家庭世代以母系为基础，母传女，女再传女，总要有一个女性作为当家人，如果遇到下一代没有女性的情况，则从其他有血缘关系的家庭的下一代中选取一位女性来继承，没有直系血亲就选旁系血亲。由此形成了一个延续性很强的母系家庭形式。由此可见，在摩梭人的亲属关系中，血缘关系是第一位的原则。在摩梭人的家庭中"血比水浓""情比金坚"。列维—施特劳斯认为，基本亲属关系服从于二元对立的原则：夫妻关系与兄弟姐妹无关。①

在摩梭家庭中，男不娶、女不嫁，配偶双方各居母家，男方除了在晚上去女方家走婚以外，平时不与女方及母系家庭的成员在一起生活。因此，在平日的生活中，"阿注"（夫妻）关系不亲密，兄弟姐妹关系亲密。父亲不与孩子一起生活，孩子常常得不到父亲的教诲，却无时无刻不沐浴在舅舅的恩泽之下，孩子的成长离不开舅舅的关怀。因此，孩子亲舅舅而不亲父亲，亲母亲而不亲父亲，母系家庭血缘的纯净度明显地高于父系家庭。因此，在摩梭人的家庭中，母系血缘家庭的亲密度明显高于父系家庭的亲密度，与前人研究中"血缘关系最为亲密，除了血缘关系以外，感情联系或社会交往的频率也会影响家庭成员之间的亲密度。在摩梭母系家庭中，'达布'（祖母）全权负责全家的生产计划、劳动分工、财产管理、生活安排及宗教祭祀。尽管如此，'达布'仍然没有特权，重大事情的决定都要经过家庭成员的共同商议"②。因此，摩梭家庭成员之间的交流和沟通较多，感情和亲密度也高。

---

① 转引自张积家《摩梭家庭的亲密度与适应性研究》，《成都理工大学学报》2012 年第 5 期。

② 陈柳：《摩梭人达巴经及其文化内涵》，《民族文学研究》2011 年第 2 期。

城镇化背景下贵州少数民族
传统伦理道德的重构

摘　要：城镇化是伴随着现代工业和信息社会、经济社会分工细
化的产物。它是一个国家和地区经济社会和文化科技发展的主要动
力，是现代化建设的主要基石，体现着一个国家和地区的经济社会发
展水平的高低。农村城镇化必将使农村的产业结构、生产方式、生活
方式乃至人们的价值观发生根本变化。贵州由于特殊的地理环境和历
史原因，经济社会发展长期落后于全国其他地区。城镇化是使贵州少
数民族地区人们摆脱贫困、实现同步小康、最终同步实现现代化的必
然选择。城镇化必然会带来贵州少数民族传统伦理道德的深刻变革，
同时贵州少数民族传统伦理道德文化也必将对城镇化产生反作用。适
合城镇化的一面必将促进其发展，不适合的一面必然会阻碍成镇化的
发展。因此，必须对贵州少数民族传统伦理道德文化进行重构，构建
与现代城镇化相适应的贵州少数民族传统伦理道德文化势在必行。

关键词：城镇化；少数民族；传统伦理道德；重构

城镇化是伴随着现代工业和信息社会、经济社会分工细化的产物。它
是一个国家和地区经济社会和文化科技发展的主要动力，是现代化建设的
主要基石，体现着一个国家和地区的经济社会发展水平的高低。在城镇化
的作用下，农村人口和生产要素不断向城镇聚集，劳动力从第一产业向第
二、三产业转移，城市的数量和规模不断增大，使农村的产业结构、生产
方式、生活方式乃至人们的价值观念发生根本性变化。从工业革命以来的
世界发展历史来看，国家要成功实现现代化，不仅要推进工业化，同时

* 秦元旭，男，凯里学院人文学院副教授，社会史博士。

也必须推进城镇化。城镇化程度是衡量一个国家和地区现代化发展水平高低的重要尺度。当前，大力推进并实现城镇化目标，是破解我国城乡二元结构难题、实现共同富裕的必由之路。由于历史文化、社会经济、自然地理等方面因素的影响，贵州是我国经济社会欠发达的省份之一，不仅落后于全国平均水平，也落后于西部平均水平。贵州要在 2020 年与全国同步小康，必须加快城镇化步伐，推动贵州经济社会大发展。城镇化对人们的影响是广泛而深刻的，城镇化必然对传统伦理造成强烈的冲击。同时，社会伦理道德的状况如何也必然反过来影响着城镇化的进程和质量，因此，城镇化的良性发展要求有与之相匹配的伦理道德体系，这就向人们提出了构建新型伦理道德的任务。

一　贵州少数民族伦理道德的特点

贵州的少数民族，特别是苗族、布依族、侗族、水族、彝族、土家族、仡佬族等分布较广，人口较多。由于长期共同处于自然环境和社会经济生活相似的这片土地上，形成了比较相同的社会生活特征：（1）社会生产力不发达，经济生活发展水平不高，商品经济不发展，生活水平较低。（2）分布地域广，聚居地相对集中，主要分布在黔南苗族侗族自治州、黔西南布依族苗族自治州、黔东南苗族侗族自治州和几个自治县。分布地区自然条件差，山高坡陡，交通不便。（3）由于历史原因，文化较落后，教育明显落后于汉族地区。信息封闭，人际交往范围狭小，心理需求的满足显得较为简单、贫乏。（4）社会形态跨度大，阶级分化程度不高。由于这些相同的社会特征，使贵州少数民族在伦理道德上有相同的特征。

（一）贵州少数民族的道德载体形式

由于贵州少数民族长期居于封闭的大山峡谷中，除个别民族外，多数只有本民族的语言，而无文字。因此，他们的伦理道德思想没有专门的著述，多靠口传文化和民俗传承，民俗文化、传统习惯就成为贵州少数民族传统道德的主要载体形式。如少数民族的神话和史诗、歌谣和谚语、传统和故事以及少数民族的各种节庆、宗教祭祀、禁忌、礼节和生产生活习惯。苗族歌谣《活路歌》充分体现了苗族人民热爱劳动、勤劳勇敢的道德传统；侗族大歌《父母恩深》集中反映了侗族人民尊敬老人、孝敬双亲的道德观；苗族的恋爱婚姻习俗反映了恋爱婚姻方面的道德行为规范，苗族青年通过社交活动自由恋爱，以爱情为基础的自主婚姻习俗，就是一种道德规范。布依族男女青年在从事"赶表"活动时，要遵循许多道德规范。"赶表"在布依语中称为"浪哨"，多在赶集、节日期间或是红白喜事的集会中进行，而且必须是在白天，严禁夜晚"赶表"。男女青年无论约会时间迟早，都必须在当天太阳落山前分离，否则就被视为不正当。男女约会座谈或唱歌的地方，必须是向阳不背阴，有人通行的大路边或田坝，必须保持一定距离，一般双方要相距三四尺，且往往是互相侧对或背向而谈。"赶表"中男女双方必须相互尊重，语言必须文明，行为必须规矩。如果行为不检点，有意或失言说流话、脏话，以及放屁等，都将导致"赶表"的散伙。"赶表"活动过程严禁乱来，更不允许发生性关系。布依人将那些有越轨行为、乱搞男女两性关系的人称为"毒蛇"，受到整个族人的歧视。

（二）贵州少数民族以传统美德为主流

由于原始社会在贵州少数民族社会生活中延续的时间较长，贵州少数民族的道德基本上是劳动人民的道德，它直接继承原始社会劳动人民的纯朴美德。如孝敬父母宗亲、尊老爱幼、尊师重教，行善积德，爱惜粮食、保护庄稼、维护生产秩序和社会安宁，团结互助、扶危济困、喜好施舍，颂扬勤劳、善良、公正，鞭挞懒惰、贪婪、丑恶，集体主义思想，等等。

（三）贵州少数民族的道德行为认同感

贵州少数民族虽然社会发展的层次不同，民族传统文化、心理素质等也有许多差异，但在大多数的民族中都有一个共同的特点，就是同一民族是同根的传人。每一个民族成员对于自己属于什么民族，自己民族的传统文化、风俗习惯、民族形式、语言文字、道德规范等的自识性非常强烈和亲切，并作为精神财富传给后人。表现在道德行为上具有较强的认同感。如一人做好事，大家光荣；一人做坏事，则是族人的耻辱。

（四）贵州少数民族的道德评价手段和标准是传统习俗

贵州少数民族的道德原则、行为规范与传统习俗融为一体、密不可分，道德原则、规范深植于传统习俗中。在少数民族社会中，传统习俗被视为一种不言自明的行为常规，凡是违背传统习俗的行为，就是恶的行为，就要遭到人们的集体谴责；凡是符合传统习俗的行为，人们往往加以赞扬。如在贵州的少数民族中都有团结友爱、互助互济、平等待人、热情待客、勤劳勇敢等传统，而且形成一种自觉行为，内化为一种观念。如在布依族地区，很多人一听到别家盖房或是其他大事，总觉得在家"坐不住"，非要去帮上一把，这样心里才感觉轻松好受；否则，心里会很不安，好像做了什么亏心事似的。即使是因故而不能帮，心里也感到十分愧疚，总觉得似乎是欠了一笔债。

（五）贵州少数民族的道德规范与法律规范交织重合

在贵州少数民族社会中，不存在纯粹的道德规范，也不存在纯粹的法律规范，二者难以截然分开。如榔规、款约是苗族和侗族的社会意识形态之一，属于上层建筑中的重要组成部分，二者既是法律规范，属于习惯法的范畴，对族人具有强制的法律效力；同时，二者又是道德规范，反映了苗、侗族社会物质生活条件，在这些民族的形成和发展过程中产生和发展，又为这些民族的生存、发展和繁荣服务，在这些民族道德生活的各个方面都起着很大的作用。

（六）贵州少数民族伦理道德的社会作用具有两重性

贵州少数民族传统道德既然以传统习俗为载体，同传统习俗密不可分、融为一体，自然不可避免地有许多局限和不足。因而，其社会作用既有积极的一面，也有消极的一面，其朴素性、自发性和狭隘性较为明显。

二　贵州少数民族传统伦理道德文化的时代价值

以上所列贵州少数民族传统伦理道德的一些特征，尤其是以传统美德为主流，过去在维护少数民族的经济社会秩序方面起着重要的作用，今天，虽然时代发生了翻天覆地的巨大变化，它们仍然具有不可替代的时代价值。

（一）有利于提高民族成员的道德素质

贵州少数民族传统伦理道德中蕴藏着大量的道德评价、道德典范和道德理想，如尊老爱幼、孝敬父母、平等团结、乐善好施、扶危济困等传统习俗，经过一代一代人的口耳相传、身体力行，到今天已经深深内化为人们的自觉行动和意识，成为人们辨别是非、判断好恶的标准，这些道德标准就会自然而然地培养人们的道义责任感和善恶判断力，使绝大多数少数民族成员能够增强分清是非、善恶、美丑的能力，自觉塑造道德形象和提升道德素质，从而维护和完善社会主流道德准则和规范。

（二）有利于促进民族内部的相互联系和团结

自古以来共同的生产生活环境、共同的自然环境，使贵州少数民族伦理道德具有同质性和较强的道德认同感，能够使他们在平时的交往中容易沟通、接近和相互谅解，形成心灵的交融，使他们在平时的社会生产生活和交往中易于形成共识、凝聚力量、协调行动、和睦相处，从而构筑良好的人际关系。

（三）有利于维护社会稳定

贵州少数民族传统道德是千百年来贵州少数民族群众生活经验的积淀，融汇在各民族的生产、生活、文化、教育和传统的行为习惯中，能够通过感情、信仰、仪式、教义等具体的手段和途径有效地对社会进行调节，以保持社会的稳定。

三 贵州少数民族传统伦理道德在城镇化中的碰撞

城镇化是对少数民族传统生产、生活方式的根本颠覆。贵州少数民族传统伦理道德是在千百年发展过程中的产物和优良传统美德的结晶，当贵州少数民族传统伦理道德遇上城镇化，为了适应城镇化的发展要求，必然要进行自我调适，使之更好地为推进和实现贵州的城镇化服务。贵州由于自然条件、历史等方面的原因，经济发展滞后，城镇化程度很低，城镇化建设的难度相当大，例如产业结构不合理，城镇化缺乏必要的产业支撑；城镇化不仅是生产要素不断向城市集中、区域产业不断向城镇转移的过程，更重要的是"人"的城镇化问题，城镇化的最终目的是满足人的需要。但贵州少数民族地区人口的素质（主要指文化素质和科技素质）还低于全国平均水平，更低于东部发达地区。加快贵州城镇化的步伐有利于调整贵州的产业结构，促进资源的优化配置；有利吸收少数民族地区农村剩余劳动力的转移，提高少数民族劳动者的素质；有利于提高少数民族地区的物质文化生活水平，促使全面小康社会的实现。贵州少数民族的一些传统伦理道德，如群体意识和纯朴的集体主义道德观念，克己为公的观念，崇尚勤劳、鄙夷懒惰、恪守信用、团结和睦、崇尚和谐、维护良好社会秩序等传统伦理道德，必然会在城镇化的过程中得以发扬光大，成为推动贵州城镇化的强大动力。

另一方面，城镇化毕竟与原有的生产、生活方式不一样，城镇化必然要求对贵州少数民族传统伦理道德的某些方面进行调适、改造和重建。城镇化必然对传统伦理道德文化造成巨大的冲击，促使其不得不努力调适、发展自己以适应新的形势。面对现代化、城镇化的进程，特别是市场经济的汹涌大潮，贵州少数民族的传统道德观念发生这样那样的变化，已成必然趋势。为了使传统道德适应新生活和新体制，道德重建也就无法避免。"重建"并不意味着以往的所有的传统道德都已全然失去约束力和激励性，变成了废物或渣滓，需要彻底推倒重来，另立一套新的伦理准则和道德价值标准。这里所讲的"重建"，是仍以原有的伦理关系和道德规范体系为依托，改造旧规范，注入新内容，使其从形式到内容都发生某种结构性的变动。譬如，作为市场经济生活的主体，我们也可以将其称为伦理道德的经纪人，他们必将会伴随着市场经济的日渐发展而逐步成为主宰社会经济生活的伦理道德主体。而作为市场经济的伦理道德，也必将会通过伦理道德主体的主观意识，逐步把公平交易、公平竞争、诚实服务等道德观念转化成道德规范，使其从边缘性的社会伦理道德价值转变成核心伦理道德价值，从原有的自发性转变成自觉性，从质朴性转变成理论性，从习俗性转变成规范性，从外在性转变成内在性，从权威性转变成内渗性，从他律性转变成自律性，从宗教性转变成准伦理规范性。一句话，就是如何使贵州少数民族道德的伦理道德体系在新的历史条件下实现突破性的进展，实现贵州少数民族伦理道德的现代化。

四　城镇化对贵州少数民族传统伦理道德的重构

城镇化与少数民族伦理道德文化的关系不是对立冲突的，而是相辅相成、互相影响互相促进的关系。贵州少数民族传统伦理道德的大部分是有利于城镇化发展的，对其不利于城镇化发展要求的部分要进行重构；反过来，城镇化也必然会使贵州少数民族的伦理道德文化更加完善。那么，应如何来重构贵州少数民族的伦理道德体系呢？

继承、扬弃、创新，是贵州少数民族传统伦理道德文化重构的基本原则。

在城镇化的过程中，对于那些在历史长河中形成的优秀的传统道德，我们应坚决地继承下来，这类传统道德可以跨越社会形态，今天对于我们实现城镇化仍然是有用的，如孝敬父母、尊师重教、团结互助、勤劳勇敢、热爱公益、济困救贫、崇尚和谐等。

不可否认，贵州少数民族传统伦理道德规范中，既有积极进步的伦理观念，也有消极落后的伦理观念。贵州少数民族的传统道德文化是各少数民族在长期改造自然和自身的实践中形成和发展的，产生于不同的历史时期，与当时的自然环境和社会环境相适应。但也应该看到，由于受时空的限制，贵州少数民族传统道德里既有促进民族发展和社会进步的精华，也有封建的唯心主义的糟粕。因此，它只有经过发展以后，才可能适应新的自然环境和社会环境，进化、借用和涵化必然成为贵州少数民族传统伦理道德发展的过程和途径，必然要对其采取扬弃的态度。

创新是一个民族的灵魂，是一个国家兴旺发达的不竭动力，也是贵州少数民族传统伦理道德不断发展以适应城镇化要求的必要条件。创新是贵州传统伦理道德在面对新的生存环境时，吐故纳新、顺应变化、自我调节变革实现发展的必由之路，也是其结果。

五　贵州少数民族传统伦理道德文化重构的思路

（一）以社会主义核心价值引领贵州少数民族道德文化的价值走向

社会主义核心价值体系在中国整体社会价值体系中居于核心地位，发挥着主导作用，决定着整个价值体系的基本特征和基本方向。社会主义核心价值体系，既体现了思想道德建设上的先进性要求，又体现了思想道德建设上的广泛性要求；既坚持了先进文化的前进方向，又兼顾了不同层次群众的思想状况；既体现了一致的愿望和追求，又涵盖了不同的群体和阶层，具有广泛的适用性和包容性，具有强大的整合力和引领力，是联结各民族、各阶层的精神纽带。贵州少数民族传统伦理道德作为中华民族传统文化的重要组成部分，其强烈的民族自尊心、自信心，其集体主义、爱国主义精神，其勤劳勇敢、吃苦耐劳、重义气守信用、淳朴善良的优秀道德品质和热心公益、友爱互助、尊老爱幼、热情好客的良好道德风尚，这些优秀传统美德，是贵州各少数民族在长期共同劳动、共同生活中形成的，构成社会主义核心价值体系的重要组成部分。同时，贵州少数民族传统伦理道德文化又要在社会主义核心价值体系的统摄和引领下，既要大力弘扬各少数民族优秀传统道德文化，又要站在推进城镇化发展这一新的时代高度，以开放和宽广的气概，对传统伦理道德文化加以提炼、改造、充实和提高，使之成为符合我们伟大的民族精神和时代精神要求的社会主义新道德体系的有机组成部分。

（二）大力发展社会主义市场经济为少数民族道德文化的进步和发展创造条件

道德作为一种社会意识形态，是由一定的社会经济基础所决定，它的内容始终受社会经济关系制约，并随社会经济关系的变化发展而不断变化。正如恩格斯所说："一切以往的道德归根到底都是当时的社会经济状况的产物。"改造传统道德，推动道德进步，关键在于生产力的发展、生产关系的进步。实现城镇化，构建与城镇化发展要求相一致的贵州少数民族伦理道德体系，就必须大力发展社会主义市场经济，才能冲破贵州在长期历史发展中形成的根深蒂固的自然经济和半自然经济状态，促进社会分工的发展，开阔少数民族群众的视野，解放他们传统的封闭的甚至是落后的思想观念，提高生产社会化的程度，才能使贵州少数民族传统道德文化的改造和发扬光大获得强大的动力和雄厚的社会经济基础。

（三）培育少数民族的现代道德意识

由于形成和发展的特殊历史条件，尤其是在发展过程中受佛教和基督教的影响深刻，贵州少数民族传统道德文化同其他少数民族一样，也有消极入世、积极出世，多做善事、不做恶事，既不为名、又不为利，忍受艰苦、与世无争的主张。尤其是大多数虔诚的少数民族信教群众的心愿都不在现世如何致富而在如何才能获得来世的幸福。经过长时期的历史积淀，形成了根深蒂固的淡泊名利、不讲甚至羞于讲物质利益的道德观念。这种传统道德观念与现代市场经济的追求利益最大化等基本原则不相适应，从而影响了贵州少数民族地区的经济社会发展进步，成为新型城镇化构建的负能量。因此，要结合当地的实际情况，培育以讲求经济效益，敢于竞争和冒险，破除迷信，重视现世、积极奋斗的现代道德意识。

另外，培育贵州少数民族的现代道德意识，教育是根本。由于贵州大多数少数民族没有自己的文字，大多数人又不通汉语，使现行的学校教育和社会教育只得以汉语进行教学和宣传，他们因此失去了学习科学、文化知识和接受新鲜事物的许多机会，也就失去了变革落后习俗和落后传统伦理道德观念的机会，这是贵州有些少数民族地区仍然保留落后习俗和伦理观念较多，市场经济发展水平低，经济社会落后于全国平均水平的重要原因。因此，在推进贵州少数民族地区城镇化的同时，必须大力发展教育科学事业，必须对少数民族地区实行更加优惠的政策，采取更切实有效的政策，从资金、物资、技术、人才等各方面，大力扶助贵州少数民族地区的教育、科学、文化、广播、电视、医疗卫生等各项事业的发展，为城镇化提供强有力的物质基础和智力支持。

（四）变革落后的伦理道德观念要在自愿基础上进行

实现城镇化，变革落后的伦理道德观念，构建新型的伦理道德文化，外力的推动和支持非常必要，但使少数民族群众从内心深处接受变革、主动变革，即让少数民族自我建构本民族的伦理道德体系更加重要。俗话说："强扭的瓜不甜。"如果没有少数民族的自觉自愿，而是完全用外力强加给少数民族一个城镇化，一个新的伦理道德体系，那这样的城镇化和伦理道德即使建立起来，也不会长久，因为它没有坚实的少数民族群众基础。

少数民族变革落后的伦理道德观念，应该坚持从当地民族实际情况出发，按照地区和民族的具体情况，区别对待。在借鉴外地的、其他民族的先进经验的时候，应该充分考虑当地民族的实际情况是否适合，不宜生搬硬套，而应该结合当地少数民族的实际情况加以变通执行，建立具有当地少数民族特色的伦理道德文化。在情况比较特殊的地区，如果本民族广大干部和群众当时还没有认识到变革的必要性和优越性，而对变革还疑虑很大、持消极应付甚至抵触态度，就不应该强行推进，而是应该耐心等待，继续疏导，启发群众变革陋习和落后伦理观念的自觉性，直至当地少数民族干部群众真心实意地接受、赞同，主动参与。

当地干部群众对变革不理解甚至抵触的很多原因是封建迷信思想在作祟，他们担心变革后会给自身及亲戚家人带来灾难，让少数民族群众真正认识到变革的必要性和重要性，打消人们的疑虑是关键。一般说来，经过改革开放30多年的发展，包括少数民族地区在内的我国经济社会发生了全面而深刻的变化，人们的思想观念、科学文化素养有了很大提高，人们能够比较容易地理解和接受变革。但由于各地的发展不平衡，有些地区基础好些，有些地区基础差一些，再加之贵州少数民族传统伦理道德与其他民族一样，经历了几千年的发展适应，已经深深扎根于少数民族的思想深处，要人们在短时间内都实现彻底变革，也是不现实的。这就需要讲究方法，遵循循序渐进、区别对待的原则来逐步推进。

少数民族变革落后的伦理观念，在工作基础较好的地方，可以变革彻底一些。在工作基础比较薄弱的地区，对某些旧俗和伦理观念的变革，也可以先采取一些不彻底的变革办法，即"从简"的办法。例如：宰杀耕牛进行祭祀活动的伦理习俗，可以先用宰杀鸡鸭来代替，作为一种过渡措施，让群众在实践中亲自体验证实"旧俗从简"不会招来灾难，继续提高思想认识，逐步过渡到确信彻底变革陋习和落后伦理观念有益无害，自觉进行彻底的变革。

贵州少数民族在数千年的改造自然、改造社会的过程中，同其他民族一样，创造了作为中华民族传统伦理道德文化一部分的辉煌的具有本民族特色的少数民族传统伦理道德文化，这种传统伦理道德文化随着社会环境的变化发展而不断地对自我进行调适。因而，在不同的阶段都对贵州的社会经济发展产生着积极的影响，推动贵州经济社会不断向前发展。但由于特殊的地理环境和特殊的人文社会环境，贵州社会长期以来处于封闭落后的状态，长期落后于我国的其他地区，表现在其传统伦理道德文化方面，同其他民族的伦理文化一样，既有积极的优秀的属于精华的一面，也有消极的落后的属于糟粕的一面。城镇化是要从根本上实现贵州经济社会生活方式的全面深刻的变革，城镇化是贵州实现现代化，同全国同步全面实现小康的必然选择。城镇化必然会带来贵州少数民族传统伦理道德的深刻变革，同时贵州少数民族传统伦理道德文化也必将对城镇化产生反作用。适合城镇化的一面必将促进其发展，不适合的一面必然会阻碍成长化的发展。因此，必须对贵州少数民族传统伦理道德文化进行重构，构建现代化的适应现代化社会发展的贵州少数民族传统伦理道德文化势在必行。

民族伦理道德在防治艾滋病中的功能

陈　雪[*]

摘　要：云南省少数民族艾滋病感染者和病人人数众多。近年来频繁的跨境流动人口及源源不断迎进国门的缅甸新娘，更使与之接壤的云南边境地区成为了艾滋病感染的高暴露区。民族伦理道德对艾滋病的防治有着重要的影响。按照社会学互动论的观点：病人并非一个被动弱势的社会角色，他们以及社区中有可能感染上相同疾病的人，可以共同组建起对抗疾病的防线，并且积极寻求控制和医治疾病的途径。据此观点，至少可以从少数民族伦理道德中寻找到宗教伦理道德对于防治艾滋病的约束功能以及社会伦理道德的教化功能，这对于构建适应时代的伦理规范，以及在解决艾滋病防治难点的同时，促进各个少数民族文化素质和精神文化的全面提高有着重要意义。

关键词：艾滋病；边境；少数民族；伦理道德；功能

自 20 世纪 80 年代，中国发现第一例艾滋病患者以来，艾滋病已成为我国的重大公共问题和社会问题之一。艾滋病的防治不仅关乎经济社会持续稳定、协调健康发展，也成了政府管理社会事务、提高公共服务的重要内容。近年来，随着中国国家实力的持续增强，对外开放的不断深入，大规模的跨国人口涌入我国边境地区，这为我国增进与其他国家之间的相互交流、为彼此的共同发展带来了契机与活力。然而，由于这些边境地区也往往是少数民族聚居的地方。边境流动人口和跨国婚姻数量在这一地区迅速增长，给这些地区原本已经相当严峻的艾滋病防治形势增加了更大的疾病防控方面的压力，为艾滋病防治干预增添了新的难点。面对民族地区经济水平较低、流动人口情况复杂、文化水平较低、医疗保健不健全等实际

---

* 陈雪，女，云南民族大学人文学院性别社会学博士研究生。

状况，在民族地区的艾滋病防治干预工作亟待更多新的探索，以求更好地开展少数民族地区艾滋病的研究防治工作。

一　艾滋病在云南少数民族中的传播

云南省是中国艾滋病疫情最严重的一个省。2013 年召开的云南省艾滋病疫情及主要防治工作通报会上显示的数据表明：2013 年 1—10 月，云南省艾滋病病毒感染者和病人共计 9091 例，其中艾滋病病毒感染者 6540 例，艾滋病病人 2551 例。

在这份通报中，另一个值得注意的数据是：德宏、红河、临沧、文山、昆明、大理六个州（市）报告的艾滋病病毒感染者和病人现存活数占全省报告数的 70.9%。这 6 个州（市）中，除了昆明是拥有常住人口最多的省会城市以外，其他五个州市都是拥有少数民族聚居的地方，德宏、红河、文山和大理占据了云南省 8 个少数民族自治州（市）中的 4 个，其中：德宏州居住着以傣族、景颇族、傈僳族、阿昌族、德昂族 5 个少数民族为主的 30 多个少数民族，是全国景颇族、德昂族和阿昌族的主要聚居地；红河境内居住着哈尼、彝、苗、傣、壮、瑶、回、布依、拉祜、布朗（莽人）等 10 个世居民族，少数民族人口占 58%；临沧市现有 23 个少数民族，主要为回族、拉祜族、景颇族、德昂族、苗族、傈僳族、彝族、佤族、傣族、布朗族、白族；文山州有汉、壮、苗、彝、瑶、回、傣、布依、蒙古、白、仡佬 11 个民族；大理少数民族以白族为主，有 12 个世居少数民族，分别是白、彝、回、傈僳、苗、纳西、壮、藏、布朗、拉祜、阿昌、傣族，其中白族人口最多。艾滋病主要集中的这 5 个州市还有另一个特点就是：大都紧邻边境（德宏北、西、南三面皆与缅甸相邻；红河有口岸、金平、绿春 3 县与越南接壤，临沧南部与缅甸接壤，文山麻栗坡县也与越南接壤）。

尽管据 2008 年清华大学艾滋病科学大会上的数据显示，当年云南省汉族艾滋病病毒感染者已达 60%，超过了傣族和景颇族（此前云南省感染艾滋病人数最多的人群）数量，但是艾滋病在云南的分布局势表明：少数民族地区仍然是艾滋病防治工作的主要阵地和工作中心，并且这种格局在很长时间内是不能改变的。

艾滋病传播的途径主要有四种：性行为传播、静脉注射传播、母婴传播以及血液制品传播。在艾滋病发展的前 20 多年里，静脉传播都是艾滋病在少数民族之间感染和传播的主要方式。但是近年来，伴随着经济的发展和人口流动速度、频率的增快，以及流动范围的不断扩大，性传播已经成为了艾滋病感染的最主要途径。

云南与东南亚地区有着 4060 公里的漫长边境线，其中与缅甸的边境线长达 1997 公里。缅甸普通人群感染艾滋病的比例远远高于我国。近年来频繁的跨境流动人口及源源不断迎进国门的缅甸新娘，这些人中已感染艾滋病的情况客观存在，使与之接壤的云南边境地区成为了艾滋病感染的高暴露区，由于这些"缅甸新娘"与中国伴侣之间大都仅为事实婚姻（Facto Marriage），在这一人群间的婚前检测难以开展，于是新组建的家庭以及与之相连的大家庭长期暴露于艾滋病的高风险之中。

同时，尽管新农合参保率已达到 70.4%，但很大一部分缅籍新娘，由于受限于家庭经济条件以及家庭地位，也难以获得社会资源的支持。尤其是一些艾滋病感染者家庭，很容易错过最佳的行为干预和临床治疗时间，从而增加了家庭内部的传播风险。

调查显示，跨境婚姻中的妇女对艾滋病知晓率远远低于普通人群的 94.0%。其知晓率不足 80.0%。不仅如此，她们对艾滋病各种传播方式的知识积累几乎为零。将近五分之一的人群认为"蚊虫叮咬"能够传播艾滋病，"母婴传播"错误知晓率高达 14.4% 等，均高于全国居民错误认识水平。知晓率低且存在错误认识的情况将极大地增加人群艾滋病脆弱性，导致感染艾滋病的机会增加。

一方面是边境地区难以设防的地理及人员流动形势，一方面是落后的生存环境、较低的教育程度和医疗水平，造成了云南少数民族在艾滋病防治中天然弱势的地位。

这种弱势的局面带来了更多的不良后果：一是艾滋病在少数民族人群中的加剧蔓延；二是艾滋病携带者和病人得不到良好的救治和应有的人文关怀；三是少数民族对艾滋病缺乏应有的认识和防治知识，有可能成为影响社会稳定的因子。

二　民族伦理道德与艾滋病防治

在《手术刀与银熊》一书中，作者讲述了一位纳瓦霍族外科女医生洛丽阿维的故事。纳瓦霍族是美国西南部的一个原住民。他们不信任任何西方医学，他们信仰一种叫作"hozho"的世界观，即"在美中漫步"之意。他们认为生命中的一切都彼此相关，互相影响，他们竭尽全力使一切保持平衡，而如果人与疾病相遇即意味着他与自然失去了平衡。外界的医生很难说服他们尝试现代医学疗法，但洛丽阿维，因为熟知本民族信仰，尝试将西方医学技术与本民族的文化和哲学元素相结合，逐渐在族人中收到了很好的效果，她说自己从中发现了"纳瓦霍医学的智慧和真理"。

上述案例虽然发生在美国，但却具有很强的代表性。我们都认可社区对于居民健康和疾病传播有着重要的影响，但却往往容易忽视：事实上一个民族的文化决定了该民族看待某种疾病的态度，以及其对疾病预防和控制手段的接纳和创新。我国少数民族地区有着丰富多元、独具特色，又相互影响的民族文化。尤其是边境地区，虽然分属两国，国情不同，但两边的人民大都共居一山、同饮一水，拥有极其相似的生活习惯和民风民俗，甚至很多都是同一支民族，拥有共同的语言文化，遵循相同的伦理道德，有着相同的宗教信仰。

这些少数民族伦理道德是几千年来少数民族在生产、生活中形成的具有鲜明特色的价值观念和行为规范。少数民族伦理道德不仅规范本民族的个体行为，还是识别、评价行为的尺度和准则。

在云南省艾滋病防治工作中，制定有效的政策、法规，采取更为"惠民"（惠及少数民族）的医疗方案等方式是主要对策。但正如清华大学艾滋病综合研究中心主任何大一教授所说："艾滋病是个复杂多面的敌人，战胜艾滋病不仅需要医学专家的技术支持，更需要社会科学的大力支持。"如果说法律发挥的是一种外在的、他律的功能性作用，那么伦理道德更能发挥一种内在的、自律的功能。

少数民族伦理道德对艾滋病的防治有着重要的影响。它影响着当地少数民族同胞与政府、医疗机构以及医生之间的互动方式，也影响着病人与家属，以及社区中的其他人之间的关系，甚至影响着他们对疾病本身的看法，是恐惧、回避，还是接纳和积极应对。按照社会学互动论的观点：病人并非一个被动弱势的社会角色，他们以及社区中有可能感染上相同疾病的人，可以共同组建起对抗疾病的防线，并且积极寻求控制和医治疾病的途径。因此，根据此观点，至少可以从少数民族伦理道德中寻找到防治艾滋病的以下两个功能。

1. 宗教伦理道德的约束功能

在云南，很多少数民族都有宗教信仰，有的民族更是几乎全民信教，比如回族、西双版纳的傣族，宗教成为这些少数民族最重要的伦理道德之一。宗教伦理道德传扬的至爱、至诚、至洁、至信、至净等规范，是基于人性本身的，可以通过引导、渗透，内化于个体的思想和行为之中，转化为日常行为准则。例如：佛教的五戒（不偷盗、不奸淫、不妄语、不杀戮、不饮酒）、伊斯兰教《古兰经》中严禁任何形式的婚外行为，将私通看作触犯戒律的严重错误，这些戒律阻止人们吸毒或者有不端的性行为，对于艾滋病的传播和蔓延有着极强的遏制作用。这些道德戒律和行为规范，已经成为社会主义思想道德的组成部分，对于维护社会秩序、净化社会风气、防治少数民族的腐化堕落有着积极意义。

同时，由于宗教伦理道德具有神本性和人本性的双重性，核心是以"善"为本，这种伦理思想能够进行积极的心理疏导。对于那些在现实社会中正遭受着艾滋病痛折磨和他人白眼的艾滋病患者以及他们的家人来说，宗教伦理道德有助于调整他们的心态，使他们获得心灵深处的救赎。

2. 社会伦理道德的教化功能

社会伦理道德是少数民族传统的主要组成之一。在社会伦理道德中，习惯法是其最主要的载体，既有类似于法律的惩戒功能，又有道德教化作用。瑶族男子在成年礼上，受戒者要倾听长者讲述民族史和民族道德戒律，受戒时还要立下遵纪守法、尊老爱幼、遵纪守法等做人的誓言。这种成年礼在云南很多少数民族中都是重要且神圣的仪式。成年礼从某种意义上来说，还承担了保护幼女的功能。谁也不能与未成年的幼女发生性行为，这被本民族视为最严重的犯罪行为。这也就阻断了艾滋病向少数民族幼童的传播。此外，《土司对百姓的训条》、《爷爷教育子孙的训条》、《父亲教育儿子的训条》以及《教育女人做媳妇的训条》，是傣族四部重要的习惯法，其中有很多优秀的内容，承担着重要的教育作用，贯穿着人们一生的社会实践活动。

除了习惯法以外，少数民族社会道德的内容还很丰富，比如团结互助的精神、勤劳致富的品格，等等。这些社会伦理道德在少数民族道德生活中具有重要地位。正是社会伦理道德的教化作用，使这些伦理道德在民族的血液中得以传承。这些优秀的教育资源应该在当前艾滋防治工作中加以善用。

诚然，任何文化都有优秀因子和糟粕的部分，少数民族风俗习惯也不例外。有一些陈规陋习，比如盲目排外、畸形消费、封建迷信和禁忌，不仅阻碍艾滋病防控工作的有效推进，还有造成相反效果的可能性。例如，有的少数民族会认为艾滋病患者是受到某种神秘力量（鬼神）的惩罚，而将其视之为报应或者不洁、不祥，从而将这一群体推向更加弱势和边缘化的困境。少数民族大都崇尚集体主义精神，但也有人利用这一点引诱民族同伴参与到吸毒或者不良性行为中去。这些特点给艾滋病防控增加了更多的不可控因素。

三　新形势下少数民族伦理道德的应对与调适

少数民族伦理道德中的精神文化资源非常多元和丰富多彩，在历史的长河中，各个民族的道德伦理观都在发展着、变迁着，有变异，有传承。少数民族的伦理道德具有稳定性、广泛性、实用性和直接性的特点，可以调节民族内部的关系以及民族与外部之间的关系，在少数民族的日常生活中发挥着强大的功能。

面对社会的深刻变化，在当前防艾工作的情境之下，少数民族传统伦理道德必然要进行相应的调适。调适与应对并不意味着少数民族道德失去了约束力和控制力，而是在新的形势下，重新审视和全面发挥少数民族伦理道德在当下社会中，尤其是艾滋病防控工作中的作用。要将"那些传统伦理道德中符合现代社会生产生活及社会发展的内涵，包括原来可能只是出于边缘位置的内涵，转变为现在核心伦理道德价值、核心伦理规范"。

作为一种取长补短的社会制约机制，承认及强调少数民族伦理道德的积极作用和健康成分，将为艾滋病的防治工作创造有利的条件；与此同时，批判否定其落后守旧、迷信禁忌，也将有利于防艾工作的有序推进。可以考虑将少数民族伦理道德从以下几方面着手进行应对和调适。

（一）开放包容：充分发挥宗教伦理道德的引导作用

宗教伦理道德比一般世俗道德的行为规范更具有自律的约束性。充分发挥宗教行为规范功能的源泉、动力和方式，将少数民族伦理道德中宗教性的部分更多地转换为世俗性的道德规范，使少数民族对道德规范的遵守从原有的自发性转变为自觉性。

宗教伦理道德中有许多与社会主义道德规范相符相通的普世准则，可以通过诸如以德报怨、关爱弱者、夫妻相爱、建设家庭、与人为善、与社会为善等宗教伦理调节少数民族人群的社会行为、社会活动。

具体而言，可以通过讲经论道、教法分享、研讨座谈等形式，将艾滋病的防治宣传工作同时进行，向教徒及普通少数民族群众进行社会公德、职业道德、家庭美德教育，引导广大信教群众加强自身修养，树立良好的道德形象，培养良好的道德品质和文明风尚。

宗教组织还有乐善好施，关爱弱势群体的信条，可以通过其特有渠道，一方面为艾滋病患筹集善款，勇于治疗和救助；另一方面可以对艾滋病患者进行深度的人文关怀，消除歧视，使艾滋病患者活得更有质量和尊严。

（二）接纳改造：构建适应时代的伦理规范

优秀的少数民族伦理道德本来就是社会主义核心价值体系中的一部分，有利于民族地区各项工作的推进。因此，伦理道德的调适应该从民族地区的实际出发，在继承中改造与弘扬并举，根据民族特点加强道德建设，充分发挥少数民族传统道德突出的认识功能、评价功能和调节作用，

进行民族伦理道德的调适，其目的是要适应时代发展的需求，应对当前艾滋病在民族地区蔓延出现的新特点、新趋势，解决由此引发的一系列问题，充分发挥少数民族伦理道德的社会治理功能，建立一套符合少数民族同胞意愿，为本民族所接纳，有利于当地发展的道德规范体系。这个体系应该涉及个人行为道德规范、家庭婚姻道德规范、集体行为道德规范以及习惯法等涵盖公德和私德、涉及民族文化生活各个方面的社会道德规范。只有当伦理道德成为每个人内化于心的真实意愿，从质朴性转换为一套理论体系，从法律性转换为规范性，伦理道德在艾滋病防治工作中才能发挥越来越大的作用。

艾滋病防治从一开始就不是一个单纯的医学问题，而是一个复杂的社会问题。少数民族地理、经济、受教育程度的天然弱势地位使他们在这个疾病面前，从一开始就处于相对被动、更易受伤害的位置。社会的快速发展、各种文化的强势进入，使他们无论是面对现代化进程，还是随之带来的各种"社会病"都显得那么的手足无措。要真正遏制艾滋病在少数民族地区的蔓延，要充分发挥一切可以调动的力量，用少数民族可以理解和接纳的方式去开展工作，推广有针对性的防治模式，在解决艾滋病防治难点的同时，促进各个少数民族文化素质和精神文化的全面提高。

民族伦理在云南蒙古族村
治理中的应用

张　慧[*]

摘　要：民族伦理中的社会资本，许多情况下是在社会成员广泛的交往中自发地产生、在不经意间创造和积累起来的。这样会有更多的面对面的交往，更容易建立有效的人际关系、相互了解和熟知，也更具同质性。[①] 因此也就能更好地推进社区社会治理的建设。

关键词：民族伦理；社会资本；传统文化

一　云南兴蒙乡传统伦理文化

兴蒙蒙古族乡是云南省唯一蒙古族聚居乡，全乡5个自然村，6个村民小组，总人口5613人，其中：蒙古族人口5406人，占全乡总人口的96.3%。该乡从1253年至今历经了761年的风雨洗礼，在历史发展过程中沉淀了自己独特的传统社会资本，主要包括以下一些内容。

（一）传统的社区信任：历史性的地缘及血缘凝聚的民族自豪感

一方面，福山认为，中国是建立在血缘和亲族关系基础上的低信任度的国家，但又对内部的以地缘和血缘为基础的社会亲族关系网络异常珍惜和信任，通过调查发现，兴蒙乡村民对自身有血缘关系的人有很高的信任度。长期以来，兴蒙乡的蒙古族村民的生活圈子都是围绕着血缘、地缘和姻缘关系展开的熟人关系网络，他们习惯了对于亲友物质的帮助和精神上

＊　张慧，女，白族，云南农业大学经济管理学院教师，社会学博士，中国社会科学院社会学所博士后。

① 奂平清：《社会资本视野中的乡村社区发展》，《河北学刊》2009年第1期。

的寄托，费孝通认为"乡土社会的信用并不是对契约的重视，而是发展于对一种行为的规矩熟悉到不假思索时的可靠性"①。因此，兴蒙乡社区之间熟人的信任，可以促进该社区之间的有机整合，提高集体行动的能力，并增强社会治理的绩效。

另一方面，从历史上来看，兴蒙蒙古族是 1253 年元世祖忽必烈率军南征后镇守云南的蒙军后裔。现今沧海桑田，远离草原母亲的兴蒙蒙古族村民经历了从草原牧民到高原渔民、农民的历史变迁，其服饰、语言、民族文化已经被当地民族（汉族、彝族、回族）所同化，但兴蒙蒙古族村民仍然认同于他们是成吉思汗的后代，他们会因为有这样的血统而具有无比的自豪感，这种自豪感一直到今天都成为整个乡民族最具凝聚力和认同感的主要原因。

（二）传统的社区"非正式"规范：民族习俗及乡规民约

社区规范能够更好地协调和整合社会网络的参与者，并有效地在目标上达成一致的行动。在社区中非正式规范包括风俗习惯、伦理道德、意识形态等，是构成社会资本的重要组成部分，而这些非正式制度，乡规民约便是这种非正式制度中最能体现成员间共同知识、理解、规范和规则的重要体现。

兴蒙乡在不同时期制定了 3 个乡规民约：1995 年《桃家嘴村六社村规民约》、1997 年《兴蒙乡乡规民约》和 2000 年《兴蒙乡村规民约》，其中也包括蒙古族传统伦理道德规范的内容。例如养狗要关养，不许放养，狗咬伤别人后要赔偿；在社会治安方面，凡在田间查获偷盗粮食的每公斤罚款 10 元，蔬菜每公斤 5 元，水果每公斤 10 元等；有故意损坏他人庄稼、果树等农作物的，要处罚 100—300 元；凡打架者不论何情，首先动手打人的，村社有权罚款 50 元，不论何人在乡内公共场所无理取闹、打架斗殴者处 30—100 元罚款，其他伤残医药、误工等费用按责任大小承担。《村规民约》还对相关的规则作了修改，（1）触犯法律法规的，报由公安和司法机关处理；（2）未触犯刑法和治安处罚条例的，除由村民小组进行批评教育外，酌情罚款处理。② 另外，兴蒙乡平日里能将乡规民约

---

① 费孝通：《乡土中国　生育制度》，北京大学出版社 1998 年版，第 10 页。

② 《云南通海县兴蒙古族乡志》，2004 年，第 108 页。

和传统道德结合起来进行调解，所以调解的成功率较高。

学者方慧曾对兴蒙乡进行过调查①，对于多数学历层次不高的蒙古族村民来说，都认为"没有规矩，不成方圆"，都较为认同村规民约的道德规范标准，并能自觉遵守，而村规民约的有效执行对维持社区正常的管理，协调生产生活的各项秩序起到了重要的作用。

历史上，蒙古族有男子可以另娶，而原配妻子却不能改嫁的习俗。现在情况已经发生了根本的变化，结婚自愿、离婚自由已成新风，但蒙古族的离婚率是很低的。因此，正是村民之间这种公共的文化行为约束，形成了村民超越生命意义上的认同，彼此之间有"我们"感，对于共同维护村里秩序，形成良好的治理秩序。

（三）传统社会关系网络：亲情邻里之间的传统美德观

社会关系网络是镶嵌于社会结构中人与人、人与群体之间的关系。在这种关系网络之中不仅能获得相互之间物质和情感上的支持，而且能够在相互合作、交流信息中促进文化、价值观的认同。在兴蒙乡，村民之间的关系网络就是一个充满和谐、互助并尊重自然的农村社区网络。

1. 尊老爱幼

兴蒙乡各村都有老年协会组织，乡政府非常支持老协的工作，在每村开了一个小卖部，利润作为老协的活动经费，平日里组织老年人节日活动，文艺表演，给老年人带来很大的温暖，兴蒙乡的多数老人生活的幸福感和满足感都特别强。

对待幼儿，兴蒙乡早早就开办了设施齐全且高规格的托儿所、幼儿园和小学，配备了专业的教师，教学质量在当地是相当不错的，这一方面能体现出该民族对于教育的重视，另一方面也能看出对孩子的关心和爱护。村里每到儿童节和民族节日都会给孩子发放小礼物，并给予很多的关爱。

2. 家庭邻里美德

兴蒙乡家庭之间邻里之间关系都比较融洽，总是会相互帮助。当地蒙古族现在还保留着许多能促进家庭和邻里关系和睦的"古规"。如"接柴"，即凡是有人外出挑柴，家中必须要有人去接，不去接柴就会被大家

---

① 方慧：《少数民族传统美德与民族地区民主法制建设》，《云南社会科学》2002 年第 6 期。

看成是一家人互不关心、不懂礼貌、不守古规的表现；又如遇到播种、收获等农忙季节，村里要组织人员帮助缺乏劳动力的家庭，甚至有青年和妇女不计报酬，义务性地自发组织起来帮助干农活；邻里之间互助还表现在农忙季节的换工。换工的对象除了邻居、朋友外，还有的是亲戚互相帮助。① 村里凡有人结婚时，要摆喜酒，村里的人都会过来帮忙。

兴蒙乡蒙古族的这些家庭、邻里美德，对创建祥和社区的氛围、落实党的方针政策、加速社区的民主管理进程起到了一定的作用。

3. 注重环境保护

兴蒙乡自古以来重视环境保护，不让村民在埋有祖坟的山上割草、砍柴，村民们烧火做饭使用的燃料都靠木材，而他们取木材都会舍近求远，到 10 公里以外的河西镇去弄木材，因此他们乡的凤凰山现在依然植被丰富，绿绿葱葱的。并且历史上村里乱砍滥伐的现象基本没有发生过。兴蒙乡历来的习惯就是每家盖房的石脚不能超出规定的限度，以保证路面的整齐宽广，公共空地不准盖房，违反者也要罚香油、罚款、罚工。这些习惯和风俗，都让兴蒙乡的整个生态环境保持非常完好，同时，村民自觉自愿的环保意识也有利于社区对于环境的管理。

二　兴蒙乡转型期传统文化的变迁

随着现代社会的转型，城市化进程的不断推进，市场经济的影响，兴蒙乡传统的社会资本受到了不小的冲击和挑战。原有传统的一些道德、伦理及价值观正随着时代的发展在蜕变或出现了一些新的变迁。

（一）经济理性行为成为村民获得社会资本的动力

当前，尤其是改革开放带来了农村经济的巨大变迁，也改变了农村居民追逐经济利益的意识，建立在道德、认同感、价值观之上的传统社会资本正在变为为追逐经济利益理性选择基础上的社会资本。科尔曼认为："对于行动者而言，不同的行动有不同的'效益'，而行动者的行动原则

---

① 方慧：《少数民族传统美德与民族地区民主法制建设》，《云南社会科学》2002 年第 6 期。

可以表述为最大限度地获得效益。"① 而社会资本在这最大限度获得利益的驱动下也渐渐失去了原来的一些味道，例如为了经济利益村民默许了企业在兴蒙乡旁边建厂（有污染）；经常为了土地的争夺问题和旁边邻村的回族村打架；村民淳朴的信任中加入了利益的元素，村子里出现了不同程度的矛盾事件，也是因为社会资本在资源分配中发挥作用的明显体现。例如有些明明不贫困的人家能拿得到低保，而真正贫困的人家拿不到低保，拿得到低保的人往往是那些和制度决策人走得很近的人。

另外，在市场经济的推动下，扶贫项目的启动和商业的发展，让许多人认识到拥有社会资本所带来的好处，而利用社会资本获得更多的财富变成了最终的目的，经济利益成了主要的动力。

（二）传统民俗文化的缺失及断裂

现代化是一把双刃剑，能带来民族地区经济生活改善的同时，也造成了对民俗文化的冲击。兴蒙乡也不例外，由于公路修通，地理位置离县城较近，带动了该乡经济的发展，也出现了民俗文化缺乏保护、失传的现象。例如，兴蒙乡一些特色的民族服饰很少在该村看见穿戴，在 10 年以前是能看到多数女性会穿着民族服饰的，而现在只是偶尔看见几位老年妇女穿戴。另外，在接受外来文化的时候，也会受一些不良风气的影响，如抽烟、喝酒、赌博的一些恶习在年轻人群中蔓延。随着电视、电脑、网络、手机的普及，年轻人对于传统文化的传承和爱护不是那么积极，虽然他们以作为成吉思汗的子孙为荣，但当笔者问到一些有关蒙古族的风俗习惯时往往又答不上来，对本民族的一些历史传统是知之甚少的。

不仅如此，兴蒙乡政府投入文化建设和保护的资金也很有限，不能有效保护好民族文化的传承。

（三）传统社会资本的转型及变迁

第一，信任的关系网络。兴蒙乡民风淳朴，包括亲属、本村、邻里之间的血缘关系纽带都较强，彼此的信任度较高，而这往往会形成本村一致排斥和孤立外来人口和民族的现象，例如有些外地人来本地做生意，本乡

---

① Coleman, J. S. , *Foundation of Social Theory*. Cambridge：Belknap Press of Harvard University Press，1990，p. 15.

人会很本能地不愿与他们过多接触，认为这些人都不是"好人"，而不愿意更多地交往；另外，碰上一些非自己血缘的领导干部，村民的抵触心理就较强，往往引起干群关系紧张。这种在信任基础之上的社会关系网络必然有其局限性。在社会转型过程中和不同村民、干部以及管理部门之间的打交道就不可避免，这必须在不同的关系领域中学会相处和信任。

第二，社区参与。社区参与是社会资本积累的一个重要的指标。社会的发展，生活空间的扩大，社区参与势必成为村民民主生活的必然。虽然云南地处边疆地区，村民生活空间闭塞，村民往往"过一天，算一天"，不会过问过多和自己无关的东西，但时代的发展已经不能仅仅局限于一个封闭的空间。因此，兴蒙乡的村民应该从大局考虑，从经济、政治、文化提升社区参与的强度和频度①，如参与社区修路修桥、社区环境的保护和治理、传统文化的传承，等等，这样更有利于本村的进步与发展。

三　社会资本的构建与社区治理模式创新

转型时期的农村，发展方向是经济市场化、农业工业化、农村城镇化、农民市民化，这样的选择是不可逆转的潮流。而在这过程中，社会资本的培育与构建，对于促进社会发展、有效治理好社区具有重要的作用。

（一）农村基层管理部门注重提升社区的公民参与及规范的整合

有效培育社会资本离不开村民的社区参与，村民的社区参与是建立和谐社区的根本，农村基层管理部门促进社区参与包括几个方面：村民在政治领域中积极参与选举，民主参与和监督社区中的各项事务；在经济领域为本村经济发展出谋划策，积极贡献力量，例如村里的修路修桥、居民中的互利互惠等关系大家发展的事业上；在文化领域中积极参与各类文化活动，为本民族的文化传承和保护发挥应有的贡献；在日常生活中，多参与社区组织的各种活动，有效协助农村基层部门开展工作。除此之外，农村社区管理部门应协调各方面的力量，不只是政府管理部门，包括村民自治组织、企业事业单位也要参与到社区的管理中，通过"自下而上"的管

---

① 谢治菊：《社会资本视角下西部少数民族农村社区治理模式创新》，《农村经济》2008年第9期。

理模式，寻找出一条更有效、更能服务于农民大众的路径。

有效培育社会资本离不开对各项规章制度的规范，不只按照政策的层面来管理，也要结合本地地域性、民族性的特征，以及乡规民约的规范来综合考虑。同时，也要注意通过宣传、教育等手段不断规范村民的意识形态、道德观念，以优秀的道德传统文化教育人，以先进的事迹及人物教育人，并不断提升民族的自信心和自豪感。

（二）农村民族文化的优秀传承与保护

针对兴蒙乡民族文化的缺失与断裂，需要对民族传统的优秀文化进行保护和传承。因为民族文化是民族之魂，也是积累社会资本，积淀民族传统、价值观、道德伦理的体现，社会资本的积累需要文化的这个"魂"在里面。新时期在现代化的影响下，需要找出一条既能促发展又能保护的路子。例如，为了传承弘扬博大精深的民族文化，兴蒙乡党委政府专门与内蒙古锡林郭勒职业学院合作，于2013年3月，在兴蒙小学创办了蒙古族文化教育传承基地，学院派教师到传承基地支教，同时兴蒙乡还选派优秀的初中毕业生到内蒙古锡林郭勒职业学院学习声乐、舞蹈和马头琴。[1]

（三）发挥社区精英的作用

农村社区精英包括政治、经济、社会等各方面的优秀人才，政治精英指能够在乡镇领导上有一定的管理和领导能力的人才，让他们能够有效运用权力，管理好村民的各项事务；经济精英，主要是指在经济方面有能力带领大家发家致富，为农村社区经济发展作出贡献的人物；社会精英主要是在日常生活中德高望重，受人敬仰的乡绅、老师、老人等。通过这些精英，能够通过非行政化的路线有效地将群众组织起来。由于农村社区社会组织管理能力较弱，不容易调动社区成员，而社会精英就能够分别充当国家代理人、社区守护者、村民代理人以及家庭代表等角色。

（四）大力发展西部少数民族农村教育，提升微观社会资本的营造力

第一，推进农村教育体制改革。建立以国家办学为主体、社会合力办学的多样化的新体制的办学道路，积极普及义务教育，开展扫盲教育，努

---

① 《云南通海县兴蒙古族乡志》，2004年。

力为贫困的家庭创造有效的上学条件，同时大力加强师资队伍的建设，提升教师的素质，并让教师在传授知识的同时给学生传承民族传统文化教育。

第二，开展多种形式的职业教育。兴蒙乡可以根据自身乡的具体情况，如民族文化旅游地、蔬菜种植基地、各类特色名吃地等特征不断培养这方面的专业人才，为乡产业发展提供后备人才；同时开展各类职业教育，培养一批骨干和技术能手，为民族地区经济发展和社会发展服务。

（五）转变观念，为村民提供交往的平台

政府应该在改变村民愚昧、封闭、保守的观念上下功夫。首先，可以通过多种信息和网络等交流平台为农民提供大量的信息，通过电视、网站、社区广播、黑板报等形式，建立有效的信息来源渠道，建立新型的社会关系网络。其次，通过各种宣传，可以为村民搭建更广阔的交流平台，使之积极参与合作与交流。农村社区自治的生命力在于社区村民对社区的认同感和对社区事务的积极参与①，应积极推动各项农村社区发展的具体活动，增加社区居民互动的机会，调动大家参与社区事务的积极性。

总而言之，在城市化的推进及社会主义新农村建设的背景下，对于民族地区农村社会的治理，不仅仅在于物质方面的供给和改善，对于村落间社会资本的维护和培育也非常重要。因此，应该积极在传统民族规范、价值观、生活习俗的基础上培育社区村民之间的信任、合作、良好关系网络的社会资本，从而促进乡村治理健康有效地发展。

---

① 谢治菊：《社会资本视角下西部少数民族农村社区治理模式创新》，《农村经济》2008 年第 9 期。

中篇　道德生活研究

中华大地上生息繁衍着众多少数民族，他们同汉民族一起构成的中华民族大家庭，在历史的长河中，共同谱写了中华民族的悠久历史和灿烂文化。中国的各个少数民族都拥有自己独特的民族优秀传统伦理道德和丰富的道德生活实践，它们是中华民族伦理精神和道德生活的有机组成部分。

　　少数民族的道德生活是各少数民族对道德文化和伦理价值的历史认可和现实感知，是少数民族的生活追求和行为方式。它是少数民族社会生活的精神层面，其主旨是重视人们的价值评价和道德选择，关涉的是各民族的伦理导向和人们的道德心态，因此道德生活必然涉及少数民族道德观念、道德意识、道德行为、道德取向、道德评价等方面，以及社会主流道德的价值取向对这些方面所造成的各种影响。纵观我国少数民族的发展，其道德生活有着深厚的历史积淀，渗透并表现在人们社会生活和个人生活的方方面面。①

　　伴随着当代中国建设小康社会进程的加快，民众对健康丰富的精神文化生活的要求越来越高，对加强道德建设、让道德回归生活的呼声也日渐强烈。我国是一个多民族国家，少数民族道德文化具有特殊意义。各民族道德生活是我国各族人民健康丰富的精神文化生活的组成部分和重要基础，也是我国伦理学、社会学和民族学研究的重要内容。

---

① 潘忠宇、郭春霞：《中国少数民族道德生活的研究视域》，《伦理学研究》2013 年第4 期。

社会变迁下的老挝阿卡人生活伦理

——以琅南塔省勐醒县洒腊新寨和老寨为例[*]

李云霞[**]

摘　要：随着民族国家建构进程的推进和市场经济的发展，老挝北部的阿卡人从以种植旱谷为主、罂粟种植为辅的自给自足为导向的生计方式逐渐向市场经济的生产方式过渡。伴随着日益紧密的区域经济联系和人员互动，阿卡人逐渐走出了相对封闭的状态。通过从同源村经迁徙而分流出来的两个阿卡村子进行对比研究可以看出：随着国家归属感和认同感的培养和外国资本的不断注入，这些"叠加"（overlapping）的进程在老挝阿卡社会产生了马赛克（mosaic）似的伦理实践变化。在这些多重塑造力量中，"商品化"是导致近几年阿卡生活伦理变迁的关键机制。

关键词：老挝；阿卡；生活伦理；商品化

老挝是东南亚唯一的内陆国家，也是世界上低度开发的国家之一，其发展长期以来主要依赖国外援助和投资。从 1975 年开始，老挝人民革命党（Lao People's Revolutionary Party）除了在政治经济结构方面的加强以及实践性改革和调整外，还面临着根植于历史的集中人口控制等棘手问

---

　*　本研究基于笔者在 2008 年 8 月至 2010 年 1 月期间为博士论文准备的田野调查资料。在此期间，笔者根据地理位置的不同（平地、半山和中老边界）在老挝琅南塔省勐醒和勐龙县选择了 11 个阿卡村落开展了详细的调查和走访。田野调查主要方法为结合定量和定性的研究，在调查的前三个月进行了家户经济和土地使用等状况进行数据收集，之后的调查主要使用参与式观察调查方法和半结构访谈方式。根据需要对一些家户和调查问题进行了持续的关注和定期走访，同时对老挝政府官员和当地的一些国际 NGO 进行采访。为了保护隐私，具体村名和人名均用化名代替。首先要指出，阿卡各支除了在语言上比如说用词方面的细微差异之外，还在风俗习惯方面有着差别，所以某村突出的风俗和发生过的典型案例，不一定在所有的阿卡村寨显现和出现。

　**　李云霞，女，哈尼族，云南民族大学人文学院社会学系教师，博士。

题①。在意识形态和文化方面，老挝政府处于"民族平等"、"佬族化"和打造"老挝主流文化"的选择窘境中。从另一方面来讲，老挝的民族国家进程受到政策和实施的制约。② 政府效力限制着对辖域化（territorialization）和经济市场化的进程控制。并且与外国资本（FDI）和国际援助的不断注入呈现出复杂的矛盾关系，从而对国家和民众的对接和互动进行调整、制约和挑战。

对任何民族的伦理道德观进行一个梳理和横向比较，我们都可以发现很多共同性和普遍性：对自然规律的遵从和敬畏、尊老爱幼等体现人类同类感的道义，阿卡（Akha）也不例外。长期从事阿卡研究的荷兰著名人类学家列欧·阿尔丁·汪格索博士（Dr. Leo Alting von Geusau）认为，口述史诗《阿卡赞》（*Akhazaŋ*）是一部规范传统生产和生活的指南③。他写道："'阿卡赞'是代际口传的一种宗教，生活方式，风俗，礼仪和仪式，和父辈传承下来的宗教"。社会行为都有伦理道德的约束，但是对这些伦理准则的理解和实践是处于动态的。④ 换句话说，人们对生活伦理（life ethics）的认知和实践是在不断变化中。⑤ 与之相应，福柯不把伦理理解为一种严格的道德哲学。具体来讲，他认为伦理是个人为了实践的需要而对一系列道德规范的内在调整，结果这种"自我形成"的活动或"主观化"（subjectivation）组成了个人的道德存在。

Kleinman 和 Fiz-Henry⑥ 指出在大规模的政治和经济进程重塑着人们

---

① Stuart-Fox 认为老挝在 20 世纪 50 年代早期还没有形成民族国家。

② 世界银行 2003 年的一份报告指出，老挝在"政府效率"、"民意"和"责任"三项评估处于亚洲最后 15 名之列。

③ Leo Alting von Deusau. （1983）. Dialectics of Akhazaŋ: the Interiorizations of a Perennial Minority Group in *Highlanders of Thailand*, John Mckinnon and Wanat Bhruksasri（eds.），Kuala Lumpur: Oxford University Press, pp. 243—276.

④ 人类学家弗雷迪科·巴斯和埃德蒙得·利奇分别在《斯瓦巴巴坦人的政治过程：一个社会人类学研究的范例》和《缅甸高地诸政治体系》中指出社会事实，例如族群认同和政治体系是动态的。

⑤ 以云南的少数民族白族为例，杨国才指出不同民族之间的一些伦理道德是渗透和采借的。详见《儒家伦理道德对少数民族的影响》（载《中央民族大学学报》1997 年第 4 期）和1999 年 9 月由当代中国出版社出版的《白族传统道德与现代文明》。

⑥ Arthur Kleinman, and Erin Fitz-Henry, The Experiential Basis of Subjectivity: How Individual Change in the Context of Social Transformation, in Subjectivity: Ethnographic Investigations, Joao Biehl, Byron Good and Arthur Kleinman（eds.），Berkeley: University of California Press, 2007, pp. 52—65.

生活和当地的社会交往参数的同时，这些进程也在微调人们的心路，比如说情绪、认知形式、记忆和自我认同。同样思路和逻辑也呈现在老挝国家构型（nation building）和阿卡生活变迁中。在经历结构性的改革和转型过程中，新的逻辑和生存法则改变着个人对群体存在的理解，以及个体对伦理思想的反思。

一　老挝阿卡与"自我边缘化"

阿卡（Akha）为自称，是中国哈尼族的同源民族，语言上属于无文字的口传语言，西方的民族志把阿卡语划入藏缅语系与傈僳（Loloish），傈僳和拉祜语相近的语支。阿卡口述迁徙史表明其祖先在近百年内从云南南部逐渐移居到老挝、泰国、缅甸和越南的山区。① 老挝阿卡居住在海拔600—1500 米的半山，并从事刀耕火种农业和以罂粟种植为辅的生计方式。从 20 世纪 50 年代以来，老挝皇家政府根据不同民族处所海拔为衡量标准而制定了"三分法"②，这样的民族划分一直沿用到今天③。按照"三分法"，阿卡属于"半山老挝人"（Lao Theung）。阿卡在勐醒有很多支系包括 Tchitchor、Pouly Nyai、Pouly Noy、Kopien Nyai、Kopien Noy、Chapo Nyai、Chapo No 和 Botche 等，总人口大约为 60000 人，主要集中在琅南塔省的勐醒和勐龙两个县，并分别占两县 48% 和 70% 的人口比例。④

琅南塔省勐醒县（Muang Sing）在历史上称为 Chiang Khaeng，是湄公河流域的众多小型泰泐封邑之一，比起其他小型泰泐封邑，Chiang Khaeng 占有相对强大的政治和经济地位。根据历史记载，在 19 世纪 80 年代之前，这些小型政体通过进贡体制向清政府、暹罗（Siam）和缅甸的阿瓦

---

① 在泰国，阿卡被列为泰北六个高山部族（high tribes）之一。在中国，自称为阿卡的族群主要集中在西双版纳傣族自治州，在新中国成立后被归为哈尼族的一个支系，并命名为爱尼人。越南的阿卡主要分布在越北的越中边界一带，但是越南的民族划分把阿卡归属于哈尼族。缅甸阿卡主要居住在掸邦的景栋。

② Lao Loum/Lao Lum（坝区老挝人），Lao Theung（半山老挝人）和 Lao Soung /Lao Sung（高山老挝人）。

③ Pholsena：*2006 Post-war Laos*：*The Politics of Culture*，*History*，*and Identity*. Cornell University Press. p. 154.

④ Laurent Chazée，*The Peoples of Laos*：*Rural and Ethnic Diversities*，Bangkok：White Lotus，2002.

（Ava）进贡。①平坝主要居住着不同的泰语支民族，而傣泐（Tai Lue）在经济和政治上处于主导地位。在勐醒，泰语支的地主和贵族阶层通过担任中间人控制着当地鸦片和棉花的外界交易，而阿卡在历史上主要作为充公劳动力和平地政治文化接触。从经济和贸易关系上来说，勐醒平坝的小商贩到高山进行小商品交换和买卖，这些平坝小商贩主要是由傣泐，他/她们②通常步行到半山和高山上用日常必需品与阿卡交换鸦片。而在水稻播种和收获等农忙季节，这些小商贩把购买到的鸦片来和阿卡成瘾者交换劳动力，从鸦片差价中获得利润。在老挝政府对毒品付诸强有力控制的2003 年之前，由于没有经济来源，洒腊村里的一些村民也会带上自产的少量鸦片，从山上抄小路到西双版纳的勐满、勐捧等地出售给当地的阿卡并换回针线、食盐、火柴、灯油、铁制锅碗瓢盆等生活用品，这些小商品交易活动构成了山区和平坝以及外界的经济和社会的点滴联系。

　　但是，在历史上山区和坝区经济的零星的互通有无的共生关系并没有产生市场化和结构化的紧密而持续的连接③。为此老挝政府从 20 世纪 80年代中期开始在全国范围进行基础设施建设。作为建国措施的主要组成部分，老挝政府认为公路的修建除了加强安全和市场整合外，鉴于山区交通不便，公路的修建能对平坝政治向高山民族地区延展和人口集中控制有加强作用。1992 年起世界银行投资的连接云南和大湄公河次区域最终到达泰国的 17B 号路也覆盖到勐醒和勐龙两县。从 2005 年开始，勐醒县城到金枪乡的道路也在修建。由此，阿卡村寨和外界的联系渐渐加强。由于常年的贫困，老挝阿卡被一些国际援助和发展组织，比如南塔省最大的国际发展组织（老—德北部山区农村综合发展项目）确定为主要援助对象并开展了长达十多年的农业、医疗卫生、教育、人口发展、土地规划、生态旅游等方面的发展项目。随着中老跨境经济合作的兴起，国际 NGO 扶持下的经济农作物（咖啡、芝麻、小豆蔻等）逐渐被中国的甘蔗、辣椒、西瓜等订单农业和从 2006 年开始的橡胶种植所取代。

　　荷兰历史学家 Willem van Schendel 在 2005 年提出的 "Zomia"（佐米亚）这一地理概念描述西起印度以北，东至越南北部，主要包括当前中

---

① 贡物包括宝石、银花和其他象征性物品。

② 传统上泰语支民族的女性经济参与度比较高。

③ 老挝的市场经济还处于欠开发的阶段，各个地区之间欠缺稳定的通信和经济流通。

国云贵高原（包括四川以及广西的部分），以及高地东南亚的范围。① 在此基础上詹姆士·斯哥特延展了此概念，并指出处于这个地带的人选择与低地文明和国家政权保持距离而逃往高地山区。近年来佐米亚这一概念常常被用来解释高山民族的聚居区位和生产方式的形成。②从这种"逃离中心"和"文化选择"观点出发，一些关于东南亚阿卡的研究认为③，阿卡在长期迁徙的过程中形成了一种"自我边缘化"，进而发展到"自我封闭"的状态。而从《阿卡赞》史诗进行分析，汪格索则认为由于阿卡人从观念上没有形成一种对平地文化的抵触，如果在系统与平等地吸收和纳入的情况下，阿卡其实并不排斥与平地政治的接触。

二 变迁中的洒腊新寨和老寨

勐醒县金枪乡的洒腊村处于该县的西北方向，距离湄公河3—4公里，此段河域与缅甸相望。老挝国内交通总体不便，尽管洒腊村离县城35公里左右，除了少部分拥有摩托车的村民，大部分洒腊村民要依靠步行8—10个小时才能到达县城。村里的老人根据口述史推断出他们的祖先在一百多年前陆续搬迁到勐醒。在2009年洒腊村由84户组成（包括一户孤寡老人）。该村总人口为442人，男性和女性人口分别为252和190人。其中5户村民在1948年缅甸脱离英联邦独立之前为了躲避战乱迁移到此村。在获得村长和村里老人的允许后，这5户人家居留在洒腊村。全村人从事以旱稻种植为主、罂粟为辅的生产方式。由于金枪乡处于海拔1060米左右的地带，有些经济条件相对好并有剩余劳动力的家户会饲养家畜黄牛和山羊，贩卖给高山的苗族或者靠近中老边界的经济相对富裕的阿卡。近20年来粮食产量剧烈下降，自产的山谷只能供应一户7个月的消费。在2009年，洒腊村村民的种植的旱稻大片面积抽穗后无灌浆，结果只有三

---

① Willem Van Schendel, "Geographies of Knowing, Geographies of Ignorance: Jumping scale in Southeast Asia". In Kratoska, P., Raben, R., & Nordholt, H. (Eds.). *Locating Southeast Asia: Geographies of Knowledge and Politics of Space.* Singapore: Singapore University Press, 2005.

② Jame C. Scott, "Hills, Valleys, and States. And introduction to Zomia", Chapter in James C. Scott, *The Art of Not Being Governed. An Anarchist History of Upland Southeast Asia.* Yale University Press, 2009 (39 pages).

③ 孔建勋：《泰国北部阿卡人的人类学调查》，《云南社会科学》2006年第1期。

分之一的收成，而这些粮食只够全家吃 3 个月，村民只能在粮食短缺的季节向坝区的傣渤购买稻米。

传统的阿卡社会是相对平权的，即没有形成明显的政治和宗教体系为基础的结构性分层，村寨（phu）是最高的政治和宗教组织形式。一个阿卡村寨通常由一些父系及其亲属家庭组成。阿卡族的村寨中有三个重要人物，即"纠玛"（doema）、"毕摩"（Pimo）和老人（上 45—50 岁的男性）负责村子内部和村子之间的一些事务进行咨询和调停。铁匠（Baji）这种同时掌握建房技术的人也在阿卡社会拥有一定的社会声望。随着平坝佬族的政治体系不断向山区延展，行政上增设了老挝青年团和妇女联合会来建设和完善行政村委会（老语：kana pok kong ban）的建设。针对阿卡的较低的识字率①，老挝政府也开设了"扫盲班"来普及和提高阿卡的听说读写能力。虽然老挝政府鼓励各村维持现代法律和习惯法并存的状况，但是传统的阿卡政治组织的影响迅速减弱。与之形成鲜明对比的是老挝政府指定的行政村长（ju ban）逐渐掌握重要的政治、社会和经济资源。

从 20 世纪 90 代以来，随着美国和联合国的全球范围"禁毒战争"的深入，老挝政府逐渐与美国和联合国在毒品的"供给遏制"的相关立法和项目方面合作。从象征意义上来分析，保罗·科恩认为"鸦片成了老挝在后社会主义佬族化进程的一个重要象征符号"。② 在强大的国际压力下，老挝政府在罂粟种植山区的一系列禁毒措施与"心术治理"（governmentality）不谋而合，从而达到培养国家"好公民"的目的。③ 然而这种"心术治理"也在村民中形成了相互监视和评判和污名化（stigmatization）的机制，从某种程度上来说，"是否鸦片成瘾"成了阿卡之间个体伦理判断的新依据之一。

从实际目的来说，老挝政府想通过"消灭罂粟种植"和"禁止刀耕火种"两项政策而最终在山区"消除贫困"。在缺乏可行的方法和实施渠道的时候，恰逢中国的跨境贸易和"罂粟替代发展"项目下的一系列订

---

① 老挝语为国语。

② Paul Cohen，Symbolic Dimensions of the Anti-Opium Campaign in Laos，*The Australian Journal of Anthropology*，2013，Vol. 24，pp. 77—92.

③ Cohen，Paul T. and Chris Lyttleton. "Opium-Reduction Programmes：Discourses of Addiction and Gender in Northwest Laos". *Sojourn：Journal of Social Issues in Southeast Asia*，17，1（2002）：1—23.

单农业的推广时期。依靠中国巨大而稳定的市场，从 2002 年开始以甘蔗种植为主和季节性果蔬成为勐醒坝区重要的经济作物。Lyttleton 等人在一份报告中指出："坝区土地资源的获取成为当地居民进行原始资本积累的垫脚石。"① 为了寻找更好的生活和生计来源，山区的各个少数民族不断向坝区迁徙，这种向坝区的人口涌入甚至演变成了失控的程度，随之也出现了新移民土地"无产化"的局面。从 2003 年到 2010 年底，洒腊村将近一半的家户陆续搬迁到了位于平坝的勐醒县城附近，和其他从山上下迁的阿卡人建立了新寨。沦为雇用劳动力的村民只能攒钱购买平坝的土地。由此而来通过迁徙，新寨和老寨的村民开始从事不同的生产方式：老寨依然保存着自给自足为主导的生活方式；新寨的大部分家户陷入土地"无产化"的困境中，由于没有能力购买足够的土地而成为坝区经济发展的雇用劳动力来源。

三　阿卡生活伦理的重塑

詹姆士·斯哥特认为"刀耕火种"是山地民族逃离古代平坝政权的征税和掠夺的选择性的生产方式之一。由于人类社会某种生产方式的采用机制很难去溯源，加上现代农业知识体系的影响，阿卡和其他一些从事"刀耕火种"的少数民族被标签为"森林破坏者"。对此老挝政府出台了很多政策来试图遏制其山地民族的"刀耕火种"的生计模式，同时也大力宣传进行开挖梯田和种植水稻等有效土地利用的方式。但是由于缺乏资金和有效的实施渠道，处于半山的阿卡仍然认为通过刀耕火种方式来生产旱稻是一种实际可行的粮食生产模式。不容乐观的是，由于歇耕的时间变短，土地肥力日益减弱。

（一）生产和生活中的伦理观

列欧·阿尔丁·汪格索在 1997 年的一份报告中指出，分布在勐醒和勐龙的阿卡在传统文化中已经建立了特定的土地使用和森林资源的规定。

---

① Lyttleton 等人联合调查的报告：Watermelons, Bars and Trucks: Dangerous Intersections in Northwest Lao PDR: an Ethnographic Study of Social Change and Health Vulnerability along the Road through Muang Sing and Muang Long. Institute for Cultural Research of Laos and Macquarie University, p. 25.

笔者在进行实地调查中发现，这些传统规定都在不同程度上发生了改变。这样的改变除了受老挝政府土地使用新规划的影响，还有商业化的资源掠夺。比起"刀耕火种"，森林资源商业化对自然资源更具有破坏性。作为世代靠农业为首要生存方式的民族，阿卡深知保护森林的重要性，但是他们无法抵御商业利益的诱惑。2008 年 12 月一些泰国商贩趁农闲季节到洒腊村收购一种可以加工成香料的安息香属树皮。不顾村里老人们的劝阻甚至谴责以及平时农业部门的合理利用森林资源的宣传，很多村民们纷纷跑入山中去采集这种树皮而最终导致部分树木枯死。

在洒腊新寨，迁徙到平坝的阿卡甚至面临没有土地种植的情况，更不用说划定"集体林"和"神树林"的用地。阿卡土地"无产化"的困境由于土地价格持续上涨而加剧。普遍存在于阿卡社会的家户为单位的亲戚朋友换工的互助形式渐渐被商品化的劳动力所取代。洒腊村迁徙到勐醒坝子的村民大部分没有土地，缺乏生活来源，只能靠每天去寻找各种打工机会，出卖劳动力换得日常开销。甚至出现了村民之间为争夺打工机会而拉帮结派互相打斗和攻击的现象。

（二）宗教信仰中的伦理思想

阿卡传统的宗教信仰是万物有灵（animist）和祖先崇拜（ancestor worship），这也是老挝阿卡传统的生产伦理的建构基础，由此宗教仪式伴随着整个稻作生产过程。总的来说，阿卡的信仰受老挝主体宗教南传佛教及西方宗教的影响较小，并保持一定的独立性。Grant Evans 在 *Buddhism and Economic Action in Socialist Laos* 一书中谈到老挝政府曾经试图用"社会主义新人"的意识形态来代替佛教在其社会中的结构性作用，但这样的努力是徒劳的，尤其在受佛教影响比较深远的农村。同样，老挝政府也对信仰万物有灵的本国民族进行了"封建迷信的控制"，但是收获甚微。

从 1955 年以来，新教传教化在泰国阿卡村子开始，在各种因素综合下，泰国阿卡村大约 200 村的村民皈依基督教，比例达到了十五分之一到三分之一不等。[①] 与泰国北部山区泛滥的"西方宗教化"的现象相反，老挝政府则对外来宗教势力的渗透采取了严厉的控制措施。老挝政府除了对

① 详见 Cornelia Kammerer, Customs and Christian Conversion among Akha Highlanders of Burma and Thailand, *American Ethnologist* 17 (2), May 1990 American Anthropological Association. p. 278.

基督教和非佛教宗教以及其他意识形态渗透势力进行打压外，还从政府和军队等机关部门派送人员进行对村民严格监控和在村内村民之间互相监督。而恰恰是在政府的宗教控制宣传下，和维护本族传统文化的泰国阿卡接触的人，老挝阿卡才对西方宗教有了模糊的认识（通常是妖魔化的）。并在口语表述中用"耶稣"来代表基督教。洒腊的村民（包括新寨和老寨）普遍向往脱离贫困，并认为以商品经济为导向的发展才是一种更好的生活。

阿卡认为天国有一个蓄满种子的池塘，在神力的指引下种子源源不断地流向人间通过男女的结合植入母体而形成具体的生命。如果在此过程中受到精灵鬼怪的侵袭，生命就会有缺陷，而不能被看作是人类的范畴。所以双胞胎和畸形婴儿被视为邪恶的象征，亲生父母会被赶出寨子和烧毁房子。目前传统的惩罚制度在政府和国际 NGO 的干预下已消失，但这种对双胞胎和畸形婴儿的排斥、恐惧感和污名化还根植于很多村民的观念中。

商品化趋势也在渐渐地削减着阿卡的宗教事项参与度。在阿卡口传史中，各民族的习俗是竹编背箩"背"回来的。由于只有阿卡在背箩里放了麻袋就没有像其他民族一样漏掉了一部分风俗习惯。阿卡的这种说法表达了连阿卡也认为自己民族的风俗习惯太多了。具体来讲，除了《阿卡赞》中规定一年中有 33 天的祭祀活动，还有各种生命仪式，每年一次或者季节的祭谷活动，而在一部分祭典进行的时候禁止田间劳作甚至不让外村人跨入寨门。按照这些历法庆典和祭祀，一个家庭在一年中除了消耗很多家畜和粮食外，还要付出其他相应的劳动力和时间等成本，这无疑对现代生活的适应造成了不便。生计模式的转变在新寨对传统习惯产生了很大的影响。2009 年 12 月，洒腊新寨有一个 65 岁的老人去世。按照阿卡的传统，村里老人的葬礼期间全村要停止农作。但是生活在坝区新寨的洒腊村民由于忙着生计，每天要去打工或者用他们的话说："做一天吃一天。"村里只有几个老人和小孩子。当时从老寨到新寨奔丧的村民感叹道："平坝的阿卡已经变了，没有人待在家闲着，连村里人死掉也没有人太在意了。"

（三）社会关系中的道德规范

前面提到尽管分散于东南亚各国的阿卡村寨在历史上处于一个相对闭塞的状况，但是不乏亲属为基础的跨境社会交往和互动。但是随着西方发展项目的介入，中老跨境贸易的兴起，特别是通过与中国的订单农业和跨境橡胶种植，阿卡与外界的交往不断扩大。澳大利亚人类学家 Chris Lyttleton 和笔者在《当代老挝》①一书中详细讨论到随着跨境经济关系和纽带的加强，老挝阿卡人际交往的功利性和目的性明显增强，并指出这种很难以量化的人际伦理的变化其实是人们为了适应市场经济的一种尝试性的调整。

　　政治体系相对平权的社会，并不代表两性权力的平等。与其他以父权为基础建构的社会相似，阿卡女性在家庭领域里承担重复而繁重的家务和农业生产，而公共领域的参与度比较小。阿卡传统文化观念中强调女性的生育角色，并注重儿子的传宗接代和主持宗教仪式的功能，所以偏好男婴。阿卡对婚前性行为采取宽容的态度，一般女孩子发育成熟后就可以自行选择性伴侣。村里也会搭建一些简易茅草房或者谷仓当作"公房"给青年人约会。如果女方怀孕，其父母和家人就会快速地组织婚礼。男性在婚后可以和未婚女性发生性关系（而已婚女性的婚外性行为则会受到舆论谴责），若双方有意愿的话（特别是在女方已经怀孕的情况下），已婚男方将娶她为二房。②在最近几年，阿卡的婚前性行为被老挝政府和一些非政府组织的健康和社会性别项目干预。为了打造一种属于老挝的"国家文化"③，老挝政府强行拆除了这些象征"性混乱"的茅草房。

　　与国家文化主流化对少数民族性习俗整合和男女平等的政策倡导背道而驰的，是"女性身体商品化"这一现象。2010 年 8 月的一天傍晚，笔者在洒腊村听到所居住的屋外有几个本村阿卡男性和一些傣泐青年在争吵。向一些村民问及原因后，笔者才开始慢慢了解存在于洒腊村的一种婚恋习俗和组织形式。"伙子头"（阿卡语：ya ku ayu）由村里一些未婚的青年男性组成并选出一个领队，"伙子头"负责组织外村或者外地的阿卡

---

①　Lyttleton, Chris and Li, Yunxia. "Rubber's Affective Economies: Seeding a Social Landscape in Northwest Laos", in *Contemporary Laos*, Vatthana Pholsena 和 Vanina Bouté 主编，即将由 National University of Singapore Press and IRASEC 联合出版。

②　Chris Lyttleton and Douangphet Sayanouso, Cultural Reproduction and "Minority" Sexuality: Intimate Changes among Ethnic Akha in the Upper Mekong, Asian Studies Review, 2011, Vol. 35, pp. 169—188.

③　见 Pholsena: *Post-war Laos: The Politics of Culture, History, and Identity*. Cornell University Press. 2006, p. 41.

男性与本村 13 岁以上未婚女性约会。以前外地的阿卡往往要经过长途跋涉步行到高山的村子，"伙子头"就会选择村里的未婚女性进行按摩，为了表示感谢，外来的阿卡一般会带上一点烟酒给"伙子头"作为礼物（价值大约 15000 老币）。随着山区公路的修建和各种商业机会的增多，其他民族也介入到这种习俗里，并且"伙子头"在安排约会后索要现金。本案例里的傣泐男性认为他们和阿卡女孩子的交往与"伙子头"无关，更不需要为此给予"伙子头"任何物质形式的报酬。

　　在笔者的访谈中，一些女孩子觉得她们在日常劳累的农作之外，认识外村或外地的孩子是开阔视野和了解村外世界的机会。从客体的角度来解释，在普遍缺乏现代社会活动的背景下，这种习俗有一定的积极因素。洒腊村一个"伙子头"成员告诉笔者，这样的风俗是确定具体有生育能力婚姻伴侣的一种好方法，"伙子头"们也会对确定血缘父亲起到积极作用。但是从社会性别角度分析，这种风俗本质上是对女性身体的控制。而且这种控制还表现在其他方面："伙子头"会对不服从安排的阿卡女性处以罚款，在极端的情况下会对这些女性进行罚站等体罚。村里的一个女孩子，向笔者描述了在没有家人帮助下她如何几次成功逃避"伙子头"的安排的经历，其中一次她跑到山里躲了两天。她说："我们阿卡女孩子长到十多岁就不是父母的孩子了，而是归村里'伙子头'的管了。"根据这个女孩子的叙述，可以推断出阿卡父母对子女在"伙子头"里发生的纠纷一般不予以干涉。①

　　从上述例子中可以看出，出现在洒腊村的"女性身体商品化"在某种程度上有别于制度化的、以金钱为基础的性交易，而是指某些异性交往习俗和惯习，在急剧发展的商品化过程中被一些利益群体所利用，而加剧女性身体被剥削。笔者和 Lyttleton 博士在上述文章中指出：支配性的父权结构与社会关系和性机会是紧密相关的。笔者在西双版纳的勐润乡对此问题采访一个嫁到中国将近五年的阿卡妇女，她对笔者说："女孩子排成一排，让外来的男人挑选，你怎么看？"如果把"伙子头"作为青年阿卡社会化的一个平台，从社会性别的视角分析，男性对女性身体从社会化的过程中的控制得到了加强。而恰恰是由于父母的默认而促成了代际相传和定型化。

---

① 原因包括阿卡父母一般情况下不和子女谈及与性相关的问题。

　　但是这种由"伙子头"控制下的"女性身体商品化"具有一定"易变性"（fluidity）并有自我解构的趋势。当一个群体，特别是作为一个从属地位的少数民族群体的一些习俗和行为渐渐凸显在外界的视野中，往往会被更强大的政治和文化力量"异化"和"他者化"。在具有文化和宗教优越感的平坝民族的审视下，NGO 的社会性别意识提升宣传和阿卡在纳入国家主流化过程中，阿卡个体产生了强烈的自我敏感意识。在坝区出生受过学校教育的年青一代阿卡（特别是女性），觉得这种行为是"落后"和"野蛮"的，并应该受到谴责和摒弃。而阿卡对于性习俗的个人敏感性是在与平坝文化的紧密接触和老挝政府对少数民族性习俗的检视之前所没有的。①

　　通过对同源村经过迁徙分流出来的两个阿卡村寨的比较，我们可以发现随着民族国家的建构力量的增强，老挝北部山区阿卡生活伦理的实践产生了剧烈变化。虽然具体的重塑和变化的一些机制还需要更为细致的分析，但是根据上述调查我们可以作出一些初步的结论：这些无法量化的伦理观念的观察和分析表明，与"本质主义"倾向的理论相反，阿卡人也在经历着异质性的变化；由于这种非线性的变迁，阿卡的生活伦理产生了马赛克似的变化并具有不可预见性。商品化的进程不仅影响到自然资源的利用方面，而且表现在不可量化的社会关系上。尽管阿卡传统社会倡导平权思想和平等相处的交际伦理，在民族国家建构和经济发展的过程中产生的社会分层不可避免地调整着阿卡个体的伦理认同。在生计模式转型，国家结构性调整，传统伦理道德观念和现代思想的碰撞等张力的叠加下，阿卡社会处于不断的生存挑战中。因此即使老挝政府处于在执行效力不足和在识字率偏低的民众培养"国家归属感"的局限，从对鸦片吸食和其他传统习俗方面来看，国家构型的力量形成了新的控制机制，改变着个体对传统伦理观的认知和认同。最终这些新的伦理实践成为阿卡适应性和创新性的生存法则。

---

　　① 研究老挝阿卡长达 30 年的澳大利亚人类学家 Chris Lyttleton 博士 和 Paul Cohen 博士在和笔者的交流中也持有一致的看法。两位博士认为在近几年变得越来越避讳谈起涉及本民族的性习俗的话题。

独龙族的婚姻家庭伦理生活

王　韵[*]

摘　要： 婚姻是男女双方通过一定的形式相互结合为夫妻关系的过程，夫妻又是家庭的核心。独龙族以规律性的活动约束着人们的婚姻行为与意识，它的观念性形成和存在依靠的是习惯势力、民族心理与生存态势。独龙族家庭中的道德伦理观念在其社会生活中仍然起着不可忽视的调节作用。

关键词： 婚姻；家庭；伦理

独龙族是云南省怒江、独龙江边上的古老民族。既是我国人口较少的民族之一，也是云南省人口最少的民族，主要聚居在云南省西北部怒江傈僳族自治州贡山县独龙江乡。2010 年全国人口普查独龙族总人口为 7400人，其中，有 5822 人聚居在贡山县西部的独龙江河谷。独龙族的名称，最初见于《大元一统志》"丽江路风俗"条，被称为"撬"，明清时期称为"俅"或"曲"，也有称"俅人"、"俅子"的。[①] 新中国成立后，根据独龙人民自己的特点和意愿，正式定名独龙族。独龙江河谷位于我国西南边疆的西北角，北邻西藏自治区的察隅县，河谷群山环抱，沟壑纵横，东邻云南省迪庆藏族自治州的德钦县和维西县，南邻怒江州的福贡县，西邻缅甸的北端。贡山县境内有著名的高黎贡山和碧罗雪山以及怒江和独龙江。东邻维西县则居于云岭山下的澜沧江边，山高水深，形成了大峡谷。而在高黎贡山和担当力卡山中间则是独龙江。"两山夹一水"的自然环境造成了独龙族社会的封闭状态，其经济生活中的主要形式是土地的集体占

＊ 王韵，女，白族，云南省民族中等专业学校老师，云南民族大学哲学与政治学院伦理学硕士研究生。

① 杨宏峰：《中国独龙族》，宁夏人民出版社 2011 年版。

有和劳动中共同协作。与之相适应的则是独龙族共同劳动，平均分配，相互协作，团结友爱，精心竭力维护的淳朴传统习俗，独龙族家庭中的道德伦理观念在其社会生活中起着不可忽视的调节作用。

一　独龙族的传统婚姻形式及观念

婚姻形态是与特定区域以及特定民族生产生活方式相适应的，也和社会文化的其他方面有着密切的关系，并产生相互影响的纠缠和纽结关系。独龙族的婚姻在改革开放之前，普遍是一夫一妻制，同时还保留着一夫多妻、妻姊妹婚、家族内婚、非等辈婚以及转房制等多种原始群婚形式的残余，其中以妻姊妹婚为主要的婚姻缔结形式。改革开放以后，独龙族实行一夫一妻制，但传统婚姻形式在老一辈的独龙族中仍然可见。与异族通婚，特别是独龙族女子外嫁较为普遍。另外，还有一部分信仰基督教的独龙族则按照教内规定缔结婚姻。

（一）群婚制"伯惹"

在独龙语中"伯惹"即是一群兄弟和一群姊妹的婚配。这种开婚集团的特征是：在两个固定开婚的氏族中，甲氏族的每一个成年男子都可以称为乙氏族的每一个成年女子的丈夫，而乙氏族的男子就不能娶甲氏族的女子为妻，必须娶其他氏族的女子为妻。这样是为了防止血统倒流，从而形成了氏族环状外婚集团。因此，在独龙语中，两个通婚集团的男子称为"楞拉"，即"丈夫"的意思，女子则称为"濮玛"，即"妻子"的意思，这就是独龙人原始群婚制的基本形式。①

（二）一夫多妻制

独龙族的一夫多妻现象一般仅限于富裕的家庭，它的存在是由于：首先是转房婚，寡妇在丈夫去世后，如果转房到丈夫的兄弟或堂兄弟，他们如果已经有了妻室，那么就形成了一夫多妻；其次就是妻姊妹婚，即同一男子同时或先后娶亲姊妹俩为妻。而妻姊妹婚仅限于富裕家庭的男子或是富裕的家族长，这样的情况很少。

---

① 《独龙族简史》，民族出版社 2008 年版。

（三）非等辈婚

非等辈婚是不同辈分之间的婚姻关系，独龙族中非等辈之间的婚配关系很多，并且是社会公认的一种婚姻缔结形式，非等辈婚存在有四种形式：一是父子共娶家族内姊妹为妻；二是父子共娶家族外姊妹为妻；三是子娶庶母或侄娶其婶；四是父娶儿媳、侄娶姨母。这种不同辈分之间的婚姻关系反映出了独龙族虽然有辈分的区分，但是长幼辈分的伦理概念比较淡薄。

（四）家族内婚制

家族内婚制是一种古老的、原始的婚制，是原始血缘近亲婚配的遗俗。与一夫一妻制和外族外婚相对应。家族内婚实际上就是血缘内婚的变型，其特点仅只是排除亲生父母和兄弟姊妹之间的婚姻关系，而在伯叔、子侄之间，堂兄弟姊妹之间，姑舅表侄之间，都可以结成夫妻或长期同居。

总之，独龙族的婚姻形式主要是由于对于生活的盘算和延续观念的影响，通过环状家族（氏族）外婚的一夫一妻制度，能够尽量减少家族的财产分割，而通过较为固定的集团环状婚姻，使财产能够在一定范围内循环，以减少因为婚姻而造成的损失。独龙族的多种婚姻形式是相互联系、相互补充的。在环状家族外婚的基本婚姻原则下，还有家族内婚作为补充，同时兄弟姊妹婚、妻姊妹婚与夫兄弟婚多种婚姻形式并存；在一夫一妻制作为主要婚姻制度的同时，还有以家长多妻为主的一夫多妻婚姻；在等辈婚姻形式的实行下，还有少量的不等辈婚姻存在。而作为主要婚姻形式的这些各种特殊婚姻形式，也潜移默化地影响着独龙人的婚姻观念，也为不同环境下人们的生活提供了更多样化的选择。但婚姻在他们的意识形态中，仍还没有发展到精神上的爱情那样的高度，婚姻还只能说是为了劳动与需要。

二 独龙族传统婚姻习俗中的伦理观

独龙族传统的婚事，完全是由父母包办，正所谓"父母之命，媒妁之言"。而男女青年一般都会听从父母的意见，很少有反抗的，婚后也很少见到不和的；如有夫妻不和的，则有姐妹顶替或退回彩礼来解决。在当时由于聘礼较多，对一般家庭还是难以承受的，所以女子也会被当作家庭财富的一部分。

舅权在独龙族社会中具有很重要的地位。在路上遇到男性长辈，即使不认识，都要打招呼，为了表达尊重，都要将对方称为舅舅。这也是伦理道德中尊敬长辈的体现。独龙族的婚姻习俗受到其婚姻制度的制约，如果舅舅家有女儿，女儿就必须嫁给外甥，只有舅舅家没有女儿，必须和舅舅商量，征得舅舅同意，外甥才能到别的姑娘家求婚。在独龙族的观念中，这是一条不成文的规定。

男子求婚都要有一定的礼物，但并非议定，而是主动地送。少则一头猪，多则一头牛；一般都是一头猪、几口铁锅和酒水。女方的陪嫁除了铁锅不会送外，一般有猪、牛、麻布、珠子、酒水等，一般陪嫁与彩礼的价值是要相等的。求婚都是男方父母向女方父母提出，都是背着一半猪、几桶水酒来到女方家里，边饮边谈。如果同意，女方父母便会把猪留下；如果不同意，就将原物退回。一旦女方父母答应之后，男方必须向女方送彩礼。求婚时的猪叫奶钱，彩礼含有身价钱的意思，这已经有了买卖婚姻的萌芽。在婚嫁过程中包括订婚和结婚，订婚又分为幼年订婚和成年订婚。在幼年订婚中，有的订婚后便会接来男方家居住，比如童养媳，等成年后再结婚；有的则在母亲家，等长大后再嫁到男方家。在成年订婚中，有立即接过去的，也有过几年再接过去的。

独龙族有一定的伦理道德观念，如婚前性行为，舆论是不允许的，是不道德的。私生子会受到歧视；婚后奸情被发现，则会有头人召集家族当众教育，女的要向丈夫承认错误，奸夫要赔偿女方丈夫一把刀、一口锅或一点酒水。

三　独龙族婚姻家庭观念的转变

中华人民共和国成立后，政府帮助独龙族人民发展生产，进行经济建设，改善交通，开辟邮电，把文化、教育、医疗送到独龙河谷，从根本上改变了独龙族聚居区的面貌。随着经济文化的发展，我国婚姻法在独龙族地区逐步地得到了贯彻，旧的婚俗有了很大改变。一夫一妻制已经确立，妻姐妹婚、夫兄弟婚、非等辈婚以及固定的家族外婚制，已经基本废弃，买卖婚姻的情况也比较少了，族外抢亲也不复存在了，美丽的独龙族姑娘们也不用纹面了。

（一）从父母包办到婚恋自由

20世纪50年代开始，有的青年人突破了父母包办的旧形式，自由恋爱，并且婚前互赠礼物，男的送女的时装、串珠，女的送男的麻毯、绑腿。[①] 这种变化使独龙族青年获得了婚姻自由的权利，虽然有一部分人还沿用着父母之命的传统婚姻形式，但是已经有部分人开始冲破传统婚姻观念的枷锁，选择自由婚恋。随着时间的推移，独龙族选择自由恋爱结婚的青年将会越来越多。

（二）基督教婚姻的传入

长期以来，独龙族普遍都是信奉原始的万物有灵的宗教。20世纪40年代以后，随着基督教的传入，独龙族的婚姻方面发生了重要的变化，开始实行基督教婚姻。

据调查资料显示："整个独龙江地区，第四村的人是信仰基督教最多的，教徒达到百分之九十以上。如拉瓦夺的25户中，除两户外，其余23户均已入教。"[②] 教徒的婚姻是必须经过教会同意的，没有经过教会的婚姻是非法的。教会还规定：女教徒不准与非教徒结婚。结婚方式是男方要请教会牧师做媒，如果女方同意，结婚仪式就在教堂举行，由牧师主持，男方要杀一头猪请客人吃一顿饭，才算完成。教徒的婚姻一般不用送聘礼给女方家庭，但也有送一两件布匹给女方父母的。[③] 由于结婚不要彩礼，淡化了传统婚姻中买卖婚姻的色彩，因此也吸引了不少独龙族入教。在基督教的婚姻中，我们可以看出，严禁教徒与非教徒结婚，打破了传统婚姻中较稳固的婚姻集团，而且由教会的允许，来评价婚姻是否合理，这对于独龙族的传统婚姻来说是一种冲击。

（三）族际通婚的实行

独龙族传统的婚姻有着比较严格的家族婚外制，每个家族都有自己的

---

① 洪俊：《独龙族的原始习俗与文化》，云南人民出版社1986年版。

② 修订编辑委员会编：《独龙族历史调查》（二），民族出版社2009年版，第146页。

③ 高志英：《独龙族社会文化观念嬗变研究》，云南人民出版社2009年版，第508页。

通婚对象，但因居处偏远、雪山阻隔等地理环境因素的影响，使他们很少与其他民族通婚。自新中国成立以后，随着新型民族关系的建立，很多从内地支援边疆的外民族，如白、汉、纳西等民族干部进入贡山、独龙江工作，便出现了与独龙族通婚的情况，有娶独龙族女子为妻的，也有独龙族娶汉、白、纳西等民族女子为妻的。特别是改革开放以后，许多内地经商、务工的人员来到了贡山和独龙江，交通的便利，独龙族与外界的接触也渐渐更多了，不少独龙族女子远嫁四川、浙江、江西等地，也有不少汉族到独龙江"倒插门"落户的。在内地、省城工作的独龙族人，也大多与当地的其他民族结婚。

　　总之，独龙族婚姻观念是基于一定的社会背景而产生的，独龙族传统的多种原始群婚形式也是在生产力水平比较低下，社会剩余产品比较少，人们生活水平还比较贫困，与外界的交流还受自然环境、经济发展水平等因素的限制，导致交往局限的条件下产生的。

四　独龙族传统家庭中的伦理观

　　独龙族每一个大家庭一般包括祖父母、父母、儿子、孙子四代人，其基本的组成单位是一夫一妻的小家庭，独龙族称这种形式为"卡尔信"，即火塘分居，凡男子娶妻之后，家长立刻在房内（或者在老宅两侧或近旁，增盖一间房）添置一个火塘，新夫妇便依火塘而居，火塘便是维系这个小家庭的主要纽带。大家庭中有几个火塘，就意味着有几个小家庭；小家庭不论有几个孩子，都只能随父母围火塘而居。

（一）父慈子孝的规矩

　　无论是生活在包括四代人的大家庭里，还是一夫一妻制的火塘小家庭中，独龙人都遵循着一定的较为朴素的家庭道德观念，他们生活在一个和平温馨的家庭，家中很少发生因某事而引起的不愉快的争吵，也没有互相斗殴的事件。孩子做错了事，父母仅说上几句要注意的话儿，没有打骂孩子的习惯。

　　独龙族的孩子都非常听父母的话，这与父母的家教密切相关。若某家的孩子不听话，甚至趁大人不在偷别人的东西吃，则被认为没有家教，其父母会蒙羞的，父母不仅要照顾抚养孩子成人而且要教育孩子如何做人，这是一种义务。独龙族家庭中从没有丢弃孩子的事情发生，家里孩子多，即使是生活极其困难，也要把孩子养活成人。以爱换爱，双亲年老无劳动能力时，就与儿子居于一个房子里，生活各方面由儿子照顾。抚养年老衰弱的双亲是儿子的义务，他们从来没有怨言，要居于哪家，由双亲自由选择，喜欢住在哪家就在哪家，有双亲居住的那家也不会因为双亲住在自家，向其他兄弟索取抚养费，或在别人面前说"我抚养双亲，如何如何……"那是羞人的事，会被别人嘲笑。①

（二）和睦相处、团结互助的观念

独龙族的生活条件虽然穷苦，但是他们团结互助，友好往来。如果哪家无粮吃不上饭，全家族便会共同予以帮助。因此，在独龙族的社会上从来没有乞讨和流浪的现象。生活贫困的人走到任何一家，主人分食时都会和家人一样平均分得一份，他们觉得有了东西不给别人吃是最为可耻的；鳏寡孤独老弱病残都能得到全村的无私帮助，幼儿孤哀，家族必有人抚养，寡妇改嫁也是夫家必需的义务。

现在的独龙族仍然保留了古老的习惯，各成员之间还是"有福同享有难同当"，家族的成员有互相帮助和相互扶持的责任。只要村里哪家起房盖屋，全村人都会主动去无偿相帮，而在建材等方面也都尽自己所能支持对方，除了盖房屋所需要的茅草由主人准备外，前来帮忙的人一般都要带上竹篾或竹竿等材料。村里的婚丧嫁娶则不请自到，家族成员有大家共同出聘礼、共同吃彩礼的习俗，认为任何一家儿女嫁娶、老病丧葬等事是整个村落的大事，全村人都必须相帮。

（三）夫妇平等民主的原则

独龙族家庭中没有"女卑男尊"的思想观念，妇女在家庭生活中有一定的地位，夫妻之间是平等的。平常，妇女在家庭生活中除了参加生产劳动外，还承担煮饭、分饭、管理粮仓、饲养家畜等事务。妇女在这些方面有绝对的支配权，男人一般不过问。男人在家庭中最重要的职责是：在有吃的前提下，冬天下雪时要让家里有干柴烧，要有野兽肉吃和找副业，家中火塘里的火不旺或家中缺柴火烧，这是男人没有尽到责任。

---

① 李金明：《独龙族原始习俗与文化》，云南省社会科学院民族文学研究所，1999 年。

（四）和睦相处、相互帮助的原则

如今，在独龙族的家庭中，除了保留了火塘分居的习俗以外，还在某种程度上保持着"主妇管仓"、"主妇分食"、"轮流做饭"等习俗。"主妇管仓"和"主妇分食"是指在家里由母亲来管理粮仓，吃饭时由母亲分配。如果母亲年纪大了以至于无法料理时，则由大儿媳来接手管理，还负责日常生活中的做饭和分食；如果有几个儿媳，做饭就要由几个儿媳轮流，这就是轮流做饭。粮食由各自的粮仓中取出，煮熟后，则会平均分到每个火塘。如果一个粮仓煮光了，就会停止轮流，有其他妇女来煮，从来都不会有虚报的情况发生，也不会因少劳多劳而起怨言。

所以在独龙族家庭里，夫妻和睦相处直至白头偕老。夫妻之间没有反目为仇的，也不存在因婆媳妯娌不和而闹矛盾的。大家友好互爱，和和睦睦，共同劳动。有事大家互相帮忙，若家里有人生病，大家请医生、找巫师，拿自存的好吃的营养品给病人吃，直至人痊愈。

（五）尊老爱幼的传统

独龙族认为老人们一辈子为家庭付出了辛勤的汗水，老人不仅是民族文化的主要传承者，还是生产技艺的传习人，所以理所当然地会受到晚辈和全社会的尊敬。老有所养，不仅是做儿女的义务，也是整个家族或整个村寨的责任。即使是无儿无女的老人，也会受到全村社成员的关心和照顾。他们不会遗弃孩子和不孝敬年老的父母，如果虐待老人，会受到唾弃。如果老人由于年老而丧失劳动力，就会在家里带孙子孙女，而生活的各方面则由儿子和儿媳照料，只要家里有好东西，都会先给老人和小孩吃，然后再分给其他人。即使是远离父母分居出去的哥哥嫂嫂，家中只要杀猪或打到猎物，都要给年老的父母送去一份。一家人的房舍虽然简陋，但是围火而坐的座次却是有规矩的，老人的位子一定在火塘正面的上方，晚辈是不能坐老人的位子。与老人同行，无论相识与否，年轻人都要帮老人背东西，让老人轻松前行。路途中遇到老人，年轻人要主动让路。若在江边，一定要让老人从靠山的一侧行走，自己则从靠江的一侧走过，以避老人失足跌入江里。①

----

① 赵沛曦：《独龙族传统生活中的价值观》，《中共云南省委党校学报》2009 年第 9 期。

独龙族的小孩子因顽皮做错了事情，父母也不会随意打骂他，往往就是告诫几句而已。独龙族的孩子从小就要帮着家里做力所能及的家务，父母下田里劳作时，要帮着照看年幼的弟妹和接待客人。

（六）交往中的诚信准则

独龙人讲信用、守诺言，说过的话从不反悔。在独龙族社会中，传统的习惯法成了维护社会秩序和道德风尚的准则，"路不拾遗，物各有主"是独龙人共同遵循的社会道德。独龙人出门都不锁门，过路人可以借用其火塘烧茶吃午饭，但离开时，应把自带的东西留一点在其家中，以表感谢。晚上主人回到家见此就知家里来客，便不会多问。但如果是秋收农忙季节，家人在外需要待很长时间时，家人离家时用一两根木棍把房门拦起，外人见此一般不会擅自入内"借火塘烧水"。每年狩猎季节到来，独龙族猎人背着口粮约伙去很远的地方捕猎。他们为了减轻负重，常常把口粮用小口袋装好沿途挂放于宿夜的草铆或石洞里，以便在返回时取用。其他猎人见此也不会擅自食用，按习惯，存放口粮的宿营地里还要存放些干柴，备给随后至此地的人取用。人人如此，以此类推，在独龙族社会生活中，盗窃是受到社会舆论谴责的，被认为是一切行为中最不道德的。

（七）热情好客的观念

独龙族非常好客，如遇猎获野兽或某家杀猪宰牛，便形成一种远亲近邻共聚盛餐的宴会；还有招待素不相识过路人的习俗，对过路和投宿的客人，只要来到家中都热情款待。在独龙族原始朴素的伦理道德观念中，认为有饭不给客人吃，天黑不留客人住，是不礼貌的。

总之，独龙族生活中的种种规范和家庭伦理思想观念对独龙族的影响不可小觑。时至今日，独龙族尊老爱幼的伦理观、"路不拾遗，夜不闭户"的和谐观、原始平等的民族观，等等，都与上述独龙族家庭伦理思想有关。独龙族伦理观念产生于一定的历史土壤，它是一定社会经济发展的需要。独龙族伦理观念的起源同本民族特殊的自然环境、社会环境密切相关。独龙族的伦理道德观念凝聚着群体的心理和族群意识，它将逐渐演进为人们的共同心理、共同的价值观念和行为标准，成为维护民族团结、维护社会秩序、推进和谐发展的重要力量之一。

白族习惯法中的伦理道德生活

桑爱英*

摘　要：白族习惯法中的伦理道德主要源自宗教信仰、禁忌、风俗习惯、族谱家训、乡规民约等白族传统文化中，对白族民众具有广泛的约束作用，最终以白族习惯法的形式传承下来，成为白族民众自觉遵守共同维护的道德规范。白族习惯法中的伦理道德存在于白族民众社会生活的各个方面，体现着本民族的鲜明特点。探析白族习惯法中伦理道德的基本内容和成因，揭示白族习惯法中伦理道德的现代价值，对于推动白族地区经济文化发展和传统文化的传承和弘扬，构建和谐社会具有重要作用。

关键词：白族习惯法；伦理道德；现代价值

　　白族是我国具有悠久历史文化的少数民族之一，按人口论，白族列中国第 15 大民族（根据 2010 年人口普查结果）。云南、贵州、四川、湖南和湖北 5 省是白族世世代代的居住地。中国大陆有白族人口 1933510 人，居于云南省的有 1564901 人，主要聚居于云南省大理白族自治州，占白族人口的 80.866%；居于贵州省的有 187362 人，占白族人口的 10.063%；居于湖南省的有 125597 人，占白族人口的 6.746%；居于四川省的有 7335 人，占白族人口的 0.394%；居于湖北省的有 7173 人，占白族人口的 0.385%。

　　在长期的历史发展中，白族人民在处理人与国家、人与自然、人与社会、人与家庭等关系中，逐步形成并发展具有本民族特色的伦理道德，并且这些伦理道德一直在维系着白族地区的稳定和发展。作为白族传统文化中一个重要的组成部分，白族的伦理道德和风俗习惯、礼节礼仪、禁忌、

---

* 桑爱英，女，白族，大理大学政法与经管学院副教授。

宗教信仰等逐渐发展成调整白族社会各方面社会关系的具有强制性和约束力的行为规范，即白族习惯法。白族习惯法调整着白族地区的社会秩序及各种社会关系，体现于白族人民生产、生活的方方面面，涉及民事、刑事、宗教、环境保护、司法等内容。

如前所述，白族习惯法是从白族的伦理道德等中分化出来的，而一些伦理道德得到社会认可后逐渐形成具有约束力的习惯法。因此，在白族习惯法中，伦理道德是重要组成部分，而且白族的伦理道德和白族习惯法相互交融，共同维护着白族社会的稳定和发展。本文仅就白族习惯法中的伦理道德内容进行探讨。

一　白族习惯法中伦理道德生活内涵

白族的伦理道德是中华民族伦理道德的组成部分，又具有自身鲜明的特点。白族习惯法中的伦理道德以善恶观念、道德规范和修养、行为准则为核心，突出表现在社会生活、人际交往、家庭关系等各个方面。

（一）个人与国家方面

白族习惯法中的伦理道德深受传统儒家思想的影响，在个人与国家的关系方面，认为国家的利益要高于个人的利益，爱国是一个公民应有的道德，是每个公民的神圣义务。在白族地区，热爱国家、维护统一是白族儿女不变的追求。

鸦片战争以后，为维护国家独立和主权，白族人民中涌现出一大批为保家卫国，为振兴国家前仆后继努力奋斗甚至流血牺牲的仁人志士。1883年中法战争爆发后，云南白族将领杨玉科奉命率领滇军广武军奔赴广西镇南关抗击侵略者。在战斗中，他身先士卒，勇猛冲锋，鼓舞了部队的士气，也让法军闻风丧胆，自己在谅山战役中壮烈牺牲。[1] 辛亥革命先驱张耀曾武昌起义后，在南京任孙中山秘书，同时担任同盟会总干事。作为民国政府的第一任司法总长，不辞劳怨，制定法典、审判官职责、监狱制度等重大法规，迫切希望国家成为一个法治国家。中国共产党早期的共产主义和国际主义战士，白族人民的优秀儿子施滉，作为清华最早的共产党

---

① 周智生：《云南各族人民维护祖国统一的光辉历史》，《云南民族》2010年3月。

员，为解放事业献出了自己年轻的生命。1934 年初，施滉在南京雨花台壮烈牺牲，年仅 34 岁。中国共产党最早的白族党员张伯简，1921 年冬加入共产党，在巴黎与周恩来、赵世炎等建立"旅欧少年共产党"，还受党组织委派到苏联参加共产国际第四次代表大会，曾领导上海和京汉铁路一带的工人运动。张伯简编撰出版了《各时代社会经济结构原素表》、《社会进化简史》等论著，受到毛主席赞赏。① "白子将军"周保中作为东北抗联的著名军事指挥者和卓越领导人之一，从 1932 年 1 月到 1946 年的 14 年中，奋战在白山黑水间，让日寇丧胆，沉重打击了日本侵略者的嚣张气焰，在抗日救国斗争中写下了可歌可泣的诗篇。

（二）个人与社会方面

在长期的生产生活中，白族民众在处理人与自然、人与社会、人际关系方面形成了白族的社会公德。白族社会公德具有规范人们的行为、管理社会生活的作用，主要包括热心公益、保护环境、慈以扶弱、团结互助、亲人善领、诚实守信等要内容。

1. 热心公益

尽管白族人民过日子精打细算、勤俭持家，但在修桥铺路、挖沟引水、集资办学等社会公益事业上却并不吝啬，往往踊跃参加，有钱出钱，有力出力。明代云南著名文学家、理学家李元阳就是这方面的典范。李元阳为官颇有政绩，在江阴抗击倭寇，用自己的俸禄修荆州堤。为人刚正不阿，罢官归故里，寄情山水，专心写作。李元阳热心公益事业，为地方兴修水利、建学田，主持重修崇圣寺三塔、弘圣寺塔。② 而这种热心公益的精神，不仅在名人身上体现，普通的白族民众也把集体的利益放在首位。

2. 保护环境

人与自然的关系是人类亘古不变、永恒探索的主题。白族民众在农业生产、在生活中无不表现出对自然的崇拜、热爱和敬畏，从而通过努力达到人与自然和谐相处。白族人十分重视环境保护，通过村规民约和刻石立碑的形式对生活环境内的山、水、田、林、路等公共资源进行保护，而且家家户户房前屋后栽种树木，庭院里边种植花草，这已经形成悠久的传

---

① 大理旅游网 http：//www. dalitravel. cn/2007 – 09 – 11。
② 大理门户网站 http：//www. dali. gov. cn//2012 – 08 – 17。

统。在全国最大的白族聚居地大理，白族先民们保护环境的优秀传统保住了以苍山洱海为代表的青山绿水，使大理成为最适于人类居住的地方之一，对今天环境保护工作有重要的借鉴作用。

3. 慈以扶弱

慈以扶弱为核心的儒家伦理是中华民族的传统美德，同时也是白族世代传承的传统美德。慈以扶弱的慈善思想是白族地区乡规民约的重要组成内容，是民间调整个人与社会关系的伦理道德规范。白族的慈善伦理思想的渊源可追溯至先秦时期，"睦族敬宗"的思想促使宗族内部通过设置义庄、义田、义塾等对部分孤寡贫弱族人进行赡养、救助和教育，以增强本家族的社会政治地位与声望。① 而到了现代，白族慈以扶弱的传统美德得到发扬。如大理喜洲商帮严子珍经商致富后，在喜洲捐资办学、建图书馆、教育馆；开办贫民工厂，染织厂；在大理创办医院、助产学校，等等。

4. 团结互助

一直以来，白族地区互帮互助、互相扶持已然是一种白族民众始终追随和保持的优良传统。在白族村落中，谁家盖新房，谁家有喜事或丧事，大家都会主动帮忙，家家有钱出钱，有粮出粮，有力出力。每当春耕生产大忙时，全村人均会互相帮忙，有的是几个家庭结合在一起，有的是整个村落分成几个互助协作组。这些都反映了白族人民互帮互助、友好相处的集体观念，在一定程度上，这些观念维护了白族正常的社会秩序，促进了白族传统社会长期的稳定和谐。

5. 亲人善邻

自古以来，白族民众秉承亲人善邻、热情好客的处事原则，使白族内部白族民众之间的关系一直比较和谐，而且也使白族与其他民族的关系，如白族与汉、彝、回、傈僳、苗、壮、傣、阿昌、藏、布朗、拉祜等其他民族的关系融洽，从而使边疆稳定，民族团结。白族人常说，"出门人没有顶着房子走的"，"炊烟飘起的地方，就可以吃饱肚子"，这种亲人善邻、热情好客的处世原则，在怒江勒墨人（白族支系），洱源西山保存得尤其完整②。先客后主是白族待客的礼节。家中来了客人，以酒、茶相

---

① 王银春：《白族传统慈善理论及其现代价值》，《湖南民族学院学报》2012 年第 2 期。

② 赵寅松：《白族优秀文化的表现及成因》，《中国民族报》2002 年 12 月 17 日。

待。著名的"三道茶"就是白族的待客礼。

6. 诚实守信

在人与人的交往中，白族人民提倡与人为善的传统美德。白族民众之间相互尊重，相互关心，真诚相对，反对口是心非，说话不算数的行为。诚实守信的做人准则也被白族商人应用在商业贸易中，从而形成白族地区具有古朴原则和特色的贸易道德。白族商人在做生意过程中，讲良心、重品牌、重诺言、守承诺、讲信誉的贸易道德一直被世人所称道，同时也促成了白族商人自身财富的累积和社会地位的提高。形成于清光绪年间的大理喜洲商帮，在商业贸易中，一直坚持白族传统的商业道德，自第二次世界大战以来得到了长足的发展。20 世纪 40 年代末，大理喜洲帮形成以永昌祥、鹤庆祥、复春和、鸿兴源等四大家和八中家、十二小家为主的计座商 186 家及行商 200 余家的大商业集团，成为资金最雄厚、以进出口贸易为主的第一大商帮。①

（三）个人与家庭方面

白族习惯法中家庭伦理关系是核心和最重要的组成部分。白族的家庭伦理道德不仅包括家庭关系中核心的夫妻关系，甚至还包括由此产生上至父母、下至子女及相应的一些亲属关系。白族家庭道德在不同的社会形态里有着不同的内容，但也呈现共同的特征：尊敬和赡养老人，抚养和教育子女，爱护弟妹，夫妻和睦。

1. 孝敬父母

孝文化在中国源远流长，传统孝道盛行千年，是中华民族的文化珍宝。白族社会中，成年子女赡养年老父母、回报父母的养育之恩是白族的家庭美德。孝敬父母要求子女照顾父母的饮食起居，对老人有礼貌，虚心向父母学习，积极和父母沟通。在白族地区，虐待老人，对老人照顾不周，都会被村落里的人看不起，而且也会为白族社会公德所不容，这样的人很难在白族社区中立足。

2. 夫妻和睦

白族实行一夫一妻制，婚礼隆重、热烈。按传统风俗，举行婚礼这

---

① 杨育新、张锡禄：《喜洲白族商帮的形成及其文化遗产保护》，《大理文化》2006 年第 3 期。

天，新郎和小伙子们必须骑高头大马去娶亲，当然现在在条件允许的地区，娶亲由家庭小轿车代替。新娘娶回后要拜客，由新郎、新娘对家庭中的长辈——敬拜，然后是请客吃饭。成立家庭后，夫妻治家以勤俭为先，持家以稳和为先，夫妻互敬，相互信任，共同承担家务劳动和抚养子女、赡养老人、婚姻稳定、家庭和睦。

3. 教养子女

教养是教育和抚养，满足孩子生活的一般需要是白族父母所尽的责任，重视家庭教育也是白族的优良传统。白族家庭教育在孩子发展中起到了非常重要的作用。白族地区家无贫富都以供子女读书为荣，甚至负薪卖炭、织席贩履也要供子女上学。因此白族家庭之间，通常不是以财富多寡荣耀乡里，而是以子弟读书成材为自豪。白族历史上曾有"一门三进士"、"同榜四举人"的美谈。目前，我国第一例试管婴儿培育者、医学专家张丽珠，两弹一星元勋、导弹专家王希季等成为其中佼佼者。

二　白族习惯法中伦理道德的渊源

伦理道德是一种特定的社会意识形态，它随着相应的生产关系和物质文化条件而改变。白族习惯法中的伦理道德的形成，有其历史渊源。经过几千年发展历程，白族社会形成一整套调整人与国家、人与社会、人与自然、人与家庭的伦理道德规范，虽然这一套规范还没有形成系统的伦理道德理论，但对维护白族社会的和谐稳定起着非常重要的作用。白族习惯法中的伦理道德源自于宗教信仰、生产生活禁忌和白族风俗习惯等。

（一）源自宗教

白族宗教信仰多元化。除了佛教和道教、基督教及其分支天主教以外，白族几乎全民信仰唐宋时代形成的本主教。"本主"即本境之主，即一个村落或某一地域的保护神。每个白族村庄都有本主庙，供奉泥塑、石雕或木雕本主像。白族的本主崇拜是在原始宗教基础上，吸收了大量佛教与道教的内容，以及儒家的伦理道德观念，才最终形成的。白族本主崇拜有祭祀礼仪，祭祀组织洞经会和莲池会两个组织。洞经会会规和莲池会会规中都有要求人们忠于国家、孝敬父母长辈、尊老爱幼、勤俭劳动、不做坏事等的清规戒律和道德规范。如剑川县东岭乡新（兴）仁里村乡规碑就树立在本主庙内，本主巡游期间，仪式中在全村面前大声朗读碑文内容，以强化其对乡规的遵守。仁里村乡规碑的内容涉及家常、丧事、喜事、急难、赌博、夜行、抢妇、争讼、山林、守望等内容。①

（二）源自禁忌

禁忌是被禁止或忌讳的言行，禁忌也是人类社会最古老的不成文法。白族禁忌习俗在产生之初扮演着法的角色，具有法的权威性和约束力，逐渐成了白族的习惯法。白族的禁忌和整个社会一样，既有历史传承下来的，也有后人新建的。白族禁忌习俗内容丰富，有关于生产禁忌、生活禁忌、婚姻禁忌、饮食禁忌等。比如，白族的待客禁忌是如果家里来客人，要用好酒好肉招待客人，吃饭时要先请客人坐上主位，主人才能就座，而且就座的顺序是先长辈、后晚辈，男女一般不能同桌。主人要对客人有礼貌，当客人在说话时，不能大声说话，也不能抢插话、乱插话，尊重客人隐私，不能让客人觉得尴尬。在白族家庭中，如果客人来拜访时男人在家，家里的女人不能主动发烟、泡茶和与客人攀谈。而客人在吃完饭后，要规规矩矩把筷子放在自己吃完的碗边，不能乱丢乱放，意为感谢主人款待。这种待客禁忌，从细节上规范人们的行为，使人自幼养成尊长爱幼、亲邻善友、礼贤谦恭的良好品德。②

（三）源自风俗习惯

白族风俗习惯是在长期的生产生活过程中，经过长时间的积累、吸收和改造以后，白族民众在生产、居住、婚姻、饮食、服饰、丧葬、节庆、娱乐、礼仪等物质生活和文化生活方面的共同风俗和习惯，是白族传统文化的重要内容，对白族成员的行为规范、道德伦理产生着重要影响。在白族社会，从孩提时候起，长辈们就用各种风俗习惯形式来教导孩子如何认识社会，对待自然，处理生产和生活中人与人之间关系。③ 比如民族节日成为白族的道德文化得以传承和联络感情、增强凝聚力的重要形式，在节日的欢乐和喜庆中，民族的道德情感得到尽情的表露，同时民族的道德观

---

① 桑爱英：《大理地区白族习惯法研究》，《学术探索》2014 年第 7 期。

② 《白族的禁忌习俗》，七彩云南网，2011 - 06 - 27。

③ 戴岳：《论少数民族习俗文化的伦理价值及教育意蕴》，《贵州民族研究》2007 年第 6 期。

念也得到广泛的传扬。一年中白族节日众多，各种节日不同程度地反映了白族不同的道德观念，如"火把节"是白族的传统节日，节日当天白族民众通过竖火把、烧火把、赛龙舟等庆祝活动来预祝五谷丰登、六畜兴旺、生活幸福。而白族火把节在民间来自"火烧松明楼"的故事。相传在唐代，大理地区六诏之一的蒙舍诏首领皮逻阁企图吞并其他五诏。六月二十四这天，皮逻阁诱召各诏首领到松明楼喝酒，纵火将他们烧死。邓赕诏主的白洁夫人早就看穿皮逻阁的野心，劝丈夫不要去，但迫于祭祖和南诏的威力，不得不去。白洁夫人知道此去凶多吉少，于是将一只铁钏戴在丈夫的手上，后据此认出了丈夫的遗体。南诏王见白洁夫人貌美聪慧，便逼她为妾。白洁夫人假意答应，但回去将丈夫掩埋后，率众与围城的南诏兵浴血奋战，弹尽粮绝后于六月二十五日投海而死。① 因此白洁夫人表现出机智勇敢、不畏强势、忠诚于爱情的美德一直在白族民间广为传颂。

三　白族习惯法中伦理道德的现代价值

白族习惯法中的伦理道德是白族传统文化的重要组成部分，它沿着白族形成、发展的轨迹，在长期社会实践中不断充实和积淀而成；同时，伴随着外来文化和白族本土文化传统冲突、调适与融合，白族伦理逐步走向完善和成熟，在白族传统文化传承和构建中日益发挥着重要的作用。

（一）白族习惯法中的伦理道德有助于白族传统文化的传承和弘扬

白族人民在长期的历史发展过程中，创造了光辉灿烂的白族文化。白族传统文化源远流长，内涵丰富多彩，包括白族地区特定村落里人与自然、人与社会长期互动中创造的有形文化（工具、饮食、服饰、建筑），行为文化（风俗、制度、社会组织、婚姻、家庭、族群），精神文化（民间神话传说、音乐舞蹈、文学艺术、宗教、哲学），语言文化等。② 白族传统文化是中华民族传统文化的重要组成部分，在历史上对于白族的经济社会发展起到了非常重要的作用。在发展现代化的过程中，必须继承和发展优秀的白族传统文化。白族习惯法中的伦理道德的继承和发扬是传承白

---

① 《白族的禁忌习俗》，七彩云南网，2011 – 06 – 27。
② 杨国才：《白族传统文化的内涵和继承》，《中南民族大学学报》2004 年第 3 期。

族传统文化一个非常重要的渠道。白族习惯法中的伦理道德的表现形式如本主信仰、生产生活禁忌、风俗习惯、族谱家训、乡规民约是白族人民熟悉和喜闻乐见的伦理道德的传播载体。白族传统文化可作为民族常识和民族团结教育的重要内容在中小学校中开展起来，让学生从小就培养起热爱乡土、热爱本民族和本地区优秀文化的意识，从而提高民族凝聚力，真正使白族传统文化发扬光大。

（二）白族习惯法中的伦理道德有利于白族地区和谐社会的建设

伦理道德最初是人们在共同生活中约定俗成的价值标准体系，是人们自觉遵守的规范体系。伦理道德在社会生活中的作用是广泛的，它对人们行为的影响，有时甚至是法律所不能及的。违背伦理道德，是严重的社会越轨行为，要受到社会舆论谴责和内心自责。白族是一个崇尚道德的民族，白族习惯法中的伦理道德是人们所共同信奉并自觉遵守内化在心里的态度、观念和行为模式，发挥着维持白族社会秩序、保障社会生产和生活正常进行、构建社会和谐的功能。和谐社会是公平正义、诚信友爱、充满活力、安定有序、人与自然和谐相处的社会。白族习惯法中的伦理道德通过构建一套价值判断体系来约束白族民众的行为，从而实现人与社会、人与自然、人与家庭关系的和谐。人与社会的关系是构建和谐社会的一个重要方面。白族的伦理道德提倡民众之间要相亲相爱、相互同情、坦诚相见、广恩博施、诚实守信，从而实现人与社会的和谐。尊重自然、爱护自然也有利于人与自然和谐关系的构建。自然和人类相互依存，相克相生。家庭作为社会的细胞，细胞健康社会自然和谐。白族和谐的家庭关系体现在孝敬父母、爱护孩子等方面。如进门先向长辈敬道问安，饮食起居长辈为先，养成"家有父母，不远行"的优良品德。对孩子要悉心照顾，既关注孩子的身体成长，也重视孩子的心灵呵护，任何虐待孩子、对孩子不负责任的行为都将会受到良心的谴责和相应的处罚。在长期的社会活动和生产活动中，白族人民始终固守本民族的传统美德，继承优秀的文化遗产，使白族伦理得以发扬光大，有效地推进白族地区和谐社会的建设。

哈尼族"认干爹"的习俗伦理

蒋颖荣[*]

摘　要： 民族习俗体现出一个民族生产生活以及信仰活动中的风俗和习惯，成为该民族文化特色的重要方面，对民族成员的行为规范、道德伦理、心理习惯和思维模式产生着重要影响。"认干爹"是普遍流行于哈尼族社会的一种典型的确立拟亲属关系的习俗，对促进以村寨为中心的哈尼族社会人与人、人与村寨、人与自然之间的关系起到了特殊重要的作用。

一

"习俗"是经过社会民众创造并传承下来的风俗和习惯，所谓习俗文化，指的是社会民众在日常生活和交往活动中创造并沿袭的以风俗、习惯为主要内容的文化形态，它是一个民族共同体在语言、行为和心理上的集体习惯。"人们的道德观念和行为规范，常常不是出于哲学思辨、逻辑的推理或道德的说教，而是通过大量实际生活中的种种习俗和事象得到仿效、遵循，或从禁忌的习俗中得到约束和回避。"[①] 在习俗文化事项中，通过百姓生活的具体行为方式，道德伦理被充分表达出来，并且世代相传、互相仿效、不断重复，对人们的思想和行为产生极大的引导和制约作用。民族习俗文化体现出一个民族生产生活以及信仰活动中的风俗和习惯，成为该民族文化特色的重要方面，对民族成员的行为规范、道德伦理、心理习惯和思维模式产生着重要影响。不同民族的习俗一旦确立起

　＊ 蒋颖荣，女，云南大学哲学系副教授，博士。

　① 王继洪：《重视民俗文化在伦理道德建设中的作用》，《上海大学学报》（社会科学版）1997 年第 1 期。

来，就会成为稳定的、不易改变的、民族共同体成员普遍认可的文化形态和道德行为规范。"习俗的稳定性基本上建立在这样的基础上：谁要是不以它为行为的取向，他的行为就'不相适应'，也就是说，只要他周围多数人的行为预计这个习俗的存在并照此采取自己的态度，他必须忍受或大或小的不快和不利。"① 正是由于习俗带有稳定的行为规范性和约束性特征，因此，习俗就成为人与人之间和谐、友善相处的道德基础。与国家层面构建的法律规范和道德规范相比，不同民族的习俗文化对民族共同体日常生活秩序的作用更为普遍和持久。

人类社会的社会关系包含着亲属关系和拟亲属关系两种类型。亲属关系是一种以家庭为核心单元、建立在血缘或婚姻基础上的关系，它存在于一定的婚姻家庭中；拟亲属关系是用亲属称谓语来称呼无实质性亲属关系的其他社会成员，它是亲属关系的延伸形式，在民间社会中普遍存在，如认干亲、结拜兄弟等。平辈间的拟亲属关系被称为"结拜兄弟"，长辈与晚辈之间的拟亲属关系被称为"认干亲"，比如"认干爷爷"、"认干爹"等。"认干爹"是普遍流行于哈尼族社会的一种典型的确立拟亲属关系的形式，对促进以村寨为中心的哈尼族社会人与人、人与村寨、人与自然之间的关系起到了特殊重要的作用。

"认干爹"是建立一种没有血缘关系的亲属关系的习俗，是指父母给自己的孩子认一个"义父"或"干爹"（其妻子也自然成为"义母"或"干妈"）。这样的习俗在中国的其他民族如汉族、彝族、布朗族等民族中也存在，但是，哈尼族"认干爹"的方式和文化内涵却有着与其他民族不同的独特之处。

二

哈尼族主要采取以下三种方式来认干亲：

1. 踩生认干爹

"踩生干爹"是一种普遍存在于哈尼族社会里的认干爹方式，其主要动因在于为孩子增添生命力，求福求禄，保命长寿。顾名思义，这种

---

① ［德］马克斯·韦伯：《经济与社会》（上），林荣远译，商务印书馆1997年版，第61页。

"踩生认干亲"就是哈尼族社会中通过一定的仪式拜认踩着婴儿的出生而来的外人做"干爹"的方式。

踩生认干爹的具体程序是：

首先，孩子的父母在家里准备好一碗清水、一双筷子并点燃三炷香，等待着和孩子有缘、踩生而来的男性外人的到来。① 通常而言，在孩子出生后的3—7天②，如果家里来了一个和孩子的家族没有血缘关系及其他任何方式的亲戚关系的男性③，这个人就将被认作为孩子的干爹，相应地，他的配偶就是孩子的干妈了；如果第一位来的外人是小孩，那么就认孩子的父亲做干爹；但如果来家里的第一位外人是女性的话，那么通常情况下就要根据她的年龄大小以及是否结婚来确定了，也即如果这位女性没有结婚，就拜认她的父亲做干爹；而如果这名女性已经结婚了，便拜认她的丈夫做干爹。

其次，到干爹家里杀鸡祭祖拜干爹。孩子的父母在征得对方同意后，就需要通过摩批计算，选择吉日到干爹家举行拜认干爹的仪式，包括祭祖、磕头、给孩子拴线。④ 祭祖拜干爹所使用的祭品是有着严格的要求的，如果是男孩子的话，要用大红公鸡；而女孩子则用母鸡。拜认干爹的仪式在其本质上来说就是认祖归宗，让孩子得到祖先的庇护，使孩子的灵魂获得一个安定的居所。哈尼族传统社会姓氏实行的是父子连名制，因此，一般情况下，干爹一方面要给孩子准备一套衣服、一双鞋子一顶帽子（或者直接给孩子一个红包让孩子父母去购买衣服、鞋子和帽子），一方面要依据自家的姓氏为孩子取一个名字。孩子成年后便可以用生父的姓氏

① 在哈尼族的观念世界里，第一个来到家里的外人，无论是本民族还是其他民族，比如汉族、彝族、傣族等必定是和孩子有缘分的，是踩着孩子出生的脚步而来到家里的。通常而言，这个偶然进入家里的外人也非常乐意成为孩子的干爹。现在，踩生认干亲的形式也在悄然发生着变化，人们更多地出于功利的因素而预先安排外人（或者是有学问的，或者是做官的，或者是经商的）进入家里。

② 如若孩子出生后体弱多病，孩子的父母担心孩子养不活了，这种情况下就须找一个干爹，时间可以延迟到半个月。

③ 一般情况下，整个村子里的人以及与孩子有血亲、姻亲关系的人都也已经知道了孩子的诞生。这家人在孩子诞生后通常也会在自家屋外门头上挂上辟邪用的植物或者小孩的衣服，也会在家附近的树枝上或者柴火房门头上挂一把刀，以此来表示家里添丁添口了。

④ 给孩子拴线即是干爹、干妈给孩子手上拴上黑色的棉线，以表示拴住了孩子的灵魂了。这根黑线不能人为剪断，须一直戴在手上至其自然脱落。

了，也可以一直沿用干爹的姓氏。

2. 搭桥认干爹

哈尼族搭桥认干亲形式的动因是多种多样的，主要有：（1）为了孩子健康存活：孩子出生后体弱多病，经常啼哭不止，尤其每天夜晚啼叫不安，通过摩批计算后认为孩子哭啼多病的原因是他在前世曾经踩断了路桥；（2）为了生活与事业的顺畅：人们在日常的生活中遇到诸多不顺心的事象，被认为是前世与现世积德不够而导致的；（3）在哈尼族人们的观念意识中，修桥补路是他们积德的一种主要方式，积德越多，他们的生活就越加美好和顺。这种拜认干爹的方式要求干爹在给孩子取名的时候，一定要在孩子的名字中出现一个"桥"字。

搭桥认干爹的具体程序是：

首先，孩子的父母让摩批计算选择吉日吉时，扛起事先准备好的可以过人的小木桥，再带上一瓶酒、一只煮熟的鸡、一锅饭，到小水沟边或者需要搭桥过路的地方架上小木桥。

其次，小木桥架好之后，父母就抱着孩子躲在一旁，等候第一个过桥客的出现。第一个过桥人①，不论民族、职业，就算是乞丐或者存在其他问题的比如残疾或者精神不正常的人，都将被邀请拜认为孩子的干爹。当路人从桥上走过的时候，孩子的父母便跑出来拖住他，并扯下一粒他的上衣纽扣，紧接着他们把孩子抱过来叩拜过桥人，请求他当孩子的"干爹"。通常情况下，过桥人都会慨然应允。被邀请者往往抱过孩子，朝东西南北四方拜三拜，完成成为孩子干爹的简单仪式。他们就地烧火煮饭，举杯欢饮，在话语中、歌声里祝愿孩子健康成长。

例如，村民 LK 的儿子出生后，身体一直不好，哭闹不止。焦急无奈的 LK 只有带着孩子的生辰八字和一只鸡去找村子里的摩批，摩批通过看鸡卦算命后，告知 LK 说他的儿子前世曾踩断过村口的一座过路桥，所以需要他到村口处搭一座行善桥并且请人做干爹。LK 回家后就和村民小组长提出要求要砍一棵树，经过村民小组讨论通过后，LK 用村子里公共林里砍来的树做好了一座小木桥，在摩批计算好的吉日里搭建行善桥。那天

---

① 通常，过桥人就居住在本村或者邻近村寨。哈尼族村寨一般也都是"大聚居小杂居"的居住格局，所以，这位过桥人可能是本民族，也可能是其他民族比如汉族、彝族、傣族、拉祜族、瑶族等。

第一个经过的人是 HB，HB 正准备去他家地里干农活。这样，HB 很痛快地接受了他们的邀请，并给孩子取名为"桥顺"。认了 HB 为干爹的当天晚上，孩子就不哭不闹了，几天后孩子的病也好了，身体也一直非常健康。

3. 合八字认干爹

根据合八字的具体情形，合八字认干爹又可以分为合八字寻人认干爹、合八字寻物认干爹两种方式。

合八字寻人认干爹。这种方式的主要目的就是通过认干爹来转移命相，转移灾祸，禳灾求吉。在哈尼人看来，父母在"八字"上和孩子相克或者孩子的"八字"里五行缺什么，就会导致孩子每天大哭大闹、生病、不能像同年龄的人一样正常走路，这样就必须为孩子找一个与孩子八字相合相生的人或物做干爹。通常而言，家里有残疾孩子的父亲、本身就带有残疾的村民是最为理想的干爹人选。在哈尼族看来，上天神灵已经惩罚过这一家人了，这家人以后就肯定会平安无事的，孩子认这样的人做干爹的话，是一定会一辈子平安顺利的。

身带残疾的村民 LYB 讲述了他被干儿子 BJZ 认作干爹的过程。当时已经 10 岁的干儿子 BJZ 生病已经半年的时间了，面黄肌瘦，体质虚弱。BJZ 的父母请摩批算命被告知需要给孩子找一个肢体残疾或耳聋眼瞎的人拜干爹，否则小孩有生命危险，轻则孩子变成残疾人，重则孩子会失去生命、过早夭折。孩子现在生病是他一生中的一个生命关口，要把孩子的这种关口转嫁给有残疾的人，从而增加孩子的生命力，使孩子能够健康成长。但是这种情况下是需要干爹作出牺牲的，也就是说，干爹会因为把自己的生命力转寄给孩子而减少自己的寿命。"干儿子生病的第一年他的父母带着一只公鸡来家里找我，希望我能答应做孩子的干爹，当时我也不愿意接收，就没有做成干爹。"LYB 接着说，"但是孩子的父母没有泄气，四年的时间里一直持续地、频繁地到我家里拜访我恳求我救救他们的孩子，请求我做孩子的干爹，并且给我送礼祝寿。我被孩子他父母的行为和情感所打动，就同意了给孩子做干爹，并给干儿子取了个名字 BJZ。一年后，孩子的面色、体质确实有所好转了。"

合八字寻物认干爹。这种方式比较独特却非常普遍，被认作"干爹"的通常是自然界中普遍存在的自然物（石头、树木、水等）。通过这种方式"认干爹"的，往往是通过八字推算或者看卦之后确定孩子命中缺乏某种东西（通常是金、木、水、火、土），于是通过认某种自然物做"干爹"以补充自己的不足。

村民 TZS 通过算命先生推算，发现缺的是木命，就按照摩批的指引在村子里找一棵万年青树来做自己的干爹，叫树木干爹；村民 BJZ 经过八字推算后，发现他的命硬，只有用石头来压制才不至于因为命硬而克自己或家人，于是就认了一块石头做自己的干爹。每年逢哈尼族的节令节日，他们都要带上酒、茶水、鸡等祭品到万年青树下、到大石头旁边来拜祭自己的树木干爹和石头干爹。村民 BJZ 后来因为工作的原因离开了村子，可是每年"阿罗欧滨"十三个村寨公祭的时候他回家乡，都要抽出时间来去祭拜他的石头干爹。

哈尼族通过以上三种方式认干爹之后，原本没有血缘血亲关系的两家人就正式结为拟亲属关系了，日常生活中你来我往，节假日里礼尚往来，农忙时节互帮互助，重大事情上相互支持与帮助，交情甚笃。习俗规定孩子要连续三年到干爹家祭祖并给干爹拜年、祝寿，通常是每年的正月初至正月十五以内的任意一天吉日。祭拜时需带上两块猪肉、两块粑粑、两包烟、两包茶和两斤酒，经济条件好的家庭还可以给干爹干妈各准备一套衣服①。祭拜一半留在干爹家，一半让孩子和孩子父母带走。祭拜过的猪肉和粑粑寄托了干爹家的祖宗给孩子的福气，以后干爹家的祖宗会保佑这个新收的儿子（或女儿），成为他家的一分子，这样孩子在两家祖宗的保佑下不会再生病，会顺利健康地成长。习俗也规定在第三年的时候，干爹要给干儿子买一套衣服、鞋袜和帽子，还要准备一个红包。②

三

哈尼族认干爹习俗是普遍流传于哈尼族社会的一种文化模式，一种日常生活伦理规范，通过"认干爹"习俗在彼此没有血亲关系的族系之间构建了一种拟亲属关系，表达了哈尼族一种看起来朴素却超越了狭隘地域、家族、民族界限的交往伦理观，以这样的伦理观念来处理哈尼族与外

---

① 如若是经济条件差，在前两年里不用买，但是，第三年必须为干爹干妈准备好一套衣服。

② 红包的数额不限，可以根据干爹家自己的经济条件来定。

族之间的族际关系，达成并增强了彼此之间的交往，影响和形塑着人与人之间、人与村寨、村寨与村寨之间的伦理关系，是哈尼族社会新的社会伦理关系再生的过程。促进同姓家族之间的联系，增加异姓异族的交往，进而使同一家族、不同家族的联系得以加强，生活上互相关心、生产中互相帮助、经济上互惠互利，彼此之间关系进一步亲密、融合。人们祈求平安、健康、吉祥、美好的功利主义目的在得到全面表达，人们行善的预期得到了强化，具体表现在：第一，踩生与搭桥认干爹是一个偶然的过程，第一个与孩子家族没有血亲关系的外人，无论是否是哈尼族、无论贫穷还是富裕、无论其社会地位尊贵与否，都将成为孩子的干爹，表达了哈尼族不以贫贱富贵为转移的人人平等的伦理价值观念；第二，搭桥认干爹过程中补路修桥、行善积德的伦理预期在现实生活中得到了满足和认同，更进一步培育了他们行善的道德情感和意志，并转化为实际生活中的道德自觉；第三，合八字认干爹中的寻人认干爹表达了民族交往中利他主义的道德情感，这一道德情感增进了民族之间彼此的宽容、包容和理解，使彼此之间的交往更加频繁、交往关系更加和谐；合八字寻物认干爹的方式表达了哈尼族人与自然浑然一体的认知意识，赋予了自然物以人格特征，是哈尼族以人间伦理理解自然伦理的体现，是哈尼族将自然看作是自己兄弟姐妹的生态伦理观的表达。

迪庆藏族的家庭道德生活

李 欣*

摘 要：藏族无论服饰、饮食起居、婚姻家庭等，都拥有丰富多彩的习俗与道德规范，迪庆藏族在婚恋、家庭以及家庭教育中体现出了其独特的伦理道德观念，逐步形成了特有的家庭传统文化。直至今日，他们在不断完善自己的家庭伦理观念的同时，仍然将具有民族特色的传统文化传承了下来，成为了藏族家庭道德生活中独具风格的一个支系。

关键词：迪庆藏族；婚姻家庭；伦理

迪庆藏族自治州，是云南省纬度及海拔最高的地区，素有"高原之甍"的美称，在两千多年以前这里就成为我国西北和西南各民族经济、政治和文化的交流通道。它位于横断山脉的高山峡谷，滇、藏、川"大三角"地带，即滇、藏、川三省（区）交界结合部。地处滇西北横断山纵谷地带的北部，系青藏高原的南延部分。1957 年 9 月 13 日经中华人民共和国批准成立迪庆藏族自治州，设自治州人民委员会于中甸县。

迪庆地处青藏高原南沿部分，与西藏属同一民族聚居区，自然环境、心理素质、风俗习惯也都相接近，因此，西藏藏族文化成为迪庆藏区的文化主体。① 另外，迪庆地区与丽江大理相连接，受到的其他民族文化影响亦较强。其中又伴有纳西文化、傈僳文化、白族文化等多个少数民族文化的影响，使之形成了多元文化相互交融的综合体。

迪庆地区历史上是一个多民族的聚居区。各民族的文化习俗与经济发展均有不同，但是民族间的相互交往与彼此影响却密切而频繁。除藏族

---

* 李欣，男，云南民族大学哲学与政治学院 2011 级伦理学硕士研究生。
① 《迪庆藏族自治州概况》，云南民族出版社 1986 年版，第 1 页。

外，还居住着傈僳、白、纳西、汉、回、苗、普米、怒等民族。中华人民共和国成立后，工人、学者陆续来到这里，又增加了一些新的民族成分。

一 迪庆藏族恋爱婚嫁中的伦理观

迪庆一直是西藏同内地交往的主要商道，藏、纳西、白、汉等民族的马帮络绎于途；清代康熙年间，中原地区人民更不远万里来到这里进行矿业开采，并与当地各民族通婚。各民族之间互敬互爱、相互尊重，也很大程度地影响了当地藏族人民的传统婚恋形式和家庭观念。

藏族家庭婚姻，一般属于一夫一妻制的，也存在一夫多妻和一妻多夫制的家庭，不过1950以来，此类家庭逐渐减少。旧时婚姻多为父母包办，父母双亡的由亲戚包办。男女双方婚前有社交自由，但婚姻并不能自主，且门第及等级观念十分强烈，不可逾越，逐渐形成了一种阶级内婚制。改革开放后，藏族人民也开始崇尚恋爱自由、婚姻自由，将老旧的包办婚姻制度逐渐废除。藏族家庭招婿的情况较为普遍，上门女婿是家庭中平等的一员，得到长辈的关怀，所以迪庆藏区有"待婿如子"的说法。妇女的社会地位并不卑贱，且很大一部分家庭的经济实权由妇女所掌握。她们善于主持家务，抚育子女，每个母亲在家庭中都受到非常的尊敬。

勤劳、勇敢、善良、贤惠、真诚是藏族人传统恋爱择偶的标准。藏族男女青年择偶首选勤劳能干者，男女青年均认为，勤劳勇敢是最大的美德。勤劳，在藏族人民心目中是衡量一个人价值的标准。藏族作为中华民族的一员，世世代代传承着勇敢刚毅、勤劳善良的美好品质，并将这些品质发扬光大，娇弱和怯懦是最受藏族人民藐视的。

善良与贤惠也是藏族人民传统恋爱择偶标准中重要的一条。所谓"贤惠"，不仅仅是能够处理好个人的利益，而是作为家庭中的一员，要用自己的能力把整个家庭经营好，所以贤惠更多是对自己家庭角色和责任的定位，只有处理好大家的生活，才会有共同的利益；个人的能力仅仅只会带来经济利益，而为人的好坏则决定了一个家庭乃至家族的兴旺。藏族男女的择偶标准是以感情为基础，勤劳能干、勇敢坚毅和善良贤惠就是吸引异性的个人魅力标准。一般来说，男子选择女子以善良和勤俭持家为标准。女子选择男子以才干和吃苦耐劳为标准。在藏族不管青年或中年的男女，择偶的标准主要都是品德和才干。他们认为，心灵美才是最为重要的，而这也是他们爱情观的最终表现；尽管人人都喜爱才貌双全之辈，但若外表美与心灵美无法兼得的情况下，纯洁的心灵无疑是最重要的，如一些谚语所说："不要看山有多高，要看有无山道；不要看爱人脸庞，要看爱人心肠。"

当然，在传统文化和婚姻法的影响下，迪庆藏族人民禁止血亲，即禁止同一父系或母系血统的家族人员进行通婚。改革开放后，自由恋爱的方式受到了藏族青年男女的热烈推崇。所谓自由恋爱，即不受神权、族权的强制干涉，也没有封建礼教、门第观念的束缚。

近年来，迪庆藏族与其他民族通婚的情况较为普遍，婚礼的方式亦更为多样化，新房在装饰上也会采用一部分的汉族方式，如在门上贴喜字；城乡的居民或农村一些经济条件较为良好的家庭大都用汽车代替了马匹；年轻的一辈，特别是在一些国际化城市生活过的男女也都崇尚于举办现代化的婚礼，如笔者的朋友永宏先生在婚礼仪式的选择上就更倾向于现代化，他首先邀请同年龄的朋友们参加了一次在昆明酒店举办的婚礼，才又回到中甸老家的村子再次举办一次传统的婚礼。对此他和自己的新娘都表示并不嫌多余，因为两种婚姻形式他们都喜欢，不过在全球化的今天，还是更加乐于尝试新鲜的事物。

二　迪庆藏族家庭教育的规范

对藏族人民来说，教育是一个民族的文化传承最为重要的保障。藏族人民在家庭教育中以因果、慈悲、热情、和善、孝敬、勤劳、坚毅等为主，这些美好品质体现在生活中的各个方面，通过耳濡目染和榜样的力量来对家庭成员起到教育作用。

藏族是一个热爱生活的民族，拥有众多丰富多彩的习俗，在服饰、饮食、婚姻、节日、待人或劳动中，无不体现着这些优良美好的品质。迪庆藏族人民生活在群山连绵、雪岭千寻的严酷地理环境中，世世代代生活在这里的人们在适应极其艰难的自然环境生活中，自发地养成了坚毅的品格、勇敢的风尚和热爱劳动的志趣。勤劳勇敢，是家庭教育的主要内容之一。藏族人民在劳动中创作了无数的格言和谚语来激励自己及教育下一代，如格言"要想过河先搭桥"、"每年只能收成一次，但天天都得下田"、"懒惰的少年终会变成褴褛的老人"、"迷恋眼前的安乐，永远得不到长远的幸福"，谚语"只要坚持不懈，就能做好诸事。滴水虽然平凡，却能凿穿石岩。——贡唐丹贝久美"等。这些格言和谚语是藏族人民吃苦耐劳乐观向上的精神写照。不管是父母对子女的教育，还是年轻人择偶的标准，对藏族人民来说，勤劳是衡量一个人价值的标准。除了勤劳之外，节约朴实的良好品德也是藏族人民对一个人评价好坏的重要标准。藏族人民自古以来生存环境较其他民族更为恶劣，大多数藏族地区都是以畜牧业为主，在迪庆地区，只有流域周边可以更为方便地种植农作物，而其他生活必需品如家具、盐巴等只能通过长途的贸易来换取，因此他们更加懂得食物和用品的来之不易。在家庭教育中，父母通常会以身作则，并严厉地要求子女养成节约的习惯。

诚信、谦虚、和善、真诚、感恩，这些都是藏族人民认为子女在与他人相处时应该具备的品质。孩子是一个民族的文化传承的保证，民族能够发展除了要依赖一代代的繁衍，还必须保证其民族文化和民族品质得以继承。

藏族人民几乎人人信仰藏传佛教，迪庆地区也有藏民信仰的苯教，受到宗教思想的渲染，每一个藏族人都有因果关系的理念。这里的藏族人民处事待人，都会从因果关系的角度去处理，诚信是他们待人处世的根本原则。在这一方面不乏谚语和格言，如"怎样给予，就有怎样回报"、"凡事知恩图报，于人于己都好。忘恩负义之辈，就像畜生一样。——宗喀巴"等，藏族人从小教育孩子，诚信地对待他人才会带来好运，如果不顾一切包藏祸心，那么痛苦和不幸就会跟着你，藏族的一些文学作品和佛经故事如《米拉热巴传》、《智美更登》等，也反映了"善有善报，恶有恶报"的道理。

对待兄弟姐妹，藏族人团结互助，对待外来的朋友，他们热情好客，和善且真诚。自古藏民多以游牧生活为主，从商品贸易到文化交流都与马帮离不开关系，长期的接触使他们养成了热情交友、笃信友情的性格。他们把远客来临、亲友下榻比喻为凤凰来临，认为是如意吉祥、家族兴旺的吉兆。无论是素昧平生或是似曾相识，或是久别重逢的朋友，无不盛情接待，热烈欢迎。很多藏族人认为，待人友善和真诚，是衡量一个人甚至一个家族的重要标识。"客来主不顾"被认为是有失体面的行为。每当有客临门，他们总是欢声笑语、絮语不绝，当客人表示得过于客气或不便久留，他们也总是用歌唱的方式笑答："共同喝碗白开水，那也是分外香甜；空嘴而去，可不是我们藏族人的规矩。"藏族父母更时常教导子女要学会对人谦和礼貌，他们把多年的经验用一句一句通俗易懂的谚语表达出来，如"大声嚷嚷的河一定水少，大声嚷嚷的人一定浅薄"，"癫狂的马，往往容易闪失；猖狂的人，往往容易出乱子"。因此，藏族人民从小就在心里种下了真善美的根。

　　孝敬老人、尊敬长辈也是迪庆藏族人民自古流传至今的美好传统。在家族中，老人的意见往往对问题的讨论有着决定性的影响。作为子女或孙辈，藏族家族中的每一个都把老人的教导和训诫当作自己人生方向的指标；作为后辈，老人的话是经验的总结，对年轻人的发展有利无弊。所以无论有任何重大的决策，他们总是相信老人的意见会给他们指引正确的道路。有谚语如"老牛肉，有嚼头，老人言，有得听"，"老人的计谋，年轻人的干劲"等。凡是节日、婚礼或丧葬，家族中的长辈都在其中占据重要的地位。只要家中的老人与自己同住，子女们每天在饮食起居方面都会对老人表现得毕恭毕敬。在饭桌上，一般都会由老人开头动手吃菜，同席的后辈们才会开始用餐。在一些传统礼教严格的家庭里，如果子女与老人同住，则每天早上都要去向父母问好，且不能缺了礼数。

三　迪庆藏族与各民族间的和谐相处

　　迪庆是一个多民族聚居、多元文化相互交融的特殊地区，这里由藏、纳西、傈僳、白、彝、普米、怒等多种少数民族会聚而成，其中也有部分汉族定居于此，各民族间的相互通婚和比邻而居在这里是比较普遍的，不同的文化信仰与各自相异的生活方式并没有使各民族相互间出现隔阂，长期的文化交流与经济交往也使各民族相互之间有了更深的了解，形成了不仅同民族之间邻里关系的互助互爱，与其他民族的交往更是显得和谐融洽。各民族间把相互间的文化交流看作是一种快乐的学习。以流传于云南藏族、纳西族和傈僳族之间的"勒巴舞"为例。这是一种流行于康巴藏区的舞蹈形式。据迪庆藏区的老艺人说：藏族把"勒巴"称为"热巴"，相传是卫藏地区噶举派的第二代传人米拉热巴为了弘扬佛法，带领弟子四处云游时所创。经过长期的传承，被周边各民族所接受、吸收，融入本民族的文化艺术元素后，形成了不同民族自己的艺术传统体系，向四面八方流传开来。

　　在多民族和睦共处的同时，各种宗教信仰也相互受到尊重。迪庆藏族大都信奉藏传佛教；傈僳族除一些地区信仰本民族的固有原始宗教外，主要信仰基督教，在迪庆地区也有部分傈僳族信仰天主教及藏传佛教；纳西族主要信仰其原始宗教东巴教，少数的纳西族也信奉藏传佛教；白族多信仰本主教；彝族信奉毕摩教；回族信仰伊斯兰教。在一些藏族村落中，往往可以见到一个家族中有多种不同的信仰存在，对此，邻居们都持包容和理解的态度。

四　迪庆藏族的家庭结构

在藏族社会中拥有多种并存的婚姻形态，在历史上包括一夫一妻制、一夫多妻制、一妻多夫制和多夫多妻制，迪庆藏区受到多元文化的影响，特别是汉族思想文化的感染以及现行婚姻法的制约，再加上经济方面的转变与制约，改革开放以来一夫多妻、一妻多夫和单身制等多元化家庭模式已几近消亡，基本每个家庭都采用一夫一妻的制度。

（一）迪庆藏族传统的联合家庭

一般来说，迪庆地区的藏族以家族制体系作为其家庭模式的多为农村地区，少数偏远地区的村落由于人口较少和规模较小等原因，整个村落的人都是具有血缘关系的亲属，因此村子里的人都属于一个大家族。这样的情况并不多见，通常一个家族是由父辈、子女辈、孙辈三代人组成的，其中一般是父母作为家族中的领导者，当父母年老后一般指定家中的老大作为家族中的权利者。在家族中，并不一定都是由男户主娶妻成家，一些家族中女孩比较多，就会选择招婿入赘。赘婿现象在藏族各个等级的家族中都较为普遍，男子的入赘可以为那些缺乏男性劳动力的家族增加劳动力，以发展生产和提高农副业的收益，此外，赘婿还可以作为家族门户的代表，应付各种社会活动。藏族人对待赘婿与对待家中的子女没有区别，故有"待婿如子"的说法。

迪庆藏族传统社会以小农经济和畜牧业经济为主，在自给自足的生产劳动模式为基础的前提下，联合制家庭确实给人们带来了一定的方便，但自改革开放以来，这种传统的家庭模式受到市场经济体制的冲击，慢慢退出了历史的舞台。

（二）迪庆藏族的核心家庭

一夫一妻制，即"专偶婚"，在民主改革之前，藏族人民便偏好这种小规模型的婚姻个体型家庭，如果不是太过经济困难的话，他们都会选择一夫一妻制度来组成家庭。在拥有两个或两个以上子女的家庭中，一般把长子或长女作为家庭的直接继承人，如果家中的老大是女儿的话，就会施行招婿方式，而不会把长女嫁出去。长子或长女之外的兄弟姐妹在成家之后，可以选择与老大同住，也可以选择自立门户，立户后由双方家中的继承者给予经济上的援助来盖房屋或是给予进行贸易的起步资金。一般来说，长子或长女作为直接继承人，不会选择出家，而其下的兄弟姐妹则拥有更多的选择权。以迪庆的德钦县为例，据 2010 年第六次人口普查对 11 个牧区和农村抽样调查数据显示，在牧区的 3013 人，共 910 户家庭，平均每户约 3.3人；农区的 4481 人，共 2011 户家庭，平均每户约 2.22 人。这也说明了农村和牧区家庭基本实现了以一夫一妻作为主要家庭模式。旧时迪庆藏族施行包办婚姻，青年男女虽然拥有自由恋爱的权利，但婚姻不能做主，一般家庭的父母在子女到达婚配年龄的时候，便会由活佛或占卜者进行选定，且通常都只会为子女定制一个丈夫或妻子，虽然是以一夫一妻为原则，但由于包办婚姻使有情男女青年无法如愿以偿，还出现了逃婚和抢婚的风俗。1959 年民主改革后，由于生活水平的提高以及汉文化对藏族家庭价值观的改变，青年男女终于得以自由进行婚恋，而几乎所有的年轻男女都支持一个伴侣的婚姻形式，故此个体婚家庭更成为藏族家庭结构的主要形式。

五　迪庆藏族家庭伦理的特征

迪庆藏族的家庭传统文化是迪庆高原上的人们在长年累月的生活中不断传承下来的，在融合了多民族的文化和思想下，他们不断完善自己的家庭伦理观念，使民族特点得以保持，同时又具有地方性特点，更将其中的美德发扬光大，成为藏族文化中独具风格的一个文化支系。

迪庆藏族的传统文化自古便与宗教有着密切的关系。宗教文化作为传统中的一个不可缺少的因素，发挥着极为重要的作用。没有宗教文化的理念，在某种程度上来说，就没有了迪庆藏族的传统文化。迪庆高原上的藏族长期受到苯教与藏传佛教的熏陶，将二者很好地结合起来，形成了迪庆藏族人民的精神支柱之一。在生活、节日、丧葬、婚姻等各种行为中，都占据着重要的地位。迪庆藏族人有信仰藏传佛教中的格鲁派（黄教）、宁玛派（红教）、噶举派（白教）和萨迦派（花教）几乎所有派系及苯教、东巴教的人，其中以藏传佛教的信仰者居多，宗教思想文化在家庭教育与伦理道德中有着充分的体现，渗透到每个文化层次，形成了宗教思想与民族文化之间的奇妙结合。

神山崇拜是藏族地区比较普遍的一种带有民间传统习俗的信仰模式。它既与自然崇拜不尽相同，又与图腾崇拜相异，将世俗世界与神性世界完美地结合在一起。它既是藏族人的传统信仰，也是构成藏族民间信仰体系的基础。迪庆藏区的神山崇拜思想是由藏传佛教的因果轮回、行善等观念与万物有灵的宗教思想结合所形成的一种集生态文化和人伦思想的民间信仰。山上的一草一木，包括周边的河流湖泊，都寄托着藏族人民对社会安定、家庭和谐与个人安康的深深祝愿，它不仅体现出藏族独有的文化气息，更体现出了藏族人民热爱生活的美好品质。

与其他藏区的神山崇拜有所不同的是，迪庆藏族地区人民除了将民族英雄和神灵看作是神山的化身外，还渐渐将自己祖先的灵魂与神山相融合起来。许多村落和大家庭对周围的小神山也极为崇拜，其原因就在于人们相信，村里比较有威望和德行的老人及家中的先祖在死去之后灵魂会寄宿到亲人周围的神山之中，世世代代地保佑着他们，故此，村里的人们除了用自己对祖先的称呼去命名神山外，更是对周围小神山上的一草一木极为爱护，且不允许任何村民和外人到神山上去打猎和伐木。这不仅体现了迪庆藏族人民深刻的信仰，更体现出了他们对祖先与亲人的敬重和关爱之情。

神山崇拜思想与宗教思想的结合，逐渐对人们的行为产生了一定的伦理规范，神山崇拜的行为开始对人们的社会行为规范与家庭伦理思想产生指导作用。藏族人民对神山的神性认识也从"全能"性慢慢转变为"向善"性。从社会功能来说，神山崇拜与其他宗教信仰一样具有制约人们行为的"禁忌"。如果有人被怀疑偷窃，失主便会同村里人带上被怀疑者到神山上去发誓，在神山的威严下，如果被怀疑者真的偷了东西，内心惧于被神灵惩戒，都会不由自主地承认罪行。同样地，在信仰神山有灵的藏族村落中，如果有人出现不赡养父母或是虐待妻儿的行径，便会被众人押到神山之上，对着祖先和神灵忏悔自己的罪行。一般来说，忏悔者基于对神灵的敬畏，都会深刻地检讨自己犯下的恶行，并发誓改过自新，永不再犯。也就是说，神山崇拜的思想具备了宗教中的惩恶扬善的理念，对一些文化教育水平低下的偏远地区来说，神山崇拜的思想相较于法律的强制性与公共舆论的谴责性，有时候更能达到立竿见影的效果。

朝鲜族的家庭伦理道德生活

尚丹娃*

　　摘　要：家庭是社会的细胞，一切社会关系都是以家庭为核心而建立起来的，家庭的稳定与文明直接影响到社会的稳定与发展。朝鲜族在长期的历史发展过程中，受儒家传统文化的影响，形成了独具本民族特色的传统家庭伦理观念。这些伦理道德，表现在家庭关系、人际交往、日常生活和社会生活的各个方面，在道德修养和道德建设中正发挥着重要的作用。

　　关键词：朝鲜族；孝道；三从四德；家庭伦理道德

　　家庭伦理是调整家庭行为规范的手段之一。社会生产力的发展决定了家庭伦理规范的内容，各民族在不同历史时期的文化背景下，产生了不同的家庭伦理观念。朝鲜族家庭伦理道德是在朝鲜族人民长期的生产、生活中逐步形成的伦理规范，是朝鲜民族固有的伦理思想与儒家文化的融合，并在现代精神文明道德的提出得以完善，是中国伦理思想内容的一部分。

一　朝鲜族的家庭伦理观

　　朝鲜族家庭伦理的形成是一定的社会政治和经济在观念形态上的折射。同时，朝鲜族家庭伦理的内涵受其所聚居地的地理环境、经济生产方式、家庭文化等因素制约，在朝鲜族古代家庭文化观念与中国儒家文化相互影响的作用下，朝鲜族家庭形成了以尊老爱幼、勤俭治家、和睦相处、邻里团结为特征的传统美德。

---

　　* 尚丹娃，女，长春龙源电力设备有限公司办公室秘书，云南民族大学哲学与政治学学院伦理学硕士研究生。

"中国朝鲜族对中华民族文化最大的贡献，就在于其继承了以儒家文化为核心的文化体系和相对稳定的价值观，以及全民重视教育的理念"。朝鲜族文化内涵不仅限于以上"仁、礼、孝、学"四个思想范畴，只是朝鲜族在这四个道德纲目方面更有所偏重。其中，"仁义"是对孔子儒家思想的继承；"礼让"是对孔子儒家思想的发展；"孝道"是对孔子儒家思想的丰富；"好学"是对孔子儒家思想的拓宽。中国朝鲜族文化如果不汲取孔子儒家思想的精华，就不会有其丰富的内涵，中国朝鲜族文化丰富和发展了孔子的儒家思想，也才使孔子的儒家思想在中国朝鲜族中长久传承并发扬光大。因此，当前朝鲜族文化需要把深入继承传统文化精华和积极探索适应新形势发展要求的文化体系结合起来，使朝鲜族文化能够始终以鲜活的生命力屹立于世界民族之林。同时这也给我国其他少数民族文化发展提供了宝贵的可汲取的经验和成功范本，这对于中华民族新时代的精神文化，具有可资借鉴的现实意义。

（一）农业为主的自然经济

朝鲜族又被称为水稻民族，其聚居的地区，土地肥沃，水资源丰富。改革开放以前，水稻种植是朝鲜族主要从事的第一产业。朝鲜族先民在获得土地稳定生产、生活后，适应了当时中国社会自给自足的小农业与家庭手工业相结合的自然经济形态，同时也使朝鲜族农民更加依赖家庭经济。这种自然经济生产形态具有自发的调节能力和自给自足的特征，在发挥产出与消费同一体的情况下，商品经济被阻碍，不利于家庭分工向社会分工的发展。如"文化大革命"期间的阶级斗争，忽视了经济的发展，导致经济发展停滞不前。在这种经济条件下，朝鲜族家庭处于"男主外女主内"的生活方式，家庭生活资源的主要来源出于男性的农业生产劳动。在男性经济地位占主导的家庭环境中，女性依托于男性。在家中从事家务劳动、侍奉公婆、教养孩子和一些简单的手工劳动，满足家庭内部的生活需要。

（二）家庭本位的伦理观

家庭本位这一名词不难理解，是家庭成员以家庭为中心，各尽责任与义务，以牺牲个人利益来满足家庭利益的价值观念，同时，家庭本位与个人本位是相对的观念，个人本位是对个人权利与自由的价值追求。朝鲜族家庭文化围绕着家庭本位的价值体系展开。在个人利益与家庭或家族利益发生冲突时，宁愿牺牲自己来成全家庭的荣誉与权威。朝鲜族禁止近亲结婚，多数不与其他民族联姻。这种婚姻制度束缚了朝鲜族青年男女择偶的自由，但绝大多数的子女还是服从父母的意愿，严格遵守。即便自己喜欢了汉族的异性，但如果不被家庭长辈所接受，最终还是会放弃个人的追求。朝鲜族妇女为家庭的利益而不辞辛苦，为了改善家庭的经济环境，让自己的子女受到更好的教育，为赡养父母提供更多的经济支持，到韩国、日本、欧洲等发达国家赚取外汇。在韩国，中国的朝鲜族妇女多从事家政、餐馆服务员等辛苦工作，每月发下的工资，大半寄回家中，韩国的消费水平高于中国，但她们宁愿自己不花钱，也要省下来拿给孩子和老人用。为了家庭的幸福，这些妇女放弃了个人追求，牺牲了与家人团聚的生活，在国外打工一去就是几年。不得不承认，这是一种极端的家庭本位价值意识，但是，现今朝鲜族家庭中出现的空巢老人和留守儿童问题，是值得反思的。面对朝鲜族家庭持续增长的离婚率、人口数量的负增长、留守青少年的教育等问题。希望能从个人本位与家庭本位两种价值观的对立中寻求解决途径。

二　朝鲜族家庭关系及规范

马克思和恩格斯认为："每日都在重新生产自己生命的人们开始生产另外一些人，即增殖。这就是夫妻之间的关系，父母和子女之间的关系，也就是家庭。"[①] 黑格尔指出："家庭是一个伦理实体，家庭是人类文明和伦理关系的起点。家庭人伦关系主要包含了两种关系，即夫妻之间的关系和亲子之间的关系，其他关系如兄弟姐妹关系等都是在此基础上派生出来的。"这种人伦意味着关系和关系之理，作为家庭的成员还必须领悟家庭的共同利益和相互关系。古时人们把渗透着义、慈、孝、友、恭的精神观念并以相应的礼规维系和治理的关系就称为"人伦"，即我们常说的家庭伦理道德。家庭伦理作为行为规范的总和，不仅调节家庭成员之间的关系，还调整个人与社会之间在婚姻家庭问题上的相互关系。朝鲜族家庭伦理制约着家庭各成员的思想行为，规定成员的道德义务，衡量家庭成员言

---

① 《马克思恩格斯全集》第 3 卷，第 32 页。

行是非善恶。

（一）夫义妇顺的夫妇守则

在朝鲜族家庭关系中，夫妻关系是家庭关系的核心。因为，婚姻的缔结产生了夫妻关系，夫妻关系是家庭伦理之始，《周易·序封传》中"有天地然后有万物，有万物然后有男女，有男女然后有夫妇，有夫妇然后有父子，有父子然后有君臣"可见，夫妻之间的和睦关系是家庭和睦、社会稳定的保障。中华人民共和国成立以前，朝鲜族青年男女的婚姻多由父母包办，夫妇之间的结合，更多的是为了传宗接代。婚后家庭生活中，一般是男主外，女主内。受儒家伦理思想的影响与父权制的压迫，女子从嫁到夫家就隶属于丈夫，过着夫唱妇随的生活。家庭生活中男子不做家务，全由女性承担。对于家庭中重大问题的决策，如家庭财产的管理、家庭的经济支出、家庭成员的分工等事务，妻子是没有发言权的，决定权都掌控在丈夫的手中。俗话说"女子不如男子一根手指头"，可以说妻子在自然经济的条件下，没有经济能力也没有任何地位。传统家庭观念要求妻子坚守贞节，不能有一点越轨行为，必须"从一而终"，丧偶也不能改嫁。但丈夫却可以另觅新欢，有主动提出离婚的权利。在家庭礼仪规范中，妻子对丈夫和男性说话必须用敬语，吃饭时，女子要蹲坐不能伸腿而坐。由此可见，男子居于统治地位，即便生女儿取名也一般使用"顺"、"花"、"贞"、"淑"等代表贤良淑德的词语，从顺字者最多，并以顺字为第一义，表示女子的性格，以顺为正，也代表了生身父母希望女儿长大嫁到夫家温柔、顺从、贤惠。

中华人民共和国成立以后，朝鲜族传统的家庭观念也在不断发生变化，包办婚姻、男尊女卑的思想逐渐被婚姻自由、两性平等的观念所取代，婚姻建立在恋爱自由的基础上，自1950年5月1日颁布《中华人民共和国婚姻法》以来，妻子有权主动提出离婚。同时，在社会的发展过程中，自给自足的自然经济已无法满足人们的生活经济需要，朝鲜族女性逐渐走出家庭，步入社会实现自身价值。结合朝鲜族语言优势和自身条件积极参与到出国务工的队伍中，她们远赴重洋，到韩国、日本、俄罗斯、美国等地赚取外汇，为改善家庭生活和子女的教育不辞辛苦。由于妻子经济地位的提高，为家庭生活提供主要的经济来源，在现代家庭生活中，朝鲜族夫妻之间更多的是进行思想交流，遇到问题共同磋商，在家务劳动方面，丈夫逐渐克服"男主外，女主内"的传统思想，主动参与家务劳动。夫妻之间大部分实现了互助互让、互相尊重的伦理的关系，构建了夫妻间以诚相待、相敬如宾的美满家庭。

（二）父慈子孝的亲子观

"父慈子孝"是朝鲜族家庭伦理的核心。我国古代家庭教育范本《颜氏家训》中指出："父母威严而有慈，则子女畏惧而生孝矣。"也就是说父母对子女的态度严明而慈爱，子女才会谨慎自己的言行，听从父母的教诲。"父"指代父母，"子"指代儿女。父慈包含着父母对子女的爱护、宽容、理解，是建立在血缘关系之上自然无私的爱，儿女是父母生命的延续，是父母情感的寄托。父慈体现在对子女的养与教两方面。一方面，父母有抚养子女的责任与义务，在子女成长的过程中提供物质上的保障，关心子女的家庭生活与社会生活。另一方面，父慈体现在对子女的教育，如，日常行为的管教，对子女人生观、价值观、世界观的引导，《三字经》中有"养不教，父之过"，子女对父母之孝体现为"无违"之孝。子女对待父母之命必须言听计从，不得违抗。朝鲜族传统家庭存在是父系家长制，子女是不敢挑战父亲的绝对权威的，子女对于母亲是敬畏的，因为年幼时多由母亲照顾，对母亲有很强的依赖感。因此，父子之间的关系是不平等的。甚至子女的婚姻大事都不需要听取子女的意愿，由父母一手操办，"父母之命，媒妁之言"是朝鲜族的婚姻观，并普遍存在于解放前的朝鲜族社会之中，子女对父母的顺从也是表达孝的方式，大多数朝鲜族子女在尊重父母的意愿的同时牺牲了个人幸福。同时朝鲜族传统节日也表达了子女对父母出于敬爱和感恩之孝。回甲节和回婚节是朝鲜族人民为老人们特设的节日，"回甲"是指满 60 周岁以上的老人，"回婚"指结婚 60 年以上的老年夫妇。① 回甲节当天设宴款待 60 岁以上的老人和本民族有威望的老人，祝福老人们健康长寿。这一天，60 岁以上的老人身着五彩缤纷的新衣坐在席正中，邻里老人坐在两旁陪伴，桌子上摆满了打糕、狗肉、冷面、米酒等美味佳肴，人们尽情地进行歌舞、踩跳板、荡秋千等活动，与老人共享天伦之乐。祝寿仪式进行时从长子夫妇到孙子，依次酌酒向老人跪拜祝福，道"您劳苦一辈子了，要多保重。祝您万寿！"感谢老

---

① 佘时佑：《中国节日》，华文出版社 2005 年版，第 299 页。

人的辛苦操劳和养育之恩。这一仪式规范了子孙后代对"孝"之内涵的理解与重视。回婚节这天，夫妇二人着婚礼礼服，家中儿孙准备好丰盛佳肴，亲友、邻居们都来向老人祝福祝寿，有的地方还在这一天表彰孝顺的儿媳。

（三）兄友弟恭的长幼次序

长幼关系包括兄弟姐妹关系、姑嫂关系、妯娌关系等同辈之间的关系，从对家庭道德的影响方面来说，兄弟关系是最主要长幼关系。兄弟关系是"天合"关系，它与父子关系一样是血缘的关系，中国文化是一种以血缘关系为中心的同心圆式的人伦社会，因此他重于"人合"的夫妇关系。兄弟姐妹情同手足，同胞之间互相帮助，互相尊重是长幼有序的家庭伦理规范的内容。《论语·子路》中"朋友切切偲偲，兄弟怡怡"。孔子主张朋友之间互相督促勉励，兄弟之间相处和和气气。"兄友弟悌"是儒家对兄弟关系的要求，其具体内容是兄友弟恭。"友"指兄长对弟、妹要关爱、友善；"恭"指弟、妹要对兄长敬爱、谦恭有礼。兄弟姐妹是以血缘为纽带连接的亲人，共同生活在同一个家庭中，兄长由于年长要替父母分担家务和经济上的忧虑，同时也要照顾家中的弟弟妹妹。朝鲜族大多不会因为兄弟之间的利益分配而发生冲突，因其处理兄弟的利益关系方面有明确的权利义务分配。长子结婚同父母一起生活，并由其负责父母的养老义务。次子结婚后分家另立门户。在多子女的家庭关系中，长子与弟弟、妹妹没有直接的利益冲突，长兄承担父母主要的赡养义务，在家中危难时刻承担责任，帮助同胞一起渡过难关，给予同胞弟妹关爱与呵护。父母过世，长子是第一位的财产继承人，次子可继承部分财产，女儿没有继承财产的权利。在没有父母的情况下，长子的妻子充当母亲的角色帮助丈夫抚养弟妹成长直至成家立业，同时，家庭生活中，弟妹对兄长也很尊敬。

三　朝鲜族家庭伦理的特征

在朝鲜族家庭伦理道德中，不同家庭成员之间的伦理关系是加以区分的，长与幼、夫与妇、兄与弟之间遵守着彼此的规范准则，《礼记·大传》"亲亲也，尊尊也，长长也，男女有别，此其不可得与民变革者也"。

是以亲人为亲近，以尊长为尊敬，以年长为长辈，男女不同，要区分对待。尤其是在朝鲜族与其他民族共同生活的地区，其礼貌待人、尊老爱幼等伦理特征尤为突出，这些习俗和规范以地缘为纽带传播到中国文化大家庭中，为社会主义精神文明增添了色彩。

（一）尊老爱幼的美德

孝和任何一种道德观念一样，是一定历史条件下的产物。据《高丽史》、《三国史记》、《三国遗事》等历史文献记载，朝鲜族先民将孝道视为国家的基础，社会和谐的保障，其"孝"所包含的内容主要有侍奉、恭敬、顺从、奉祀四个方面。朝鲜族的孝道不只是对于个人家庭中的长者，而是全民族性的尊老敬老。如，"每到春节时，村里人总是到我家来给爷爷、奶奶磕头拜年，爷爷、奶奶和父亲又总是让我代表我家去给村里有些亲戚关系和有老人的各家去磕头拜年，每年正月初一的上午，我都要到村里各家去履行这种传统的礼仪。"① 还应看到的是，朝鲜族家庭中孝道的培养是从子女小时候开始的，父母以身示范，主要从三个方面：一是日常行为中父母对长辈尊敬、顺从；二是节日礼仪中父母为年长者侍奉、祝福；三是在长辈离世时晚辈的哀痛与守孝。这些行为的示范为朝鲜族的年青一代所耳濡目染，在知识的不断积累与价值观确立的过程中，他们也看到了传统孝道中的不足。子女对父母的一味顺从，使家庭中家长制不能从长辈的思想意识中拔除，父母与青年一代的代沟加重，无法理解子女对自由的追求。在这种条件下，女儿摆脱传统的大男子主义的婚姻生活的想法强烈，因此参与到跨民族、跨国婚姻的行列中。在社会不断进步的同时，民族习俗和民族意识是发展变化的，年青一代应该紧跟时代步伐，继承"孝"的积极因素，老年一代也应接受新的价值判断标准。继承朝鲜族传统家庭美德，结合现代精神文明的价值标准，形成新时代的家庭伦理道德规范，以满足朝鲜族现代家庭文化的需求。

《孟子·梁惠王上》："老吾老，以及人之老；幼吾幼，以及人之幼。"在朝鲜族的生产生活中，尊老和爱幼是对每一个人的要求，同时，尊重老人和爱护幼小不仅用于个人家庭还在朝鲜族的民族大家庭中发挥着作用，

---

① 瞿健文、崔明龙：《朝鲜族　吉林磐石市烧锅朝鲜族村调查》，2004 年版，第 317 页。

是朝鲜族社会和谐发展的主旋律。朝鲜族对年长者遵守"敬"的伦理规范。晚辈不能在长辈面前喝酒、吸烟。家里来长辈客人时，所有家庭成员都要躬身迎接。家宴时老人不与年轻人同席，如不能回避时，同桌喝酒时，晚辈端起酒杯与长辈碰杯时，要用杯口碰长辈杯子下半部，喝酒时要将身子侧向后方以手掩杯，以示尊敬；吸烟时，年轻人不能向老人借火，更不能对火；路遇长者时，需恭敬地停留在路旁并问候长者；与长辈相向而行时，要走在长者后面。遇有急事不得已赶超时，要向长者说明去意，否则便被视为极为不敬。如今，朝鲜族的家庭中出国务工的父母在外工作吃尽苦头，为了供养子女和赡养自己年迈的父母，牺牲了个人幸福，是尊老爱幼的最典型范例。

（二）勤俭治家的传统

　　勤俭节约是朝鲜族的传统美德。中国朝鲜族迁入到东北各地时，东北地区的生产力水平低下。勤劳勇敢的朝鲜族与恶劣的自然条件展开了搏斗，对祖国边疆的开发和北方水稻种植有着重要的贡献。朝鲜族人民相信劳动能改变命运，勤劳能铸就幸福。朝鲜族勤劳吃苦的品质，在到外出务工的工作人员的身上都得以体现。他们到国外务工，多数女性主要从事保姆、餐饮、清洁等行业，男性主要从事远洋捕捞、建筑施工、零件加工等行业。这些行业高强度的劳力并没有压垮他们，反而激励朝鲜族人民更加勤奋，通过双手改变生活。在平安镇民政局发放国家补贴时，汉族人排了长队去领钱，可是很少看到朝鲜族的人，他们不希望让别人救济自己，觉得不靠自己的能力靠别人救济是一件很丢人的事情。朝鲜族是勤劳的。日常生活中的饮食基本上属于素食，并且做法简单。"新中国成立以前，朝鲜族日常生活中以小米饭、苞米糙子粥为最常见的主食，以大酱汤和各种小咸菜为每顿不可缺少的副食。"[①] 每到秋季，储存白菜腌制大量的泡菜作为越冬的菜肴，因而有"泡菜半年粮"的说法。妇女生产后往往以海带汤作为主要的进补食品。可见，朝鲜族勤俭治家的传统与其生产生活方式是密不可分的。这一美德在现代社会也应继续传承，使后代发扬勤劳节俭的美德。

---

　　① 千寿山：《论中国朝鲜族风俗的特点》，载金华《中国特色朝鲜族文化研究》，延边人民出版社2004年版，第141页。

（三）和睦相处的原则

朝鲜族一直以重礼仪闻名，礼让是朝鲜族人际交往的道德准则。从朝鲜族日常礼仪和节日中的礼仪分析，人与人之间通过礼节来表达对彼此的敬爱。礼仪表达的内在思想价值涵盖了儒学的思想内涵。孔子认为"不知礼，无以立也"①。

礼是对孔子思想的核心"仁"的践行。"克己复礼为仁，非礼勿视，非礼勿听，非礼勿言，非礼勿动"（《论语·颜渊篇》），"仁"是要克制自己，使自己的行为都符合"礼"的规范。"仁"是对孔子思想的核心，以礼来规范自己的行为是"仁"的思想——爱人、孝、悌、忠、恕、恭、宽、信、敏、惠、礼等的外化。可以使夫妇、兄弟、长幼等关系以"各安其名"、"各安其分"的方式达到和睦共处。朝鲜族对长者、父母、和初次见面的人都报以恭敬的态度。晚辈对长辈说话必须用敬语，初次见面的平辈人也使用敬语。老人说话时年轻人不可插嘴，男人们说话女人不去听，女人们说话男人也不能听，反之被视为不礼貌。《荀子·富国》中"礼者，贵贱有等，长幼有差，贫富轻重，皆有称也"在朝鲜族的社会生活中，一些礼节、礼仪作为风俗习惯，成为大家共同遵守的行为规范。朝鲜族晚辈对长辈的礼让、恭敬、谦让、顺从，对客人的厚待等至今还具有十分重要的现实意义。如在用餐时，长辈拿起筷子后晚辈才能拿筷子，盛饭要先给长辈盛，吃饭时不能大声讲话，碟碗不能发出碰撞的声响。在家里来了客人时，要把好的菜放在离客人近的一面，客人没有用完餐，主人不能先撂下筷子，以示礼貌。在婚姻仪式过程中，长辈对新人进行训诫，要求他们步入家庭生活后，勤俭持家、孝敬老人、与家人和睦共处，维护家庭关系的和谐。这些行为规范，对于我们现今社会仍然适用，值得我国各族人们参照学习。

（四）邻里团结的准则

人们依赖血缘和地缘关系来解决生产上的互助、经济的合作、日常生活等一系列的生产及生活中的问题。在传统的生活中，在一地区内生活的人们很大程度上是一个家族成员与另外一个或多个家族成员杂居生活在一

---

① 《论语·尧曰篇第二十》，第三章。

起，所以，人们生活中的日常交往关系一般是具有血缘关系的家族人员，或是生活在同一区域内的其他家族成员，这就构成了我们生活中的邻里关系。在人们的日常生产和生活中，邻里关系是必然存在的，是人们需要正确处理的人际关系。邻里关系作为家庭生活与社会生活之间的重要纽带，曾经在人们的社会关系网络中占据着重要地位，朝鲜族俗话说"远亲不如近邻"，就充分说明了邻里关系对于人们日常生活的重要性。特别是对于农村，邻里之间生产、生活的方式及范围重叠率较高。正确地处理好邻里关系，是每个家庭都必须要做到的，邻居之间互相帮助是朝鲜族的优良美德，谁家做了好吃的饭菜，都会邀请邻居来吃或亲自送到邻居家来分享。"邻居家断了粮，就把自己仅有的口粮也分一些给邻居。哪家有了丧事，村里的人就熬赤小豆粥供他家吃。"① 朝鲜族邻里之间的互助以民间协同组织为主要特点。朝鲜族在农业生产过程中，邻里之间互相帮助，开荒垦种。适合水田种植地域的农民因人少无法完成开水渠的劳动，同也种水田的农民组成"都例"的互助组织。同样，开垦旱田的农民间互相协作除草、清理荒地形成了"荒度"的劳动组织。20 世纪以后，传统的邻里互助演变为"换工"、"牛契"（用牛帮助耕种土地）的互助形式，从前的无偿劳动因出工的多少给予金钱上的补偿。长白朝鲜族自治县的"香徒契"也是邻里之间协同互助的组织形式，主要是帮助丧家办丧事，准备和保管殡葬时用的必要工具。参加香徒契的成员被称为香徒，香徒内部有严格的组织构成且每年举行一次香徒大会。"如今县城香徒契香徒达2000 多名。农村也有自己的香徒组织，有丧事，尊重本民族的习惯，互相帮忙解决。"② 朝鲜族人民对孤寡老幼，贫困家庭等社会弱势群体更伸以援助之手。

---

① ［朝］朴淳栽：《朝鲜民俗》，文东奎等译，2001 年版，第 36 页。

② 张道敏主编：《长白县旅游实用知识指南》，中国戏剧出版社 2012 年版，第 125 页。

回族的商业伦理道德

裴玉洁[*]

摘　要：回族是我国少数民族中一个善于经商、鼓励经商、崇尚商人的民族，其一经形成就彰显出重商崇商的鲜明民族个性，史籍中就有"回回蕃客"、"识宝回回"、"买卖回回"的别称，更有"回回善营利"以及"旱码头、大市场、回回行商遍四方"的说法。回族商人在伊斯兰文化的熏陶与洗礼下，形成了一套独具特色并具有极大价值的商业伦理，从而为回族商人开展商业活动、发展商品经济起到了积极的促进作用。

关键词：回族商业伦理；经济；商业活动

一　回族商业伦理形成的背景

回族是由阿拉伯、波斯及中亚各族东迁中土后与中华各民族融合而衍生出的一个新的民族。

（一）社会历史背景

唐宋时期，是回族的萌芽时期。这一时期的回族先民——唐宋时代"住唐"的蕃商胡贾，在当时的主要活动就是经营香料、珍宝等商业贸易。因此，回族先民的商业行为便成了回族形成的前奏。尔后的元明时期，是回族逐步形成的时期，也是早期回族人商业贸易表现兴盛的时期。这时，凡是回族先民及其成员所聚居的区域，几乎都与商业贸易有着密切的关系。"元时回回遍天下"、"元代回回商人活动遍天下"[①] 就是当时的

---

* 裴玉洁，女，云南民族大学哲学与政治学院 2011 级伦理学硕士研究生。

① 李松茂：《回族伊斯兰教研究》，宁夏人民出版社 1993 年版，第 330 页。

真实写照。明代回回照旧以善于经商而著名。洪武二十三年（1390）谕旨就特别提到回回商人"如过关津渡口，不许阻滞"；明宣宗也说过"回人善营利"。① 由此看来，从唐宋时期的回族先民起，到元明时代的大约10 个世纪中，来自阿拉伯、波斯、中亚和南亚、东南亚的穆斯林商人，沿着陆上的"丝绸之路"和海上的"香料之路"、"陶瓷之路"，通过贸易、进贡等形式，源源不断地往来于东西方之间，进行商业和文化间的交往。这些千里迢迢来到中土的穆斯林商人，大多留居不归，其子孙后代即成为"四世蕃客"、"五世蕃客"。他们有的成为巨商，富甲一方；有的世代以从商为业，成为商人世家。所以，纵观回族人在其萌芽、形成时期的社会活动，几乎无不与商业贸易相伴随。也正是基于此，当其形成新的民族共同体后，经商重商这一回族人约定俗成的历史传统，便自然深深植根于民族基因之中。

（二）宗教背景

公元 7 世纪，伊斯兰教在阿拉伯半岛兴起，作为一种新兴宗教文化，凭借其教义本身的优势和教规的简单，很快就在与其他宗教的抗衡中取得优势。它是一种实用主义文化，其思想内容丰富，全方位引导和影响着穆斯林的精神和物质生活。伊斯兰教经济思想在很大程度上是一种社会思想，穆斯林在各个环节的经济活动中都是以宗教信仰为基础，以伊斯兰教的伦理道德为准则。伊斯兰教于唐永徽二年（651）传入我国，在漫长岁月里，伊斯兰教受到中国传统经济方式、历史文化、思想观念和传统习俗的影响，并逐渐在中国扎根、传播和发展，最终成为回、东乡、保安、撒拉、维吾尔、哈萨克等 10 个民族共同信仰的宗教。

伊斯兰教极为重视商业，并对专门从事商业活动的商人给予称赞和美好的许诺。在《古兰经》中，对商人提出了许多鼓励、支持经商的要求，其中有很多章节曾提到"出外奋斗者"、"大地上寻找财富者"，主要指的就是商人；也充分肯定了经商是真主所喜爱的职业，认为商人是高尚的。《古兰经》还鼓励穆斯林远行经商、艰苦奋斗，并强调"谁为主道而迁移，谁在大地上发现许多出路和丰富的财产……真主必报酬谁"②，"凭自

① 《回族简史》，宁夏人民出版社 1978 年版，第 9 页。

② 《古兰经》，马坚译，中国社会科学出版社 1996 年版，第 68 页。

己的财产和生命而奋斗的人，真主使他们超过安坐家中的人一级"①。据统计，《古兰经》114 章的经文中有 24 章 32 节直接提到了商业活动与商业道德观念，因此原苏联学者叶列米耶夫说："当你阅读《古兰经》时，有时会觉得它不是一本圣书，而是商业手册。"②

伊斯兰教的创始人穆罕默德也曾亲自从事经商活动，因而他本人也极其推崇经商，看重商人。他称："商人犹如世界上的信使，是真主在大地上可信赖的奴仆"；"诚实的商人在报应日将坐在主的影子之下"。③ 穆罕默德的亲密战友、第二代哈里发欧麦尔也曾说过："我最乐意战死的场所，莫过于为我的家族做买卖的集市。"④ 正是因为《古兰经》及其先知对经商如此重视，崇尚商人便成为伊斯兰普遍的社会思想，重商意识也渐入人心。此外，商业活动通常能够带来可观而丰厚的收入，过上充实丰盈的生活，加之伊斯兰教崇尚商业、看重商人，因而使回族商人具有很高的社会地位，受到人们的青睐。回族商人在社会生活中的优越地位，吸引着一代又一代回族穆斯林步入商海，而长期的经商实践和浓厚的商业文化又孕育了回族商人非凡的经商禀赋。在今天，回族商人仍秉承经商传统，在餐饮业、皮毛加工业、屠宰业等方面卓有成效，如宁夏、陕西、甘肃等地的羊杂碎、手抓羊肉、羊肉泡馍、涮羊肉、盖碗茶，内蒙古伊利股份有限公司的系列奶制品，都是闻名遐迩、享誉全国的。回族商业活动领域极为广泛、规模较大、效益较高，正是在这些日益频繁的经济活动中，形成了回族商人的经济头脑和商业意识。

（三）文化背景

回族的经济思想是在以中国传统文化思想为背景的极大的文化空间内展开的，回族文化是伊斯兰文化与中国传统文化的复合体，其中伊斯兰文化是回族文化的核心。当伊斯兰文化以宗教为核心传入中国的时候，儒家学说已有千年的历史，深入人心，是传统文化和思想的主流。伊斯兰文化

---

① 《古兰经》，马坚译，中国社会科学出版社 1996 年版，第 68 页。

② ［苏］马·叶列米耶夫：《伊斯兰教是多结构社会的意识形态》，《世界宗教资料》1986 年第 4 期。

③ 南文渊：《伊斯兰教对商业经济的影响》，《宁夏社会科学》1989 年第 3 期。

④ ［巴基斯坦］赛义德·菲亚兹·马茂德：《伊斯兰教简史》，中国社会科学出版社 1981 年版，第 65 页。

逐渐吸收以儒家为代表的中国传统文化，正是这种改造和吸收的工作，使那些被吸收的优秀成分，不再具有独立存在的意义和价值，而成为中国伊斯兰文化的一部分。

二 回族的商业伦理思想

（一）提倡诚实经商，反对欺诈行为

《古兰经》认为，诚实是善举的表现，是受到鼓励和奖励的行为，而与此相对立的欺诈行为则是一种恶行，是被予以制止和惩罚的行为。《古兰经》严禁商贸活动中的各种欺诈、投机、假冒、愚弄、哄骗等不诚实行为。伊斯兰教特别强调经商的道德原则，把是否诚实经商同是否真诚信教联系在一起。《古兰经》说："你们不要借诈术而侵蚀别人的财产，也不要以别人的财产贿赂官吏，以便你们明知故犯地借罪行而侵蚀别人的一部分财产。"[①] 穆罕默德曾说："交易双方未分手前，都有自由权。二人诚实，说明缺点，其交易必有福。二人编谎，隐匿毛病，其交易必倒霉"；"投机取巧，非我族类"；"后世之日，招摇撞骗的奸商同暴君恶霸复活在一起；忠实利人的义商，同圣贤烈士复活在一起"。根据这些精神，回族商人讲求信誉，要求做到童叟无欺，对老年人、儿童、残疾人、盲人、哑巴，都要一视同仁，不哄不骗，不占便宜。

（二）提倡公平交易，反对重利盘剥

伊斯兰教非常强调商业交易活动中的公平道德原则，把买卖公平视为真主的意志，因此回族商人要求在经商中买卖公平，反对买空卖空，不在秤杆上做文章。《古兰经》规定："伤哉！称量不公的人们。当他们从别人称量进来的时候，他们称量得很充足；当他们量给别人或称给别人的时候，他们不称足不量足。难道他们不信自己将复活，在一个重大的日子吗？"[②] "他曾规定公平，以免你们用称不公，你们应当秉公地谨守衡度，

---

① 《古兰经》，马坚译，中国社会科学出版社 1996 年版，第 21 页。

② 同上书，第 468 页。

你们不要使能称之物分量不足。"① 同时，回族商人还反对利用高利贷和重利的手段谋取财富。《古兰经》指出："真主准许买卖，而禁止重利"，"你们不要吃重复加倍的利息"。禁止重利构成了《古兰经》关于经商的严格规定，并对回族商人具有极其鲜明的道德指令和道德约束力。

（三）提倡平等竞争，反对垄断囤积

伊斯兰教认为，在商业活动中竞争是必然的，在一定合理的范围内也是合法的、道德的，因此，鼓励平等竞争，提倡优胜劣汰。但是反对垄断和囤积居奇。《古兰经》指出："窖藏金银，而不用于主道者，你应当以痛苦的刑罚向他们报喜。"② 穆罕默德也说："谁囤积四十天，他便和安拉脱离关系了"；"垄断是非理行为，只有小人才干这种勾当"；"谁垄断信士大众的粮食，真主必使破产，并遭病癫疮"。伊斯兰教也强调市场作用，主张商品的供给与需求通过市场这只"看不见的手"加以调节，但同时又指出，在市场和经济规律的背后隐含着穆斯林所特有的商业道德规范、行为准则和价值观，这是真正的"看不见的臂膀"。穆罕默德说："真主慈悯这种人，交易时或办事时均给人方便。"在这种理念的影响下，回族商人认为，在合理的范围内竞争是道德的，而那种为了个人私利而将货物囤积起来、阻滞流通，或者垄断行业、欺行霸市，则是为合理竞争的商业理念所不允许的。

（四）提倡凭约守信，反对爽约失信

凭约守信是回族商人必须遵守的商业信誉和商业道德。他们在商事活动中十分重视订立契约，重视履行契约中规定的权利和义务，反对无故毁约；认为商业契约在商业交易中具有重要作用，只有实行契约才能保持特有的信誉。回族商人的凭约守信来自于《古兰经》。《古兰经》主张债务登记要规范，"彼此间成立定期借贷的时候，你们应当写一张借券，请一个会写字的人，秉公代写"。③ 借贷要有人作证，不论债额多寡，都要写在债券上，并写明偿还日期，这是最公平的，最可袪疑的。在选择证人

---

① 《古兰经》，马坚译，中国社会科学出版社 1996 年版，第 414 页。

② 同上书，第 142 页。

③ 同上书，第 34 页。

时，回族商人非常重视证人的诚实性，要求证人不因私利而作证，应做到秉公作证。回族商人在商事活动中，主张按契约合同行事，不得单方面撕毁合同，借别人钱财要按归还，不得无故拖延，一定要严守信用。时至今日，回族商人仍非常重视契约的订立和实行，他们对一些数量较大、时间跨度长或货物性质独特或买卖方式特殊的交易，一般都要由买卖双方签订契约，必要时还聘请证人，确定证物。一旦契约生效，必须严格遵守。如果因为意外事件而使契约无法正常运行，那么，契约的双方不得趁火打劫、落井下石，而应根据情况作出修改和解除契约的决定。这种凭证守约、信誉第一的商业道德原则，不仅对维护良好的市场交易秩序、推动社会经济良性发展发挥着重要作用，同时也会使回族商人在激烈的市场竞争中创造出优势，从而使自己的经营得到较高声誉。

此外，回族商人在商业活动中，还有许多应遵守的信条。例如，回族商人禁止出售一切不保险的商品：果品必到成熟时才能典卖，枣子到发红变黄时才能出售，葡萄变黑时才能出售，五谷到穗子变白保收时才能出卖，凡不保险的东西，绝对禁止买卖。还如禁止买卖禁忌食品，禁止买卖偶像（包括人物画像），禁止通过卖淫、算卦、赌博等活动获利。在回族商人看来，禁忌食品包括"自死物、血液、猪肉，以及诵非真主之名而宰杀的、勒死的、捶死的、跌死的、骶死的、野兽吃剩的动物"，当然在禁止买卖之列；回族商人出于自己的信仰，反对拜偶像，不准出售佛像、基督神像，把出卖偶像（包括人物画像）都看成是"以物配主"的行为，在商事活动中是予以禁止的；卖淫、吸毒、算卦、赌博等违背伦理道德的行为，所带来的经济上的利益是暂时的，而其危害却是长久的，因此应该予以坚决制止。

三　回族商业伦理的特点

伊斯兰商业伦理的最大特点便是宗教优先原则，一切以是否有利于宗教信仰为依归。这在穆斯林经济生活的方方面面都有鲜明体现。

（一）宗教优先原则

在经济动机中，穆罕默德认为，任何行为都取决于动机，每个人都会获得其动机所导致的结果。一个为安拉和使者而奋斗的人和一个一心为现世享受或自己情欲而奋斗的人，其努力在现世都会成功，但在后世二人将受到不同的对待，后者的行动不具有永恒的意义和救赎的价值。① 因此在经济活动之初便注定财产不是追求的目的，只是为主道奋斗的手段。对于"窖藏金银，而不用于主道者"，在末日，"他们将为此遭受痛苦的刑罚"。成功的经营之后，应以有朝一日到麦加朝觐为一生的目标和无上的荣耀。蒙昧时代阿拉伯人就有"禁月"为集市不战争的习俗，伊斯兰教创立后，因担心人们追求财富而忽视主道，真主专门启示："当聚礼日召人礼拜的时候，你们应当赶快去记念真主，放下买卖"，"当礼拜完毕的时候，你们当散布在地方上，当寻求真主的恩惠"。② 停止交易等等，都是为了护卫宗教。

（二）关心弱势群体

在市场竞争面前，如果不考虑弱势群体的问题，自由就很容易堕落为市场强权和社会霸权的保护伞。伊斯兰教认为鳏寡孤独、贫困、欠债、乞讨的人等属于无力保护自己的弱势群体，世俗与信仰都应给予一定的关注。《古兰经》明确规定要公平地对待孤儿，侵占他们的财产是悖逆的大罪。并指出在富人的财产中，"有乞丐和贫民的权利"，财产的主人有义务让他们分享，遗产的分割也不是只有死者的亲人可以享有，分割遗产时，在场的亲戚、孤儿、贫民都可以获得财产的一部分而且有"温和的言语"对待。伊斯兰教禁止债主逼债并鼓励债主把债施舍给窘迫的债务人。伊斯兰教对待弱势群体的态度是理性而又现实的，经文曾说："你们的财产，本是真主给你们用来维持生计的，你们不要把它交给愚人，你们当以财产的利润供给他们衣食。"③ 因为鼓励穆斯林自立自强，所以对于乞讨的和赤贫的人，虽法定相当的帮助（他们是天课接济的主要对象），但并不青睐他们，提倡最好的收入要用正当的辛勤劳动来赚取。这既保证了社会力量的均衡，也抑制了不劳而获的懒惰心理。

（三）淡泊财富

伊斯兰教的两世吉庆说支持穆斯林追求富裕的现世生活，但它毕竟短

① 《布哈里圣训实录全集》，康有玺译，经济日报出版社 2001 年版，第 27 页。

② 《古兰经》，马坚译，中国社会科学出版社 1996 年版，第 434 页。

③ 同上书，第 56 页。

暂，而后世生活才是永恒的美好。正如经文所示："迷惑世人的，是令人爱好的事物，如妻子、儿女、金银、宝藏、骏马、牲畜、禾稼等，这些是今世生活的享受；而真主那里，有优美的归宿。"[1] 因此对待人、财、物的正确态度应当是它们看成今世生活的装饰，是真主对人们的考验。穆罕默德说：每一个民族都有一种考验，我的民族的考验便是金钱。[2] 这些规定实质上仍然是基于信仰和伦理方面的顾虑。贝格尔指出，宗教是"用神圣的方式来进行秩序化的人类活动"[3]，竞富并不顾一切地聚敛财富或者沉迷于妻子、后嗣的世俗生活，不但会造成穆斯林对宗教信仰和功课的懈怠，而且使社会财富过分积聚，形成贫富分化、社会动荡不安，造成穆斯林皆兄弟思想的事实分裂。伊斯兰教禁止用为牟利而牟利的高利贷形式获利，一方面是主张人人通过辛勤劳动营谋各自的现世生活，此外也防止了以高利贷的方式不劳而获，使借贷双方把生活重点由信仰和秩序转向金钱和无序。因此金钱虽好，却并不值得人们终身信赖。

总之，长期以来，回族的商业伦理正以其独特的风韵发挥着积极的作用，它扩大并加强了中外经济文化的交流，促进了经济的繁荣与发展，增强了中华民族内部的凝聚力。同时，回族的商业伦理还具有极大的普适性，经过推广，能够在更广阔的空间发挥其作用。但是，由于回族商人受传统经营模式的影响，制约了回族商业向更高层的发展。因此，回族只有正视自身、更新观念、改变思维方式，才能使其商业伦理文化展现更大的优势。

---

① 《古兰经》，马坚译，中国社会科学出版社 1996 年版，第 37 页。
② 陈克礼：《从穆罕默德看伊斯兰教》，北京市回民学习会，1951 年。
③ ［美］彼得·贝格尔：《神圣的帷幕》，高师宁译，上海人民出版社 1991 年版，第 5 页。

怒族的传统道德生活

姜　林[*]

摘　要：伦理道德观是人们在日常生产生活过程中，人与人之间自发形成的一种行为习惯，在形成统一规范的前提下，对人的道德修养和行为习俗进行思考，从而形成特定的价值认可和道德观念。它一旦被特定范围时期的人群接受和认可，便具有普遍的评判标准和行为约束力来指导人们进行社会实践活动。

关键词：道德观念；行为约束；实践活动

怒族是一个长期居住在怒江大峡谷两岸海拔约 1800 米山腰台地上的古老民族，距今已有千余年，他们主要分布在现今怒江傈僳族自治州的贡山、福贡、泸水、兰坪县一带，总人口有 37523 人[①]，有本民族的语言，无文字。怒语属于汉藏语系，各地之间的方言差别很大，几乎不能沟通，它们长期与藏族、景颇族、傈僳族共处，受傈僳族文化影响较大，大部分人会讲傈僳语。受怒江大峡谷险恶地势的阻隔，经济发展缓慢，生活方式主要以农业为主，狩猎次之，原始社会制度比较显著，属于从原始社会末期直接过渡到社会主义社会的直过民族，婚姻制度以血缘近亲为主，在很长一段时期存在姑表舅姊妹婚。[②] 正是独特的地理环境，造成了怒族先民很少与外界进行沟通交流，在长期的生产生活过程中，形成了自身独特的道德观念。指导和调节怒族人民团结一致，集体协作，适应自然，获得发展。

---

　* 姜林，男，河南省南阳市桐柏县固县镇村镇建设服务中心干部，云南民族大学哲学与政治学院伦理学硕士研究生。

　① 2010 年全国人口普查。

　② 陶天麟：《怒族文化史》，云南民族出版社 1997 年版。

一　怒族的家庭伦理

怒族的家庭伦理有其独特的方式，包括婚丧嫁娶各个环节均有自己的特点。

（一）怒族的婚丧嫁娶

怒族的婚姻关系一直以来都保持一夫一妻制，很少出现纳妾的现象。在 20 世纪 50 年代以前，实行的是家族内婚，姑、舅、姨及堂兄姊妹之间可以通婚，舅舅在婚姻关系中具有至高无上的地位和决定权力①；在外甥女的婚配上有收一头牛的殊荣。到了 19 世纪 20 年代，随着天主教、基督教、喇嘛教的传入以及 20 世纪 50 年代后汉文化的渗入发展，怒族的传统婚姻制度发生了很大的改变。

1. 怒族的婚姻道德

从 20 世纪 80 年代开始，一些青年人外出工作和学习，受先进文化的影响，他们认识到本民族传统婚姻制度存在许多弊端，近亲结婚出现的基因变异危害给他们族群的发展带来巨大灾难，对科学知识的吸收运用使他们迫切希望改变以往的陋习，近亲结婚现象在近些年已经杜绝，过去盛行的姑、舅、姨及堂兄姊妹之间的婚配关系已经不复存在，舅权制度已经消失。取而代之的是以自由恋爱为主，在村寨里生活的青年男女择偶是在生产劳动和节日庆典中，通过观察接触来增加彼此之间的了解，在了解的基础上进行自由的选择。他们的选择有一套独特的方式，判断标准不是简单地追求外表、财富及地位，而是看重对方内在勤劳勇敢的品行和生产生活能力，身体健康状况。在老姆登村调研期间，遇到了一对横跨怒江两岸结成夫妻的中年男女，闲谈中得知，他们是在每年乡镇举办的达比亚舞会上认识的，双方都是达比亚弹唱的高手，通过对歌彼此欣赏而结成夫妻。可见怒族青年男女的婚姻择偶标准具有多样性与自由性。这种现象的出现也与现今交通条件改善有很大关系，高于先前的生活环境为他们恋爱结婚创

---

① 怒江州文史资料编辑委员会：《怒江州文史资料选辑》（上下），德宏民族出版社 1994年版。

造了条件。①

　　现今怒族的婚礼仪式也与先前有很大的差别，在 20 世纪以前，怒族举行婚礼，要请巫师占卜后选定吉日举行。巫师会按照本民族的传统习惯着本民族服饰举行祈福活动，祈福新人家庭和睦、多子多福、健康长寿等。礼毕主人设宴招待客人，大家围着火塘唱歌跳舞以示祝贺。在怒族长期的发展过程中，女性在社会中的地位很低，男女地位不平等，但受传统文化影响，很少发生打骂妻子、休妻现象。这是因为，在怒族的传统习俗中，氏族内部成员都有爱护妇女儿童的习俗。在村寨里，打骂妻子、休妻是一件让人看不起的事情，会受到众人的耻笑。② 这一传统习俗对夫妻婚姻关系的保护和稳定起到了一定的积极作用。丧偶寡妇再嫁不受干涉和歧视，他们认为追求美满幸福的生活是每个氏族成员应当享有的权利，只要她能幸福，大家都很高兴，而且会乐意帮助她成立新的家庭，阻挠和破坏别人组建新的家庭是会被氏族成员耻笑的不良行为。近些年，受外来宗教尤其是基督教、天主教、喇嘛教以及外来文化的影响，怒族青年男女婚姻仪式也发生了一定的变化。举行婚礼仪式的场所根据各自的宗教信仰情况而定，基督教规定如果男女双方都是基督教徒，则可以在基督教堂举行婚礼，司仪由基督教徒担任，不收礼金，不设酒宴；如果一方是基督教徒，而另一方不是，则不能在基督教堂举行。基督教还规定，女基督徒不能找非基督教徒结婚，在这一方面，基督教具有明显的排他性，但是它所提倡的不收礼金、不设酒席的规定在一定程度上缓解了男女双方结婚的费用，对勤俭节约起到了一定的积极作用。信教新人在教堂举行婚礼仪式后，还可以回到家中，举行怒族的传统婚礼仪式，此时主人会设宴款待来客，对不同宗教信仰人群设置不同的招待办法，对信教者只设茶水，对非教徒则备有烟酒。现代婚礼仪式的多轨制是传统习俗与现代文化的有机结合，兼容并包、和谐发展，从而实现了氏族成员间的共同繁荣。

　　如今，怒族青年男女选择婚姻的标准比较自由，他们的包容性比较强，大家并不排斥不同宗教信仰的人恋爱结婚，因为大家认为，不同的宗教信仰并没有本质的差别，大家只要勤劳勇敢、乐于助人，是可以和谐共处在一个屋檐下的。如果要说区别，也只是举行婚礼仪式时的场所不同罢

① 高发元：《云南民族村寨调查·怒族》，云南大学出版社 2001 年版。
② 民族问题五种丛书编委会：《怒族社会历史调查》，云南人民出版社 1981 年版。

了。在查腊村调研期间，遇到一对已经成家多年在举行婚礼的人，通过交谈得知，在怒族的传统婚姻文化中，有先成家立业、生儿育女等条件成熟、经济宽裕了再举行婚礼的习俗。这样做首先可以使家庭更加稳定，有了孩子再举行婚礼，婚姻更加稳固；其次可以避开当年举行婚礼资金紧缺，无法承受经济负担而耽误婚姻发展。但他们的前提是男女双方必须相互认可，能够接受对方，相互爱恋。这一婚礼习俗在中华各民族体系中，是比较独特的，它既是怒族在经济困难、条件差的情况下选择的一种折中办法，同时这种办法也体现了怒族人民相互理解、相互包容、夫妻团结一致战胜困难的精神，是怒族人民淳朴精神的真实写照。

2. 怒族的丧葬道德

在老姆登，一直延续着一种吹竹报丧的传统。村中有人去世，便吹竹向村民报丧，这种方式一是给村民报信，另一种意思是为亡灵"开路"。竹号声因人不同而有所区别，未婚男青年吹一支竹号，已婚男子吹两支竹号，氏族头人吹三支竹号，巫师则吹四支竹号，妇女和孩子死亡不吹号。[①]调研中得知，这种吹号方式与当地所处的环境有关，那是因为怒族村寨大都沟壑纵横，徒步报丧交通不便，同时受当时生产力水平制约，金属冶炼技术缺乏，用当地生长的竹子做号，声音即低沉，传播的距离也远，适应当地的实际。丧葬方式上火葬、土葬都出现过。就丧葬方式问题，笔者向老姆登村一位退休老干部请教过，这位老人退休前在福贡县任政协副主席，退休后主动放弃在城市里休养，回到家乡老姆登村搜寻怒族传统文化遗产，他对怒族丧葬方式最为了解。老人告诉我，在老姆登，至今仍然遗留有九个火葬场，虽然火葬方式已经四五十年没有使用了，但烈火在石板上长时间烧烤的痕迹至今仍然清晰。当时生产力低下，先祖们生产工具落后，怒族居住的村寨可耕作土地稀少，从当时生产工具来看，挖掘深度很难达到掩埋尸体要求，在很早的时候就出现过由于挖坑深度不够，白天埋葬的尸体，夜里被虎豹刨出吃掉的事例。同时村寨中也流传着在很早的时候，有人患病就地掩埋后，由于填埋深度不够，导致瘟疫传播，人员大量死亡的事例。采用火葬即省事又节约土地资源，同时还能避免疾病的传播，被村民广泛接受。只是到了近代，随着生产力水平的提高

---

① 民族问题五种丛书编委会：《怒族社会历史调查》，云南人民出版社 1981 年版。

和外来文化的影响，怒族丧葬习俗由火葬改为了土葬。①

　　从怒族村民死亡吹号数字和丧葬方式变化情况不难看出，居住在老姆登村的怒族人民，既尊重村民生前在村寨中的贡献地位，又讲究人与环境、与发展的关系，他们把有利于氏族发展的行为方式看作是最好的道德规范，火葬方式首先满足了逝世的人灵魂升天，又能化解生产工具落后的尴尬局面，同时又能减少瘟疫传播、节约有限的土地资源。这一特征正好印证了伦理学概论中论述的人类对伦理道德观念的认识，是一个从低到高、从片面到全面、从感性到理性的过程。

（二）怒族的家庭道德

　　怒族向来有尊老爱幼的传统，他们认为，老人为氏族的社会发展贡献了毕生的精力。他们付出的辛勤劳动是值得大家尊重的，所以当老人年事已高，丧失劳动能力后，子女和村寨的人有照顾和赡养老人的义务。对于老人的赡养，其道德标准贯穿于整个氏族里。具体表现在：

　　在村寨中行走遇到老人，要礼貌地打招呼，如果老人携带有物品，要主动帮忙。对待村寨老人，不能直呼姓名，而是冠以尊称以示尊敬；即便是同辈中的人，也不能直呼姓名。每当收获季节，要用刚刚收获的粮食煮出来的饭盛一碗送给老人尝鲜。遇到杀猪、屠牛、杀鸡时，要把心、肺、肝、腰子等比较鲜嫩、营养价值高的部分留给村子里的老人享用。如果狩到猎物，要分一份给老人，并请老人按人头平均分配。去怒族人家做客，在房子里有各自固定的位置，围绕着火塘，在火塘的左上方是老人固定的位子。如果火塘旁边放置有老人的炕，那么左边的炕就是老人的位置，晚辈和妇女不能乱坐老人的位置，妇女不能随便从老人面前走，如必须行走时，要弯腰、揽裙。在老人面前说话，要柔声细语，不能大声喧哗，不跷腿，不嬉闹，不开粗俗玩笑。每逢用餐、吃饭、喝酒，要用双手面带笑容地把碗筷和食物送到老人面前，请老人先吃。老人丧失劳动能力后，子女要责无旁贷地进行照料，无论是生活在老人身边的幼子还是另立家庭的子女，都有竭尽全力照顾老人的生活。如果老人有女无儿，可以招赘上门，赘婿要对女方父母尽赡养义务，解决好老人的晚年生活和去世后的丧葬费用。对于孤寡老人，全村人都要帮忙照看，粮食、衣物由村民集体供给，

---

① 2012 年 7 月 19 日老姆登村调研。

担水砍柴由村寨里的年轻人负担，直至老人去世。如果出现亲生儿女不孝敬父母、不尽赡养义务的，会遭到全村寨的耻笑，并对他进行批评教育。如果经多次教育仍然不悔改，将取消继承父母财产的权利，由老人指定同族中比较亲近的、愿意赡养老人的来继承老人的财产和承担赡养老人的义务，亲生子女再无权继承父母的财产。在怒族村寨里，流传着虐待父母遭天谴的故事，这种传说使尊老敬老披上一层神秘的外衣。尊老敬老，上天会赐福予他，使其身体健康，子孙兴旺，生活美满；否则，神灵会降罪于他，使其疾病缠身、祸不单行。① 这种带有神秘色彩的敬老养老习俗，无疑对整个氏族赡养老人起到了积极的推动作用。

在村寨调研期间，笔者亲眼所见村主任罗邵东主任每在路上遇到老人，都会主动打招呼并屈躬避让，询问老人身体如何，是否需要帮助。遇到村民会相互问候，遇到孩子会提醒他走路慢点，注意安全。路面上有石块、树枝会主动捡起丢到路边。这些看似很微小的细节，处处体现怒族人尊老爱幼、助人为善的家庭道德观。

孩子是家庭和氏族未来的希望，在怒族村寨，同样存在着对儿童无微不至关心爱护的传统习惯。无论何时何地，儿童都会得到无微不至的看护，使其在成长过程中免遭厄运。村寨中一旦有新生儿降生，全村人都带上米酒、鸡蛋、美食自发地前去探望、庆贺。儿童在成长过程中，无论到谁家玩耍，到吃饭时都会将最好的饭菜分给孩子吃。孩子在田间地头随父母下地劳动时，全村人都有照顾的义务。每当遇到狩猎、集体收获食物时，即使是嗷嗷待哺的孩子，也会分得一份。怒族人对孩子的关爱还体现在谆谆教诲上，从小培养他们吃苦耐劳、诚实勇敢的品格，使他们在长大后站得直、行得正。

尊老、爱老是每一个民族的习俗，怒族作为华夏民族的一分子，同样有这样的惯例。从家庭伦理学的高度来看，子女之所以要赡养自己的父母，关心、爱护自己的孩子，主要是履行一种义务。对父母的赡养，不仅仅是为了报恩，父母为了抚养自己的孩子，曾夜以继日地操劳，耗尽了毕生的精力，当父母年老体弱丧失劳动能力时，子女当然应该无偿地赡养。从社会发展来看，又是子女必须履行的一种社会义务，是人们对社会应该

---

① 张跃、刘娴贤：《论怒族传统民居的文化意义——对贡山县丙中洛乡和福贡县匹河乡怒族村寨的田野考察》，《民族研究》2007 年第 3 期。

担负的一种责任。父母生育子女，是为了延续人类的生命，传承人类的文明。同样，子女对失去劳动能力的父母进行赡养，是人类得以生存和发展的条件。可见，怒族尊老爱幼的传统文化与中华民族的传统文化具有高度的相似之处，在一些细节方面显现得更加具体，这充分说明尊老爱幼传统思想是深入民心的，符合社会发展规律的。

二　怒族的社会公德生活

社会公德由社会道德基本原则、道德规范、道德范畴组成。在整个道德体系中，道德规范占有突出的地位。在一定意义上讲，社会公德是调整人们之间关系的行为规范的总和。研究怒族社会道德，便于了解怒族社会伦理道德发展状况，对于提高怒族人民社会道德觉悟和道德水平，传承优秀传统伦理道德文化，建设社会主义物质文明和精神文明具有重要意义。

怒族社会公德伦理观念主要包括以下几个方面。

（一）换工互助中的行为规范

"换工互助"作为农业生产的一种互助方式，在生产力水平不高的怒族地区经常出现。怒族村寨由于耕地坡度大，耕地与居住地距离远，生产力发展水平低，耕作技术落后，交通不便，致使他们在耕种收获季节仅靠一家人的劳动力很难达到快耕快收，抢占农时。所以这种自助性的换工互助生产方式在怒族村寨较为普遍，即使到了今天，遇到农忙缺乏劳动力的情况，这种传统性的换工互助生产方式依然存在。

换工互助在碧江怒族中称为"棉博"，福贡县周边称"瓦刷"。① 参加者多为同族人，居住地接近的外族人也可以参加。参与者按照不同的劳动能力被分为不同的工时，以后举办者给参加人照数还工。换工基本以劳动力等同为主，如果出现差别大家也不在意，基本上按照成人对成人、儿童对儿童的对等方式。在基督教进入福贡以前，在换工互助的当晚，主人会备酒食招待；基督教传入福贡后，由于不允许基督徒喝酒，如果换工互助中有基督徒，主人只能用"晌午"招待；如果不是基督徒，还用先前的酒食招待。现如今，统一发展为主人分别备酒食，如果是基督徒，只吃

① 民族问题五种丛书编委会：《怒族社会历史调查》，云南人民出版社1981年版。

饭不喝酒，非基督徒既喝酒又吃饭。换工互助的主人家要是家里缺粮，参与换工互助人将自备口粮。

怒族的换工互助是在自发自愿的前提下进行的，彼此之间不计较劳动力能力的大小，还工时全靠自觉。这种现象充分体现了怒族人民原始淳朴的互助精神。

（二）无偿借贷的伦理道德观念

借贷行为在怒族村寨流传已久，借贷关系主要有实物借贷。实物借贷主要以借地为主，同时还包括借耕牛、家禽家畜等。借地习俗行为中，只要在一个村寨，不分是否为一个氏族，只要有困难，无地或地少户都可以向有地、地多户商量借地耕种。被借出的土地大多为火山地或地块较小，只能耕种玉米、荞麦的下等地，肥力好、地块大、易耕种的水田牛耕地留作自家耕种，不会外借。借出的火山地，按照土地面积，折合成谷物收成多少，借入户要给借出户送适当的礼物，如借地（一排、折合谷物收成为一石二斗）就需向借入户送一头小猪或两个簸箕以示感谢。如果借入户与被借出户是亲戚且借入的地块较小，借入户家庭收入困难，可以不送礼，在收获的季节请被借地户吃酒就行了。如果借入的是早春玉米地，借入户要与被借户伙耕，请吃酒和送礼物都是在秋收后进行。借地期限视情况而定，一般情况下，火山地借期是一年，早春玉米地借期为1—2年。期满即归还原主人。傈僳人进入怒族村寨后，首先进行借地耕种，随着他们人口的急剧增长，势力越来越大，原先借怒族人的地，到后来据为己有，不再归还。但这些只是借地行为中的个别现象，并没有影响怒族整个社会发展中的借地行为。新中国成立后，借地行为就不需送礼了。借牛主要发生在耕种行为中，在借牛过程中，犁头、犁把一并借入。借入户要在借入前后几天放牛，把牛喂饱，使用后把牛归还给原主人，适当的时候，需要给借出户帮工几天以偿还耕牛使用费用。如果耕牛在被借期间发生意外，出现伤亡也不需要赔偿，死亡耕牛由牛主人宰杀后把肉分给各家各户（大部分分给牛主人），借牛行为最先在氏族内进行，后来发展到居住地相近的不同氏族之间进行。[①] 现今在怒族村寨，原始借贷行为已由实物形式的耕牛、牲畜方式转化为货币借贷为主。生产力的快速发展，牲畜、家

---

① 高发元：《云南民族村寨调查·怒族》，云南大学出版社2001年版。

禽数量急剧减少，外来物资供给的多样性和实用性可以通过货币资金购买来完成。谁家资金短期紧张，数额不大，邻里间会相互帮忙，进行转借，以解决当时的困境。虽然借贷方式发生了根本性的变化，但借贷行为中的互助精神依然存在，乐于助人依然被视为优良的传统美德。

以上的借贷方式，充分体现了怒族人民助人为善、团结互助的优良品质。他们把帮助别人看作一种自身理所当然的行为。这样做既能帮助别人，给别人带来便利，同时还有利于整个村寨的发展，被众人视为是一种高尚的道德行为。

（三）修房盖屋中互助的精神

修房盖屋最能体现怒族人民的团结互助精神，它与换工互助不同，修房盖屋中的劳工输出不需要原数奉还。在盖屋过程中，本村寨的人会主动前来帮忙，而且这种帮助是自发无偿的，这种互助形式不但体现在劳动帮助上，还在建筑材料上进行帮助。在以前，主人盖房需要提前准备建筑材料，如盖房用的竹篾、茅草、木材等材料，在准备过程中，村寨中的人已经得知，也会分头准备，以备不时之需。村民前去帮忙过程中，会把提前准备的建筑材料带来，供主人使用（由于怒族生产力水平低，靠单个家庭很难准备齐所有的建筑材料）。如果还不够，则向有这些材料的人家购买，而且价格很低。

在修房盖屋的当天晚上，主人会准备酒水招待大家（不吃饭）。基督教传入福贡县后，在怒族村寨遇到修房盖屋，主人则酒饭兼备；不同宗教信仰者和不信教者的招待方式有所差别，在基督教未传入怒族村寨前，前来帮忙的人会自带一桶自家酿造的米酒，基督教传入后，信教的就不带米酒了，而带一餐粮食，如果参加者家里困难可以不带。①

在村寨走访期间就遇到了一户正在修房，他的建筑材料是现代式的砖瓦水泥，所建造的房屋也为新式的钢筋水泥楼房。文献资料中所描述的干栏式建筑在现今已不被当代人接受，但在建房过程中大家相互帮助的传统依然存在。在交谈中得知，有几个搬砖块和水泥的村民就是主动前来帮忙的，他们认为互帮互助是怒族人必须具备的传统，帮助别人是一件很愉快的事情。虽然现在建房不需要竹篾、茅草、木材，建筑材料需要购买，但

---

① 陶天麟：《怒族文化史》，云南民族出版社 1997 年版。

在修屋盖房期间大家主动前来帮把手、出把力还是需要的。如果看到别人有困难而不帮忙，会被大家看作是不耻的行为，会被整个村寨中的人耻笑。①

修房盖屋中的互助行为是怒族村寨最原始淳朴的伦理道德思想，他们这种不计得失、不求回报的行为方式，体现了怒族伦理道德中无偿性、自发性、团结性、互助性，是怒族社会里珍贵的文化遗产。

通过对怒族传统道德文化进行梳理不难发现，怒族的传统道德文化从19世纪中叶开始到20世纪80年代，出现了比较大的变化。生产力的大力发展，使怒族人民摆脱了先民们刀耕火种般的生活，外来文化中的新知识和先进技术为长期生活在贫困线上的怒族人带来了实实在在的好处，让他们很快摆脱了衣不遮体、食不果腹的贫困状态。它们认为只要有利于生产发展、有利于村寨团结、能够改善大家的生存状况，对整个氏族发展有利的文化意识形态无论是哪个宗教团体、哪种文化体制都应该尊重和接受。这种尊重和接受是原始直过民族在自我发展过程中自然选择方式的结果。传统文化在遇到现代文明后就不停地进行冲击与磨合，趋利避害的自然本性迫使怒族人民在先进文化带来巨大改变的情况下进行不假思索的接受，传统与现代文化的不断冲突推动着怒族人民不断向前发展。

然而，这种不加甄别的吸收融合，也使怒族传统特色文化正在逐渐削弱甚至消亡。外来文化固然有它优秀的部分，在很多地方和怒族传统文化有相似之处，在某些方面甚至还高于怒族文化，的确能为怒族经济社会发展带来实实在在看得见的好处。但是，怒江地区有它独特的地域特征，在这片广阔的土地上有独特的怒族人民，这个独特的民族也曾创造过他们自己独特的地域道德文化，这些传统文化并不是全部的愚昧落后，恰恰相反，怒族道德文化中的尊老爱幼、团结互助、公平正义、无私奉献、淳朴友爱、同生共死、顽强拼搏、共御外敌、崇敬自然、保护生态、追求人与自然和谐相处的伦理道德观念如果能够有效地继承，将会对怒江两岸的生态环境恶化局面进行改善，对于社会中的尔虞我诈的状况进行净化起到积极作用。怒族人民在全面接受外来文化的过程中缺少对本民族传统文化进行审视，对本民族特色文化中的先进内容缺乏信心，对于传统与现代文化

① 2012年7月25日在老姆登村调研。

融合没有找到一个合适的融合点，致使传统文化与现代文化千篇一律，内容趋于雷同。

当下，我们应该加强对怒族道德文化的宣传力度，从思想上彻底转变怒族人民对本民族文化认识的误解，使他们在本质上辨别特色道德文化与大众道德文化的区别，帮助他们认识怒族传统特色文化发展对怒族今后发展的重要意义。

德宏傈僳族的传统道德生活

郑杰翼*

　　摘　要：德宏傈僳族是傈僳族大家庭中的一部分，他们勤劳、善良，又富有创造精神。分布在各个地区的傈僳族又有各自不同的文化及道德观念。德宏的傈僳族不仅有自己的语言、文字，还有不同的姓氏。但他们都有勤劳勇敢、团结互助、共同富裕、尊老爱幼、扶贫济困、共同发展的道德观念及和睦相处的行为规范。

　　关键词：德宏傈僳族；传统道德；生活

　　傈僳族是一个古老的民族，主要分布在我国原来的西康省（即现今云南省、四川省、西藏之间的州县）和古代云南腾越州的坎底地区、江心坡地区。也就是说，傈僳族最早生活在四川、云南交界的金沙江流域一带，后来才逐步迁到滇西怒江地区定居下来。因此，傈僳族也是云南的特有民族。他们主要聚居在云南省怒江傈僳族自治州和维西傈僳族自治县，其余散居在云南丽江、保山、迪庆、德宏、大理、楚雄等州、县和四川的西昌、盐源、木里、德昌等县。傈僳族为氐羌族后裔，即藏缅语族的一支，他们有自己的语言，语言属汉藏语系藏缅语族彝语支。原有文字但很不完善，1957 年创制了以拉丁字母为基础的新文字。然而，分布在云南各地的傈僳族，又各有自己的特点及各自的道德生活，德宏地区的傈僳族也是如此。

一　德宏傈僳族的概况

　　傈僳族是我国民族大家庭中一个古老的成员，是历史悠久、勤劳勇

---

　　* 郑杰翼，男，傈僳族，德宏州芒市风平镇人民政府干部，云南民族大学伦理学研究生。

敢、富有创造精神的民族。德宏地区的傈僳族与其他地区的傈僳族一样，他们有自己的语言文化，同时，由于地理环境的原因，他们也有自己的特点。

（一）人口分布

傈僳族是跨中国和缅甸边境居住的民族，主要聚住在云南省怒江傈僳族自治州的泸水、福贡、贡山、兰坪四县；同时，丽江市、迪庆藏族自治州、楚雄彝族自治州、大理白族自治州、保山市、德宏傣族景颇族自治州、临沧市、昆明市、四川省凉山彝族自治州等地均有分布；国外傈僳族主要聚住在缅甸，泰国、新加坡、印度、菲律宾、日本等国也有零星分布。

德宏，意为怒江下游。全州国土面积 11526 平方公里。属热带亚热带地区。与缅甸山水相连，有 503.8 公里的中缅国境线，两国边民同一民族跨境而居，一寨两国，一井共饮，一家两国。傈僳族是德宏五个世居民族之一，德宏州有 2 市 3 县，每个市县都有傈僳族分布，全州总人数为29907 人。芒市傈僳族人口共 3695 人，主要分布在芒市镇、中山乡、勐戛镇和芒海镇，傈僳族人口在 500 人以上 1000 人以下；瑞丽市傈僳族人口共 616 人，勐秀乡傈僳族人口在 200 人以上；陇川县的傈僳族人口共有4975 人，户撒乡傈僳族人口最多，为 2000 人以上，户撒乡朗光村有三个寨子全是傈僳族；盈江县的傈僳族人口共有 19271 人，有苏典傈僳族乡，人口为 5353 人，卡场乡、盏西镇、平原镇傈僳族人口在 2000 人以上，弄璋镇、昔马镇、支那乡和勐弄乡傈僳族人口在 1000 人以上；梁河县的傈僳族人口共有 1350 人，河西乡、九保乡傈僳族人口在 200 人以上。（根据2010 年第六次人口普查统计）因此，全世界傈僳族总人口有 100 多万人，中国傈僳族人口有 702839 人（根据 2010 年第六次人口普查统计），德宏傈僳族人口有 29907 人。

（二）族源和族称

民族学研究表明，傈僳族源于古代氐羌族群，至今仍具有高原民族的特征：体长、高鼻、薄唇、凹眼，和南亚语系各民族有明显的区别。氐羌是远在公元前几千年就已形成的族群。周武王伐纣时，就已有羌人等八个族属参加。

　　傈僳族是一个历史悠久的民族。西汉以前，傈僳族先民属于彝语支的"靡莫之属"和"劳浸"、"嶲"、"昆明"等数十个部落中的一个集团。三国时的蜀国辖有定筰县（四川盐边一带），《华阳国志·蜀志》称"筰，筰夷也"，把"筰"和"劳浸"、"昆明"、"摩沙"等部落分开，"筰夷"当是傈僳族先民。

　　傈僳这一族称最早见于唐樊绰《蛮书》。该书卷四类第四载："栗粟两姓蛮，雷蛮、梦蛮该在茫部台登城，东西散居，皆乌蛮、白蛮之种族。"傈僳作为单一的共同体已经形成，散居于雅砻江、金沙江—古泸水流域，即今四川省西南部的冕宁、西昌、盐边、盐源和云南省的丽江、宁蒗、维西一带。①

　　宋、元两代，文献上很少有关傈僳族的记载。但有学者研究认为，南诏、大理国时期的"施蛮"、"顺蛮"，元代称"卢蛮"者，即傈僳族，南诏、大理时已散居到丽江、鹤庆、剑川和维西至贡山、福贡一带。成书于明的《元史·地理》载金齿8种民族中的比苏，既是地名，指今云龙一带；也是族称，即傈僳族。

　　傈僳的族称，蜀汉时对其先民有"筰"的记载，而最早出现的史书就是樊绰的《蛮书》，那里有准确的傈僳族自称"栗粟"；以后有过"乌蛮"、"白蛮"、"施蛮"、"顺蛮"、"卢蛮"的称呼，应是他称。到了14世纪傈僳之称再次出现之后就沿用至今。因为是基本确切的自称，所以千百年来用字就再也没有变动过了。

（三）迁徙和定居

　　根据史书记载和民间传说，公元8世纪时，傈僳族的先民主要居住在雅砻江、金沙江两岸的广大地区。据明景泰《云南图经志书》说，他们"居山林……常带药箭弓弩，猎取禽兽，其妇人则取草木之根以给日食"。由于战争以及反抗土司的压迫和掠夺，大批傈僳族西迁，按他们的说法"向着太阳迁移"，向怒江一带迁移。18世纪中叶，陆续有大批傈僳族迁入德宏地区，迁入德宏后，与汉、景颇、德昂等族交错杂居，形成大分散、小集中的特点。

---

　　① 史富相：《傈僳族的根与源探析》，载《傈僳学研究》（一），民族出版社2010年版，第98—99页。

明末清初已有部分傈僳族居民迁入滇西，清乾隆征缅期间及咸丰、同治年间，清王朝镇压回民起义，都征调过大量的民夫、壮丁，其中傈僳族人为数不少。他们在完成任务后，有的无力回到原籍，在深山老林谋生、定居下来，有的则是奉命留守边关哨卡，先是领食月粮，后则划地开耕，建立起居民点。芒市中山乡"木城坡"就是驻守那里的傈僳人构筑木栅营盘而得名。

陇川大场的麻、曹两姓傈僳族人传说，他们的祖先是从太阳出的地方搬来的，后人只记得一个地名叫"象达"。祖先世系是：祖父、曾祖、高祖、高曾祖，再往上延三代，距今 170—200 年，即公元 1790—1820 年间，亦即乾隆五十五年到嘉庆二十五年，正是乾隆征缅和清王朝多次残酷镇压、傈僳族反清斗争的年代。

麻、曹两姓是朋友，离家狩猎，追踪蜜蜂，迷失了回家的路，就在一处景颇人居住的地方定居了。在与景颇人相邻而居之初，得到过很多的帮助，生活安定。不知居住了多少年之后，景颇族山官头人向傈僳族索取的负担越来越多，发生土地纠纷，傈僳人又朝太阳落的方向迁移，才来到陇川大场。住在大场的傈僳人起初以采集、狩猎为生，经常下到陇川坝，以干鹿脚、干熊膀和鹿茸、熊胆及其他山货换取大米等生活必需品。傈僳人不断向西开辟道路，披荆斩棘，见到了户撒坝，那里有田地、牛羊，傈僳人就在附近开田种地盘庄稼，生活开始稳定了下来。

麻、曹两姓在大场定居的同时，傈僳人从梁河、盈西方向陆续迁来，形成了热闹的边河大寨，逐渐分出祝（竹）家寨、曹（勒墨）家寨、麻家寨、密家寨和千家寨、野牛坝等附近的许多村寨。人丁兴旺，继续西迁，搬到赖结山、城子山、芒来山和邦外的弄贤、盈江的拱别，后又搬到现缅甸境内。

（四）姓氏和方言

德宏傈僳族以余（鱼）姓最多，还有曹（勒墨）、蔡（菜）、麻、熊、蜜（或作蜂、丰）、窦（怒扒）、祝（竹）、杨（羊）、褚（鼠）、皮等；少有虎、荞、雀、鸡、船等姓氏；皮、早、孔诸姓似仅见于德宏。各姓氏都有关于自己姓氏来历的传说，同一姓氏在不同地方的传说又有差异，或大同小异，或完全不同。芒市东山乡向北河的余姓说，他们的祖先在大江之滨，捕鱼为生，善捕鱼，因而姓余（鱼、渔）。陇川县户撒乡赖结山余姓的来历则有一个神奇的故事：很早很早以前，洪武十八年的皇帝来云南时被大江阻隔，遇见一位傈僳人，便问他贵姓？那位傈僳人不答话却往大江看去，只见江中有一条很长很长的大鱼跃起，横躺在江上，成为一座大桥，洪武（皇帝）得以从鱼身上过了大江，十分感谢那位傈僳人，因而封赠他姓余。余姓有若干分支；"本底余"是祖宗住过"本底罗"地方的一支；"自加余"，是住过"自加罗"地方的一支；"阿洽余"，是与阿昌族通过婚的一支；蜜余、熊余，都是娶蜜姓、熊姓女人为妻的余家。

傈僳语可以分为怒江方言（怒江、丽江、迪庆、大理、保山、德宏、临沧），还有四川省（凉山州、攀枝花市的盐边县、德昌县等）、禄劝方言（楚雄的武定、昆明的禄劝）两个方言，这两个方言之间不能通话，德宏傈僳语属于怒江方言，全国使用怒江方言的人口有 50 多万人。怒江、丽江、迪庆、德宏各地的傈僳方言名词尽管有别，也易于理解明白。德宏傈僳族由于和其他民族杂错而居，多能操一种以上的其他民族语言。陇川弄贤、盈江卡场的傈僳人操景颇语十分流利；户撒乡的傈僳人多会阿昌语。

二　德宏傈僳族的传统道德观念

傈僳族在自己悠久的历史中，创造了辉煌的文化。而其传统道德思想则是傈僳族文化中的宝贵财富，它与傈僳族的习俗、礼仪、公事活动融为一体，也与宗教信仰和鬼神崇拜相混合，在傈僳人民的精神生活中起着直接的规范性作用。

（一）德宏傈僳族传统道德的特点

"道德是人类社会生活所特有的，依靠社会舆论、人们的内心信念、传统习惯和特殊手段维系的，并以善恶标准进行评价的原则规范、心理意识和行为活动的总和。"[①] 在德宏傈僳族的社会生活中，一般的传统道德有以下几个特点：

1. 维护团结、维护集体的共同利益

一个傈僳族的氏族、家族或村寨，就是一个集体。如果有损于家族利

---

① 杨国才：《白族传统道德与现代文明》，云南人民出版社 2011 年版，第 2 页。

益的情况发生，或任何一个社会成员受到外侮，任何一个成员的利益、财产和生命受到危害，其成员必定结成一个统一的整体一致对外，整个集体的成员都负有保护家族的义务。

2. 礼貌待人、热情好客

客人来访，主人都会热情地将客人让进堂房，敬酒、让茶、看坐。傍晚一定要客人休息，因为在太阳西沉时把客人送走是会被耻笑的。留下客人后，主人会把家里最好的东西拿出来款待客人，杀鸡备酒。睡前，把火塘边最好的位置让给客人。

3. 尊老爱幼

年轻人遇到了长辈长者，要有礼貌，说话要客气，不管认识与否，在路上碰到都要侧身让路，等对方走过后，自己再走。在家里时，年轻人不允许到长者的上方或长者的座位上就座。年轻人外出时，要向家中的老人说明原因，只有老人同意，才能出行。归来时，要先进屋向老人请安。

4. 有事相帮、互助平等

傈僳族认为帮助孤寡老弱是天经地义的事，所以往往是一家有难大家出面帮助。傈僳族修建房屋必须依靠亲友及邻居通力合作，在一日之内完成，否则认为不吉利，这种称为"瓦爪"的形式，使傈僳族人民形成了互相帮助的自觉习惯。

5. 和睦相处、平均分配

傈僳语中有句话叫"自眯伙"，意思是共同协作。一家有事，大家甚至整个村寨的人都会去帮忙。全村寨人不管是谁家的粮食，如果哪家断粮了，可以到有粮食的家庭吃饭，有粮食家庭的主妇在做饭分食时，会像看待自己家庭中的成员一样，不分内外，不论多少天，绝不会被赶走。这家的粮食吃光了，再到第三家、第四家，一直到全村各家的粮食全吃光了，大家集体协作，全体劳动力上山采集。正因为如此，新中国成立初期，在傈僳族地区进行计时计工、按劳分配时，他们很难接受。

德宏傈僳族传统道德在社会生活中还有诸多方面的表现，但仅从上述几个基点来看，其内涵是深刻的，它反映了德宏傈僳族的社会经济生活。新中国成立前夕，分布在德宏地区的傈僳族主要从事狩猎采集，到20世纪中叶，虽然生产资料已出现多寡之分，物质占有出现贫富差别，但是还没有出现明显的阶级分化。可见，直至新中国成立前后，德宏傈僳族的生产力水平仍较为低下，凡是有劳动能力的人，都必须自觉从事自己力所能及的劳动。这种情况下，几乎不存在脱离劳动、剥削他人、居于社会上层的人员；与此相适应的道德规范只能是大家共同生产，互相帮助，平均分配。在没有压迫和剥削的社会生活中，傈僳族的道德尚属于统一的道德范畴，并且具有普遍性，适用于傈僳族每个成员。道德的核心是平均主义。正是由于原始社会在傈僳族社会生活中延续到 1949 年前后，从而使反映原始社会经济生活的道德规范在傈僳族的思想和行动中得到充分的发展和巩固，对傈僳族的传统道德产生了巨大影响。直到今天，原始平均主义仍是不少傈僳族群众奉行的道德准则。

（二）傈僳族原始信仰中的道德观念

任何一个民族的传统道德都是在长期的社会生活中，不断地从本民族的其他文化传统中汲取丰富养料，借助其他传统使自己充满活力。德宏傈僳族的传统道德和其他民族一样，是在一定的社会基础上产生、发展的。

原始的道德规范靠信仰、传统和舆论的力量来维持，然而，信仰、传统、舆论往往要由原始崇拜来培养、扶持，甚至某些原始崇拜观念同时也就具有道德规范的作用。[①] 在社会生活中，傈僳族的原始崇拜可谓最具有民族特色的一大表现形式。1950 年前，散居于不同地方的傈僳族都分属于不同的图腾，信仰同一图腾的人们组成的氏族社会叫"初俄"，"初俄"里的人有着直接或间接的血缘亲属关系。"初俄"有共有的生产资料，大家共同生产、共同收获、共同欢度节日，彼此有收养孤寡和经济上互相帮助的义务和责任。"初俄"必须一致对外，有共同抵御外侮之责。再如，傈僳族捕获猎物要平均分配，以及粮食共有、见者有份的传统道德也与其原始信仰活动有关。傈僳族认为，野兽是属于山神的，猎获野兽实际上是山神把野兽馈赠给大家，因此，不能看成是猎手一个人的猎获物。在捕猎活动中，由于上述图腾崇拜的影响，使傈僳族视自己的图腾动物为庇护神，并成为一种道德规范来进行要求，不能伤害图腾动物，否则会受到神的惩罚。傈僳族是以十二生肖纪年的。逢虎年时，虎氏族的长老、头领要带领全氏族成员举行祭礼仪式，向刻有或画有虎形象的木雕及图像行祭，老人则唱起"木瓜布"调，给大家讲述虎氏族起源的往事，故事中穿插

---

① 胡学才：《傈僳族信仰的宗教》，云南民族学会《傈僳族研究》委员会编《傈僳族研究》，2010 年，第 240—251 页。

道德规范的要求，使子孙后代不忘先辈的传统，牢记道德的要求。全族男女老幼一起饮酒、唱歌、跳舞，气氛热闹和谐。

（三）德宏傈僳族的道德教育

在没有学校教育的时期，德宏傈僳族社会的教育主要是依靠经验传承，即老一辈将各种生产生活经验在实践中直接传授给下一代，晚辈以长辈为学习的榜样和楷模，直接继承他们的全部经验，包括基本的生存技能、公认的生活方式、简单的是非观念、对社会和人生的粗浅认识等等。① 德宏傈僳族十分重视道德教育，道德教育贯穿在一切的教育形式中，这种伦理道德教育的形式是在自然或不自然的民族民间文学传承过程中进行的。比如，傈僳族叙事长诗《娶亲调》中唱道："按照古规去行事，遵着古礼做后人。"② 个人在家庭环境、公事活动，甚至宗教活动的气氛中，一直受着本民族的规矩和习俗的影响，他要在本民族中取得一定的身份或社会资格，受到人们的信赖和尊重，就不能违反本民族的道德习惯，而应该履行相应的义务，把公众所奉行的准则也作为自己行为的准则。同时，年青的一代跟随着年长的一代，尤其是民族的歌手学习民歌。这些民歌直接反映了傈僳族的生产、风俗和道德等，例如，傈僳族《火把节调》共计 140 余段，其中大多歌唱劳动、团结友爱、互相帮助。人们在传唱中自然而然地受其熏陶，逐渐形成道德观念。按照德宏傈僳族中接亲的婚庆习俗，要想接回新娘，就必须要进行山歌对答，这是一种讲究伦理规则，又诙谐斗智的活动，一些对唱是完全临时发挥出来的，没有固定的问答内容，许多内容涉及伦理道德，所以要想当时过关，就必须靠当事人平时多参加这种活动并不断地进行自我学习，只有这样才能不在婚庆现场当众出丑，如果对答机智幽默的话，还会在当地成为年轻人学习的榜样。

德宏傈僳族非常注重道德教育的作用，且这种传统道德教育并不只是简单的说教，而是活生生地把道德教育融入平常的生活中去，在生活实践中不断强化年青一代的道德认识、道德修养，完成自主的道德建构。

---

① 杨燕同：《傈僳族传统伦理思想初探》，《傈僳学研究（一）》，民族出版社 2010 年版，第 197—198 页。

② 盐边县傈僳族研究会：《傈僳人》，中央文献出版社 2012 年版，第 53 页。

三 傈僳族风俗习惯中的行为规范

"风俗是道德的母体，风俗所包含的道德内容是调节人一生中重大活动的行为准则"；"习惯所包含的道德内容是调节人们日常生活中人与人之间关系的行为方式，这些行为方式与本民族的生存和发展有着直接或间接的联系"。① 德宏傈僳族所遵循的道德原则和道德规范，主要就是通过风俗习惯和乡规民约，以宗教信仰和民族道德情感的方式表现出来，这些道德原则和规范处在经验层次的水平上，没有经过理性的思考，形成自觉的、系统的思想理论。这虽然是一个弱点，但也是优点所在。正因为民族的伦理道德是千百年来生活经验的积累，融汇在风俗礼仪和传统习惯之中，作为民族心理和精神意识的主要组成部分，因而有着更为直接的社会功能。民族道德所能产生的良好社会效果是值得我们深思的，它对社会主义精神文明建设也具有一定的启迪作用。

每个民族都存在着如何认识和处理传统文化与现代化的关系问题。德宏傈僳族传统道德的群体特征有许多在今天看来完全可以改造继承并为现代化建设服务。德宏傈僳族传统道德重视群体，强调个体归属于群体的行为原则，对于傈僳族地区形成安定团结的政治局面具有重大意义，这对促进社会主义精神文明建设有积极的作用。

当前，德宏作为一个边疆民族自治州，迎来了中国—东盟自由贸易区全面建成、云南面向西南开放桥头堡和瑞丽国家级重点开发开放试验区建设，以及"民族团结进步、边疆繁荣稳定示范区"建设这些千载难寻发展机遇，随着改革和发展的不断深入，民族间经济、文化交往的扩大，德宏傈僳族的传统道德正面临如何吸收、消化其他民族传统中的优秀成果以及识别、抵制其中的不良因素问题，因此，面对新形势下的机遇与挑战，发扬傈僳族传统道德中的优良部分，并注入社会主义道德的新内容，是搞好德宏傈僳族社会主义道德建设的有效途径。也是创造性开展民族工作的必由之路。

---

① 杨国才：《白族传统道德与现代文明》，云南人民出版社 2011 年版，第 22 页。

农村留守老人养老的道德规范

仰萍萍*

摘　要： 随着我国社会的变迁和城镇化步伐的加快，每年农村的劳动力会大规模地向外转移，形成了大量的农村留守老人，由此引发了很多社会问题。其中，农村留守老人的养老问题备受关注。本文主要从农村传统的养老方式受到现代化的冲击入手，分析现在的农村留守老人养老面临的各种困境，分别从个人、社区、制度建设三个方面提供走出养老困境的路径选择，希望通过各方面的努力解决农村留守老人的养老问题，给他们一个幸福的晚年。

关键词： 农村留守老人；养老；困境；路径

伴随着社会变迁和城镇化进程，我国出现了大范围的人口流动。由于我国目前的人口流动具有较强的年龄选择性，使流出地的人口年龄结构老化速度加快，养老问题成为当地的主要社会问题。[①] 留守老人养老包括经济供养、生活照料、精神慰藉等内容，这已成学界共识。[②] 留守老人在养老方面面临的问题也主要来自这几个方面。

一　农村留守老人养老面临的困境

在传统的经济赡养方面，一直是子女承担主要的养老责任。在农村，家庭成员的外出，使家庭的养老功能弱化，留守老人承担了原本属于流动人口应该承担的责任和义务，加重了留守老人各方面的负担。[③]

---

* 仰萍萍，女，云南民族大学人文学院 2013 级社会学硕士研究生。

① 周福林：《我国留守家庭研究》，中国农业大学出版社 2006 年版，第 100—111 页。

② 陈功：《我国养老方式研究》，北京大学出版社 2003 年版。

③ 苏锦英、王子伟：《农村地区留守老人基本状况调查》，《医学与社会》2009 年第 1 期。

（一）经济供养水平普遍较低

在经济方面，农村留守老人的经济状况不容乐观。农村土地经济收入的年年下降，单靠外出打工子女给父母的支持还不能给予父母充足的经济支撑，老人们平时除了日常生活用品的消费以外，还有必不可少的求医问药的费用。此外，有些子女外出务工而将小孩留在家中由留守老人照顾，这也增加了老人们的负担，他们还得给孙子、孙女一些零用钱。还有一些子女在外从来不给留守老人寄钱，这些老人仅仅依靠土地上的一些收入满足自己的日常需求，过着节衣缩食的日子；更有甚者把孩子也丢在家里，要老人承担孩子的学费、生活费，这使老人的生活质量严重下降。

（二）生活照料的缺乏

在生活照料方面，一方面，由于居住空间上的分离，造成了成年子女一代为老年父母一代提供直接的健康和生活照料上的困难；另一方面，中青年劳动力外迁也使留守老人不得不承担起更加沉重的干农活、做家务、照看小孩等负担。这两方面的共同作用加剧了农村留守老人的健康和生活照料问题。与城市老人不同，农村的老人没有退休一说，只要还有劳动能力，他们还会继续从事农业生产，可以说是活到老、干到老。[①] 子女外出打工后留守老人不得不用较多的时间下地耕作，以及照看孙辈，而且大多数留守老人身体状况都不好，体弱多病，普遍患有慢性病。虽然子女外出务工增强了老人医药支付的能力，负担起了老人一部分的医药费，但一旦生了大病，昂贵的医药费也让子女整个家庭难以支付，存在着"生得起病，拿不起药"的现象，有病不医的情况不在少数，绝大多数留守老人出于习惯或现实经济状况考虑从来没有做过健康体检。在医疗保障方面，大部分留守老人都无任何医疗保障。由于子女不在身边，他们在日常生活、家务帮助、安全和医疗方面得不到照料，往往在突发疾病时得不到及时抢救，生命时常受到威胁。有些留守老人难以自己照料自己，生活自理能力较差。

---

① 张大勇、于占杰：《家庭支持网与农村留守养老问题》，《安徽师范大学学报》（哲学社会科学版）2007 年第 5 期。

（三）精神慰藉的缺失

农村留守老人精神生活单调，时常感到孤独。农村留守老人精神生活单调，没有什么文化娱乐活动，做完农活之后，多半在家看看电视，有的甚至连电视都没有。由于子女外出与父母见面机会减少，主要的联系方式就是电话。但长期的代际分离使两代人观念差距拉大，大多数外出子女很少与父母沟通，打电话时更多的话题是留守儿童，询问孩子的生活状况、在学校的学习之后，没有多余的一句话和父母讲。有的子女过年基本上也不回家，寒暑假都把孩子接到身边，完全忽略父母的感受。随着老年人年龄逐渐增大，对子女的情感依赖也会不断加强，而现在年轻人和父母彼此之间的感情纽带变得松弛，由此可能会带来子女孝道的弱化，直接影响老人的家庭地位和养老质量。在以往的农村，这些老人还可以经常串串门、聊聊家常，可是现在，由于人与人之间的疏远，连这些基本的活动都没有了，都是在自己家里待着。这种情况如果出现在城市社区也不足为怪，但是，现在农村也是这种风气，留守的老年人也很少串门儿，有话无处说，过着孤独的生活。

二 农村留守老人养老的路径选择

（一）养老的道德要求

1. 子女的孝道责任的重建

随着大量农村劳动力外出，农村在社会结构、社会生活、人们的价值观等方面的变化，使农村社会代际价值观发生分化，加剧了代际之间差异，代际关系作为一种社会规范的社会关系，会随着社会规范、价值观、具体场域的变化而变化。伴随着子代的外出务工，子代的平等意识越来越强，代际关系日趋平等，甚至代际逆倾斜开始凸显。孝文化开始解构，出现了子代责任的单边解放和父代责任自我强化倾向。[①] 这两种倾向结合在一起，会使留守老人生活质量下降。留守老人对子女的要求在很大程度上希望家庭，尤其是子女提供亲情环境、亲情关怀，子女的支持可以满足留

---

① 马尽举：《孝文化与代际公正问题》，《道德与文明》2003 年第 4 期。

守老人对家庭亲情、天伦之乐的需求。因此，建构子女的责任伦理，重塑孝文化的功能，加强子女对留守老人的各方面支持，对农村留守老人十分重要。

2. 留守老人自身能力的发挥

在社会变动剧烈、流动频繁的大背景下，很多因素会使子代越来越多地陷入角色困境，家庭角色与社会角色的冲突越来越凸显。因此，在顺应社会变迁的进程中，留守老人应不断增加角色的独立和弹性，实现精神自养。[①] 物质自养的能力随着老人劳动能力与收入水平的下降而降低，生活照料能力随着老人年龄增大、健康水平下降而下降，这两种能力更多的是与客观条件、自然规律关联，很难通过老人自身努力来改变，需要支援来实现。而精神慰藉尽管与客观因素有关联，但更多的是与主观因素关联，譬如，自立自强价值观、自我的心理调适，在一定程度上可以通过老人的自身努力来改变。无论是主动自愿还是无奈被迫，留守老人应以积极态度寻求自我实现的形式与渠道，拓展自己的活动天地与需求目标，提升自我的心理调适能力，不要把自己的人生价值仅仅建立在子女的幸福上，减少对子女的过度依赖，提高自身解决问题的能力，并以我们未曾预料的决心去迎接和创造未来的生活，不管会遇到来自外部环境的挑战还是内部心灵的痛苦与冲突，都要增强其抗逆力。[②]

（二）社区养老的规范

1. 农村社区建设及居家养老服务的开展

传统的农村社区是一种在自然状态下，由于长期共同生活而形成的具有共同文化理念的共同体。但是，进入现代社会以来，传统农村社区发生了重大变化。农村村落社区本身是人们有认同感和归属感的居住区，是"熟人社会"，属于地方性互动网络，这种网络是以感情、人情、互惠和信任为基础，是初级群体，它提供的思想情感交流、心理精神沟通均是建立在长期的、亲密的、面对面的互动过程中的，人际关系和情感原则推动着这种非正式的地方性互动网络运行。正是这种亲密关系使社区具备了"亲切"优势，奠定了农村社区支持的动力基础，也为社区开展居家养老

---

① 穆光宗：《独生子女家庭非经济养老风险及其保障》，《浙江学刊》2007 年第 3 期。

② 何雪松：《社会工作理论》，上海人民出版社 2007 年版。

服务提供了情感基础，确实也有一些农村社区已经在践行这一服务。在宁波市鄞州区鄞江镇"悬慈村有 70 周岁以上老年人 265 人，其中独居老人 113 人，空巢老人 43 人。根据老人的自理能力、家庭收入等，该村对需要提供养老服务的老人进行评估，确定了无偿、低偿和有偿三类服务对象，并分别收取每月 0 元、100 元、200 元服务费。无偿服务对象可享受每月 10 小时的免费居家养老服务，抵偿服务对象可享受每月 5 小时的免费居家养老服务，有偿服务对象按市场价的 85% 支付劳务费，金额不足部分由镇村两级负担。其他个性化服务，由双方商定当场支付劳务费。为保证服务质量，该村积极引入市场化服务机制，将居家养老服务外包给具有一定资质的家政服务公司"。① 根据老人的自理能力和经济能力，把无偿服务和有偿服务结合起来，积极开展居家养老服务。

2. 乡镇企业促进县域经济的发展

加快乡镇企业发展，促进农民增收，壮大县域经济，以促进农民增收为核心，多渠道转移农民就业。② 要广辟农村富余劳动力就近就地转移就业的途径。我国农村富余劳动力较多，解决好他们的就业问题，有利于实现农民收入长期较快增长。要采取措施扶持县域经济发展，增强县域经济活力，引导乡镇企业转变机制和增长方式，注重发展就业容量大的劳动密集型产业和服务业，扩大农村劳动力就近就地转移就业的容量。农村劳动力就近就地转移，一方面可以保证农民的收入，另一方面青壮年也不用远离家乡父母、孩子，这样可以保证农村留守老人得到生活上的照料，同时也可以增进他们与子女之间的感情。

3. 养老服务机构的建立

养老服务机构是指为老年人提供养护、康复等综合性服务的机构。依据民政部《老年人社会福利机构基本规范》，除了社区老年人服务中心没有生活起居设施，以下养老机构包括福利院、托老所、老年公寓、敬老所等机构都应设有生活起居、餐饮膳食、文化娱乐、清洁卫生、康复训练、医疗保健等多项服务设施。但是就目前国内情况而言，很多养老机构提供的服务性质不够明确，运营服务存在的困难非常多，资金也比较缺乏；护理工作人员紧缺，工作强度大，工资待遇低；政府部门对其监管也比较无

---

① 《宁波市鄞州区居家养老服务站建设实施方案》，2012 年 7 月。
② 胡锦涛总书记在中国共产党第十七次全国代表大会上的报告。

力，有些优惠政策也没有办法落实；民办的养老机构经济效益不好，整体水平不高，所以，针对养老服务机构的这些问题，我们要加快从"家庭养老"到"政府养老"的转变，尽快实现政府的主导作用，并且完善相关行政管理法律法规，加快养老服务专业化队伍建设步伐，大幅提高老年人福利事业的水平，也为以后的老年事业服务。以孝道为观念的传统养老方式造成了这样一种心态：老人都不愿离开子女去养老院。但是目前，在相当富裕的农村也都建立了养老院，专为孤寡孤独老人所设。笔者相信，在现代化进程的影响下，只要我国养老服务机构更加完善，会有越来越多的农村留守老人改变思想，入住养老机构。

4. 文化娱乐活动的开展

我们知道一个人的生活态度绝大多数取决于一个人的心态，一个人的心态又取决于他每天的生活。如果每天能够参加使人身心愉悦的文化娱乐活动，心情自然就轻松了。每个地方可以以村为单位定期举办一些文娱活动，比方说下象棋、比书法，要不然就是聚在一起闲谈也能促进留守老人之间的沟通与交流，减轻他们的孤独感，如同国外的一些老年人组织，既可以丰富老年人的生活，又可以扩大老年人的交友圈，满足老年人内心的情感需求。另外值得一提的是，当前中国风风火火的广场舞，虽然之前对大妈们广场舞音量扰民的报道层出不穷，但是最近又报道出大妈们戴耳机跳广场舞，既满足自身锻炼的需求，又不给别人带来困扰。在农村，留守老人的文体活动比较少，笔者认为，农村留守老人也可以聚在一起适当地跳跳广场舞，既锻炼身体又可以增进大家的联系，何乐而不为呢。

（三）养老的制度建设

1. 留守老人土地经济收入的提高

来自农村的人很容易理解，为什么有的留守老人六七十岁还在从事农业劳动。有的老人从儿时开始就在土地上劳动，土地养活了一代又一代的农村人，农村的留守老人绝大多数是靠着土地长大、成家、养育下一代的，到了老年，在没有别的经济支持的情况下，他们依旧寄希望于土地，独立自强地养活自己。但是，农产品的价格一直不高，农民增收困难，要想增加收入，只有提高土地的利用效率。国家也针对农村土地提出了很多的政策，土地流转政策就很有针对性，可是，由于土地流转市场发育不完全，土地流转的效率很低，无法通过市场的调节提高土地的规模效益，这些守着田地的留守老人依旧没有在土地上获得较高的经济收益。所以，政府部门还是应该在其中起到主导作用，统筹农村抛荒的土地和老年人的土地，按照当地的现实情况，集中利用土地种植农作物或其他经济作物，提高当地农民特别是留守老人的收入，提高他们的经济水平。

2. 相关制度的完善和创新

政府应该完善其相关的政策，改革户籍制度等二元体制，积极推进如最低生活保障制度、五保供养制度、养老保险制度、农村新型合作医疗等等制度的创新，努力创造城乡居民平等的制度基础。特别是农村社会养老保险事业的发展尤为重要，虽然它受到来自农民经济能力和文化观念方面的阻力，但只要锲而不舍，在经济允许的地方一步步做起来，不仅会解决农村留守老人的养老问题，而且也会解决整个农村的养老问题。

3. 社会主义新农村建设推进城乡一体化的发展

社会主义新农村建设是指在社会主义制度下，按照新时代的要求，对农村进行经济、政治、文化和社会等方面的建设，最终实现把农村建设成为经济繁荣、设施完善、环境优美、文明和谐的社会主义新农村的目标。国家应该改变以往过度强调城市化发展的战略，同时，把新农村建设和城乡一体化结合起来，加快发展当地经济，从而缩小城乡差距，留住外出务工的青壮年，使他们能够就地工作，妥善照顾好自己的家人。

如今，伴随着新一代在外上学、就业的需求，以及人口老龄化的趋势，将会有越来越多的农村留守老人出现。笔者的父母也在其中，感触良多，如果一个社会"老年群体晚境凄凉，势必严重影响劳动人口的积极性，不利于生产力的进步和发展"。① 所以，全社会应对此问题给予更多的关注，共同为解决农村留守老人养老问题建言献策，积极寻求可操作性的解决办法，真正实现老有所养。

---

① 王翠绒、易想和：《略论孔子人口伦理思想》，《道德与文明》2005 年第 3 期。

纳西族善恶观念述评

叶春秀[*]

摘　要：少数民族地区的传统伦理道德是社会主义精神文明建设的宝贵财富，东巴经作为纳西族传统文化和人民智慧的结晶，其中展现了他们从古羌人时期到至今的优秀伦理道德系统。东巴伦理观中的善恶观念规范着纳西族人的道德生活，并且在不断的发展中获得了新的内容。

关键词：纳西族；东巴经；善；恶；神话

在社会主义市场经济的冲击下，少数民族地区的优秀文化传统受到挤压，在这种形势下，人们寄希望于伦理道德的诉求，通过伦理道德的重构和重视来加强现代精神文明的建设，约束人们的行为，呼唤人们的内心道德律令。本文致力于对传统伦理道德进行综合的创新，以重建纳西族的伦理，并且弘扬纳西族的传统美德，提高人们对于纳西族伦理和道德生活的关注。国内外学者大多将他们的研究视野集中在东巴经中的哲学、宗教、文学、艺术等方面，对于善恶观念的研究局限于善恶的起源、名词解释和生活中的表现，没有系统分析这些传统的古道德怎么样与社会主义市场经济适应。笔者将视野集中在善恶观念的分析上，重构伦理观念对于当今社会的价值，继承和发扬传统伦理道德，促进少数民族地区的经济繁荣和社会进步，丰富精神文明建设的内容，扩充民族伦理研究的视野。

一　善恶观念的渊源

纳西族渊源于远古时期居住在我国西北河湟地带的羌人，北宋杨仁在

---

* 叶春秀，云南大学哲学系伦理学硕士研究生。

《谈苑》中："羌人……以心顺为心白人，以心逆为心黑人"。《明史·四川土司·茂州卫》中记载"其（羌人）俗以白为善，以黑为恶"。① 早期善恶观念的研究以"白"、"黑"起始。

善恶观念是伦理学中最基本的一对范畴，也是最重要的范畴，善恶观影响着人们的道德认识水平和实际践行活动。摩尔认为，善区别于任何一种自然的或人工造成的性质，如果定义是借助某种其他事物而作出的一种陈述，那么善不可定义。② 道德意义上的"善"是指某种行为意图或者人的品质等是好的。

（一）"白"与"黑"

杨福泉在《东巴经中的黑白观念探讨》归纳了东巴经中所反映的"黑"与"白"的观念，指出它提供了纳西族源于古羌人的又一新证，联系古羌人及许多中外民族"以白为善，以黑为恶"的观念，最早起源于原始先民崇尚光明，恐惧黑暗的心理，最基本的"黑""白"观念来源于此。

杨福泉的《纳西文化史论》：东巴用绘着日月的白色旗镇压鬼怪，为人祈福，也用白面粉涂脸以示用白色震慑鬼邪。而且"三多"的形象也是白面如雪，身穿白盔白甲，其化身为白石。③

谂访哲郎《黑白的对立统一》一文中提及东巴教的经典《崇搬图》，黑恶白善的对立得到了消解，而在《创世纪》的记载中，"黑""白"是始终对立的。④

李丽芬《"黑""白"词汇及其文化背景》中提及，在东巴古籍中，"黑""白"的基本词义，也是对"黑""白"色素的指称。古籍中常把"白"具体说明为白色海螺似的"白"色。"黑"具体说明为黑色乌鸦似的"黑"色，黑蚂蚁似的"黑"色。凡是好的万物的形成或产生，都用"白"来描绘。与此相反，凡是坏的事物的形成或产生，则用"黑"描绘。凡是神和与神有关的事物，凡是好人和与好人有关的事物，都用

---

① 杨福泉：《走进图画象形文的灵境——神游纳西古王国的东巴教》，四川文艺出版社2003年版。

② 廖申白：《伦理学概论》，北京师范大学出版社2009年版，第67页。

③ 杨福泉：《纳西族文化史论》，云南大学出版社2006年版，第80页。

④ 白庚胜、杨福泉：《国际东巴文化研究集萃》，云南人民出版社1998年版，第346页。

"白"来描述，而凡是鬼和与鬼有关的事物都描绘成"黑"的。[1]

（二）"董"与"骤"

习煜华在《东巴教中的善恶观》中认为，在东巴经中"董"、"骤"就是纳西族的"善"和"恶"，在东巴教中充当着最富有生命力的角色。他叙述了"董"和"骤"的起源和发展。指出了东巴教中的善和恶还在发展完善之中，"董"和"骤"要从原始的不完善状态进入完善的道德状态，中间还隔一段漫长的历史阶段。

"董"是纳西语 du^{21} 的音译，在东巴教中有三层意思：（1）石头；（2）自然现象和社会习俗；（3）神灵，有的也作"卢""东"。

"骤"纳西语 $ts^6 a^{55}$ 的音译，译为"秽"，在东巴教中有五层意思：（1）赃物；（2）人的外部疾病；（3）事物的异常现象；（4）违反习俗的行为或由此产生的后果；（5）恶魔力量。[2]

刘光明在《谈论古代风俗及其与道德的关系》中指出，东巴教中的"董"是自然现象的反映，是生活经验的总结，是人与人之间相互约束的准则的概括。"董"是使人向往和追求，给人以幸福的善的力量，需要发扬光大，世代相传。"骤"不仅是指具体的灾难或异常现象，也指危害身体的具体表现。"骤"是令人厌恶可怕的，给人以灾难的恶势力，需要清除摒弃，众人谴责。

（三）"横眼"与"竖眼"

伊藤清司《眼睛的象征意义》中说道，东巴教的《创世纪》中有这样一个故事，洪水浩劫之后，天神只允许利恩和横眼女配婚，而利恩却违背了神的旨意，与竖眼女结婚并且生下了妖魔鬼怪。横眼女丑而善，竖眼女美而恶，他说"一只眼与两只竖眼，同样两只眼睛的竖眼与横眼的差异，可以认为是从非人类社会到人类社会的发展阶段"。[3] 即竖眼象征着妖魔鬼怪、蒙昧和邪恶，而横眼则象征着神、文化和纯正。也可以把这一

---

① 郭大烈、杨世光：《东巴文化论》，云南人民出版社 1999 年版。

② 习煜华：《东巴教中的善恶观》，《东巴文化论》，云南人民出版社 1991 年版，第 407—411 页。

③ 伊藤清司：《眼睛的象征——中国西南少数民族创世神话的研究》，《中国大陆古文化研究》第九、十期合刊，1980 年。

概念变换为丑与美，善与恶的人伦、道德的价值来叙述。

（四）"犊"与"莫犊"

木仕华在《东巴教与纳西文化》中提及"犊"就是可以做的事，公众认可的事，并且是社会公德准则允可的，合乎常规的。"莫犊"就是不可以为之事，有悖社会公德，违反常规的举止。[①]

（五）"卢"

王世英《东巴文化中的纳西古道德》论述了纳西族的各种道德，指出东巴文化中道德虽然没有系统的理论表现，没有成文的道德法规，但已结为一个词，化为一个神，就是"卢"，纳西语的 du^{33}，也可以译作"董"。它与纳西族的生产、生活、生存、发展紧密联系在一起，是在原始社会的早期就产生的道德规范和戒律的雏形。纳西族东巴文化中，道德没有系统的理论表现，没有形成条文的道德法规，但已归结为一个词，化为一个神，就是"卢"。"卢"是衡量纳西族行为的是非标准，是东巴文化中纳西族古道德的体现。[②]

二 神话中"善恶"观的追溯

（一）《黑白战争》

《黑白之战》又被译为《董术战争》、《崇搬图》、《东埃术埃》等，它是光明战胜黑暗、正义战胜邪恶的纳西神话。从该战争中可以追溯到道德观念的萌芽，并且说明了善与恶何者为重的前提性依据。

远古上方的妙音与下方的瑞气交合化成白蛋，生出美利东主出现东族白天地，黑蛋生出美利术主，出现术族黑天地。而在美利达吉神海边，长着一棵开金花，结珠果的含依巴达神树，为争夺这棵树，东族与术族结下仇怨。白界光明漏进黑界，术主乘机就偷了日月。后来东主下决心找回被

---

① 木仕华：《东巴教与纳西文化》，中央民族大学出版社 2002 年版，第 106 页。

② 王世英：《东巴文化中的纳西古道德》，载《东巴文化论》，云南人民出版社 1991 年版，第 420 页

偷走之物，让白鼠和金蛤蟆在三更时分到术地将术主的三绺头发咬断，取回了日月。术主不甘心，叫儿子安生米乌用计再偷，结果死在了黑白边界处。术主发兵攻打白界，却被东主之子击败。术主命女儿格饶茨姆行美人计，诱捉了阿路，终于攻入白界。但格饶茨姆与阿路却产生了爱情，生了两个孩子。术主无法获得白界的日月，而且阿路不肯投降，就把阿路杀害了。阿路之子回白界报信，东主重整旗鼓，并借助天兵天将，与术主决战，大获全胜。黑界术主灭亡，东族子孙世代昌盛。

"白"代表神灵、光明和善，"黑"代表鬼怪、黑暗和邪恶，二者最初都是源于纳西族人对于自然的崇拜，以白为善，以黑为恶，从外部对于黑白的可感、可触、可见，慢慢进入到具体的具象思维形式。白与善、黑与恶的配对，自然也就在纳西族的发展过程中将"善恶"概念的内涵注入了"黑白"概念之中。由此虽然对于《黑白之战》的描述各有不同，可是最终的结果都是"白"战胜了"黑"，善胜于恶，此过程中涉及"是与非"、"善与恶"、"美与丑"等一系列与伦理学相关的概念，并借由神话引申出传统伦理学的善恶观念。

（二）《为董色除骡》

在《为董色除骡》中记载了"董"和"骒"的地位，以及人们对于二者的态度，在宗教信仰体系和神话故事当中，构成了"董"、"骒"的来源，并作了说明。

东巴神话中记载：没有"董神色神"的同意，东巴不能随便祭祀。不知道"董"神的来历，就不能谈"董"的事情。说话的声音是董的祖父，笑声是董的祖母……要使盘人和纳人世代和好，要由董神来治理。祭司发挥作用要靠董神的威力，要使纳人世代不病，要靠董神调理。天空高不可攀，星宿布满天，是由董神安排。大地宽阔无边，青草长满地，是由董神造就。

在《司巴空保的故事》中有如下记述，洪水暴发以后，大地毁灭，只剩下司巴空保和司巴空姆兄妹俩。兄妹本不能婚配，但是要繁衍人类就要结合。他们结合为一家之后生下了怪胎"骒子"，司巴空保一气之下将"骒子"切成九十九块，撒向天地之间，丢在树上的变成飞禽，丢在树腰的变成有斑野兽，丢在树下的变成长角走兽，丢在水里的变成了长鳍的动物。

《都仲构姆的故事》中米利董主为了杀米利术主家族的人，叫女儿都仲构姆去引诱术的儿子肯都单由。在引诱的过程中，两人产生了感情，私下结合，养下了"骤"子。

《崇仁利恩的故事》中记载：有妇之夫崇仁利恩与鲁每孟亨私通，养下了三个"骤"子。

东巴神话故事中将"董"、"骤"认为是某一具体的事物，"董"是通晓天地万物的神，世间万物都要借由他来调理，以保持和谐。"骤"被看作是"董"的反面，在神话故事中只要违背了常理，违反生活中的社会法则，不听从"神"的旨意的行为和由行为带来的后果，都是"骤"。"董"、"骤"在东巴教中充当着最富有生命力的角色，在他们的是非标准下约束纳西族的行为，逐渐有了善恶观念的萌芽，敬董除骤，但是"董"和"骤"还没有形成完善的善恶观念。

（三）《眼睛的象征意义》

使用眼睛来比喻善恶，将善恶观念拟人化到具体的事物之上，借此来建立与纳西族人们生活的联系。

其中记载：纳西象形文古籍中所记载的创世史诗《崇般图》，洪水后，创物神美利董阿普引导纳西始祖崇仁利恩去找配偶，叮嘱他不要找那个美丽的竖眼女，应找那个善良的横眼女。崇仁利恩却想：心美不如身美，脸美不如眼美。于是就找了那个漂亮的竖眼女。

日本学者伊藤清司认为，眼睛深深地包含着"文化"的意义，《崇般图》中更多地得到启示的是一种古代性爱观的信息，即当时的男人更欣赏一种野性的、没有多少文明教化及伦理色彩的自然之美，因此，横眼的"善良"女被排斥，而具有野性的、非文明特征之美的竖眼女则被男性祖先作为求偶的首选目标。

在东巴神话《创世纪》、《黑白战争》、《鲁般鲁饶》等作品中肯定了"横眼女"的善，与"竖眼女"的结合必定会带来不好的事物。而在伊藤清司的视野中，"横眼"与"竖眼"之间的对立关系得到了消解，认为它们之间还存在着纵向的连接关系，在这种转化的过程中，他忽视了普遍存在于人类社会的"黑白二元对立"的观念和纳西族神话所具有的共同性。"横眼"与"竖眼"也就在神话讴歌的过程中得出了它的象征意义，以此被延伸为美与丑、善与恶的观念，从而彰显其对立关系。

三　纳西族善恶观的象征意义

东巴教中的伦理观念与纳西族传统有着紧密的联系，早期纳西族人所遵守的道德律令源自他们对于自然的崇拜。宇宙自然的产生，幻化了人间的各种关系，其中人与自然的关系尤为重要。在他们的观念里，人与自然的关系就如同兄弟关系，是互惠、和谐、你来我往的，把人与人之间的"良心"、"义务"、"权利"等要求扩展到了自然界，由此自然观念中也就赋予了道德的含义，善恶观念与自然界完美接轨，天地万物完全融入一个整体当中。善恶观念与纳西东巴文学、艺术、风俗习惯、宗教信仰、节日活动等各种文化现象是交织在一起的，在评判善恶的过程中与这些内容互融，发展属于本民族的独特的真善美融合的伦理体系。

传统善恶观念是在纳西族社会生活和人们的相互交往中直接表现出来，而且起了广泛的作用，通过神的显现无形中就约束了人们的行为。东巴文化伦理观是在纳西族传统社会发展过程中逐渐孕育而成的，这种传统的伦理观虽然十分质朴，而且含有不少宗教迷信成分和陈规陋习，但是却包含着许多值得探究的内容。在追溯善恶观念的过程中要正确认识并对待东巴文化中的伦理道德观及其在此基础上形成的纳西族传统伦理道德，应该批判地继承纳西族传统伦理道德。这对于纳西族的精神文明建设具有重大的意义。

总之，纳西东巴文化具有丰富内涵的民族文化，它是认识和研究纳西族的重要参考，它为纳西人的生存提供了独特的价值体系，同时，也为人类文化提供了一种独特的模式。目前学术界研究的焦点主要集中在纳西族的宗教、东巴图画、艺术等方面，而纳西族伦理道德方面的研究主要在纳西族的生态伦理、恋爱、婚姻、家庭、职业道德、社会公德等方面，很少系统地追溯善恶的来源以及象征意义，笔者认为东巴文化伦理观以及在此基础上形成的纳西族传统美德乃是纳西族传统伦理道德中的精华，也是纳西族文化中最优秀的内容之一。对于善恶观念的梳理不但可以了解纳西族善恶观念的来源，而且可以在他们的生活中寻找到道德约束的力量。

民族伦理学研究向生活世界的回归

李卫星*

摘　要：民族伦理学是一门新兴的边缘交叉学科。从民族伦理学内部所产生的问题出发，从民族伦理学到道德生活世界再到生活世界，分别阐释了其各自的内容、形式以及相互之间的关系，从而进一步说明民族伦理学研究向生活世界回归的可行性。

关键词：民族伦理学；道德生活世界；生活世界

一　民族伦理学的内涵及发展历程

民族伦理学，亦称民族道德学，是以民族道德现象为研究对象的学科。与道德现象相一致，民族道德现象也包括民族道德活动现象、民族道德意识现象和民族道德规范现象。所谓民族道德活动现象，主要是指各民族地区人们生活中围绕一定善恶而进行的、可以用善恶观念评价的群体活动和个体行为。所谓民族道德意识现象，则是指在民族道德活动中形成并影响道德活动的各种具有善恶价值的思想、观点和理论体系。所谓民族道德规范现象，则是指在一定社会条件下评价和指导民族地区人们行为的准则。在民族道德现象内部，其各个部分也是紧密联系的，譬如，民族道德活动决定了民族道德意识的产生，而民族道德规范则是在民族道德活动和民族道德意识的基础上形成和概括出来的。各民族的道德现象与社会现象一样，都是历史上确实发生的，与一定的社会物质生活条件和文化氛围是分不开的。对于民族伦理学，它的主要任务是研究民族道德的内在客观规律与普遍法则，了解各民族之间特有的道德伦理规范，从而加强各民族之间伦理道德的交流，不断丰富和充实民族伦理学的道德内涵。

＊ 李卫星，男，云南大学人文学院 2012 级伦理学硕士研究生。

我国民族伦理学发展至今，大致经历了三个阶段：初步发展的阶段（1978—1988 年）、深入发展的阶段（1989—1998 年）以及趋向成熟的阶段（1999 年至今）。当然，每个阶段都有不同的研究成果，譬如，在民族伦理学的构建上就有熊坤新教授的《民族伦理学》、高力教授的《民族伦理学引论》以及郑英杰教授的《民族伦理文化剖析》等。而在少数民族地区也有很多相关的研究成果，譬如专著方面，在 1991 年，云南省民族伦理学研究会出版了《中国少数民族道德概览》、《中国西南少数民族道德研究》、《中国少数民族道德史》等；学术研究方面，在民族学研究的核心期刊以及各民族地区创办的民族研究类刊物上，发表了多篇文章，如《试论少数民族的生死观》、《浅论少数民族善恶观念的二重性》、《中国民族伦理学研究概述》、《民族志：民族伦理学研究的方法论转向》等。无论是学科界定方面还是方法论方面抑或是学科建设方面，都有了积极的发展，为以后中国民族伦理学研究范式以及研究方法的转变提供了条件，使民族伦理学研究向生活世界的回归成为可能。

尽管如此，民族伦理学也有它自己根本性的问题，即最后的"落脚点"抑或是最后的"归宿"是什么。问题在于，民族伦理学还未单独成为一门学科又何来"归宿"之言呢；目前的民族伦理学还未发展健全又何来"归宿"之言呢？然而，这是由民族伦理学自身的本性所决定的，因为在民族伦理学内部还存在研究范式、研究方法的转变问题。首先，民族伦理学目前大多以描述性研究为主导，研究方法较单一。作为一门新兴学科，民族伦理学应在描述的基础上，加强历史与逻辑、理论与现实、主观与客观的结合，将元伦理学、描述伦理学以及规范伦理学中可取的研究方法或者研究形式为我所用。目前民族伦理学研究方法呈现多元化的形式，这就使民族伦理学研究只会停留在普遍化、抽象化、理论化的层面上，而否定了文化和社会现象的差异性、个别性、主体性和自由。其次，在民族伦理学研究过程中，我们往往忽略了对日常道德生活以及日常生活的关注，而只重视对各种道德规范、道德生活关系以及道德原则方面的叙事，使民族伦理学研究只停留在对各民族的道德史的研究上，虽然呈现出一种宏大的历史感，但却缺乏一种历史的厚重感。如马克思所言，"人是社会关系的总和"，研究民族伦理学也是一样，我们必须把民族伦理学的研究放在一定的社会关系当中去，深入详细地考察各民族道德之间的关系，这样才能避免较少关注日常道德生活的弊端。再次，在民族伦理学的价值判断过程中，我们只重视对道德价值的判断却遗忘了对客观事实的描述。"事实"与"价值"的问题一直以来是伦理学家们讨论不休的问题，无论是英国近代经验主义哲学家休谟也好，还是后来的元伦理学家也好，都试图解决这个问题。而目前的中国伦理学界也是一样，大多以考虑道德事件发生的价值如何，抑或是表现出一种功利主义的态度。对于民族伦理学来讲，我们需要对"道德事实"客观的真实描述，需要呈现的是日常伦理世界人们道德发生的真实情况。

二　道德生活的界定

随着民族伦理学的发展以及发展过程中所存在的问题，抑或是民族伦理学的本性，都在不同程度上要求我们对民族伦理学内部以及内部各成分之间的关系进行深入而持久的思考。譬如，民族伦理学到底是民族学的民族伦理学还是伦理学的民族伦理学，这就牵涉到民族伦理学的学科属性界定问题，而以往的研究范式以及研究方法已经满足不了民族伦理学内部的要求。我国是一个多民族的国家，对民族伦理学的研究不能只停留在以道德规范而研究道德规范，我们必须要从这种研究范式转变到对我国民族道德生活的研究上来。不仅如此，我们还必须立足于在民族道德生活中去考察民族道德，而不是纯粹理论的分析与归纳。所以，对我国多民族道德生活的研究已经势在必行，这也就是民族伦理学向道德生活世界的"回归"。

民族伦理学研究的这种"回归"将是深刻的、长期的而又丰富的。不过，在到达"生活世界"之前，还有一个所谓的"中介"即"道德生活世界"。我们不能越过"道德生活世界"而直接去谈论"生活世界"，"道德生活世界"是民族伦理学研究与"生活世界"之间的一个必不可少的环节，离开了"道德生活世界"而去谈论"民族伦理学研究"向"生活世界"的"回归"是不可能的，或者说是不合理的。那何谓"道德生活世界"呢？对我们来说它并不陌生，因为人是有道德的人，人与人之间是一种道德的关系，它并非只是自然的人、理性的人、感性的人抑或是经济的人。那什么是道德呢？目前伦理学界依然存在着数十种乃至上百种定义，至今仍然众说纷纭，莫衷一是。尽管如此，但并不影响我们对道德的一般理解。通常理解的道德含义有两种：其一，指正确处理个人与个人、个人与集体、个人与社会乃至个人与自然的关系的规范和规则；其二，指人的品性或德行，它是一个人在社会实践的基础上，基于对社会和人生的理解，对于道德问题所形成的比较稳定的内在品质。从中可以看出，"道德作为社会的一种特殊的调控力量和个人完善的重要方式，是完整统一的，这种统一也就是道德的主体性和规范性的统一"。① 那什么是生活呢？《说文解字》认为，"生：进也。象草木生出土上。下象出。活：流声也。引申为不死之称。"从生活的这一辞源来看，生活指的就是人出生后的一种不死的状态，而人要在世界上维持自己的不死状态，就必须通过自身的本质力量与生命的活动，形成一种与外部世界的关系。根据对道德与生活的上述理解，可以把道德生活理解为：一是指人类合于德行的有目的性的活动；二是指人类合于道德规范的有目的性的活动。简言之，道德生活就是一切合乎道德的有目的性的活动。也有一部分学者从另外的角度定义了道德生活，如唐君毅先生认为："自觉的自己支配自己的生活乃是道德生活的本质。"② 又如高兆明先生所言："道德生活是有关人们利益关系的实践理性生活。"③ 而英国学者 M. 奥克肖特则认为："道德生活是由人类情感和行为决定的，它受艺术而不是人本性的左右，是一种可选择的行为活动。"④ 说明道德生活其实是人类"自由意志"的结果。

此外，道德生活是一种集目的和手段于一身的生活，它既把道德视为人生活的目的，又把道德视为人达到至高目的的一种手段。包尔生在他的《伦理学体系》中也论述了道德生活的目的和手段。在他看来，伦理学有两个基本宗旨：一是确立人生的目的和至善；二是实现人生目的和至善所应该运用的手段或方式。由此可见，"道德生活的一切也既是手段，又是目的的一部分，是既为自身又为整体而存在的东西。德性在完善的个人那里有其绝对的价值，但就完善的生活是通过它们实现而言，它们有具有作为手段的价值"。⑤ 总之，道德生活是一种属人的或人类所特有的社会生活，是建立在物质生活基础之上的并渗透在物质生活之中引导和规范物质生活的精神生活，是一种有意义和价值并能予以价值评价的生活。而且道

① 唐凯麟：《伦理学》，高等教育出版社 2001 年版，第 58 页。

② 唐君毅：《道德自我之建立》，广西师范大学出版社 2005 年版，第 15 页。

③ 高兆明：《道德生活论》，河海大学出版社 1993 年版，第 13 页。

④ ［英］奥克肖特·巴比塔：《论人类道德生活的基本形式》，张铭译，载《世界哲学》2003 年第 4 期。

⑤ ［德］包尔生：《伦理学体系》，何怀宏等译，中国社会科学出版社 1988 年版，第 11 页。

德生活还是与其他社会生活相互交织、渗透在一起，只能存在于其他社会生活之中的生活。

然而，道德生活也只是日常生活中的一部分，它标示着人之所以为人的特殊的社会生活模式，是包含着是非善恶判断的人类生活。无论怎样，道德始终存在于人的整体生活之中，没有脱离生活的道德。脱离生活的道德和品德必将导致道德和品德的抽象化、客体化，脱离了生活去培养人的品德也必将使这种培养因为失去了生活的依托和生活的确证而流于虚空、形式和无效。道德不仅源于生活而且充实和指导生活，如马克思说："人们为了能够'创造历史'，必须能够生活。但是为了生活，首先就需要吃喝住穿以及其他一些东西。因此第一个历史活动就是生产满足这些需要的资料，即生产物质生活本身。"①"现代历史著述方面的一切真正进步，都是当历史学家从政治形势的外表深入到社会生活的深处时，才取得的。"②这两段话表明，直接产生于民众生活实践的生活伦理，较之国家教化伦理具有某种基础性和现在性。从道德生活与生活世界之间的关系中，我们慢慢过渡到生活世界领域。

三　民族伦理学的研究目的

近年来，无论是西方还是中国，有学者提出我们要回归"生活世界"，只有"生活世界"才是最真实的，也是最客观的。"生活世界"作为一个正式的概念，是胡塞尔在 20 世纪初提出的。胡塞尔早期对现象学的建构，主要依托于笛卡儿的"先验自我"概念，然而，却使现象学走上了"本我论"的道路。为了让现象学重新被人们所认识和接受，胡塞尔最终把目光投向了"生活世界"这个概念。胡塞尔把"生活世界"理解为人生活于其中的具体而现实的周围感性世界。在胡塞尔之后，经过海德格尔、维特根斯坦、舍勒等人的阐释和发展，"例如，杜威、怀特海、维特根斯坦等众多当代西方哲学中最有代表性的人物都以各自不同的方式、用不同名称强调了哲学应当从脱离了与人的牵涉的永恒、抽象和自在的世界（不管这是纯粹的物质世界还是精神世界）回到活生生的、具体

---

① 《马克思恩格斯选集》第 1 卷，人民出版社 1995 年版，第 79 页。
② 《马克思恩格斯选集》第 12 卷，人民出版社 1962 年版，第 450 页。

的人的现实生活世界（经验世界、现象世界、日常语言世界，等等），而这种向生活世界的回归又往往意味着人与世界的关系是一种能动与被动、作用与被作用、创造与更新的关系，其中蕴含着对人的现实生活、实践及其历史性的强调"①。然而他们最终的努力却是一直停留在"先验哲学"的视野当中，所谓的生活世界的回归也只是独立的意识世界的回归，并没有解决人们的根本问题，所以，这些理论是不充分的。向生活世界的回归，应当是向我们日常生活世界真实的回归，它的实质是指人通过自己的生活实践，了解自己的本质，以自己的价值观衡量和调整一切生活关系而创造出的感性世界。

道德生活源于生活世界，却也指导生活世界和提升生活世界，很难想象一个民族、一个国家没有道德的生活会是一个什么样的社会。当然，反过来说，生活世界需要道德但不等于生活世界就等同于道德生活，因为在众多生活世界的组成之中仅仅有道德是不行的，还必须得有"法"。为什么这么说呢？因为法跟道德一样都是调节社会关系的一个重要的组成部分。除法之外，生活世界还有其更丰富的东西，譬如宗教、哲学以及实践等。"生活世界的意义是人的实践活动的产物，生活的意义本质是道德问题，是人们生活的理由，没有生活的意义，人们将不能生活下去。人们在生活实践中体会、认识、创造和追求着生活的意义，生活世界的意义因而是相对于道德主体而言具有的意义，道德生活是这个意义世界的集中体现。"② 对于民族道德生活也是一样的。

民族伦理学研究转向"生活世界"，是使我们回到日常生活世界衣食住行、饮食男女、婚丧嫁娶、生老病死、礼尚往来的具体活动，是使我们回到生活世界内在的价值、意义、传统、习惯、知识储备、经验积累、规范体系等上来。当然，其中若是没有道德生活的"中介"作用的话，这样的一个复杂的过程很可能是无法完成的。所以说，民族伦理学研究向着生活世界的转变是势在必行的，既是哲学的诉求，也是伦理学最终的诉求，更应该是民族伦理学研究的真正归宿。

①　刘放桐：《马克思主义与西方哲学的现代走向》，人民出版社 2002 年版，第 146 页。
②　高力：《民族道德生活的关系、规范和意义》，《桂海论丛》2014 年第 1 期。

豫中农村丧葬礼仪中的道德观念

周爱华*

摘　要： 本文借助丧葬礼仪的具体案例，分析其中所蕴藏着的伦理道德观念。由于传统儒家文化的影响，尊重生命、孝亲敬老和男女有别的道德观念极为突出；乡土人情在豫中农村的各种社会活动里，尤其是丧葬礼中扮演着极为重要的角色。因此，平等互助和团结合作的伦理道德观念应运而生。

关键词： 豫中农村；丧葬礼仪；道德观念

道德，就是人类社会生活中所特有的，由经济关系决定的，依靠人们的内心信念和特殊社会手段维系的，并以善恶进行评价的原则规范、心理意识和行为活动的总和。[①] 自古以来道德都是我国民族文化极其重要的组成部分，是民族文化的灵魂，它集中体现了一个民族的价值观。道德通过评价、激励等方式造成社会舆论，形成社会风尚，树立道德榜样，塑造道德人格，来培养人们的道德观念、道德境界和道德行为。[②] 道德观念的形成是以道德活动为基础的，道德观念蕴藏在道德活动之中，又反作用于道德活动。而丧葬礼仪在人类社会发展进程中，是不可缺少的人生礼仪。无论是从个体的角度，还是社会的层面，它作为一种有着严格行为规范的实践活动，承载着其独特的文化价值和道德观念，发挥着道德认识、调节、规范及约束的作用，并促进道德观念的发展变化。

---

* 周爱华，女，重庆师范大学继续教育学院航空服务部教师，云南民族大学哲学与政治学院伦理学硕士研究生。

① 罗国杰：《马克思主义伦理学》，中国人民大学出版社 1982 年版，第 4 页。
② 魏英敏：《新伦理学教程》，北京大学出版社 2012 年版，第 176 页。

一　豫中农村丧葬礼仪中的生命伦理观

生命和其他一切事物一样，都有时间、空间和价值内容，任何生命都处在一定时空当中。死亡，一般理解为生命的终结，它让生活在一个世界的人从此阴阳两隔，永世不得相见。时空被打乱或者说是重置，带来了种种复杂的情感交融。永远的分别给生者带来更多的是悲伤，即使死者生前久病不起，受尽身心痛苦的折磨，从道理上而言是一种解脱，但在家族主义浓厚的豫中农村，"在家庭范围之内用讲理的方式是不适宜的"。① 无论活着怎样好，或者活得怎样不好，死亡都是让人难过的事情。面对死者的永远离开，生者有帮助死者在阴间过上更好生活的责任和义务，这是对逝世者生命的尊重。那么，只有我们生者举行丧葬仪式，才体现了自己对死者应有的责任和义务的履行。"人的尊严"（*Human Dignity*）是指人的尊贵和庄严，指人具有一种高于物和其他生命形式的，且令他人敬畏，独立而不可侵犯的身份或地位。② 在丧葬过程中，对生命的尊重成为最重要最神圣的道德观念，是这种道德观念指引着参与丧葬者的所有举止言行。

对死者尊重的道德行为在丧葬礼仪的众多细节中都有体现。在死者临终前，生者会尽最大努力来满足他（她）的愿望，因此遗言在生者后来的生活中有着很大的效力。临终的洗漱和穿戴，都是为了让死者干干净净、体体面面地也即有尊严地离开。在入棺时，尸体下面有铺金盖银的说法，表示向阴间去的死者是很富有的，噙口钱也是此寓意。物质上的富有同样是维护了死者的尊严。死者如若生前受了儿女的气或者说儿女不孝顺，娘家或者舅舅家（死者是男的，就是死者妻子的娘家）的人会在葬礼上为死者出气，以挑剔葬礼的薄厚或指责的方式，还死者一个公道，让死者有尊严地离开。所有祭奠的礼节行的都是大礼，平辈要鞠躬，晚辈须下跪，这在生者看来是对死者最大的尊重。这种种的行为规范践行着尊重逝者生命的道德观念，同时也成为传承尊重逝者生命这一观念的载体。

在桃杖村的丧葬礼仪中，生者尊重亡者，为其离开举行着隆重庄严的仪式。在此过程中，人们会针对死者生前的经历进行反思，会发出人要如

---

① 韦政通：《伦理思想的突破》，四川人民出版社 2005 年版，第 9 页。
② 韩跃红、孙书行：《人的尊严和生命的尊严释义》，《哲学研究》2006 年第 3 期。

何活着的感慨，这些感慨会对以后的生活起着积极的作用。对亡者的尊重，是尊重生命，那么活着的人呢？要更好地活着才能让死者安心地离开。值得我们注意的是，在桃杖村的丧葬礼仪中，有很多礼仪是在维护在世人的利益，尊重在世人的生命。比如，在处理尸体时，用麻绳把死者的两脚裹绑在一起，脸上蒙一张纸，挡住死者视线，都是为了防止死者到阳间来；对于尸体的停放，把尸体抬在正当门（三间房的正中间，正对房门），头向房门，脚朝后墙，寓意是使死者想到阳间的话，无门可走。这些都表明了生者在与死者诀别，从此阴阳两隔，永世不再相见，请死者安心在阴间生活，不要回到阳间来打扰生者的生活。另外，出殡时的扫歠，是让死者给后代留下福气，劳盆的制作也是此意。这是对活着的人的利益的维护，对在世人生命的尊重。因此，我们说，桃杖村的丧葬礼仪中，不但体现了对亡者的尊重，更体现了对在世人生命的尊重。因此，我们所述的道德行为除了合理之外，更重要的是利于人类的生存和发展。

二　豫中农村丧葬礼仪中的家庭伦理观

伦理道德是调整人与人之间关系的规范和准则，那么家庭伦理道德调整的自然是家庭中人与人之间的关系。人类家庭的公德也是传统的家庭伦理道德内涵之一，比如父慈子孝、尊老爱幼、相敬如宾等。丧葬礼中有着显著的家庭伦理道德观念。

（一）豫中农村丧葬礼仪中的孝亲敬老观念

孝亲敬老，是中华民族的传统美德。《说文解字》解释篆体"孝"字云："善事父母者。从老省，从子，子承老也。"可见孝字体现的是老人和子女之间的关系。在日常生活中，人们用言语表达孝一般都说成"孝顺"，或者是"孝敬"，这也恰好是孝的本质所在。

在儒家文化里，孝的最终目的是后代生生不息的繁衍，不难看出，在桃杖村的丧葬礼仪中除了对老人的阴间生活的安置外，还特别维护活着的世人的生命利益。这其实是孝的本质的体现。另外出殡时的扫歠，是让死者给后代留下福气，劳盆的制作也是此意。从对葬礼的态度上我们得知，在桃杖村，老人的葬礼持续的时间要长，为表达对老人的尊敬和不舍，从老人咽气起，要在家里放三天（或者更多），有子女守着为了尽最后一份孝心。在葬礼当天，孝子需要更多的时间来守灵、哭丧，与死者生死难舍的告别，直到傍晚才会落葬。所以老人的葬礼会持续到傍晚，最后到完全结束时会到天黑。但是年轻人就不一样了，由于没有子女或者子女尚小，为了保护其幼小的心灵，时间不宜过长，很多世事还不是很理解，不能很好地表达世人心中的孝。过了中午就会出殡安葬，大概下午四五点甚至更早就会结束葬礼。还有就是未婚男子埋葬在家族坟地的后面，未婚女子埋在野外偏僻大地方，没有成人的丧葬礼仪，未婚死者不举行正式的葬礼，简单埋葬。

（二）豫中农村丧葬礼仪的男女差异

道德活动现象是指人们在社会生活中，依据一定的道德观念和价值原则而进行的道德实践活动，包括一切具有善恶价值的群众性道德活动和直接为培养和评价社会成员道德品质而进行的群体活动。[1]道德意识的形成以道德活动为基础，而道德活动中又孕育着道德规范，并使其发展。古代孟子将孔子的道德学说系统化、条例化，提出"父子有亲，君臣有义，夫妇有别，长幼有序，朋友有信"等道德纲目。这种道德规范的影响延至今日，但也有所不同。当今，大多表现在男女有别和长幼的不同上。在桃杖村的丧葬礼仪中，性别观念十分突出，主要表现在两个方面。一方面是死者是男是女，礼仪有所不同；另一方面是作为孝子或奔丧的人员是男是女，礼仪也有差别。长幼不同主要表现在丧葬礼持续的时间、丧葬礼的程序以及埋葬地点不同。

"嫁出去的姑娘，泼出去的水。"在当地这种说法男女老少皆知。女人去世无论如何都不可以埋葬在娘家的坟地，如果是未婚的，女子就埋在野外。如果是已婚妇女去世，必须埋葬在婆家坟地。即嫁到谁家，生是他家的人，死是他家的鬼。妻子必须葬在丈夫的右边，最后两个坟头合成一个，这叫夫妻合葬，男左女右，根据墓地的朝向，左边是东面，东为上。这是死者是男是女的不同。在我国农村很多地方都有重男轻女的观念，但在桃杖村，对于村民而言，都希望儿女双全，因为没有女儿就意味着自己百天后没有人烧纸儿（纸钱）。养儿防老，是指在世时父母的赡养儿子负主要责任。养女儿就是要坟前有捏儿纸，所以孝子所穿戴的孝布显著不

---

① 魏英敏：《新伦理学教程》，北京大学出版社 2012 年版，第 168 页。

同，女儿孝布有 12 尺，媳妇 5 尺，儿子 3.5 尺，女婿 3.5 尺。这里除了性别观念以外，还有血缘亲疏不同的意思。

三　豫中农村丧葬礼仪中的社会伦理观

社会伦理的道德观念在豫中农村的丧葬礼中主要突出在公平与平等和团结互助两个方面。社会伦理是一个总体性的概念。社会伦理以社会伦理关系为研究对象，以权利—义务关系为核心，以人的自由为目的，是关于社会和谐秩序及其实现条件的社会公正的理论。①

（一）豫中农村丧葬礼仪中的公平与平等

克鲁泡特金曾指出，人类的互助本能是人类的道德的起点。他认为，道德是适应着人类的知识与生活方式而不断向前发展的，虽然在各个时代各部族中道德概念是不同的，但基于同样的互助本能，它们的道德原理却是一致的。②丧葬活动是一种社会活动，是死者的亲属、族人、村人围绕死者一道参加的民族礼仪、文化的演习活动。③ 那么作为社会活动的丧葬仪式，人与人之间的互相帮助成为必然，桃杖村的丧葬礼也凸显了这一道德行为规范。没有任何一家的丧葬是一家人完成的，丧葬仪式的很多环节，都需要也都有人来帮忙。

在桃杖村，某个家庭有人去世，要办丧事，得到消息的街坊邻居会陆续赶来，告慰死者家属，尤其是同一姓氏的会在第一时间赶到，为死者的葬礼做准备工作，如果是人在家里而没有去帮忙的，会得到村民的议论，这两家是不是有了什么矛盾之类的猜测，死者家属也会有意见，导致两家关系从此疏远。相反，无论平时关系远近，如果在死者的葬礼上积极帮忙，死者家属也会牢记在心，日后在对方需要帮助的情况下鼎力相助。死亡是一个人的事情，但埋葬死者从来都是社会性的集体的活动。比如，抬重就需要村上青壮年 16 人，打墓也是村上的村民帮助完成，所有祭奠的主持，都必须靠街坊邻居帮助的。当然，出于人类互助的本能，和互爱互

---

① 宋希仁：《社会伦理学》，山西教育出版社 2007 年版，导论第 1 页。

② 宋希仁：《西方伦理思想史》，中国人民大学出版社 2005 年版，第 412 页。

③ 朱小琴：《古代丧葬制度与丧葬文化》，《西安文理学院学报》（社会科学版）2005 年第 6 期。

助这一道德观念的指引，才有了丧葬仪式中的种种道德行为。这些帮助都是自愿主动的，因为任何人、任何家庭都必然会需要这样的帮助，所以这种帮助又是互相的。依据马克思主义规范伦理学，道德行为由经济基础所决定，又对经济的发展有着能动的反作用。所以，桃杖村丧葬中的互助行为受经济发展的影响，形式上有着很大的变化。比如，由于年轻劳动力大多外出务工，村里青壮年极少，又由于经济水平的提高，各家各户都有了机动车辆，所以，该村几乎没有抬重了，都是用拖拉机拉棺材到墓地。经济的飞速发展和人民生活水平的提高推动了互助的道德行为的变化，丧葬礼中的道德行为也不例外。无论行为形式如何改变，都是村民互助互爱这一高尚道德的展现。

（二）豫中农村丧葬礼仪中的团结互爱

豫中农村丧葬礼仪中团结互爱的道德观念十分显著。在乡土社会里，人们的团结互爱更多地体现在人情往来上。费孝通先生对我国的人情现象进行了深入的探讨。他认为乡土社会的基本特征是人情交往，因为人与人之间的人情往来实现着人与人之间的合作，也维护着人与人之间关系的亲密和团结。任何一个家庭都有自己的关系网，当关系网内的某一个人遭遇贫病困厄时，其他人当有"不忍人之心"，同情他，体谅他，并尽力帮助他，做人情给他。[1] 人类社会中有一种普遍公认的行为规范即"报之规范"，由于这种道德规范的存在及其强大的效力，人们都能够放心地去做人情，尤其是在关系网中某人去世，此时所做的人情与一般交往相比，分量更重，有的会让死者家属牢记一生。

在农村，团结互爱是人情往来的一种方式。而"中国人对情的重视，不仅是对父母兄弟子女夫妇朋友之情，也不只是对一般贫苦大众之情，而且对死人有情，进而对古人有情"。[2] 因为"对死人有情"，所以丧葬礼成为人情投入的最佳场合之一。丧葬礼中的人情，表现在两个方面，一方面是精神上的，另一方面是物质上的。爱尔维修认为个人利益是道德的基础，也是道德的出发点，他曾说："利益是人们行为的唯一推动力，人们从来也不会为别人

---

① 黄光国等：《面子：中国人的权力游戏》，中国人民大学出版社2004年版，第179—192页。

② 吴森：《比较哲学文化》，台湾东大图书公司1978年版，第45页。

的幸福牺牲自己的幸福。就像河水不会倒流一样"①。人情的注重，其实就是维护自身利益前提下的一种投入，是期待回报的投入，而这种回报未必是物质，更重要的是人与人之间的关爱，人与人之间关系的密切。

丧葬的操办过程中，如果是一个姓氏的与死者关系正常的，来帮助是人之常情，死者家属不会觉得有什么特殊；但如果平日里有什么矛盾，此时的出现对死者家属就是极大的慰藉，彼此关系就能得到和解或者更进一步增进。这就是一种人情的投入，也是互相关爱的一种表现。另外，还表现在"送礼"这一环节。以前送实物，现在都送现金。现金的多少一般都是按村里的风俗和与死者或者与死者家属关系的亲疏而定，有一个大体的范围，并没有严格的标准。每个葬礼都有主事儿（在村里为人处世好）的来操办，其中较有文化的负责写礼单，公布于众，礼单也是葬礼的观众关注的焦点之一。因为要公布于众，所以随礼的人会考虑到看到礼单的人的看法，为了维护自己的人缘或者说团结他人，村上的邻居一般都在执行着公认的同一标准，不是近亲去谁家都一样。死者的儿子不用随礼，女儿必须随，而且女儿的礼往往是最大的。如果死者是女的，娘家的礼也是礼单上最吸引眼球的，它是娘家家族实力的展现，也是对死者尊严的最大维护，体现了死者在娘家的地位，也是娘家人对团结死者后代这一事情的重视，关系到以后关系的亲疏程度。一般而言，死者的侄子们会商量出一个共同的结果，无论经济条件如何，一般都随一样多的礼金，个别特别困难的除外。从随礼的规矩来看，在桃杖村的人情是非常传统的，大家都遵循着中庸的思想，都不会锋芒毕露，这里面人际交往的分寸极为讲究。

豫中农村丧葬礼仪中蕴含着丰富的伦理思想，包括生命伦理、家庭伦理和社会伦理。在生命伦理思想中，豫中农村丧葬礼仪中更多的是呈现了关爱生命这一道德观念，关爱生命有对死者离去的敬畏，对生者生命健康的爱惜。由于丧葬仪式是家人处理死者死亡的事件，这一展现着活着的人对死者的不舍，与死者的告别。永远的失去让活着的人在丧葬礼仪的各个环节都在缅怀死者生前的生活，反省生者如何珍惜现在的生活，珍惜身边的亲人，孝亲敬老的观念更加突出。死亡这一专私行为不仅成了一个家庭的事件，更成了一个村庄的事件，在豫中农村的丧葬礼仪中，村民的团结互爱及其平等互助更是得到了更好的体现。

---

① ［法］爱尔维修：《十八世纪法国哲学》，商务印书馆 1963 年版，第 537 页。

网络对大学生道德社会化的影响

任重远[*]

摘　要：在21世纪，互联网的高速发展对人类的生活、行为、语言、文化等方面产生了十分重要的影响。上网已经成为大学生日常学习生活中的一种必需品。本文从大学生道德社会化出发，论述网络对大学生道德社会化产生的正负效用，进而提出相关对策以帮助大学生群体树立正确的道德观和价值观念，实现自身价值。

关键词：互联网；大学生；正确的道德观；对策

互联网最初的设计仅仅是作为一种军事上的通信手段，而随着信息化普及时代的来临，网络的迅速发展给人类的通信带来巨大的技术变革，也给人类的行为、思考方式以及社会生活众多领域带来了重大变革。正如比尔·盖茨所说，互联网对人类的社会生活有着相当重要的影响，已成为人们不可或缺的新沟通渠道与生活空间。他强调，在不远的将来，互联网将渐渐地融入人类生活和环境，并变得几乎无影无踪，成为人类生活与交往的无形背景。[①]

互联网给整个社会带来的变化不言而喻，但其对于不同群体有不同的程度的影响。大学生群体作为接受新事物较快的群体，很快成了网络使用的主要群体，大学生这一群体受网络影响也是最为深远的。因此，深入了解网络对于大学生群体会产生什么样的影响，特别是网络对于个人树立正确的道德标准与价值导向，促进社会问题的解决都具有意义。而且随着大学招生的不断扩大，大学生群体将进一步壮大，这一问题也会变得越来越重要，已经成为今天不可回避的社会议题。

＊ 任重远，男，云南民族大学人文学院2014级社会学硕士研究生。

① ［美］比尔·盖茨：《通向未来之路》，北京大学出版社1996年版。

一　大学生与道德社会化

社会化是个体在与社会互动的过程中，逐渐养成独特的个性和人格，从生物人转变成社会人，并通过社会文化的内化和角色知识的学习，逐渐适应社会生活的过程。在此过程中，社会文化得以积累和延续，社会结构得以维系和发展，人的个性得以健全和完善。社会化是一个贯穿人生始终的长期过程。道德社会化，可以说是人必须要经历的重要过程，它是指社会成员通过社会互动学习道德规范、内化道德价值、培养道德情操的过程，有着塑造人格的意义。①

大学生作为社会的一个重要群体，是中国社会主义精神文明、物质文明建设的接班人，也是道德准则与价值规范的重要的维护者和继承者。当代大学生群体还处在青少年时期，这一时期是青年与社会在道德层面上的"追求与要求"、"教化与内化"的过程。② 由于大学生的社会阅历相对较少，许多因素会影响青年道德的转型和塑造。司马光说："才者，德之资也；德者，之才帅也。"有才无德是毒品，无才有德是次品。有才有德是正品，有才无德是废品。大才大德是精品，伟才伟德是极品。大学生自身除了加强自身知识文化修养的建设，还应该加强自身的思想道德的建设，道德社会化是一个连续不断、循序渐进的过程。这对于大学生的发展来说，具有积极、全面的作用。

二　网络对于道德社会化的作用

21 世纪，互联网在全球的发展超乎人的想象力。网络确实正在改变或者已经改变着大学生的生活方式和思想观念，使全球变成了一个地球村。而对于大学生来说，互联网则提供了一个为其彰显个性与个人魅力的重要的平台。北京大学社会学系教授郑也夫先生曾经说过，人类的成员有共性的一方，又有个性的一面，甚至可以说人类在行为上既追求着共性同

---

① 郑杭生：《社会学概论新修》（第三版），中国人民大学出版社 2003 年版，第 83 页。

② 步德胜、侯会：《网络对青年道德社会化的挑战与对策浅析》，《洛阳大学学报》2006 年第 1 期。

时又追求着个性的要素。的确，对于人类来说，或者对于任何社会人而言，他们不仅追求着共性，同时也追求着个性。而在当今的网络时代，网络作为大学生生活和学习中极为重要和不可或缺的重要因素，对于大学生个性的培养和多元价值观的形成发挥着越来越重要的作用和效能。网络以其特有的方式为大学生提供着个性养成和价值观塑造的重要资源和平台，确实对大学生的个性以及独特性格的塑造功不可没。

在网络空间诞生之前，现实人际交往中总会有一整套的伦理规范约束，它规定了我们在人际交往中对彼此的权利和义务，正是这套伦理规范维持着人与人之间的正常交往。网络空间的崛起，使交往伦理面临一种全新的境遇，进而对于大学生道德价值观念产生了十分重要影响。下文我们将从道德和价值观念培养正、负两方面效用进行解释。

（一）网络对大学生道德社会化的正面效用

首先，网络提升价值观学习的效果[①]。价值观在人的成长和发展中占有重要的地位并发挥着极为关键的作用，大学时期是自身价值观形成和塑造的关键时期，而大学生在网络影响下的价值观却显示出比以往时代的鲜明的特点和优势。网络文化中的资源和机会刺激着大学生多元价值观的形成和发展，对于大学生的包容、个性展示等方面意义重大。网络极大地丰富了价值观教育的内容，载体的多样化使教育方式也变得多样化，丰富性、可选择性为自主性学习提供了便利；互动地快捷性扩大了传播广度，而多媒体化传播使其影响更具有深度，这为有针对性地开展价值观引导工作创造良好的心理沟通环境；虚拟化弱化了身份、地位等信息，平等性交流成为可能，大学生可以从网络上进行各种讨论和争辩，可以通过接触到不同学者的观点和撞击，亦通过自身对知识和知识面的扩展从而对个人的价值观进行相应的解构，在这些自由争论和表达的背后慢慢形成他们各自不同的观点和看法，从而逐步深入对大学生价值观的形成和发展进行积极的塑造和培养。而且网络时代在知识、娱乐、生活方面对青少年进行潜移默化的影响和熏陶，这无疑对他们的个人素养和价值观方面都产生了重要的意义和价值。

---

① 陈伟、王智勇：《网络体验与青年价值观培育的关系研究》，《中国青年研究》2012 年第8 期。

其次，网络对个性的塑造具有效用。个性是一个人独有的心智品质和人格要素的综合体，是个人的主体性和独特性的重要组成部分，包括大学生的心理状态、思维方式和行为模式，在个人的成长和发展中具有极为重要的地位和作用。新世纪和新阶段下，网络对个性的培养和塑造具有现实作用和意义，并日益产生着实际的影响，对大学生的能动性、自主性和创造性形成和发展至关重要。网络上的聊天工具、空间状态和各种各样的诉求平台等可以使青少年自由发表自己的观点和心情，发泄自己的各种情绪和心绪，而很少会受其他人的控制和干扰；大学生可以选择自己喜欢的方式和时间进行个人的活动和思考，对他们的个人声音的发出和个人见解的表达具有十分重要的影响，因为通过此类活动的开展，可以排解个人情绪，发表个人的观点和看法，逐渐在青少年的意识和观念中形成自我的观念。这样看似很简单的一个诉求平台和发泄工具，在现实的生活和学习中对青少年的个性塑造和思维方式的转变产生着极为重要的现实意义。世界是丰富多彩的，人的发展也应该是丰富多彩的，网络为大学生提供了一个发展自我、塑造自我的工具和平台，为个人的个性不断输送养料。

最后，网络催生正面的价值观念：网络的交互机制促进了大学生的主体意识，他们往往具有超强的个体表现欲望，并强烈希望得到他人的认可及影响他人。他们会积极主动地在网上发表个人言论痛斥不道德现象，赞扬优秀的道德行为。例如有的大学生会在校园 BBS 上对于校园中的"课桌文化"、"厕所文化"、"占位现象"、"当众接吻"、"不排队现象"、"乱扔垃圾"等校园不文明行为进行声讨，从而使大众意识到哪些行为是不道德行为，并形成正确的道德认知。此外，丰富的资源与开放性的沟通拓展学生视野。通过网络强大的搜索功能可以查阅到任何所不解的知识，摆脱对权威的崇拜，不断激发完善知识结构的求知欲，进而激发创造性思维。

（二）网络对大学生道德社会化的负面效用

1. 网络冲击大学生道德认知

现如今网络交往已成为一种时尚，是一个新生代名词，特别是大学生群体通过 QQ、微博、MSN、E-mail 等聊天工具能够交到五湖四海的朋友，这种虚拟的交往不仅不受年龄、性别的限制，不受时间地点的限制，甚至超越了现存的社会空间。

在虚拟的网络世界中，大学生们可以随便交朋友，随便发表言论，随心所欲做自己喜欢做的而在现实生活中又不能做的事情，这种"随心所欲"甚至可能不受传统道德规范制约。网络的开放性和隐蔽性，使各种各样的观点在网络上都有立足之处，进而引发了不同伦理道德观念之间的碰撞。社会传统的道德规范将会受到冲击，个体将会产生道德选择迷惘和价值取向紊乱的现象，无法认知事物和判断是非，从而导致道德选择能力下降甚至丧失。一些大学生在网络的影响下抛却了本真心，放弃了价值原则，将个人的夸张表演写真、露骨私密日记、另类言说传到网上，通过网络的传播以期达到造势出名的效果。大学生正处在身心急剧发展和自我同一性发展的特殊时期，很容易受到外界消极信息的影响，极易在道德的边缘迷失自我。网络上道德的混乱以及道德的误导势必会对大学生的道德认知产生深刻的影响。

2. 网络对大学生道德文化的冲击

大学生群体正处于青少年阶段，由于学习需要，他们长期离开家庭生活在学校，接触的都是自己的老师同学，大部分时间都是与自己的同辈群体一起度过。同辈群体是一个由地位、年龄、兴趣、爱好、价值观等大体相同或相近的人组成的关系亲密的非正式群体。现在越来越多的大学生喜欢在网上寻找自己的虚拟同辈群体，他们认为在虚拟群体中大家不仅兴趣爱好大同小异，更重要的是大家可以在一种平等自由的环境下交流共享，在网上不会有父母的唠叨，不会有同学老师的批评歧视，不会受到任何人的管制，网络为大学生提供了一个平台，在这里他们可以尽情地发挥自己，可以轻松自如地扮演社会所赋予自己的理想角色。现实同辈群体之间的交往与虚拟同辈群体的交往存在差异，这种差异性表现在：现实人际交往中总会有一整套的伦理规范约束，它规定了我们在人际交往中对彼此的权利和义务，正是这套伦理规范才维系了人与人之间的正常交往；而在虚拟的网络世界中，同辈群体之间的交往不需要这样一套行为规范。人们利用网络技术开展的交往行为是一种同传统面对面的在场交往不同的隐匿了身体存在的"缺场交往"[1]，"缺场交往"最大的特点就是它的匿名性。匿名性使我们不能够了解对方的真实身份，在进行网络交往时如果我们不

---

① 张军、吴宗友：《网络时代"缺场交往"的社会价值》，《合肥师范学院学报》2013 年第 4 期。

能正确辨认是非好坏，极容易受到网络诈骗。网络诈骗可能损失钱财，可能欺骗个人感情，甚至使自身的生命安全受到威胁。

3. 网络易导致大学生道德行为失范

网络在为学生学习提供便利的同时，也给一些投机取巧的学生提供了机会，他们把持不住自己的原则，在他人的引导和利益的驱使下，违背学术道德，下载他人的研究成果。部分大学生长时间沉迷于网络游戏，荒废学业，形成网瘾，混淆现实社会和虚拟的网络世界。此外，许多网络游戏和一些视频中充满了色情、暴力等亚文化，青少年在接触这些后由于自己的好奇心理，他们试图将虚拟世界中的行为还原到现实世界，模仿网络游戏中的英雄人物形象，从而产生越轨行为。在我国青少年犯罪案例中，多数都是因为网络游戏而造成的，像沉迷网络游戏向父母索要钱财上网遭拒绝后杀死父母，还有把网络游戏中的场景还原到现实中杀死同宿舍舍友的，这些都是网络上不良信息惹的祸。由于互联网的隐蔽性和虚拟性，导致大学生网络犯罪的速度和比例迅速增长。传播和制作网络病毒，侵入他人电脑篡改资料，盗窃他人密码，在网上攻击他人的行为，在大学生群体中同样存在。许多大学生频频浏览黄色网站，查看色情信息和图片，甚至导致性犯罪。

三　网络对大学生道德社会化影响的应对措施

人的社会化是通过社会教化和个体内化来实现的。社会教化又通过系统的正规的教育（如各级学校对学生的教育）和非系统的教育（如社会风俗、亚文化群体、传播媒介等）来影响个人的内化：没有个人内化，社会教化也就毫无意义可言。① 大学生身处校园之中，他们的道德社会化主要还是受到学校的教育以及周围文化环境的影响。因此，大学生的道德思想品质可以从以下几个方面来提升加强。

（一）学校充分发挥社会教化的功能，提升学校文化建设

学校是系统灌输知识和价值规范的场所，对于社会而言，学校是进行社会教化的最有效率的机构。因此，学校理应承担其职责，帮助大学生群

---

① 周晓虹：《现代社会学心理学》，上海人民出版社 1997 年版，第 124—125 页。

体建立符合社会要求的道德和价值规范，成为符合社会标准的人才。

首先，高等学校在相关课程设置上应当加入道德价值教育的内容，做到与时俱进。在开设的计算机文化基础课中增加关于互联网安全与应对互联网危害的内容，提升大学生群体对自身网络信息安全的认识，也警示大学生群体应加强个人防范网络带来的危害，作出积极道德的选择。在公共政治理论课上，发挥其道德教育和价值观教育的重要作用，这就要求教授政治理论课的老师不断提升自身理论修养，不断更新道德和价值观知识体系，应用大量新型多媒体技术到教学活动中，吸引更多大学生参与到道德和价值教育课程的学习。

其次，大学生由于自身的迷茫，价值观的迷失，又找不到解决问题的途径和方法，进而产生一定的心理问题。学校也应该开设心理学和人际交往等课程，帮助他们了解和掌握人格发展的基本规律，教给他们寻求适应的技巧，提高他们应付挫折的能力。对于有"网瘾"的学生，学校作为价值观的引导者应该充分利用网络的优势，利用匿名的身份，拉近与学生之间的距离，也使学生放下心理包袱，因势利导，实施有效的价值观念教育，帮助学生摆脱困境，提升自身心理素质，激发起上进心。

最后，学校提升校园文化的建设，通过一系列的价值观念讲座和宣传活动，要充分利用网络这个新的载体，可以通过建立"心理教育宣传"网页等形式满足大学生心理发展的实际需要，使良好的文化学术气氛充满校园，营造文明高雅、健康向上的校园文化。这对于大学生形成正确的网络道德价值观念、树立坚定的道德意识具有潜移默化作用。

（二）大学生发挥自身能动性，加强对网络道德观念的内化

个人内化是通过观察学习、认知加工等方式的社会学习，接受社会教化，将社会目标、价值观等转化为其自身稳定的人格特质和行为反应模式的过程。除了学校的社会教化对网络道德教育的作用，个人的作用也是相当的重要，因为社会化的主体是人；社会教化最终作用于人。因此，大学生群体也应提升自己的主观能动性，完成对价值观念的个人内化，提升自己的道德认知水平。

首先，社会实践活动是开展网络道德价值教育的有效途径，也是突出展现大学生个性风采和精神面貌的载体，而且开展社会实践活动对大学生的价值观念和行为规范等群体意识有着重要的导向作用。大学生群体应该

积极参与学校和组织的社团活动当中去，既可以道德和价值观教育渗透其中，又为学生提供自我展示的机会，使他们结识更多的朋友，拉近彼此距离，促进学生身心的健康成长。社会实践活动对提高大学生的人际交往能力有明显的作用，因为在共同完成任务的过程中，学生们可以加强沟通与团队协作能力，有助于他们人际交往能力的提高。这对于戒除网络对大学生道德行为失范、树立正确的价值观念具有十分重要的价值意义。

其次，大学生要继续提升自身的知识积累。文化向个人传递群体或民族的行为价值准则，对于大学生道德社会化具有十分重要的作用。通过课堂上的理论学习和课下的读书学习，正确地分析网络的价值所在，客观公正地对待网络对自身带来的影响。大学生也可通过树立一些先进典型事迹，号召他们学习先进青年的事迹，帮助他们提高道德水平和网络自律意识，构筑自己的网络精神防线。通过理论结合实践，不断提升自己的道德认知水平，进而逐渐形成良好的个人道德价值体系。

（三）社会加强法律法规的建设，明确道德价值体系

道德作为社会规范的一种形式，其评价形式主要有自我评价和社会评价，对个人及其某个群体的行为作出道德的鉴定，通过社会舆论的方式来制约人们的行为。而当今时代是市场经济的时代，利益的最大化是每个商家所追求的，这对于网络经营的商家同样适用。只要赚钱，只要有利益，社会责任与价值道德可以往后放。

因此，国家需要制定和颁布专门适用法律条款、网络文明公约来规范网络经营者。加大执法力度，坚决打击涉黄涉毒的视频网站，提升网络的质量，特别是文化含量；多推广符合当代价值体系的网站，进一步净化网络环境；对于在网络上进行诈骗，发布虚假消息，传播色情内容，制作电脑病毒等犯罪行为应该坚决予以打击。给网络一片净土，给网民一片纯净的网络，这不仅对于人类的经济社会建设具有意义，而且对于人类的道德建设，特别是大学生道德的社会化，树立正确的价值观念，具有十分重要的意义。

白族本主崇拜中和谐观对村落建设的启示

何燕霞*

摘 要：本主崇拜是白族特有的一种宗教信仰，蕴含着丰富的人与自然、人与人、人与社会关系的和谐观：敬畏自然、善待自然的生态观；平等、亲和的人际观；互助、互利的集体观。对于当前白族地区和谐村落构建、建设社会主义新农村有着重要的价值和启示。

关键词：白族；本主崇拜；和谐观；和谐村落；启示

党的十八大提出："社会和谐是中国特色社会主义的本质属性。要把保障和改善民生放在更加突出的位置，加强和创新社会管理，正确处理改革发展稳定关系，团结一切可以团结的力量，最大限度增加和谐因素，增强社会创造活力，确保人民安居乐业、社会安定有序、国家长治久安。"[①]而和谐村落建设是和谐社会构建的重要组成部分，是社会主义新农村建设的基础。本主崇拜作为白族传统村落文化的重要组成部分，其中蕴含着丰富的和谐观，集中反映为敬畏自然、善待自然的生态观；平等、亲和的人际观；互助、互利的集体观。这些和谐观与和谐村落建设中的社会主义和谐思想存在一定的区别，但它们之间也有着许多相通和一致的地方，其中优秀的成分，对于当前白族地区和谐村落构建、建设社会主义新农村有着重要的价值和启示。

一 白族本主崇拜中蕴含的和谐观

本主崇拜，是白族地区盛行的特有民间宗教信仰。"本主"，即"本

---

* 何燕霞，女，云南大理大学马克思主义学院副教授，硕士研究生。

① 胡锦涛：《坚定不移沿着中国特色社会主义道路前进 为全面建成小康社会而奋斗》，2012 年 11 月 8 日。

境之主"，白语称之为"武僧"、"武僧尼"，意为"我们的主人"，是白族乡村的"村社保护神"。

白族本主崇拜是白族人民长期与自然作斗争的产物，其中蕴含着丰富的和谐观，这些和谐观是当前白族地区和谐村落构建、社会主义新农村建设可利用的宝贵文化资源。

白族本主崇拜中蕴含丰富的和谐观，第一，敬畏自然、善待自然的生态观：敬畏自然的生态观，善待自然的生态观；第二，平等、亲和的人际观：平等的人际观，亲和的人际观；第三，互助、互利的集体观：互帮互助的集体观，互惠互利的集体观。[①]

二　白族本主崇拜中蕴含的和谐观对和谐村落建设的启示

社会主义和谐社会的主要基础就是确立并调整各阶层不同利益群体之间的关系，维护和实现社会公平和正义，建立良好的社会秩序，实现人与社会的和谐发展。

白族本主崇拜中蕴含的和谐观折射出白族人民的一种生态智慧，即人与自然界是一个相互支持、相互依存的生命体；而且还体现可以利用本主的力量和权威协调人们对土地、水源、森林等资源进行合理分配的公平、进步的协调理念和机制。这对于调节白族传统社会中人与自然、人与人、人与社会的关系曾经起到非常重要的作用，而且对于当前白族地区和谐社会构建与和谐村落建设，有着重要的意义和启示。在和谐村落建设中，要保护自然，尊重自然，心存感激，适度开发；要建立平等、亲和的人际观，构建相对公平的利益分配机制；要树立互帮互助、互惠互利的集体观念，从而实现人与自然、人与人的和谐相处以及人与社会的协调发展。

（一）树立敬畏自然、善待自然的生态观念，实现人与自然的和谐相处

人与自然的和谐，是指人在适应自然和改造自然的过程中，遵循自然

---

① 何燕霞：《白族本主崇拜中的和谐观》，《重庆科技学院学报》（社会科学版）2010 年第 14 期。

界发展的客观规律，使人与自然处于共生共存的良性循环的协调状态。和谐村落首先应当是人与自然和谐相处的村落。

1. 尊重自然，适应自然。白族人民认为大自然是万物之源，人是自然界的产物，人与自然是一个有机整体，因而将一部分自然现象或自然物当作本主来崇拜，久而久之，对自然产生了一种敬畏之情。同时，白族人民认为只有顺应自然、按照大自然的规律来安排自己的生产和生活，才能生存、繁衍下来。比如，在白族本主崇拜中形成了许多神山圣水本主的禁忌，对神山圣水的保护就是对本主神的敬畏，对神山圣水的破坏、污染就是对本主神的亵渎，要受到惩罚。随着科学技术的发展，人们对自然界有了更深刻的理解和认识，白族人民对自然敬畏之情已经内化成白族文化的一个重要组成部分。尊重自然，适应自然，自觉地爱护和珍惜人类赖以生存的自然环境，遵循自然界的客观规律，人们才能更好地改造自然，使自然更好地为人类服务，实现人与自然和谐共处，这也应该成为和谐村落建设的一个出发点。

2. 节制欲望，保护自然。白族人民认为自然界的万物都有灵魂，甚至将那些对白族人民生产生活作出了贡献的植物、动物、非生物作为本主而加以崇拜，久而久之，它们便和白族人民之间形成了深厚的感情，使白族人民在潜意识中有主动保护它们的观念，客观上有利于人与自然的平衡。同时，白族人民还有禁止猎取和食用本民族所崇拜的动物的习俗，提倡顺应自然，善待万物。

此外，本主崇拜中的许多禁忌都遵循了动植物的生长规律，这客观上节制了人们向自然无限索取的欲望，有利于保护自然，促进人与自然的平衡。在工业文明高度发达的今天，人们对自然界的索取已超出了一定的限度，这必然引起自然界的报复，出现了海啸、地震等一系列灾难，给人类生存造成了威胁。因此，在和谐村落建设中，只有节制欲望，保护自然，在向自然界索取的同时，必须学会控制自己，索取有度，重视保护资源和环境，修复受到破坏的环境，营造优美、洁净、舒适的生产生活环境，走生产发展、生活宽裕、生态良好之路，才能实现村落的可持续发展。

（二）树立平等、亲和的人际观念，实现人与人的和谐相处

人与人的和谐，是指人与人之间没有根本利害冲突、相互理解的一种存在状态。其核心是利益公平，它是人与自然、人与社会和谐的基础，没有人与人之间良好的社会关系，其他和谐就会成为空谈。

1. 树立平等、亲和的人际观念。在白族本主崇拜中，无论是神与神、神与人之间，还是人与人之间，都具有一种平等、亲和的关系。例如，不管是帝王将相本主或是普通人物本主，不管是儒释道神祇本主还是原始巫教本主，它们在本主世界里的地位都是一样的平等；白族本主平等地对待每一个村民，没有任何人能剥夺其他村民所享有的神权，本主神与人一样具有七情六欲，具有人性的特点，同样享受人间的男欢女爱；白族人民对本主之间和本主与凡人之间的"偷情"行为随意调侃，白族人民对于那些有愧于白族的人物并没有进行无止境的仇视，而是不计前嫌、以德报怨，把他们作为本主而加以崇拜。这些都集中反映了现实生活中白族人民平等、亲和的人际观。

但是，随着市场经济的发展，阶层分化日益严重，人与人之间出现了冷漠、隔阂和不信任，影响了人际关系的和谐。因此，在和谐村落建设中，要树立平等、亲和、宽容的人际观，相互尊重，相互理解，相互信任，相亲相爱，只有这样，才能实现人与人的关系的和谐以及各个阶层、各个群体之间的关系的和谐，从而促进村落的有序、健康发展。

2. 建立相对公平的利益分配机制。白族本主崇拜强调村落整体的普遍利益和长远价值，高度关注各种人际关系的和谐。而人际关系和谐与否，关键在于利益分配机制是否均衡。

白族的本主以地缘和亲缘的关系做纽带，凡同居一个区域的人们，都信奉同一本主。在历史发展中，白族传统社会中就形成了一种宗教的协调机制，即通过"本主神"的力量和权威，使人们在土地、森林、水源等自然资源的占有和使用上形成了一种相对公平、进步的理念和机制，各种利益得到了很好的分配与协调。在实际生产生活中，也已经形成了一种约定俗成的利益分配机制和协调机制。

随着我国社会的转型，利益格局发生了变化，人们的收入差距逐渐拉大，影响了人际关系的和谐。因此，在和谐村落建设中，我们要充分挖掘白族本主崇拜中优秀的文化资源和文化传统，推进和谐社会构建与和谐村落的建设。立足于村落的公平和正义，建立相对均衡的利益分配机制和相对公平的利益协调机制，使社会发展的成果能够为村民所共享，依法协调好各种利益主体间的相互关系，以法制保障村落生活的有序性。只有这样，才能妥善处理好各方面的利益关系，营造一种相互尊重、相互理解、相互信任、相亲相爱的和谐人际关系，实现人与人的和谐相处，进而实现村落的团结，形成村落的合力，从而促进村落的有序发展。

（三）树立互助、互利的集体观念，实现人与社会的和谐发展

人与社会的和谐，是指个人与群体之间的和谐状态。它的存在有两个重要条件，即个人与社会之间不存在对抗性矛盾；社会发展能够体现大多数人的利益。人与社会在发展中实现良性互动，协调共进，是和谐社会的重要特征。

1. 树立互帮互助、互惠互利的集体观念。在白族神话传说中，不仅有大量反映白族先民依靠自己的智慧和力量共同战胜自然灾害的例子，而且还有大量大公无私、乐于助人、救民保国的例子。如防洪保民的大树疙瘩、舍身为民的大黑天神、宰蟒救民的段赤城、送子保国的阿亮之母、找水解旱的独脚义士阿龙。无论是自然物、宗教神祇还是普通人物、英雄人物，都被赋予了白族人民推崇的乐于助人、救民于水火的优秀品德和高尚情操。

同时，本主集体祭祀活动在过去很长一段历史时期成为化解恩怨、凝聚民众的调节机制，还培养了人们的团结协作精神，特别在遇到自然灾害的时候，有助于团结村民同灾害作斗争。如白族村落中，无论婚丧喜庆的事，还是生产生活的事，都被看成是大家的事，都会互相帮助，久而久之，便形成了白族社会互帮互助、互相扶持的社会风尚。

此外，白族人民对本主的崇拜有很强的现实性和功利性，人们祭奉本主，都是祈求能够得到切实的利益，可以这么说，凡是对白族人民生产生活有利的事情，本主都是支持的；凡是对白族人民生产生活不利的事情，本主都是反对的。同时，白族人民将有功有德于民的人或物奉为本主，让其永享人间烟火，不仅是为了知恩图报、教育后人，而且是为了能够让其保佑苍生。这些集中反映了白族人民互帮互助、互惠互利的集体观。

随着我国社会的转型，利益格局发生了变化，人们的收入差距逐渐拉大，社会心态失衡，村落社会组织涣散，社会不稳定性因素增加，严重影响了社会的和谐稳定。因此，在和谐村落建设中，要建立科学、合理的参与机制和互动机制，努力使村民广泛地参与到村落的各项建设中来，充分调动村民的积极性，努力使各个阶层、各个群体之间保持一种互惠互利的关系，形成良性、合理的互动，正确解决和处理各种社会冲突，维护好各

阶层的切身利益。只有这样，才能消除或缓解各个阶层、各个群体之间的利益矛盾，增进社会和谐，形成一种互帮互助、互相扶持、共同发展的社会风尚，为实现个人与社会的和谐提供优良的社会环境，才能促进人与社会的协调发展。而白族本主崇拜中的互助、互利的朴素的集体观念，毫无疑问会对人与人的和谐、人与社会的和谐提供借鉴和参考。

2. 树立顾全大局的观念。白族本主崇拜很注重大公无私、乐于助人、乐于献身、个人服从于群体的集体主义精神。

在白族本主神话传说中，就有大量的例子，比如，斩蟒英雄段赤诚、舍身为民的大黑天神、送子保国的阿亮之母、援缅抗敌的段宗榜等。这些突出反映了白族人民乐于助人、救民于水火的优秀品德和民族精神，也反映了白族人民顾全大局的集体观念，成为白族社会长期保持稳定的一个重要因素。但是，随着改革开放的深入，在巨大利益的驱使下，出现了一些不惜牺牲大多数人利益来牟取个人利益的现象，严重影响了社会的和谐稳定。因此，在和谐村落建设中，要树立顾全大局的观念，政策、方针的制定、落实要始终以符合大多数人的利益为出发点，要尊重各个阶层、各个群体的利益诉求，正确处理公平与效率的关系，在保持经济增长的同时，使每一个村民基本生活需求得到保障，不断满足村民日益增长的物质需求和精神需求，为每一个村民的发展提供各种基础和条件，促进每一个村民的充分发展，调动村民的积极性，进而推动村落的全面进步。

总之，在和谐村落建设过程中，我们要积极挖掘和大胆借鉴白族本主崇拜中的优秀成分，要树立敬畏自然、善待自然的生态观念，平等、亲和的人际观念，互助、互利的集体观念，从而促进人与自然、人与人的和谐相处以及人与社会的协调发展，进而推动当前白族地区和谐社会构建和社会主义新农村建设。

佛教对傣族道德生活的影响

——以景谷县芒岛村为例

蒋天天*

摘　要： 通过对景谷县芒岛村佛事生活的考察，发现佛事活动作为社会结构的平台，将芒岛傣族人民的个体、家庭、邻里、村落、族群相勾连，与佛祖的沟通来诠释生活的意义，对佛教的信仰在很大程度上影响着傣族人民道德生活的方方面面。

关键词： 佛教；道德生活；影响

道德生活是社会生活的重要形态。它是社会共同体在一定的社会空间结构中发生的、融和于社会生活本身的制度、规范、思想和活动，是社会生活中以道德为主题的社会制度（显性的和隐性的）、社会结构（人际关系结构和社会道德结构）、社会行为（个人行为与社会行为）及其互动关系的总和。本文通过对景谷县芒岛村佛事生活的考察，发现佛事活动作为社会结构的平台，将芒岛傣族人民的个体、家庭、邻里、村落、族群相连接，与佛祖的沟通来诠释生活的意义，对佛教的信仰在很大程度上影响着傣族人民道德生活的方方面面。

一　芒岛寨的地理环境

芒岛是傣语地名，在当地傣族方言中芒是村子，岛是葫芦，芒岛就是葫芦寨，人们说其意就是像葫芦一样团结的寨子。

芒岛位于云南省景谷傣族彝族自治县西部，隶属于永平镇茂密村民委员会，有两条出寨乡村路，一条长约7公里，从东南方与景谷至碧安的县

* 蒋天天，女，贵州师范学院地理与旅游学院教师。

乡公路主干道相交，再往东北 19 公里便到永平镇政府；另一条是西北 6 公里通往茂密村村民委员会。芒岛地处东经 100°17′33″、北纬 20°17′21″，海拔 1325 米，属亚热带河谷盆地，大部分土壤属砖红壤性红壤（赤红壤）。气候属中亚热带气候类型，年最高温度 30℃，最低温度 18℃，年降雨量 1200 毫米。四季不分，干湿分明，冬无严寒，夏无酷暑。

芒岛寨内有村民小组一个，现有 53 户人家共 237 人，除 2 人为汉族外，其余都是傣族的傣讷支系（他称汉傣或旱傣）。根据传说和文献记载，芒岛傣族大都来自德宏，所以又被称为德傣。寨子居民主要有五姓：刀姓、陶姓、俸姓、陈姓和周姓。一方面景谷傣族的姓是受汉族影响而产生的，姓氏不多，所以同姓并不代表就是同一家族的人；另一方面由于芒岛主要行寨内婚，所以各户人家不是血亲就是姻亲，整个寨子就是一个自然形成的家户丛。

芒岛寨坐东北朝西南，北窄，西南较宽，寨子前是稻田，寨后是水源林和园地，有小水库一个，西南有称为"龙潭"的常年出水的自然水塘，澜沧江支流巴赛河从东南方流过，为寨子提供了丰富的灌溉用水。芒岛组土地面积 2.29 平方公里，总耕地面积 499 亩，其中水田面积 331 亩，旱地 168 亩。稻作是芒岛傣族传统的生计方式，由于土地宽广，因此近年来除水稻外人们还种植甘蔗、烟叶、咖啡等经济作物。

茂密的森林、充足的水源以及肥沃的农田为芒岛提供了良好的生态环境，芒岛一年四季绿荫环抱，犹如绿色海洋中的一个人间仙境；在这里，芒岛人世代传承着其多彩的民间文化以及古朴的宗教习俗，成为景谷最具傣族文化风貌的村寨。

二　佛事活动——赕白象

芒岛傣族信仰南传上座部佛教，他们认为人的生老病死都是苦，为了消灭苦因、断绝苦果，就要赕，赕就是布施、修来世的意思，也可理解为供奉给佛。同时人们又认为今生所赕的东西并不是白白送给佛的，而是由佛代为保管，等到来世这些东西又归自己享用了。所以，赕佛实际上就是一种为来世储蓄的活动，多赕多得，少赕少得，不赕不得。

在芒岛，人们三天一小赕，七天一大赕，有着名目繁多的佛教仪式活动。全村人都参与的赕佛活动主要有赕帕（贡献袈裟给佛爷、和尚）、赕坦（贡献经书给佛寺）、赕费（赕火）以及赕沙拉（祭祀死者）等；个人或单个家庭举办的主要有赕白象、赕白牛、赕佛塔、赕桥、赕阴功房等。其中赕白象是个人功德最高的赕，也是芒岛及周边地区最独具特色的佛教活动。

在芒岛，作为最隆重的赕佛活动之一，赕白象主要在佛寺中进行，但为了给赕主以及村寨带来如意吉祥，活动也会从寺庙延续到赕主的家屋及整个芒岛寨子。

从目前资料来看，大约在明末清初南传佛教由西双版纳传入景谷，从而在景谷傣族地区形成了"村村有佛寺，寨寨有僧侣，佛经如山，佛塔如林"的景观。位于芒岛寨子南部的芒岛佛寺是景谷县内现存最早的南传上座部佛教寺院之一，建于清光绪二十五年（1899），已被列为省级文物保护单位。寺庙由山门、大殿、僧房、戒房组成，占地面积2294平方米。寺庙为芒岛和周边的芒糯、芒乃三个寨子共有，凡有重大佛教活动都是三个寨子一起参与。

赕白象虽然由个人或家庭举办，但村里人或帮忙或参赕都加入到活动中，而周边的村寨也要全村来贺赕，所以赕白象已经超越了村寨活动的范围。而在赕白象的活动中，最离不开的是僧侣和安章。

与其他佛教活动一样，赕白象必须要由安章来主持。安章在村民与佛爷之间起着沟通中介的作用，每次佛教活动的程序、念诵的经文都由安章安排。安章由村民从寨子中当选出，其条件是当过和尚、熟悉各种经书并熟知傣族的各种文化知识。目前芒岛的安章是65岁的刀学祥，当过12年的和尚。其孙子是20岁的二佛爷法罕应爽，已经当了5年的和尚并在云南佛学院读了3年的大专，是年轻人中传统知识最丰富的人。他们祖孙二人在芒岛傣族文化的传承中起着重要的作用。

赕白象的过程是一个慷慨布施的过程。在芒岛，赕白象一般要7天的时间，前3天主要是准备做赕需要的供品、招待客人的食品等，据说这几天仅是帮忙的人每顿饭都不下10桌，最后3天正式过赕，每顿饭有几十桌人就餐，7天下来，至少要杀六七头猪，三四头牛，加上采买的各项供品，赕一次白象要8万至10万元钱。虽然客人来时会送一些礼金，但都是随心功德，因此有经济实力的人家才能赕白象。

三　信仰与道德生活

从某种程度上说，植根于少数民族物质生活的道德生活具有一定的天然性，其中许多价值规范是人们自然本性的一种流露，反映了人类文化心理的一种共同取向，在文化心态上具有亲近自然、敬畏自然、将自然视为父母、兄弟、朋友的习惯，以人伦关系来对待自然界中的万事万物，由之保护了一片葱葱郁郁的美丽家园，这正是傣族道德生活与信仰之间的关系。

芒岛傣族人民人人信佛教，佛教是人们日常生活中最为重要的一部分。生活的方方面面都与佛事活动息息相关，因此佛教信仰对其道德生活产生着非常重要的影响。佛教影响着芒岛傣族从道德文化和伦理价值到历史认可和现实感知，是他们的生活追求和行为方式，佛教仪式也直接影响着傣族人民的日常生活。

在经过了一个不眠之夜后，待佛爷念完《白象经》，村民们放倒了象征佛事活动的白色经幡"栋"，长达 7 天的赕白象活动进入了最后一个环节：游白象。

由三角旗开路，安章引领着佛爷，后面依次是白象等各种所赕的供品、表演孔雀舞和《西游记》中唐僧、孙悟空、沙僧、猪八戒的演员队伍，最后面是洒米花、"水、水、水"地欢呼的人群。人们先要到寨心处祭拜并由和尚念经，然后到主人家念经滴水。在芒岛，所有的佛教活动都必须以滴水作为结束，滴水傣语称为"雅南"，大家说滴水就是证明的意思，就像邮寄物品给父母，要通过邮局盖个邮戳才算数。而滴水就是让大地证明某人做了赕。最后队伍从主人家出发沿着村路围着农田游白象，全村村民加上客人，这是一个近乎首尾相连的队伍。一路上安章要不断地在路边、田头插上三角旗。凡到宽阔地带或大榕树下，队伍就要停下来表演一段孔雀舞，同时扮演唐僧、孙悟空、猪八戒、沙僧的演员也要舞刀弄枪，故意制造一些诙谐的动作，从而引来人们阵阵开心大笑。

游白象其实就是回归到了赕白象的本意，即凡是白象经过的地方都风调雨顺、庆吉平安。到寨心、田地祭拜都是要让全村人分享赕主的福分，祈祷全村人畜平安、五谷丰登。回到佛寺后将供品放在大殿前，整个活动宣告结束。

赕白象是景谷傣族民族文化传承的"民间母体",在这一人神共娱的活动中,芒岛傣家人的各种表演艺术也一一粉墨登场,得到了集中的展示。一方山水养一方人,每个民族的舞蹈艺术总是会打上本民族现实生活的烙印,刚柔相济的象脚鼓舞和嘎光舞就是芒岛傣家人宁静祥和生活的形象反映。

象脚鼓舞是各傣族地区最具群众性也最受欢迎的男性传统舞蹈。关于象脚鼓舞,有这样的历史传说:古代有一对夫妻在水边休息时,突然树上的芒果被风刮落入水中,发出了"甬——甬"的声音,浑厚悦耳,于是他们决定制造能如此发声的乐器。他们照大象的脚型把树镂空,然后蒙上牛皮制成鼓。到了赶集的时候,他们就背着鼓去跳舞,象脚鼓舞就这样传开了。

在芒岛,成年男子都会跳象脚鼓舞,赕佛、过节以及红白喜事都离不开象脚鼓舞,而跳的时间最长也最为热烈的则是赕白象。芒岛是一个围绕着寺庙和祭祀寨神的神龛组织在一起的仪式社区,随着季风及节日的轮回,其岁月在悄无声息地流淌着。而节日,则是人们在对自然的悟性中穿越四季流光呈现出来的不可替代的精彩。

由于信仰的原因,芒岛的节日多属农业及宗教节日,它们是芒岛村民共同拥有的一种温暖的仪式与习俗,通过这些节日可看出傣家人与大自然万物的交相呼应,对自己生命和对他人幸福的尊重。它们凸显着芒岛傣家人与自然的关系:爱惜生命、敬畏自然。

尽管受到现代化的日益影响,芒岛寨还是一个围绕着神灵和寺庙组织起来的仪式社区。在这里,不管是季节轮回中的节日仪式,还是傣家人一生中必经的重要礼仪,其中都有着宗教的影子。可以说,芒岛傣族的传统礼俗深深地扎根于泛灵论和佛教的二元信仰之中,因此就算没有市场的参与或市场化的运作,它们都能代代相传、生生不息。另一方面,对于仪式,利奇将其定义为"信息的不断重复和传递",格尔兹则解释为是一种"展示,是社会舞台剧的集中上演",因此从根本上来说,芒岛的一切礼仪活动都是一种公共生命历程,从呱呱坠地的孩子到即将离去的老人,芒岛人一生都在参与各种各样的仪式活动,因此对于傣族传统文化的延续而言,芒岛的全体村民都是传承人。

通过传统的信仰及礼俗,傣家人延续着其人伦价值:尊重生命、善待他者。在芒岛,白掌、安章和纳福的老人们受到人们的广泛尊敬;村民之间和谐相处，遇到矛盾都会去找村干部、白掌、老人们帮助解决，从来没有吵架现象发生；村子周围，随处可见村民赈的阴功桥、阴功亭；外人来到村子里，会有村民主动和你打招呼，甚至邀请你吃饭、住宿。

芒岛寨的社会组织是国家与地方、现代与传统的有效融合。其领导班子由组长（芒岛称为社长）、会计、妇女主任、白掌、"缅先生"和一些德高望重的老人组成。但根据寨内各类事务的不同内容，他们的职责也各不相同。白掌，傣语称为"陶曼"，就是寨头或寨主的意思，由最早建寨的家庭成员世袭担任，其他家庭迁入或迁出寨子都需要得到白掌的同意。白掌是芒岛人与神灵的媒介，其主要职责是带领全村人祭祀寨神，管理本寨的内部事务，如婚丧嫁娶以及村规民约的制定和执行等。缅先生，傣语称为"安章"，是主持佛教仪式的俗人师傅，他在村民与佛爷之间起着沟通中介的作用。安章必须是当过和尚然后还俗者，他们熟悉各种佛教经典和佛教仪式，是村子里知识最丰富的人之一，由村民推举出来主持寨内的各项宗教事务活动。组长、副组长、会计经本寨村民选举产生。他们主要负责贯彻执行上级制定的各项方针、政策，组织农业生产，调解各类纠纷，规划村寨建设及发展等。

在芒岛，傣族传统文化一如既往地保存并年复一年地被村民们实践着，并未因为现代化因素的进入而中断其千百年来延续着的文明。在寨子里人们说傣话（德宏方言）、使用傣族文字，信仰南传上座部佛教与万物有灵相结合的二元宗教，既保留了傣讷的文化特点，又不同程度地受到了周边傣渤、汉、彝等民族的影响，从衣食住行到宗教信仰无一不体现出多元的特色。

与道德生活相关，傣族精神文化包括对民族之间、民族内部支系及其成员之间道德协调的认识和行为规范，对于自然环境的认识和协调要求，对于劳动的基本态度；爱情、婚姻和家庭的基本道德准则，关于生死、荣辱、幸福、勇敢、公正、善恶的道德观，与宗教生活相关的信仰和宗教伦理，等等。这些丰富多样的观念形态的精神文化成果，通过不同习俗、社会制度等制度文化体现出来，也通过民间的节庆、仪式等活动方式体现出来，通过居住、建筑、饮食、服饰等体现出来。傣族的道德生活和精神文化的多样性与丰富性，是傣族人民宝贵的精神财富。

宗教思想对白族传统道德的影响

李戎戎*

摘 要：白族传统道德与白族宗教思想的联系非常紧密。白族的巫教、道教、佛教以及本主崇拜等都对白族传统道德的发展产生了重要影响。白族宗教信仰是白族传统道德的一个重要载体，它使白族传统道德表现出鲜明的个性和强烈的民族色彩。

关键词：白族；宗教；传统道德

道德与宗教同属于社会意识形态，它们之间既有联系又有区别。白族传统道德虽然已经形成相对完备的道德体系，包括较为完整的道德理论典籍、相关的道德条目、明确的乡规民约等。但是大部分白族传统道德仍与宗教现象交织在一起，有的甚至融为一体。白族的宗教思想渗透到白族传统道德的各个方面，宗教信仰成为白族传统道德的一个重要载体。在白族传统道德的早期阶段，白族的原始宗教——巫教与道德的关系较为密切。在道教和佛教传入之后，白族传统道德吸收了其中的成分而逐渐丰富和完善。从南诏大理国时期开始，白族本主崇拜逐渐成为白族地区最为普遍的民间宗教，它对道德的影响开始逐渐增强。一直到现在，白族传统道德中的某些部分仍然与宗教信仰融合在一起，很难区分。

一 巫教的影响

巫教是白族古代原始宗教，白族称大巫师为"朵兮薄"，在地方史籍中有"朵西薄"、"朵兮膰"、"朵锡博"等多种写法。关于巫教的文献记载，最早见于（晋）常璩《南中志》："夷中有桀黠能言语议屈服种人者，

---

* 李戎戎，女，云南大理大学马克思主义学院副教授。

谓之耆老，便为主论议，好譬喻物，谓之夷经。"① 这里的"耆老"便是宗教领袖。又（唐）樊绰《蛮书》说："大部落则有大鬼主。百家二百家小院落，亦有小鬼主。一切信使鬼巫，用相服制。"②《新唐书·南蛮传》又载："夷人尚鬼，谓主祭者为鬼主，每岁户出一牛或一羊，就其家祭之。"③ 从这些记述可以看出，耆老和鬼主既是主祭祀的宗教领袖，又是一个部落的政治领袖、领主。在白族先民的原始氏族、部落时代，巫教一直占据主要地位。在道教、佛教传入白族地区之后，巫教逐渐走向衰落。

在政教不分的原始社会，巫教具有着支配一切的力量，有许多道德观念和道德行为都是在巫教行为范围内产生的，一些最初的巫教礼仪也成了人们不可逾越的道德礼仪。人们把一些道德规范和巫教规范联系在一起，甚至认为道德受到神灵的支持和庇护，人们经常把一些自然灾害看作是神灵对人们不道德的恶行的惩罚，甚至把自己内心深处的道德反省看作是神灵的告诫和警示，人们对于道德的作用是非常敬畏的，因为人们对于神灵是敬畏的。

进入阶级社会后，随着生产力的发展和社会的进步，巫教不断受到其他宗教的排挤打击，只在经济文化较落后的地方进行活动。有些巫婆神汉利用巫术蛊惑人心，骗取钱财，甚至残害生命。特别是清末以后，巫教残余与封建迷信结合在一起，成为危害社会的一种邪教。许多有识之士曾予以严厉批判，主张取缔。

二　道教的影响

白族地区的宗教，巫教之后是道教占主导地位。

南诏初期王室信奉道教。（唐）樊绰的《蛮书》中所载的"点苍会盟"的誓文中说："贞元十年岁次甲戌正月乙亥朔，越五日己卯。云南诏异牟寻及清平官大军将与剑南西川节度使巡官崔佐时谨诣玷苍山北，上请天地水三宫，五岳四渎及管川谷诸神灵同请降临，永为证据。……其誓文一本请剑南节度使随表进献，一本藏于神室，一本投西洱河，一本牟寻留

① （晋）常璩：《华阳国志校补图注》，上海古籍出版社 1986 年版，第 229 页。
② （唐）樊绰：《蛮书》卷 7，中华书局 1962 年版。
③ （唐）樊绰：《蛮书》卷 5，中华书局 1962 年版。

诏城内府库，贻诚子孙。伏维山川神祇，同鉴诚恳。"① 从誓文所记仪式来看，是五斗米教的三官手书方式，"三宫"即道教所奉的天宫、地宫和水宫。

南诏后期及大理国时期，道教有所衰落，元以后才有所发展。明代白族地区道教盛行，出现了许多道士，如芮道材、李常在等。清代大理府太和县贡生张保太，自称四十九代收圆祖师，在白族地区广泛传播以道、释、儒三教合一的全真教，一时波及西南数省，连江苏、山西都有他的徒弟②，可见道教当时在白族地区的传播和流行。

道教在白族地区的传播和影响虽然有过起落，但在白族民众中仍存在着深厚的群众基础。洱海区域的白族，凡家中遇疾病、火灾、洪灾、饥荒或其他灾害，都要到道观去祈祷，并且要向所奉诸神上表，如《太上老君贺表》等，祈求解除厄运，求福运降临。每年二月初一至十五道教徒们便相邀到巍宝山青霞观朝山。白族地区还有许多信仰道教的组织，如洱源县凤羽坝子的"三元胜会"、整个滇西一带的"洞经会"以及各地流行的"斋奶会"等。这些组织经常举行大规模的道教活动，以老子的学说讲经布道，向群众传授《太上感应篇》、《道德经》等，还结合具体的人和事，讲授为人处事之方，对于提高白族人民的伦理道德素质、稳定社会秩序具有一定积极的意义。时至今日，大理地区白族人家的堂屋或正楼，供奉的神祇多为三教并列，有太上老君和观音佛像，外加祖先牌位和财神老爷，无佛像的人家，书写"天地国君亲师位"，这显然是来源于全真教的"君、亲、师"三位一体的伦理观念。③

三　佛教的影响

（清）诗人吴伟业说："洱水与苍山，佛教之齐鲁。"相传在唐王朝的大力支持下，南诏王盛罗皮于唐开元二年（714），就"遣其相张建成入朝，玄宗厚礼之，赐佛图像，云南始有佛书"。南诏中期以后，南诏的王室成员都皈依佛法，在唐贞元年间，南诏王异牟议和唐王朝签订了苍洱之

①　（唐）樊绰：《蛮书》卷7，中华书局1962年版。

②　（唐）樊绰：《蛮书》卷5，中华书局1962年版。

③　（元）李京：《云南志略》，云南人民出版社1986年版，第87页。

盟，恢复友好关系后，四川节度使韦皋在成都设立学校，专门培养南诏子弟，"使习书算，业就辄去，如此重五十年不绝，其来则就学于蜀者，不啻千百"。为南诏培养了数以千计的掌握了汉文化的土生土长的知识分子阶层，这些人在成都就学期间，既学习了汉文化，有的人也接受了佛学，他们学成归来，逐渐形成南诏、大理国政权中亦儒亦释的特殊阶层，他们对传播汉文化、弘扬佛学起到了积极的推动作用。

大理国建立以后，段思平也好佛，岁岁建寺，铸佛万尊。大理国共二十三主，其中就有八主禅位为僧，一主被废为僧。大理国时的官员，上至布燮（相当于宰相），下至一般官吏，几乎都从佛教僧徒中选拔任用。大理国时还实行开科取士的制度，阮本《南诏野史》中说："段氏有国，亦开科取士，所取悉僧道读儒书者。"这些佛教僧侣，可以做官，可以当和尚，还可以娶妻生子；他们既念佛经，又读儒书，也讲孝悌忠信、礼义廉耻。在当时，儒与释、释与儒互相融合，浑然一体，声誉很高。大理地区人人信佛，个个念经，"家无贫富，皆有佛堂，旦夕击鼓恭礼，少长手不释念珠，一年之中，斋戒几半"。

元明以后，内地"禅宗"传到大理，在大理地区建造大量的佛教寺庙，到清代，宾川鸡足山发展成为佛教名山，内地人和东南亚的僧人都来这里朝拜。明代诗人张舍"叶榆三百六十寺，寺寺夜半皆鸣钟"的诗句，反映了当时佛教的盛况。一直到新中国成立以前，白族地区几乎每村都有"拜佛会"，很多家庭还设有佛堂。

在佛教传入以前，洱河地区的情况是"夷人尚鬼，谓主祭者为鬼主，每岁户出一牛或一羊，就其家祭之"。[①] 从信鬼转为信佛，从崇拜多神转为崇拜一神，从宗教发展的阶段来看，这是一个信仰上的变革，对于一个民族来讲则是一个思想上的巨大进步。从白族内部来看，98.5% 的人信仰佛教，这部分人发展成为我国西南少数民族中文明程度较高的民族之一，而坚持信仰原始宗教的少部分白族支系勒墨人等，现仍然处于贫穷落后的状态。

由于采取了"以儒治国，以佛治心"的政策，南诏、大理国逐渐演变成为政教合一的地方民族政权。全民信佛的结果是白族人民"杀心差少"。[②] 李京《云南志略》中"白人"条说道："诸种蛮夷，刚愎嗜杀，

① 张锡禄：《大理白族佛教密宗》，云南人民出版 1999 年版，第 359 页。
② （元）李京：《云南志略》，云南人民出版社 1986 年版，第 87 页。

骨肉之间一言不合，则白刃相戕，不知事神佛，若枭獍然。惟白人事佛甚谨，故杀心差少。由是言之，佛法之设，其于异俗亦自有益。"①

"杀心差少"反映在白族的道德观念上就是以善为本，平和、宽容，崇尚伦理，注重和谐，成了白族传统道德兼收并蓄、守成持重的显著特征。

四　本主崇拜的影响

在白族的宗教信仰中，最具有民族特色的是本主崇拜。除怒江白族外，几乎所有的白族地区都存在本主崇拜。本主是"本境土主"的简称，白语叫"武增"，意即"我的主人"，是本村的保护神。一般是一村供奉一个本主，有的几个村共同敬奉一个本主，并定期举行区域性祭祀活动。本主用泥塑或木雕刻成偶像，供奉于本主庙内。人们信奉本主十分虔诚，祭祀不分时间，凡是红白喜事、出门经商、身患疾病，乃至孩子起名等，都要准备祭品、金银纸钱，到本主庙祭祀本主。每年各村还要集体迎送一次本主，或在本主诞辰举行盛大祭祀。届时要杀猪宰羊，备办酒席，并举行各种文娱活动，极为热闹隆重。各地崇拜的本主，对象十分复杂，大致有自然神本主、英雄本主、名人本主、民俗本主等。

白族崇拜的本主很多，每个本主都有其优美的传说故事，其中有原始神话，有英雄传说，有历史故事等。例如，太阳神、小黄龙、杜朝选、段赤城、慈善夫人，等等，这些被颂扬的"天神"、"英雄"和"节烈"，无论是统治者或是平民，都贯穿着有德、有功于民和助人的精神，他们都是因为具有某种高尚的品质而受到人们的信仰和崇拜。因此，白族本主崇拜中包含着丰富的伦理道德内容。

白族本主崇拜非常强调国家、社会的重要性，强调为国家、为民族、为人民和公众的利益鞠躬尽瘁、死而后已的英勇献身精神。"护持社稷"是本主崇拜的一个主要思想。在本主崇拜中，有许多本主神都是因为他们"护国佑民"、"精忠报国"、"福我家邦"的爱国爱乡行为而受到人们的尊敬和崇拜，例如，小黄龙、段赤城、段宗榜、阿亮，等等。

白族本主崇拜还强调一个民族应具有开放与宽容的品质。白族本主崇拜中"排外"意识非常淡薄，较少有"非我族类，其心必异"的狭隘民

---

① 汪宁生：《南诏德化碑，载云南考古》，云南人民出版社 1980 年版，第 154—165 页。

族心理和夜郎自大、唯我独尊的民族保守性。白族的本主神中，诸葛亮、吕凯以及郑回、陈伯钧、忽必烈等，他们都不是白族，却受到了人们的崇拜。可见，白族人民的祀神已经打破了民族的界限，他们重视的是是否有功于民，而不在于族别和血亲。正是有了这种开放宽容的品质，在漫长的历史进程中，白族才能摒弃民族隔膜与世俗偏见，融洽地与一切外族，包括内地南迁的汉族和周边的少数民族和睦相处。在与其他民族交往过程中出现的一些暂时的矛盾和纷争，白族人民更是宽容大度，不计前嫌。南诏时期，唐将李宓"矫伪居心，尚行反间"，"阻扇东爨，遂激崇道，令煞归王"，进而挑拨诸爨自相残杀。天宝战争中，李宓来势汹汹，意欲一举踏平苍洱大地，最后却兵败沉江。南诏在指责他"生虽祸之始，死乃怨之终"的同时，却又表示："岂顾前非"，"遂收亡将等尸，祭而葬之，以存旧恩"。① 数年之后，经过历史的洗礼和时间的沉淀，非但是李宓，就连他的亲属和部下都成为当地的本主而受到白族人民的祭奠和崇拜。倘若没有一种宽容大度的民族气概，这种矛盾的历史现象是很难让人理解的。

白族本主崇拜还体现着开朗乐观、勇于创造和追求幸福生活的精神。无论是神话、节日还是祭祀活动，本主崇拜一改宗教的威严与神秘，带有浓厚的"入世"思想，具有开朗乐观、轻松愉快的风格，充满了诙谐幽默的基调。本主崇拜还教人们不畏艰险、勇于进取，创造和追求幸福的生活，在本主神话中有很多故事都是在歌颂人们与恶劣的自然环境斗争、与恶神斗争、与恶霸势力斗争并最终胜利的勇敢行为。

本主崇拜还教人们要仁慈、孝敬，教人们要处理好社会、家庭以及人与人之间的关系，等等。

本主神话中英雄的品格和业绩被一代代传下来，它教育人们应为社会做有德行的事，成为有德行的人，这样才能得到尊敬。进入阶级社会后，封建统治阶级的帝王将相大量列入本主神中，封建伦理道德的"忠孝节义"、"三纲五常"等观念也体现在本主崇拜中，对人们产生了一定的消极影响。

本主崇拜扎根于白族人民的现实生活中，它富有生活气息，具有鲜明的民族特色，是白族传统道德的一个重要载体和表现形式。白族传统道德通过本主崇拜这一通俗而贴近的形式被人们所接受，被不断地丰富、完善和传承，并且带有了鲜明的民族特点。

---

① 张锡禄：《大理白族佛教密宗》，云南人民出版 1999 年版，第 359 页。

佛教慈善道德的内涵与类型比较

杨金东[*]

摘 要： 佛教内在慈善道德与外在慈善事业有机结合、良性互动，是推动其在世俗社会中生存和发展的重要原因。我们认为佛教慈善可分为内在性、外在性和超在性三种类型。佛教所具有的各种慈善理念是内在性慈善，由之引发的各种社会实践是外在性慈善，而带有强烈宗教色彩的超在性慈善，既是社会事实也是宗教事实。论文以此为概念范畴，探讨佛教慈善的内涵，兼与儒教、道教、基督教、伊斯兰教慈善进行比较，以更好地从整体上理解宗教慈善。

关键词： 佛教慈善；儒教；道教；基督教；伊斯兰教

从某种程度上说，宗教慈善即是在宗教悲天悯人的神圣观念引领下所从事的各种服务世俗社会的活动，只有将之视为一项客观的社会事实，从思想、行动、政策等不同方面对之进行分析，才能充分理解其内涵与功能。佛教慈善同样如此，佛教内在慈善思想与外在慈善事业有机结合、良性互动，是推动其在世俗社会中生存和发展的重要原因。我们认为佛教慈善可分为内在性、外在性和超在性三种类型。佛教所具有的各种慈善理念是内在性慈善，由之引发的各种社会实践是外在性慈善，而各种带有强烈的宗教色彩，虽不一定是社会事实，但却是宗教事实，如佛教法事、仪式所表演的祈求国泰民安的活动是超在性慈善。内在性、外在性、超在性慈善之间密切联系、互动循环而构成佛教慈善，从而区别于世俗社会的慈善内容。我们即以此为概念范畴，探讨佛教慈善的内涵，兼与儒教、道教、基督教、伊斯兰教慈善进行比较，以更好地从整体上理解宗教慈善。

---

* 杨金东，女，云南大学公共民族学与社会学学院教师，社会学博士。

一　佛教慈善的概念维度

（一）慈善理念

佛教的慈善理念指佛教慈善发展的思想基础和向导，它引导佛教慈善行为的发生并作为其发展的准绳。具体表现为"普度众生、慈悲济世"的核心理念与"勿忘世上苦人多"的社会关怀以及"万物皆有生命"的生态关怀。它基于佛教思想而产生，与佛教的义理、戒律、经典等密切相关，在特定情境下可以促成信徒保护生态、爱护生物、关心社会弱势群体等慈善行为，并可系统化和制度化为慈善事业。佛教慈善理念中的"普度众生"不仅局限于人类，而且包括了自然界的所有生命存在，体现了"博爱"精神。普通慈善理念可以概括为在人格平等基础上的团结互助和回馈社会，而佛教慈善理念则依据佛教教义而带有强烈的信仰色彩，包括"善有善报、恶有恶报"、"大慈大悲、救苦救难"、"慈悲喜舍"、"福德功田"等基本内容。

（二）慈善行为

佛教慈善行为是佛教信徒或普通群众基于佛教慈善理念在物质或精神上采取的一种关爱或帮助他人的活动，如救济贫穷、弘法利生、抗震救灾、捐资助学等。与一般慈善行为相比，佛教慈善既有普遍性又有特殊性，既可以是一种个体行为，也可以是一种集体行为，如"慈济功德会"以法人名义开展慈善行为。同时，其主体可以是佛教徒中的个人或组织，也可以是世俗社会中的个体或集体。以"布施"为例，佛教慈善行为可以包括物质、精神乃至制度等诸多层面。《大乘义章》说："言布施者，以己财事分布于他，名之为布；辍己惠人，目之为施。"①《大智度论·卷四十五》认为"布施有三：一为财施，二为法施，三为无畏施"②。财施就是财物的施舍，就是用金钱去救助贫困，救人于危急，佛教徒或大众个

---

① （隋）慧远：《慧远大师文集》，九州出版社2011年版，第312页。
② ［古印度］龙树：《大智度论》，《大正藏》第25册，新文丰出版社1985年版，第387页。

体的财施属于物质上的慈善行为；法施即根据人们的请求，以法教化，或将自己礼诵修持功德传授于众生，以佛法度人；无畏施指急人所急、难人所难、为人排忧解难或使人精神上无所畏惧、积极向上，如救死扶伤、指点迷津等；佛教徒或社会大众个体的法施和无畏施则属于佛教精神上的慈善行为。

（三）慈善事业

佛教慈善组织在佛教慈善理念的引导下从事的有规模、有组织地救济弱势群体的系统性活动即为佛教慈善事业。慈善事业除了具有个体慈善行为的微观理念外，还具有一些更为宏大的叙事，如人间佛教思想。《增一阿含经》说"诸佛世尊，皆出人间"揭示了佛陀重视人间的根本精神；《六祖坛经》认为"佛法在世间，不离世间觉，离世觅菩提，恰如求兔角"①，即是说佛陀出生在人间，说法度人在人间，佛法源于人间并利益人间。个体的慈善行为可以是自发自觉的，没有组织也谈不上规模，但慈善事业一定是有规模、有组织的慈善活动。这就需要具备一定的人员数量，构成一定的规模，才能顺利完成一个慈善事业项目。同时，在管理上需要相应的规章制度来约束集体行为。佛教慈善事业牵涉的资金数目巨大，有些甚至上亿，在善款的管理、使用、分配过程中，必须建立一套透明的财务管理制度和社会公示制度，杜绝佛教组织的腐败。

二　佛教慈善的比较

（一）与儒家慈善的比较

可以说，中国化了的佛教与儒家慈善文化都是中华民族慈善文化的重要组成部分，是同一个整体中两个相互交叉的个体，都具有关心和帮助弱势群体的传统。孔子理想中的大同社会是"大道之行也，天下为公。选贤与能，讲信修睦，故人不独亲其亲，不独子其子，使老有所终，壮有所用，幼有所长，鳏、寡、孤、独、废、疾者，皆有所养"②。这与佛教的

---

① 郭鹏：《坛经导读》，中国国际广播出版社 2008 年版，第 116 页。

② （汉）郑玄：《礼记正义》，北京大学出版社 1999 年版，第 658 页。

"无缘大慈，同体大悲"、"爱护众生"、"发慈悲之心与利他"等思想体现的关爱天下人、帮助弱者的理念相一致。

当然，佛教与儒教慈善文化也有分歧。首先，佛教慈善基于"人人平等，慈悲喜舍"、"知足报恩、善恶有报"、"身心和乐、福德功田"等思想，而儒家慈善文化源于其"仁者思想"、"民本思想"、"大同思想"和"义利观"等理念。其次，佛教慈善的行为主体是佛教徒、佛教慈善基金会、佛教协会或者是在佛教慈善思想影响下世俗社会的民众，而儒家思想在汉代以降的封建王朝一直居于正统地位，因此儒家慈善的实施主体还包括国家。再次，佛教将众生和自己视为一体，主张不分亲疏、无条件地帮助他人，所以佛教慈善具有扩展性、开放性和无限性等特征。儒家慈善相对呈现狭隘性、封闭性特征，表现为亲帮亲、邻帮邻、熟人帮熟人的互济互助模式，很难得惠及陌生人。最后，儒家慈善讲究受助者感恩回馈，即"滴水之恩，当以涌泉相报"，带有一定的功利性色彩，而佛教慈善讲究不求回报，是一种无条件资助，追求内心安宁祥和或涅槃成佛。

综合分析，儒家慈善带有一定的"差序格局"，慈善对象是由近向远逐步推及；而佛教慈善则更"一视同仁"，平等对待所有的慈善对象。或者说，佛教提倡"损己利人"，如佛陀以身饲虎的传说；儒家则提倡"不损己而利人"，提倡本人与慈善对象的双赢。可见，佛教慈善具有更多的情感性和宗教性内容。

（二）与道教慈善的比较

佛教与道教慈善理念中都有因果善恶报应论思想。佛教慈善主张"善有善报、恶有恶报"、"业有生报、现报、后报"的因果循环报应思想，倡导世人止恶扬善、劝恶从善，这与道教早期《太平经》的"承负说"思想意蕴相同。即任何人的善恶行为都会遭到报应，报应可能在自己身上或者后世子孙身上得到验证；人今世的祸福是前世先人行为的结果，祖宗的过失，需要子孙来承担；今生积大德、行大善可以避免祖宗的余殃，为后代子孙造福；善恶可以承负前五代，流及后五代。道教认为因果循环的善恶报应是一种必然的伦理道德，在道教经典教义中反复予以强调。如"积功累仁，祚流百世"、"施恩布德，世代荣昌"、"近报则在自己，远报则在儿孙。百福骈臻，千祥云集，岂不从阴骘中得来者哉？"等不胜枚举。① 实际上，佛道两教都注重融合儒家经典文化，其善恶报应论契合儒家"积善之家，必有余庆；积不善之家，必有余殃"的思想。

佛道两教都注重对世人行善来实现对自己的积德造福。佛教讲究慈爱他人，通过实践来为世人谋福利。如佛教福田思想中的"七法广施福田"指"一者兴立佛图，僧房堂阁；二者园果浴池，树木清凉；三者常施医药，疗救众病；四者作劳坚船，济渡人民；五者安设桥梁，过渡羸弱；六者近道作井，渴乏得饮；七者造做圊厕，施便利处"②，体现了佛教慈善中注重施药救人、作船渡人、铺桥渡人、挖井以饮人以及以己度人来实现对自己积德造福。道教经典教包含传统的慈善思想，也注重尊老爱幼、慈爱忠孝待人，遵守忠、孝、慈、仁等宗教伦理道德，主张通过日常生活中的不断帮助他人来实现对自己的积德造福。如《太上感应篇》提出"积德累功，慈心于物；忠孝友悌，正己化人；矜孤恤寡，敬老怀幼"；《文昌帝君阴骘文》提出"揹衣食，周道路之饥寒；施棺椁，免尸骸之暴露"、"舍药材以拯疾苦，施茶水以解渴烦，点夜灯以照人行，造河船以济人渡"。

佛道两教在慈善文化上的差异主要表现在：一是善恶报应论的标准不同，佛教的善恶的评判标准是能否符合佛法、心性是否清净，而道教评判善恶的标准是有否违背传统伦理道德。二是"善恶报应"的内涵不同，佛教的"善恶报应论"是"三报论"，包括人有前世、今生、来世三世，业有现报、生报、后报三报。今生受苦受难是前世作孽之果，今生慈悲是来世享福之因，自己是否享福取决于自己作业之因；道教的"善恶报应论"是"一报论"，它虽也有三世，但不是"人有三世"而是"前世之先人，今生之己，后世之子孙"，并且它善恶报应波及的范围只有前五代至后五代。三是教化慈善的目标不同，佛教旨在普度众生、涅槃成佛，如《法华经》提出"大慈大悲，常无懈怠，恒求善事，利益一切"，《大宝积经》提出"能为众生作大利益，心无疲倦"、"普为众生，等行大悲"；道教旨在长生不老、修道成仙，如葛洪提出"人欲地仙，当立三百善；欲天仙，立千二百善"即体现了其"行善"的功利性目的。

相比而言，结合马克斯·韦伯的理论，道教慈善更符合目的合理性要

---

① 汤一介：《道学精华·下》，北京出版社 1996 年版，第 1533 页。

② 《佛说诸德福田经》，《大正藏》第 16 册，台北新文丰出版公司 1985 年版。

求，即过世俗社会的现状和世俗大众的期待，并利用这种期待作为"条件"或"手段"，以期实现自己合乎理性所争取和考虑的目标；而佛教慈善更注重价值合理性要求，强调对佛教慈善理念的认同和无条件的纯粹信仰。

（三）与基督教慈善的比较

佛教与基督教慈善理念在本质上都体现了"博爱"思想。《圣经》记载耶稣的言论"你要尽心、尽性、尽意，爱主你的神。这是诫命中的第一，且是最大的。其次，就是要爱人如己。这两条诫命是律法和先知一切道理的总纲"，这与佛教提倡的"大慈与一切众生乐，大悲拔一切众生苦"相一致。两者都教导信徒通过行善来实现宗教终极目标，其中佛教主张通过"救苦救难、普度众生"来实现涅槃成佛，基督教主张通过"爱上帝、爱人如己"的方式来解脱原罪、获得救赎。

佛教的"十善"与基督教的"十诫"相似性很高，对人类行为有着共同要求，都提倡"扶危救困"、"止恶扬善"，体现了类似的处世精神。佛教和基督教都注重施舍济人，佛教将"布施"作为重要修行方式，《圣经》主张"应将施舍存在你的宝库里，它必能救你脱免一切灾难；施舍胜于坚甲利器，它要替你攻打仇敌"，"水可以消灭烈火，施舍可以补赎罪过。天主保佑施舍的人，此后必要记念他"[①] 等，体现了施舍济人在基督教信仰中的重要地位。

佛教与基督教慈善文化的区别，首先在于二者的哲学基础不同。整体而言，佛教认为人人都有善性与佛性，同时又受三盖、四风、五缠等障碍，需要通过"禅修、念佛、持戒"等"渡人"、"渡己"，实现涅槃成佛。基督教的"原罪说"虽然强调人性的罪恶一面，但并不赞同人类是无可救药的，既然人是上帝创造的，而上帝是全知全能全善的，人要实现对自己的救赎就要"爱上帝"和"爱人"，才能实现救赎。其次，在运作模式上，基督教慈善在西方社会文化情境中更多具备现代色彩，而佛教慈善则更多传统意义。

（四）与伊斯兰教慈善的比较

在慈善理念上，佛教与伊斯兰教都蕴含"大慈"、"普慈"思想。《古

---

① 《圣经》。

兰经》不仅强调穆斯林之间的"慈爱"，也主张对异教徒、异国人实施关怀，表明伊斯兰教的慈善理念超越血缘、种族、地狱、国家和性别的阻隔，提倡在平等、慈爱、和谐的氛围中相互依存的情怀。在慈善信仰上，佛教与伊斯兰教都包含善恶报应论思想。伊斯兰教提倡"两世吉庆"，认为今生行善，来生将受福报；今生不行善，来世将受惩罚。《古兰经》说："谁赞助善事，谁得一份善报；谁赞助恶事，谁受一份恶报；真主对于万事是全能的"；"行一个小蚂蚁重的善事者，将见其善报；做一个小蚂蚁重的恶事者，将见其恶报"；"信道而且行善者，得以享受乐园的款待"。① 伊斯兰教劝善谚语也提出"为你的今生耕耘吧，就好像你永远活在这个世上。为你的来世行善吧，就好像你明天就要离开人间"等。在慈善实践中，佛教和伊斯兰教都推崇"施舍"，不仅包括金钱和物质，还包括嘉言美行。

佛教与伊斯兰教慈善文化的差异，首先表现为前者往往采取非制度化的形式，而后者多采取制度化的形式。佛教虽提倡人人参与慈善事业，但无论组织还是个体都是"随喜功德"，在对象、方式、目标、效果等方面都没有强制规定。而伊斯兰教不仅有自愿形式的慈善，还有法定形式的慈善，且二者都有严格的教义规定其内容与参与程度。天课制是伊斯兰教所特有的一种法定的社会慈善制度，"谨守拜功，完纳天课"是一个真正穆斯林的标志。当已成年的穆斯林个人财产超过了教法规定的基数，剩余部分就应按一定的比率缴纳课税，用于救济贫困者。《古兰经》明确规定八种天课接受对象：贫穷者、赤贫者、管理赈务者、心被困结者、无力赎身者、不能还债者、为主道工作者、途中穷困者。一些伊斯兰国家还以法律形式明确规定施舍对象、施舍物品以及受施舍的人应具备的资格、可领取的分量、可领取的类别。

佛教慈善事业是佛教自身健康发展的内在需求和重要表现，佛教本身就蕴含着"善恶报应论"、"慈悲喜舍"、"福德功田"三大慈善思想；佛教慈善事业即是其内在慈善理念的一种外在诉求和社会化表达方式。自佛教传入我国以来，其发展就一直伴随着诸如兴办义学、施医诊药、救济贫穷等多方面的慈善福利事业。可以说，慈善事业的和谐发展是佛教良性世俗化的迫切要求与必然选择，是抵制其恶性世俗化的重要途径。目前，佛

---

① 《古兰经》，马坚译，中国社会科学出版社1996年版，第230、480页。

教为有效融入社会主义建设事业，必然要选择一条能与社会主义社会相适应的发展道路。实践证明，慈善事业即是佛教适应社会主义社会的有益方式，是其良性发展的基础和保障。"十方来，十方去，共成十方事；万人施，万人舍，共结万人缘。"从某种意义上说，佛教慈善事业是佛教界对社会资本的"取之于民，用之于民"，是对世俗社会资本的神圣化再分配，佛教慈善也是社会收入二次分配系统的重要组成部分。它的和谐发展对于调节社会收入水平、缩小社会贫富差距、维护社会稳定具有一定作用。

在看到成绩的同时，也要客观地认识到，佛教慈善远未形成系统性的社会事业，更多表现为僧人或信众在佛教慈善精神的指引下，自发、自愿、自觉的个体行动；甚至也有僧人违背佛教"慈悲喜舍"的原则，聚敛大量财富而"一毛不拔"，其公信力受到社会大众质疑。2012 年 2 月 26 日，国家宗教局联合中央统战部、国家发改委、财政部、民政部和税务总局等部委印发《关于鼓励和规范宗教界从事公益慈善活动的意见》，为佛教慈善发展提出了新的要求。在新形势下，我们有必要重新审视佛教慈善的内涵与功能，引导其合理健康发展。

煤矿安全生产中的诚信管理规范

李宇杰*

摘　要：诚信是中华民族几千年来始终崇尚的基本美德，良好的品德修养和行为规范，推动着社会的文明进步。煤炭是我国基础能源和支柱产业，在我国现代化建设中有着不可替代的作用，而煤炭企业作为高危行业，只有做到依法诚信开采、按章诚信作业、严格诚信监管，一切以诚信为基本准则，才能筑牢煤矿的安全防线。

关键词：诚信；安全；煤矿

诚信安全文化是煤炭企业文化的重要组成部分，是由煤矿安全的重要性和突出性决定的。诚信安全文化的内涵主要包括以科学发展观统领安全工作全局，包括安全法规、安全发展战略、安全理念、安全思想、安全意识、安全教育、安全组织及管理方式和职工行为规范等。其内涵具有严谨的科学性、煤炭特色和适用性；具有广泛的推广价值和有效性。

诚信安全文化的特征。一是统揽性。煤矿安全统揽一切，重于一切，高于一切，先于一切。二是全员性。诚信安全文化是一个全员性文化，它强调的是全员参与。三是人本性。"生命高于一切"的理念贯穿于诚信安全文化的各个方面，保护职工的生命权、健康权、维护职工合法权益，是诚信安全文化的立"信"之基。四是强制性。要将诚信安全文化入心入脑，渗透到每名职工，切实起到引领安全的作用，需要多种形式的灌输，同样，也不排除管理制度的刚性约束。五是持续性。即从零出发，向零进军，安全管理全过程、安全控制无断点，包括思想上的持续和现场管理的持续，安全检查的持续，通过反复伊始的不间断，才能确保矿井的持续安全生产态势。

---

* 李宇杰，男，云南民族大学人文学院伦理学硕士研究生。

一　煤矿需要诚信安全文化

诚信是煤炭企业健康平稳发展的基石，诚信安全文化是支撑煤矿良好形象的基础，先进的、科学的诚信安全文化建立塑造，是在改变旧的、不科学的安全文化的基础上实现的。长期以来，煤矿形象在人们心目中是"脏、乱、差"，管理粗放，存在"挖煤事故难免论"、"安全靠神灵保佑"等错误意识。只有改变陈旧的世俗观念，用科学发展观、安全发展观为指导，建立塑造先进超前的安全文化，提炼挖掘安全诚信理念，建立塑造新型安全诚信煤矿形象，才能有力促进企业的健康发展。煤矿诚信安全文化的建立塑造和推进，来源于煤矿实现安全生产的目的需求，好形象的建塑，取决于诚信安全文化的有力支撑。

诚信支撑煤矿外在形象。外在形象是企业形象最直接的表现，也是最初印象。诚信支撑煤矿安全形象。煤矿企业的特殊作业环境，决定了安全生产在媒体企业中的特殊地位，以人为本，安全为天，科学发展是煤炭企业搞好安全生产的根本所在，诚信安全文化的建立塑造有利于改变煤矿安全形象。诚信支撑煤矿社会形象。煤矿的经营管理离不开诚信的支撑，重合同讲信用，诚信经营，打造优质品牌，打开并占领市场，是维护煤矿信誉形象的关键。诚信支撑煤矿文明形象。职工群众是煤炭企业的主人，是安全生产的主体。井下安全事关职工的生命安危和家庭幸福，事关企业的稳定和发展，应把安全生产作为职工的根本利益。

二　煤矿诚信缺失的表现及危害

形象诚信的缺失。形象诚信是人们通过产品特点、营销策略、精神面貌的综合表现建立起来的对企业或者个人的总体印象。形象诚信是精神文化的一种外在表现形式，它是社会公众与企业和个人接触交往过程中所感受到的总体印象。煤矿的形象诚信，主要表现为煤矿领导的形象诚信度和职工的信心、信任、信赖，同时，煤矿形象诚信也是衡量一个企业文明建设的重要标志。缺失具体表现在：（1）精神文化缺失，如煤炭企业的徽标、徽旗、商标和固定场所的装饰、布置不够雅致美观，职工综合素质偏低，仪容仪表、行为举止不够规范得体，对岗位操作技能掌握程度不够娴熟等。（2）内部管理粗放，如有职工违章违纪，屡教不改，产品有瑕疵，以次充好等。（3）礼仪礼节散漫，如职工在交接班、接听电话、待人接物时语言不够文明等。企业的形象诚信是企业赖以生存的生命线。

职业道德的缺失。煤矿把遵章守纪、按章操作上升到职业道德的高度来认识，有利于职工用岗位标准、行为标准、道德标准来规范和约束自己，发挥职业道德教育在安全生产中的思想保证作用，给安全教育和管理赋予了新的内涵，因此使安全管理有了强有力的约束和自律功能。道德缺失表现在两方面，一是主观方面：投机心理、侥幸心理、无知心理、麻痹心理、压抑心理、逆反心理等；二是客观方面：表现在管理不严，规章制度不完善、不健全，存在漏洞，有的惩处不力，关心职工物质生活和精神生活不够，外界因素干扰，促使职工产生恐惧和畏难情绪，设计上的缺陷导致工人违章操作。煤矿职业道德建设的目的在于激发职工的安全意识和安全自制能力，规范职工安全行为。

管理诚信的缺失。对于煤矿这样一个高危行业，更需要诚信管理来支撑。管理诚信在煤矿管理中占据着重要地位。其缺失具体表现在规章操作缺失，煤炭企业的各生产环节都要求做到遵守规章制度，更加严格执行操作规章，多数施工与管理诚信有关。另外还有生产信息反馈缺失。实际生产状况未能及时得到反馈，并针对相应的情况采取措施，因而延误了管理措施的效能发挥，给煤矿生产埋下隐患。

安全诚信缺失。安全诚信缺失必然会给个人生命和家庭带来不幸，给企业带来经济损失和社会影响。主要表现在：首先是岗位操作诚信缺失。对操作警示不能够熟练掌握，有的甚至不懂规程、不懂标准，而且不懂装懂，不虚心学习，长期形成一种思维定式。其次是安全管理的诚信缺失。安全管理上的不诚信关键在于没有真正把安全第一的思想付诸行动，有时说起来重要，干起来次要，忙起来不要。再次是管理制度的诚信缺失，由于安全诚信的缺失，致使安全生产方面存在的问题不能及时得到解决，更谈不上防患于未然。因此，对于职工来说，每项安全规程都要入心入脑、刻骨铭心，并真正实践，让安全诚信铸就每一个人的平安。

三　建立完善安全诚信管理规范

诚信安全文化是一种内敛式的文化管理模式①，它是通过以诚信安全文化为引领，培育企业职工共同的价值观和行为准则，对职工的行为进行有效的管理和规范。诚信文化塑造的终极目标就是通过全员的诚信度的提升，来不断提高企业整体管理水平，增强队伍凝聚力，提升核心竞争力。

煤矿党组织要将党的安全方针、企业发展战略和经营决策贯彻下去，就要通过充分发挥思想政治工作、企业文化、精神文明创建等优势，把力量凝聚到发展上来，特别是企业安全生产上，要让广大职工接受和认同诚信安全文化，并自觉自发地积极践行安全诚信。

（一）诚信安全警示教育

警示教育即提示人们警觉警惕的教育。煤矿安全警示教育即用安全方面的警示案例进行的教育，它直观性强，视觉冲击力大，是安全教育中应用范围广、形式多、使用频率高的一种教育方法。包括事故光盘播放、事故案例图片展、家属讲案例、伤残职工谈事故危害等。通过警示教育的引导，让广大干部职工对煤矿三大规程更加珍惜，人人自觉遵守，自觉照章操作，自觉形成"一举一动，规章至尊"的良好风气，让职工都懂得遵章守纪光荣，违章违规可耻的道理。

（二）诚信安全文艺教化

借助文化艺术的形式，对职工进行安全教化，是丰富安全宣教途径的又一重要方法。依据煤矿安全工作中出现的先进人物和典型事例，编成小品、相声、歌曲、快板、小戏剧等，让职工在安全宣讲日、区队贺功时进行表演，以通过职工自身说唱来感悟安全、体会安全；举办安全漫画展、摄影展、书法展，让职工直接参与安全文艺创作，使职工在创作中欣赏，接受安全熏陶。煤矿进行文艺形态安全文化建设中，应结合职工的工作和生活实际，根据职工的欣赏水平和习惯，做到职工喜欢什么就演什么，使职工在欢歌笑语中受到安全文化的陶冶。

---

① 王社平：《煤矿安全诚信管理》，煤炭工业出版社 2008 年版，第 3 页。

（三）诚信安全过关帮教①

过关帮教是对煤矿不安全行为的教育方法之一，是指对安全生产过程中出现的不安全行为的责任者，即违章指挥、违章作业、违反劳动纪律的三违人员采取"一把钥匙开一把锁"的方法，进行层层过关，注意具体地进行教育。以铁纪律、铁手腕、铁面孔、铁心肠的"四铁"精神抓安全。对严重三违人员进行过关帮教。过关帮教的目的就是教育本人，矫正不安全行为，制定防范措施，警示大家汲取教训，梳理安全防范意识，上标准岗，干标准活。一般由班组长、主管区领导、工会主席、党支部书记、区长等设关帮教。帮教过程中使三违人员真正能够认识到违章的危害性，查找违章深层次思想根源，并通过本单位职工大会上作检查、现身说法，讲述三违的经过、后果及危害，讲教训和认识，讲改正措施，增强安全意识。其次是进行日常心理矫正帮教。针对习惯性违章和二十种不放心人，做深入细致的思想教育工作，从根本上解决安全教育与管理问题。从思想上提高对安全工作的认识，由被动接受变为主动预防。

四　建立完善的诚信安全亲情关爱体系②

建立和完善"八个一"③诚信安全亲情教育工程，通过温情、实际、励志、人性化的教育方式，使员工从思想深处意识到自己的安全关系到整个家庭、整个企业，正所谓"牵一发而动全身"，从而使员工的安全意识得到"从要我安全到我要安全"的根本转变，确保矿井安全、家庭幸福。

做一个安全承诺。广泛开展安全诚信教育活动，企业要求每名员工要作出一份安全承诺，承诺不违章作业、不违反劳动纪律，按章作业等，并进行公示、存档。同时专门制定日安全工资，日考核月兑现，出现违章行为取消安全工资；班组长为第一责任人，每月要向全班作出安全承诺，保证该班组当班实现班组零事故、零工伤，确保安全生产。班组长按照生产、辅助、地面三个层次分别缴纳1500元、1000元、500元保证金，他

---

① 赵铁锤：《煤矿和谐文化管理》，枣庄集团有限公司，第68页。
② 王社平：《煤矿安全诚信管理》，煤炭工业出版社2008年版，第3页。
③ 笔者于2013年2—3月在峰峰集团梧桐庄矿调研时所获资料。

们还采取月度考核、季度兑现。梧桐庄矿还专门成立安全承诺金奖励考核领导小组，制定详细考核细则，用奖罚制度激励鞭策员工。

结一个安全对子。按照自愿的原则，由两名员工在班前会前结成互保联保对子，签订"互保联保"协议后方可上岗。遇到单岗作业与班长或跟班区长结对子，实现结对子100%。矿工在岗工作期间，必须做到相互提醒、相互关爱、相互监督、相互保证、相互承担，互保联保人同奖同罚。并且由矿山各级巡检人员进行检查督导，按月考核。

学一个安全案例。案例教育具有非常针对性和警示作用。职工代表会充分利用每周二、周五组织职工分别学习一个工种、一个岗位的安全事故案例，由党支部书记或工会主席讲解，从事故经过、事故原因、造成的伤害及应该采取的措施，逐一和职工一起进行分析，结合矿山开采现状展开讨论，形成上下互动，教育效果十分突出。同时每个月要求职工写出心得体会与感受。

树一个安全典型。为了有效发挥思想政治工作在安全教育方面的正面激励效应，每季度在全矿范围评选20名安全最佳、技能过硬的首席员工，每半年从首席员工中评选10名金牌员工，要求理论考试和操作技能考核均达到90分及90分以上的员工才能参加测评，被评为首席员工后每月享受津贴，金牌员工可一次性享受奖励；在井口专门制作首席员工光荣榜，开展首席员工事迹报告会等广泛宣传典型，营造了学帮超氛围。

建一份安全档案。梧桐庄矿以区科为单位，为每名职工建立了安全履职档案，"做到了十清楚、八知道"，十清楚即五官面貌、家庭住址、专业特长、从事工种、工作年限、个人简历、身体状况、家庭情况、兴趣爱好、上下班交通工具等清楚；八知道，即个人安全承诺内容、上岗证件使用期限、技术培训情况、月度出勤情况、工资收入情况、安全处罚情况、表彰奖励情况、工作表现等知道。做到动态管理，逐月考核，每月通报运用结果，作为安全管理的重要手段。

办一场安全论坛。为了更好地让员工展示安全操作心得，加强员工间的经验交流力度，梧桐庄矿专门为员工开辟了安全论坛，要求每个单位都要筛选出当月安全最佳、安全上有新方法、新举措。新体会的员工上台演讲，阐述各自在岗的安全体会以及需要注意和完善的安全规范。各专业副总为裁判，并进行点评，评出最佳并进行适当物质奖励，促进了单位间、员工间的交流力度，好方法、好经验得到现场推广。[①]

送一份安全礼物。拍摄安全全家福，用浓情构筑安全屏障。即为每位员工拍一张全家福，制作一张亲情卡，并在上面附上家人的安全嘱托，随身携带，通过进宿舍，进长廊，将职工的家庭"搬"进区队、"驻"进生产现场，无形中强化了亲情教育效果，增强了职工遵章守纪的自觉性和安全意识，使员工时刻感受到家人的期盼，用亲情感化员工。

拍一部亲情 DV。亲情 DV 宣传教育片是以职工和家属为主角的一种亲情化的视频教育，每月单位轮流组织拍摄，月底邀请家属来矿进行观看和安全真情告白，渲染着每一名职工，叩击着现场人的心灵，一个镜头一个真情的嘱咐，深入班组拍摄矿工对家人的答复和承诺。职工家属在不同的场景，用不同的声音和不同的方式共话"安全"，让职工和家属"共吹安全风、共系安全带、共做安全事"，全力保证安全第一。

通过"八个一"安全教育法的实施与实践，一是创新了思想政治工作形式，切实将思政工作融入到安全管理当中；由单一说教丰富成形式多样的安全教育活动，做到刚柔互济，提升了安全教育效果。二是员工的安全意识得到了提高，使员工从思想上由被动要我安全向主动安全进化，消除了单一刚性制度约束带来的心理障碍和抵触情绪。三是安全教育引入心理疏导和人文关怀，引入家庭这一重要力量，编织了全时空安全教育网，员工幸福指数倍增。

---

① 峰峰集团内部资料：《管理创新成果集》，2010 年，第 5 页。

下篇 民族女性道德研究

社会道德是一种特殊的社会意识形态，是人类社会特有的一种社会现象。在长期的历史进程中，男女在各个方面表现为不平等，中国女性主体意识在整个封建社会发展历程中呈缺失状态，及至近代开始觉醒。女性主体意识的发展历程反映在中国伦理本位型的文化体系中，表现为各个不同历史时期的女性道德内涵。同时，不同民族的女性受到不同道德内涵的约束。

改革开放以后，我国逐渐进入社会转型期，社会转型期间各种价值观交织在一起，引起人们对女性主体意识的质疑。对各个民族女性道德的研究，探寻民族女性在社会各个方面的变迁，有助于女性自觉地意识并履行自己的历史使命、社会责任、人生义务，并清醒地认识自身的特点，能以独特的方式参与社会生活的改造，肯定和实现自己的需要和价值，有助于社会主义女性新道德的建设。

边疆少数民族妇女的生态伦理

李　勤[*]

摘　要：本文简述了少数民族妇女的生态伦理体系，以及她们对当地生态文化的贡献，同时试图从传统文化中找到少数民族妇女自觉保护环境的本土知识和经验；从社会性别视角来论述少数民族妇女在多样性环境和多样性文化中建设生态伦理和生态行为。

关键词：少数民族；妇女；生态伦理

一　研究意义

新世纪生态文明制度建设与创新包含了三方面的内容：完善科学决策制度、强化法治管理制度、形成文化道德制度。生态文明制度建设的创新中前两项由国家建设推进，进展顺利。文化道德制度的建设属于隐性制度，是一种自律的制度体系。建立完善的文化道德制度目的是构建环境保护的"自律体系"，形成持久的环境意识，动员社会力量参与环境保护。

我国的西部是民族文化多样性和生物多样性凸显的地区，也是我国环境保护的重点区域，在这个区域建设生态文明本身就是社会经济跨越式发展，生态文明制度中文化道德制度的建立尤为重要。西部的民族文化传统中有许多有利于生态文化道德制度建立的文化制度体系，但是这些体系在过去社会经济发展过程中被破坏或忽略。研究少数民族的生态伦理文化目的是保护民族地区的环境，建设生态文明、树立新的生态伦理。妇女在环境的保护和利用中的作用是积极的，她们的生态伦理直接支配了她们的行为。

＊ 李勤，女，白族，云南民族大学人文学院副教授。

二　研究视角

第一，文化是人类在适应自然环境的过程中逐步形成的，生态环境的变化带来了人类活动的变迁，要保护生态环境，就必须关注少数民族传统文化及身处这一文化下的妇女的生产与生活的经验。这样，保护生态与保护民族文化和保护妇女的利益是三位一体、相互联系的。

第二，生态人类学是用人类学的理论和方法研究人类、文化与生态环境之间关系的学科，它产生于 20 世纪 60 年代，是当今人类学最为活跃的分支学科之一。随着人类学的发展以及生态环境问题的不断出现，生态人类学的研究形成了诸多的理论。以文化解读生态环境或以生态解读文化，赋予了这一学科独特的视野和广阔的空间。

第三，传统文化传承的视角：对自然生态的保护不能离开对民族文化的保护，保护了民族文化也就保护了民族地区多样性的自然生态赖以生息的土壤，生态环境的保护与妇女在民族生态文化中的传承作用有其内在的必然联系。生态文明制度中文化道德制度建设的重要组成部分，是各民族的生态观念和生态文化。

第四，社会性别的视角：将社会性别的视角纳入少数民族妇女与生态环境保护的研究，不同的性别在生态环境中扮演着不同的角色，女性在生态环境保护中所起的独特的作用与妇女自身的发展是不可分割的有机整体，关注性别差异及产生这种差异的社会文化背景，是为了证明妇女的知识、经验在生态文化中的作用。

三　少数民族妇女的生态伦理体系

（一）自然崇拜中的生态伦理

以普米族为例，在《普米族志》中详细记载了自然崇拜在普米族妇女的生活中所扮演着重要的角色，这些自然崇拜伴随着她们的一生。

1. 天地崇拜

普米族认为天地为阴阳二物之首，充满神秘，每年举行祭天地活动，祈求平安。祭祀天地的活动，不搭楼台，也不举行巫舞。全村或全族人员集中起来之后，由主祭师在简易的祭坛前把羊牛等牲畜洁净后做生祭，展示给诸路天地之神，然后杀羊牛，煮到半熟，又捞起来作熟祭，谓之"献生""献熟"。然后再放到大锅里煮熟，全体人员共而食之，除祭师及现场料理人员之外，其余人或围观、或玩耍，尽兴方休。

2. 龙潭崇拜

普米族认为龙生水、水养人，无龙则人无生计，因此不允许在水源林砍树，以防龙王"搬家"，而且把祭龙潭看成是生死攸关的大事。祭龙潭是仅次于祭天地的一种大规模祭祀活动。兰坪普米称之为"溪妃皮"。各家都有自己固定的龙潭，地点大都在深山密林、山间峡谷、溪流、水潭或湿草地旁。有以户为单位、治病为目的的户祭，也有以村或族为单位的村祭或族祭。户祭时间在大年初一，要在这天向龙潭奉献白绵羊的鲜奶。在这些崇拜之下形成了一系列关于水的禁忌，保护着该地区的水源地的生态环境和水资源。

3. 神山崇拜

滇西北地区的少数民族还有祭拜山神和树神的传统。俗话说，"靠山吃山"、"靠水吃水"。男子狩猎的场所离不开大山，女子采集一些药材和经济作物也离不开大山，所以大山是他们生活的依靠。为了他们的子孙能生存繁衍下去，他们必须好好地保护大山。因此普米族的宗教信仰与当地的生态平衡之间有很大的关系。

21世纪是人类重视自身生存和发展环境的世纪，在人类遭受由生态环境破坏带来众多灾难的今天，更应注重少数民族原始宗教信仰中生态伦理的现代价值。和主流的正统的宗教伦理相比，少数民族原始宗教信仰是独具特色的。中国少数民族有完备的神灵崇拜形式，自然崇拜、祖先崇拜、植物崇拜等都有极为丰富的内容和表现形式。千百年来他们通过崇拜和禁忌来保护自然环境，以达到人与自然的和谐相处的目的。

（二）佛教中的生态伦理

信仰北传大众部佛教和南传上座部佛教的少数民族妇女，她们的伦理道德和行为更是受到宗教的支配。佛教中的生态伦理认为：大自然有其生命特性，不仅有生物生命特性，还有精神生命特性。大自然有其自己的生命权利与存在的功能，人类需要尊重自然的生命权，顺从自然生存的规律。自然的精神生命多以神灵的形式出现。随着对神灵的崇拜而来的是对自然的禁忌。在藏区可以看到许多的神山、神湖、神河、神圣的动物、植物等。佛教中的全部教义内在的伦理道德的含义是众生平等，慈悲博爱，不伤害其他的生灵。佛教中万物一体，依正不二，说的是生命体和生存环境是一个相辅相成、密不可分的整体。这些生态伦理植根于少数民族妇女的意识形态中，指导着她们的日常生活行为。在田野调查中发现，藏族妇女不使用灭鼠药，她们会在草场中养猫和黄鼠狼来解决鼠害；普米族妇女不在树林里使用杀虫剂，她们用少量的山火来消灭树林中的虫子；傣族妇女在稻田中使用稻草人和丝网来驱赶危害庄稼的鸟和虫子。

（三）民俗中的生态伦理

1. 婚俗中的生态伦理

普米族婚礼中一个重要的习俗就是唱山歌，山歌的内容中有许多表现出的是她们的生态伦理的内容。例如《巴扎喱喱》中唱道：

> 神吃了（巴扎果），要用松柏香火熏陶——才分得清善恶是非。
> 天地吃了，要用松枝竹叶供奉——才分得清天地日月。
> 人吃了，要用五谷哺养——才能生儿育女聪明智慧。
> 牛吃了，要以竹叶为食——才能耕田犁地受人尊敬。
> 羊吃了，要吃山草树叶——才能挤出白生生的奶汁。
> 猪吃了，要用白篙作食——才能膘肥体胖。
> 狗吃了，要啃丢弃的骨头——才能撵山看家。
> 鸡吃了，要啄小青菜叶——才能生蛋啼叫。

这一段表现的是万物在自然中都有自己的生态地位和生存权利，教化民众遵循自然规律。

景颇族的婚礼中有过草桥仪式。景颇族结婚时过草桥具有洁净、吉祥、健康、顺达的含义。在"朋邦"草桥上两旁拴着若干头猪和鸡，董萨们正在紧张而有序地进行着对各种鬼神的吟颂经诗活动。"朋邦"的草蓬是有规矩的，草是景颇语叫"朋"的质地较硬扎的长叶杆特用草，坑要挖成四方形、方一尺左右、深40—50厘米的坑。先将坑用"朋"草插满，插满后再将"朋"草均匀地分开两边，把新木板搭在中间，这就是汉语所谓的"草桥"了。必须注意的是搭草桥用的木料，一定是会结果的木材才行。一般如枣树等较为普遍使用。还有草蓬也分"目荣"名声草蓬、"公端"庆贺草蓬和所有家鬼有一个草蓬，共计六蓬左右。猪和鸡也分种类祭献，一般是"目荣"蓬一只半大母鸡，"公端"蓬一只公鸡，每一种家鬼一头猪等。所有经诗念颂完毕时，由"董萨"把猪鸡杀翻在草蓬旁，将血溅在草桥两旁，等新郎和新娘过了草桥后再料理。接着是举行独具特色的过草桥仪式，算是婚礼庆典仪式达到了高潮。在所有人的簇拥下，新郎牵着新娘的手，要穿过草蓬中央进家去。所有集聚到草桥两旁的人们都异口同声一个劲地喊着"先踩右脚……""右"景颇族载瓦语中叫"约"，即有"顺达、吉祥"的意思。新郎和新娘在旁观者的掌声喝彩声中顺利渡过了草桥，继续往前行进着。伴郎和伴娘也继续跟随着，其他送亲的队伍人员被送回"勒脚"家歇息。所有在场的人们继续在院场跳着欢快的"赠歌"（象脚鼓舞）。在仪式中人围绕着植物、动物进行，人的中心地位削弱，更多表现的是人与自然和谐的内容。

2. 有关水的习俗

至今在傣族地区的佛教神庙、临路和临街的人家门口还保留着放几个水罐内盛清洁水供行人喝水的习俗，设置和管理这些水罐的人是妇女。这个习俗可以节约一些水的包装物，保护了环境。瑞丽的傣族地区并不缺水，但是妇女们非常重视水资源的保护和水的循环利用，在普通的家庭中洗菜和淘米的水都会用来喂牲口。

3. 生活垃圾的处理。

瑞丽地区的傣族在赶摆以后妇女们要将果皮、包装物等生活垃圾带走，扔到规定的地点，不能随地丢弃。妇女看到村寨公共区域（转房、农村道路）的垃圾会主动清理，定期焚烧清理出来的垃圾。

少数民族妇女与生活于其中的自然生态环境发生互动关系，为适应民族地区特殊环境及自身的生存与发展，她们在生产和生活实践中，曾创造了与生态环境相适应的生态文化，并在其中发挥了重要的作用。生产生活中的少数民族妇女与生态环境，可以说妇女在本民族本地区的生态环境保护中起到重要的作用，每当开沟、修渠，少数民族妇女都活跃在建设工地上，用她们的汗水和辛勤劳作换取河道通畅、水源滚滚来滋润和养育一方百姓。每当干旱无雨时，也是妇女一马当先，一方面进行各种宗教活动求雨，另一方面打井寻找地下水资源；还在生活中节约用水，方方面面以求得生产生活与生态环境的和谐，满足人们生产、生活的需求。

4. 在中国少数民族非物质文化遗产中有着丰富的生态伦理观

在普米族聚居地区，尤其是兰坪、宁蒗、永胜、木里等县的普米族地区，他们的歌舞祭祀中的娱神歌词和与自然灾害和人体疾病作斗争中出现的咒语、祷词以及图腾崇拜、自然神崇拜、植物崇拜、动物崇拜相关的甲骨卜辞、祭祀和占卜记录和图符文献等，无不反映了动植物、山、水、土地等都是有灵性的，不可妄自取之。

5. 丧葬习俗中的生态伦理。藏族的天葬、水葬，滇西北彝族的火葬，其伦理观就是把人的肉体还给自然。

四　传统生态伦理道德体系在现代化生产方式下面临的困境

第一，少数民族中存在性别不平等，使得妇女们良好的生态伦理和生态意识在民族地区发展决策中发挥的作用受到限制。

第二，许多地方少数民族传统文化中许多有利于生态环境保护的形式，如宗教信仰、风俗习惯、乡规民约等传统道德规范以及自我约束力的消减，村落中组织机构和社区资源管理机制的衰落，导致对少数民族地区生态环境的破坏。

第三，外来文化的冲击。近年来许多少数民族妇女因为经济方面的原因到外地务工，随着时间上的推移她们接受了一些"现代化"生活方式。当她们把这些生活方式带到民族地区的时候，也渐渐改变了传统的生态伦理观念。现代化的生产方式进入到少数民族地区，大面积使用农药、化肥使生态平衡受到威胁的同时也冲击了传统的生态伦理道德体系。面临着经济效益和守护传统生态系统的矛盾，许多少数民族妇女无所适从。

结论：每个民族都生活在一定的自然环境之中，他们的生态伦理体系受到环境的和生产方式的影响，不同环境下性别分工有差异。无论是自然生态对民族文化的影响，还是少数民族在其生产生活实践中对自然生态的影响，都离不开妇女的生产实践。保护生态环境，必须保护少数民族的传统生态文化；保护少数民族的生态文化，就必须关注身处传统文化下的妇女的生产、生活经验。保护生态、保护民族传统文化与保护妇女的利益是三位一体，相互联系，不可分割的。只有男女共同努力创造社会财富，共同创造民族文化，才是和谐美满的社会。

摩梭女性角色的现代变迁

陈　柳[*]

摘　要： 在摩梭传统社会中，女性因其在独特的"家屋社会"、婚姻形式和宗教信仰等方面的主导性作用，获得了较高的地位。但是，从总体的性别文化背景来看，摩梭传统女性角色需要服从于家屋的运作，具有一定的矛盾性。20 世纪 80 年代以来，市场经济、外来文化等因素对摩梭社会文化造成了强烈的冲击，对摩梭女性的社会地位产生了提升和贬抑的双重作用。摩梭女性角色的现代发展仍面临着诸多问题，需要关注现代女性角色发展的丰富内涵。

关键词： 摩梭人；女性角色；现代变迁

自 1950 年以来，随着《婚姻法》的颁布、男女平等政策的宣传和实践以及农村妇女扫盲、妇女生育健康等一系列妇女工作的开展，中国女性地位在社会变迁中获得极大提高，基本形成了"中国式的两性平等关系和社会文化"[①]。然而，居住在滇川交界处的摩梭人的性别角色关系变化却出现了更为复杂的情况。在社会变迁中，许多摩梭女性获得了个体发展的机会，女性地位得到提升；同时，摩梭人以女性为中心的性别观念受到前所未有的冲击，女性地位受到一定的贬抑。社会性别（gender）是一个由社会文化建构的概念。它总是与阶级（以及阶层）、种族（或者是族群）等其他社会差异相互交叉、相互作用，包含着丰富的内涵。只有把性别角色置于族群、阶层、城乡等具体的场景当中，才能更好地把握性别角色变迁和女性发展问题的复杂性。摩梭女性角色案例展现了少数民族丰

---

[*] 陈柳，女，纳西族，云南民族大学预科教育学院副教授，法学博士。

[①] 金一虹、刘伯红：《世纪之交的中国妇女与发展》，南京大学出版社 1998 年版，第 98 页。

富多样的性别角色文化及其现代变迁的情境差异。

一　摩梭传统女性角色的中心地位及其矛盾性

摩梭社会有着突出的文化个性，主要表现在三个方面：女性较为自由的走访制婚姻形态、母系家庭和以女性为中心的性别观念。这三个特征合聚在一起，表现为摩梭人突出的崇母意识。因此，摩梭社会往往被想象成一个浪漫的"女儿国"，摩梭女性往往被认为拥有权力上的优势性和充分的自主性。事实上，摩梭社会虽然以女性为中心，但摩梭人重女不轻男，主张和谐平等的性别关系。摩梭社会的性别关系并非男权社会性别关系的相反映射。这种来自"他者"的"文化想象"，忽略了摩梭性别角色丰富的文化内涵及其成因，掩盖了传统摩梭女性角色的矛盾性。从文化整体观的立场分析摩梭性别观念的社会文化背景，可以更好地了解摩梭社会性别观念的丰富内涵，避免用主流社会的性别观念简单化地推理摩梭人的性别角色。

性别角色观念是摩梭社会文化诸要素互动和整合的产物。其中，摩梭人独特的家屋社会结构是关键因素，宗教信仰和走访制婚姻则强化了这一观念。摩梭社会是一个以家屋的存续为优先的"家屋社会"①。摩梭人没有姓氏，以每个家屋独立具有的家名作为身份认同的依据。家屋的传承以屋内人口的延续为标准，不受血缘更换的影响。女性特有的生育功能、充满聚合力的母性气质，以及女性在传统农业生产中的重要作用，使女性在摩梭人家屋的稳定传承和兴旺发展中发挥了主导性作用，从而奠定了摩梭女性在家庭生活中的中心地位。另外，由于家屋是摩梭人构建社会关系、实现社会声誉和价值的重要途径，使摩梭传统社会的"公众领域"具有明显的家户化倾向。② 因此，摩梭女性在家屋中的中心地位被扩大到非常有限的公众领域，从而获得了与男子大体相当的社会地位。

在宗教盛行的民族社会时代，宗教作为居绝对统治地位的上层建筑和

---

① 何撒娜：《20 世纪 80 年代后中国西南少数民族的人类学研究述评》，《西南民族大学学报》2008 年第 7 期。

② 参阅翁乃群《公众领域家户化：纳日社会的公众领域与家户领域及其社会性别问题》，周星、王铭铭《社会文化人类学演讲集》，云南人民出版社 1997 年版。

意识形态建构了男女两性的社会价值和地位。① 摩梭人的宗教信仰有达巴教和藏传佛教两种，其中的女神信仰以及信仰活动中关于男女两性关系的象征表达，深刻影响了摩梭人的女性观念，强化了摩梭女性角色的中心地位。达巴教是摩梭人的本土信仰，其中有非常突出的女性形象。创世纪神话中的仙女母祖解救了受洪灾所困的生活在地上的男祖，繁育了摩梭人，塑造了智慧美丽的女性形象。达巴信仰中的重要神祇——摩梭人的保护神——格姆山神，也是一位女神。每年农历七月二十五日的转山节，是祭祀格姆女神的节日，也是摩梭人最隆重的节日。此外，达巴教对于空间、方位的意义赋予，以及关于丧葬的仪式，无不蕴含着一种"女源男流"的象征结构②，表达了男女两性二元差异、却又和谐统一的性别观念。藏传佛教约于宋末元初传入摩梭地区，后成为全民信仰，对摩梭社会的政治经济和文化习俗有深刻影响。藏传佛教在摩梭人社会中有许多"摩梭化"的现象，家屋化就是最突出的表现，即僧人的许多修行活动都是在家屋空间里进行的。家屋化的信仰活动使摩梭女性成为宗教信仰的重要支持者和参与者，从而强化了女性地位。

摩梭人的婚姻形式以走婚为主。在这种婚姻关系中，配偶双方各居自己母亲家中生活和劳动，所生子女由女方家庭抚养，是女方家庭的成员。这种婚姻形式给摩梭女性带来了较高的独立自主性。首先，走婚无须考虑建立共同家庭和经济关系，走婚关系的建立主要以感情、性爱为基础，一旦感情不好，男女双方都可以主动提出中止关系，女性在婚姻关系中拥有情感和个性上的自由。其次，大家庭所有成员都会共同承担抚养孩子的责任，保障了女性在婚姻中的主动性。而且走婚的男女各自生活在自己母亲的家中，女性与其他家庭成员之间一般是较为单纯的血缘关系，简单的家庭关系为摩梭女性提供了一个较大的自主空间。

不可否认，与其他社会相比较，摩梭女性在行动和情感上享有相当的独立自主性，拥有较高的社会地位。但是，值得注意的是，这种地位来源于摩梭女性对于家屋传承的重要贡献。因此，摩梭女性虽然拥有一定的独立自主的空间，但是也受到一定的约束，即女性的自主选择需要满足母系

---

① 杨国才、张桔：《社会性别视野下的佤族妇女宗教信仰》，《中央民族大学学报》2007 年第 1 期。

② 翁乃群：《女源男流：从象征意义论川滇边境纳日文化中社会性别的结构体系》，《民族研究》1996 年第 4 期。

大家庭的传承和兴旺。一旦个体的自主选择与家庭利益发生冲突时，摩梭女性几乎都会放弃自己的情感选择，舍弃个体自由，服从于家屋传承的需要。可以说，摩梭女性的中心地位是以她们付出的繁重劳动，甚至是以放弃个体自由为代价的。因此，在母系文化熏陶下的摩梭女性的自我意识表现出一种矛盾状况：对母系家庭这一群体而言，表现较弱；对男性群体而言，则表现较强。① 这种矛盾性极大地影响了女性角色的全面发展。

二　现代变迁对摩梭女性角色的双重影响

20 世纪 80 年代以来，尤其是 90 年代以后，随着摩梭人聚居区泸沽湖周边旅游业的蓬勃发展，市场经济、外来文化、社会流动等因素对摩梭社会文化造成了强烈的冲击，摩梭人的婚恋习俗、家庭观念、经济活动、人际关系各方面都发生了深刻变化。这种现代化变迁，对摩梭女性产生了双重影响。

一方面，摩梭女性的自我意识强化、独立自主性增强，女性的社会地位得到巩固、提高。80 年代以来，随着社会生产生活方式的变迁，母系大家庭自足自给的经济基础被打破，摩梭人开始认同小家庭在现代经济活动中的灵活性，母系大家庭的优越性受到挑战，传统的家庭观念发生了变化。在经济条件允许的情况下，越来越多的女性倾向于选择核心家庭的居住形式。她们认为，相对于母系大家庭，核心家庭中女性的负担更小，女性更为自由。与此同时，随着社会流动性和外来文化影响的不断增强，摩梭女性的活动空间不断扩大，视野不断开阔，女性自我意识日益增强。女性想要摆脱母系大家庭的束缚、追求个体自由的愿望日益强烈，并逐步得以实现。许多年轻摩梭女性不再满足于在家屋空间中从事家务及农业劳动，她们乐于走出家庭，追求以个体为中心的新生活，积极寻求自我价值的全面实现。

最重要的是，固定专偶走婚的普遍流行，提高了女性的独立自主性。波伏娃尖锐地指出，"女人受着生育功能的奴役是个根本事实"②。在传统

①　和钟华：《生存和文化的选择——摩梭母系制及其现代变迁》，云南教育出版社 2005 年版，第 95 页。

②　［法］西蒙娜·德·波伏娃：《第二性》，陶铁柱译，中国书籍出版社 2004 年版，第 112 页。

的走婚关系中，养育孩子是女方家庭的责任，作为一种母性义务，又基本由女性承担。因此，养育孩子也是对摩梭女性的一种束缚。20 世纪 80 年代以来，走婚配偶长期专一的趋势越来越突出，形成了固定专偶走婚形式。相对于以往走婚对象不稳定而言，固定专偶走婚仍实行配偶双方各居母方的居住形式，男女双方仍然拥有相对独立的个性和情感空间，继续维持着传统走婚关系中女性的独立自主性；同时，固定专偶走婚凸显了父亲角色，使父亲必须承担起对子女的经济供给和教育的部分责任。父亲对养育子女责任的担当，减轻了母亲的压力，强化了女性在婚姻关系中的主动性。

另一方面，主流社会男权意识的渗入和摩梭现代社会公众领域的扩大，解构着摩梭人尊崇女性的性别观念，消减了摩梭女性的中心地位。随着摩梭社会与外界的交流越来越广泛和深刻，主流社会的从夫居和父系继承制中男尊女卑的男权意识不断浸入，逐渐改变着摩梭传统的以女性为中心的性别观念。摩梭传统社会中的"舅掌礼仪母掌财"，是摩梭人在生活实践中形成的基于生理性别的自然分工。在这种家庭结构中，妇女承担农业生产，组织和管理家庭生活。然而，在现代社会中，在男权意识的诱发下，女性在家庭中的劳动和管理的贡献被贬抑，传统的性别分工演变为女性的"家庭领域"和男性的"社会公共领域"在价值意义上的二元对立。而且在市场经济的背景下，现金收入成为家庭经济的主要诉求，女性所承担的农业生产和家务劳动的价值逐渐下降。因此，传统女性通过家屋领域获得的中心地位必然受到消减。与此同时，被男性主宰的社会公众领域，在摩梭社会生活实践中的影响不断扩大，女性在家庭以外的社会公众领域（如精神信仰领域、政治参与、社会活动等）的影响力下降，直接影响了女性的社会地位。

三 摩梭女性角色现代发展的全面性问题

在传统社会中，摩梭女性因在婚姻家庭、生产劳动以及宗教信仰等方面的主导作用，受到社会的尊崇，获得了较高的社会地位。然而，这种地位是以女性付出的繁重劳动和舍弃个体自由、服从家屋传承为代价的。20世纪 80 年代以来，随着对外交流的广泛与深入，年青一代摩梭人的经济活动发生了变化，社会活动空间不断扩大，传统的家屋观念逐渐淡化，母系大家庭的凝聚力减弱，由母系大家庭所塑造的传统摩梭女性角色正在变化。摩梭女性在走出母系大家庭的过程中获得了更大的自主空间，同时，又因男权意识不断渗入，摩梭社会传统和谐的性别关系受到冲击。因此，摩梭女性角色的主体地位在现代社会变迁中出现了巩固与消减并存的现象。

由于摩梭社会文化具有突出的异质性，摩梭人普遍具有较强的文化自觉意识，摩梭女性角色的现代发展也不例外。年青一代的摩梭女性在与外界的接触中，在与外界建构的摩梭女性形象的比照中，自觉或不自觉地建构着自我角色。她们既想保留家屋空间中传统的主体地位，又想摆脱家屋对女性的约束去追求个体自由。年轻的摩梭女性一般选择外出打工的方式离开母系大家庭。但是由于受教育程度较低，科学文化水平不高，大多数摩梭女性没有良好的就业能力，通常只能选择餐厅服务、旅游业中的歌舞表演等。这些女性在外出几年后，往往面临主流社会的边缘化，只能重回大家庭，重复传统的农业生产和家务劳动。因此，总体来看，摩梭妇女的现代发展还面临着自我意识和观念、文化和教育等一些妇女发展的普遍性问题。

面对一个流动、开放的现代社会，摩梭女性角色的构建不能只局限于家庭关系和家庭角色的扮演，而应该着眼于女性整体素质的提高，应该着眼于女性对于现代社会的适应能力。现代摩梭女性角色的内涵是丰富而完整的。摩梭女性的现代发展既要注意发扬摩梭传统社会中对妇女尊崇的思想意识，培育男女性别角色的和谐关系；又要大力培育现代女性意识观念，发展女性在尊严、价值、权利方面的平等权利，改善女性在社会参与、文化教育、就业能力、卫生保健等各个方面的水平，从而促进女性整体社会地位的全面提高。

德昂族的伦理道德与健康

张云波[*]

摘　要：德昂族是云南特有的人口较少民族，主要居住在德宏州，是一个跨境而居的民族。德昂族有着悠久的历史和传统文化，淳朴的民风民俗，勤劳善良忠厚诚实的品格，尊老爱幼、和谐人际关系的优良传统。德昂族信仰南传上座部佛教，认为人要以善为本，求得真善美，才能给人们带来幸福吉祥。这种淳朴伦理道德观对德昂族民众的健康起到了积极作用。

关键词：德昂族；伦理道德；健康

德昂族是云南独有的民族，主要居住在云南德宏州、保山、临沧等地，是德宏州最古老的少数民族之一。德昂族曾经是一个古老的民族，由于战争等原因使德昂族的人口越来越弱少。同时，德昂族又是一个跨境而居的民族。国外多达 50 万，主要在缅甸、柬埔寨、老挝等地。而国内现有人口数 18000 多人，居住在德宏州的就有 13682 人，占国内的 70%[①]，主要居住在山区、半山区。文化、经济相对落后，是一个从原始部落直接过渡到社会主义社会的古老民族。至今仍保存着淳朴的民风民俗，和谐的人际关系，勤劳善良的品行，豁达的胸怀，尊老爱幼等传统美德。这些美德对德昂族民众健康起到了积极的作用。

世界卫生组织（WHO）关于健康的新概念指出：所谓健康就是在身体上、精神上、社会适应上完全处于良好的状态，而不是单纯地指疾病或病弱。也就是说，它不仅涉及人的心理，而且涉及社会道德方面的问题。生理健康、心理健康、道德健康，这三方面构成健康的整体概念。

---

* 张云波，女，云南民族大学校医院内科主治医师。

① 杨跃先:《古老茶农》，云南人民出版社 2006 年版，第 1 页。

一　德昂族伦理道德与生理健康互动关系

我国传统养生家早就认为，人的寿命长短与德行修炼密切相关。远在春秋战国时代，孔子就提出"仁者寿"的观点，并强调："大德必寿。"唐代名医孙思邈指出："百行周备，虽绝药饵，足以暇年；德行不克，纵服玉液金丹，未能延寿。"明代名医孙志宏也说："德为副寿之本，若其刚恶不肯好德，柔弱而急于修养，则祸及随之，而绝福寿根源矣，至卫生一节，尤为修德中事矣。"国外科学家通过大量调查也发现，与人为善有助于健康。美国耶鲁大学病理学家曾对7000多人进行跟踪调查，结果表明，凡与人为善者其死亡率明显降低。巴西医学家马丁斯对长寿老人经过10年研究发现，凡长寿者，约90%都是德高望重的老人。可见人的寿源长短是和他的德行修养息息相关。

德昂族全民信仰南传上座部佛教，认为人要以善为本，求得真善美，才能给人们带来幸福吉祥，善者可以升天，恶者下地狱，于是信奉的人越来越多，后来随着傣文的产生和发展，便借助傣文（德昂族没有自己的文字）为载体传播南传上座部佛教的传统文化。德宏地区南传上座部佛教共分为"润"、"摆庄"、"多列"、"左底"四个教派，其中"多列"、"左底"两个教派较为严格，禁杀生、禁酒，甚至禁养牲畜和见杀不吃，养公鸡仅仅作为报晓而养之。这四个教派德昂族都兼而有之，只是各按各的教规活动。德昂族每个自然村寨都有佛寺，大多数佛寺都有佛爷，没有佛爷的佛寺由德高望重的老者主持。教规教义和禁忌也比较严格，佛寺里的僧人必须遵守不杀生、不淫乱、不说谎、不偷盗、不串村寨、不注视女人等戒律，信教群众入教前也要先表示归顺佛、法、僧，即所谓三皈依[1]。德昂族男女老少信佛是非常虔诚的，从小就受佛教熏陶，耳濡目染，培养忠厚诚信、勤劳善良的传统美德。一直以来依靠辛勤劳动，才能获取生存所需要的物质基础，勤劳勇敢和热爱劳动是德昂族的传统美德，一向以辛勤劳动为荣，好逸恶劳为耻，如果不劳动，就无法从外界环境中获取生存所需的食物。德昂族居住在山区，耕种土地大部分以山地为主，种植甘蔗、茶叶、水稻、玉米，采收野生竹笋等为主要经济来源。每天日

---

① 将华：《德昂族宗教》，载《古老茶农》，云南人民出版社2006年版，第161页。

出而作、日落而息；胸怀豁达、与人为善品格造就德昂族健康长寿。本人走访德宏州三台山乡出冬瓜村，该村百岁老人 2 人现还健在，70—80 岁老人随处可见，他们还在做一些生产劳动，有在采茶的，有在推笋丝的，有带小孩的，等等。和几位 70 多岁还在劳作的老人交流发现，不是子女不孝顺，是他们自己要做，认为劳动后身体舒服精神好。可见德昂族热爱劳动与人为善传统美德对身体健康长寿起到了积极的作用。

二　德昂族传统道德与心理健康关系

德昂族传统道德观与心理健康属于事物的两个方面，二者相辅相成，良好的心理活动可以使体内分泌出一些有益的激素、酶类和乙酰胆碱等，这些物质能把血液的流量及神经细胞的兴奋调节到最佳状态。同时，大脑中分泌的一种天然镇静剂，可以使人获得内心温暖，从而缓缓地解除心中常有的烦恼。科学家们还发现，助人为乐、与人为善的行为有助于增强人体免疫系统的功能，使神经系统及时沟通骨髓与脾脏，产生抵抗感染的细胞，从而免受多种疾病的侵袭。[1]

德昂族依山而居，拥有豁达的胸怀，良好的人际关系，不仅本民族团结和睦，而且与相邻民族傣族、景颇族、汉族也能和睦相处。德昂族和谐的人际关系、良好的社会秩序古往今来都是非常突出的。德昂族信仰南传上座部佛教，通过传统节日和祭祀，听取佛爷的教义和教戒宣传，教戒"八戒"规定：一戒不偷盗；二戒不欺骗；三戒不侮辱妇女；四戒不伤人害命；五戒不喝酒；六戒不杀生；七戒不打人骂人；八戒不抽鸦片（不吸毒）。上述教规条例折射出古老民族传统道德的智慧之光，并能净化人的心灵，培养健康的心理。

三　德昂族传统道德与道德健康关系

道德健康也是健康新概念中的一项内容，主要指能够按照社会道德行为规范准则约束自己，并支配自己的思想和行为，具有辨别真与伪、善与恶、美与丑、荣与辱的是非观念和能力。把道德纳入健康范畴是有科学依

---

[1]　杨昆：《道德与健康》，载《养生论坛》，第 36 页。

据的。巴西著名医学家马丁斯研究发现，屡犯贪污受贿的人易患癌症、脑出血、心脏病和精神过敏症。品行善良，心态淡泊，为人正直，心地善良，心胸坦荡，则会心理平衡，有助于身心健康。相反，有违于社会道德准则，胡作非为，则会导致心情紧张、恐惧等不良心态，有损健康。试看，一个食不香、睡不安、惶惶不可终日者，何以能谈健康！据测定，这类人很容易发生神经中枢、内分泌系统功能失调，其免疫系统的防御能力也会减弱，最终会在恶劣心态的重压和各种身心疾病的折磨下，或者早衰，或者早亡。①

德昂族人民历来有着优良的社会责任道德传统，能急他人所急，帮他人所需，扶贫济穷，收养老人。在德昂族村寨里，凡是孤寡人家，缺乏劳动力或种子时，氏族的成员则会主动送上种子，帮助耕种和收获，不取报酬；对丧失劳动力的孤寡老人，甚至把他们接到家中奉养天年。德昂族尊老爱幼的优良传统是很突出的，在家要孝敬长辈，在外尊敬长老。至今还保留着许多敬老节日如"尝新"节，秋粮收进家后，杀猪宰鸡，新米老米混合煮饭，晚辈先盛饭敬老人，待老人尝新后说几句祝福的话，全家才开始吃饭，否则被视为不孝。"洗手洗脚"礼，泼水节期间，德昂族家庭的晚辈要为长辈进行洗手洗脚礼仪。"贡饭"节是对同村寨老人，特别是德高望重老人"敬老"的节日。德昂族敬重老人，老人非常爱护孩子，他们无论对自己的子女还是村里的孩子都非常关心爱护，都负有教育和抚养的义务②。除了教育孩子从小遵守村规民约、讲道德有礼貌外，还将生产、生活的基本技能传授给孩子，让他们从小掌握生存的技能。德昂族尊老爱幼的优良传统对家庭成员之间和睦相处、老人健康长寿、孩子健康成长起到了很好的促进作用。

---

① 余洋：《WHO 提出健康新概念》，《生活时报》2000 年 10 月 7 日。

② 李家英：《浅谈德昂族的传统道德与现代文明》，载《古老茶农》，云南人民出版社 2006 年版，第 100 页。

白族竖房活动中的女性伦理规范

陈梦玲[*]

摘 要：白族传统民居营造是白族人生活中最重要的事，其中的竖房活动在生成空间的同时展现了白族社会的文化和秩序。在竖房活动中，白族男性仍然处于主导地位，而白族女性则处于从属地位。与男性相比较，女性不但处于弱势和边缘地位，还因为一些专门针对女性的禁忌，使女性在特定的仪式和活动中被排斥。但是比较传统汉族家庭，白族女性的地位是较高的，除了受到父性伦理规范的制约外，白族的女性伦理规则也在影响着竖房活动，造房的女主人在竖房上梁活动中充分发挥其勤劳、泼辣和机智与宽容的本色，莲池会对竖房活动的参与也体现出了竖房活动中的白族女性伦理规范。

关键词：白族；竖房上梁；女性；伦理规范

白族是云南特有民族，主要聚居于云南省大理白族自治州，这个古老的民族以其悠久的历史和丰富的民族文化展现着她绚烂多姿的民族风采。白族人勤劳善良、心灵手巧，白族的手工业十分发达，在建筑方面形成了独具特色的木架结构，在其营造的过程中还伴随着各种仪式和活动，尤其是其中的竖房上梁活动，是白族社会生活中最重要的风俗之一。

一 白族传统民居的特点

白族传统民居，在建筑的空间构成、结构和构造上具有自己的民族特色，其营造过程受到了白族地区的自然与社会文化的深刻影响。白族的民居文化不仅成为白族文化特色之一，协调白族社会与自然、人与社会的关

---

* 陈梦玲，女，白族，云南民族大学人文学院社会学硕士研究生。

图1　白族传统民居

（笔者在剑川县金华镇对传统民居调研时拍摄，下同）

系，还不断滋养白族文化的发展和繁荣，为白族社会持续和谐发展提供文化动力。

（一）白族传统民居

白族传统民居是白族人民在其原始家屋建筑的基础上，不断融合中原汉族的文化与营造技艺，经过长期发展形成的独具一格、特色鲜明的少数民族家屋形式。

区别于其他地区的民居建筑，白族传统民居的构架形制虽然与我国以木质梁柱骨架、以其他材料辅助围护的传统建筑基本相同，但"在运用上却表现得相当灵活，往往能根据环境和使用的需要做较多变化，从而显现了典型的白族民居特色"。① 形成了"走马楼"、"带腰厦楼房"、"挑厦楼房"、"吊柱楼房"和"土库房"五种主要的类型。②

在平面组合形式上，源于汉式合院建筑的白族传统合院民居发展演变出"一坊两耳"、"两坊两耳"、"三坊一照壁"、"四合五天井"、"六合春天"、"三进三出"等多种平面布局。"白族民居的平面布局，虽因组合及

---

① 寸云激：《白族的建筑与文化》，云南人民出版社2011年版，第61页。
② 郭欣：《云南地方传统建筑梁柱木构架的构成及其特征——以昆明、大理地区为例》，硕士学位论文，昆明理工大学，2004年。

规模的差异而形成不同类型，但其组织的原则却是共同的"。① 张金鹏教授在其《白族文化与现代文明》一文中总结出白族传统民居的三条组织原则："以天井为中心来组织平面"，"以正房作为平面布局定位的依据，取向朝东"，"功能明确，配置规范"。②

"建筑装饰是人们在共同的社会生活和文化环境中所形成的，具有图案性质的符号，反映的不仅是某一系统的审美情趣，还包括这一系统在文化及信仰上的取向。"③ 白族传统民居的建筑装饰具有丰富的白族民俗文化内涵，在颜色上以白色为主调，墙面多有大理石、彩绘或砖瓦拼贴图案，采用木雕装饰门窗、梁柱等部位，采用泥塑装饰山尖等部位，使用石雕装饰院落和柱础、使用卵石装饰地面等部位。

（二）白族传统民居竖房活动

白族将传统民居的营造过程称为"竖房子"，从为新房选择位置和选择动工日期开始，经过打地基和墙基、做木头房架并校正、夯筑土墙、椽子安装、屋顶盖瓦、斗木墙楼板门窗，一直到最后的装修。其中，在测好的动工日期当天要举行"破土动工"仪式，在做房架前要进行"园木架马"仪式，在穿房架后立木竖柱之前有神秘的"送木气"仪式，在倾村相助的立木竖柱后还有热闹喜庆的"上中（红）梁"仪式，在屋顶盖完实瓦之后，最后还要举行"合龙口"仪式。

白族"竖房子"是施工与仪式相互交融的产物，"营建施工与营建仪式是一个过程的两个方面，营造加工过程可以看作建造新房的物质层面，营造仪式可以看作是建造新房的精神层面"④。虽然这一营造活动来源于中原汉族地区，但是经过一代又一代白族人的实践积累，逐渐形成了富有深厚的白族艺术和文化内涵，充满鲜活民族生命力的完整的民居营造活动，是白族人民崇尚自然、向往美好生活的产物，并得到了白族人民普遍的心理认同。

---

① 张金鹏：《白族文化与现代文明》，《云南民族大学学报》（哲学社会科学版）2009 年第7 期。

② 张金鹏：《白族文化与现代文明》，《云南民族大学学报》（哲学社会科学版）2009 年第7 期。

③ 同上。

④ 宾慧中：《中国白族传统民居营造技艺》，同济大学出版社 2011 年版，第 181 页。

二　白族竖房活动中的性别分工

千百年来，竖房上梁这一白族村落的集体记忆，是由每一个村民零散的个体记忆所集合而成的。然而在竖房上梁活动中，女性与男性的工作内容是不相同的，这种分工不是与生俱来的，是白族社会建构的结果，在社会不断发展演变的过程中，这种结构因为个体的不同反应而不断被重新创造。

（一）竖房活动中的女性

下面以表格（见表1）的形式总结女性在白族传统民居竖房活动中的劳动分工，以期更加直观地反映女性的劳动内容以及不同女性在竖房活动中的不同劳动。

表1　　　　　　　　　**竖房活动中的女性的工作内容**　　　　　　单位：人

	工作内容	女性参加者
穿屋架	祭本主	莲池会经母
	晚宴的制作	女主人及帮手们
送木气	—	—
立木竖柱	竖柱前餐食的准备	女主人及其帮手
	祭柱	女主人
上中梁	餐食	女主人及其帮手们
	送贺礼	客方青壮年女性
	祭鲁班点香	女主人
	祭红梁行三跪九叩礼	主家所有女性
	念送祝词	莲池会领头经母
	梁柱开光时为老人敬献三道茶、三杯酒	主家年轻女性
	破五方时抢其余食物和钱财	所有女性

从表1中可以看出，所有女性都可以在破五方时抢接食物和钱财。对于造房主家的女性来说，除了参加全家人都需要参加的祭红梁仪式以及没有性别分工的敬茶敬酒外，她们在竖房上梁活动中最重要也是最繁重的工作是做饭，只有在立木竖柱祭柱和点香祭鲁班时才专门需要造房主家中的

老年妇女。对于客方的女性来说，没有性别分工的送贺礼可以由她们来完成，此外专门需要莲池会经母们在穿屋架前祭本主，在祭红梁结尾念送祝词。

1. 竖房活动中的女性规范

不难看出，女性很大程度地参与到竖房活动过程中，但对于造主家的女性而言，她们对竖房活动的参与主要是在准备餐食，这种参与更多的被认为是家务劳动的一个部分。与之相对，与宾客打交道的工作基本上由男性来进行。

这种限制是因为在社会活动领域中，由于受到儒家文化的影响，白族女性缺少了和男性相同的地位和社会活动参与权，她们的社会角色和社会行为必须符合儒家文化的要求，不但将自身隐藏于男性的背后，在特定的仪式中还是被排斥和忌讳的对象。

2. 竖房活动中女性的参与

图2　房主家老母亲

虽然在白族传统民居竖房活动中，女性多是与厨房相连，但女性并不是完全被限制在家务劳动中的，这种突破主要体现在老年女性范畴内。首先是村中莲池会对竖房活动的参与。其次是造房主家中的女性尊长，与造房主家的其他女性不同，造房主的女性尊长（通常是男主人的老母亲）会参与接待宾客的接待，特别是在宴客的过程中，男主人的老母亲总是亲自来到桌席中间询问菜肴是否可口，菜量是否足够。

（二）竖房活动中男性的作用

与女性相同，以下用表格（见表2）来总结男性在白族传统民居竖房活动中的工作，因为在分析女性劳动的同时不能忽略男性，只有这样才能更加客观全面地反映出白族人在竖房中的活动，也能更好地比较男女两性活动内容的不同。

表2 竖房上梁活动中的男性的工作内容 单位：人

	工作内容	男性参加者
穿屋架	木料穿架	木匠师傅、中青年村民
送木气	准备祭品	男主人
	祭台的制作与摆放	师爷
	主持送木气仪式	师爷、木匠师傅
	参与送木气仪式	男主人与其亲友、木匠师傅
立木竖柱	主持竖柱	师爷
	递公鸡	男主人
	竖柱	青壮年男性、木匠师傅
	贴对联	青壮年男性
上中梁	布置祭坛	男主人
	管理器物	主方中老年亲戚
	接待宾客	男主人
	收挂彩礼	主方中老年亲戚
	茶水	主方中老年亲戚
	上菜及收拾桌椅	主方青壮年
	装点中梁	木匠师傅
	祭鲁班时行祭礼、行三跪九叩礼	师爷、木匠师傅
	祭鲁班后礼毕化财	师爷、木匠师傅
	主持祭红梁	师爷

续表

	工作内容	男性参加者
上中梁	主持梁柱开光	师爷
	梁柱开光前抱鸡向东方叩拜	男主人
	为梁柱开光	师爷
	主持升梁	师爷
	升梁、升茶壶、馒头、饵块、木锤子等物	木匠师傅
	主持破五方	师爷
	破五方中抛撒食物和钱财	木匠师傅
	接黄纸包的大馒头	男主人

从表 2 中可以看出，师爷是整个竖房活动中的主持者，他安排指导所有参与人员的行动；造房主家男主人主要负责祭坛的准备和施行各种仪式中必须由他来完成的活动，此外就是统筹整个宾客的接待工作；来造房主家帮忙的中老年亲戚多被安排负责管理器物、收挂彩礼和为宾客添倒茶水，来造房主家帮忙的青壮年亲戚则主要是负责宴客时上菜和餐桌椅的收拾整理；而遇到木料穿架、竖柱和给梁柱贴对联这些活计，则全村的中青年男性都会来参与。

不得不说的是，男性在整个竖房活动的参与中拥有强势的地位。原因是多方面的：

首先，男性和女性在生理上的差别经由父权制社会制度化力量的作用后，在家庭内形成了男主内女主外的性别分工。每个白族传统民居的竖房活动并不是简单的家庭内部事务，而是关系到整个村寨的大事。不但要请村中的青壮年来帮忙木料穿架和竖柱，还要请亲戚朋友们前来一同庆贺，这都被看作是家庭与外部社会的接触，属于男主外的范畴。

其次，白族深受汉族文化的影响，男性在家庭中和村落中具有主导性的地位，在私人领域和公共领域中女性都处于弱势的地位，在政治、经济、文化多个领域内，女性所能参与的活动比男性少得多，范围也更狭窄。这种传统儒家文化中"男尊女卑"的思想也渗入白族竖房上梁活动中来，只有男主人能参与送木气仪式，立木竖柱中的公鸡要由男主人传递，上中（红）梁的祭坛由男主人布置，在梁柱开光前还要男主人抱鸡向东方叩拜，破五方中最重要的黄纸包的大馒头也要由男主人来接。

三　白族竖房活动中女性的行为规范

竖房活动是白族传统民居建造过程中最重要的环节，它不仅是空间生成的过程，同时也是白族乡土社会中一个非常重要的活动。这是一个动态的过程，更是一个以人为主体的活动，它的每一个步骤都容纳了最广大的白族人民的生活和精神世界。虽说白族地区的竖房活动受到了汉族文化的影响，但是也被融入了独特的民族文化，因为在白族地区，虽然父性伦理规范广泛存在，但是女性的伦理道德价值观并没有被边缘化，这在白族传统民居竖房活动中也是有所体现的。

（一）竖房中的女性行为规范

在白族传统民居的竖房活动中，不仅男女分工不同，还存在着一些有关女性的禁忌。在白族对神祇的祭祀活动中，唯有"猎神"和"木神"的祭祀活动不允许女性参加，竖房活动中有关女性的禁忌也多是与木头有关的。

1. 女性不能跨木料

在建新房的施工场地上，往往摆放着各种木料，这些木料一般是不允许女性从上面跨过的，特别是其中的梁料，女性绝对不准许跨梁木。因为在民居的建造中木头是最为主要的材料，当地人认为这些木料中都有木神存在，特别是木梁，在房屋的构架当中处于高高在上的地位，属于非常尊贵和重要的物品。而女性地位低下，对于竖房子来说，她们从尊贵的木料上跨过会带来晦气，属于逾矩行为。

2. 女性用品不能接触木马

在白族地区竖房活动中，除了不允许女性跨木料以外，还规定架木料用的木马上不得晾晒女性的衣物，也不允许女性坐在木马上。关于这一禁忌当地有一则传说予以解释，传说以前木匠师傅们都是会使用法术的，出行不用自己走路，以施了法的木马代步，可是后来某天一位妇女在木马上晾晒自己的裤子，这一举动触怒了木神，害得木匠师傅破了法术。

3. 女性不能参加送木气

造房中的"送木气"仪式既神圣又隐秘，能参加这个神圣仪式的人范围很小，特别忌讳女性的参加，也忌讳在路上碰见女人。这个仪式之所以对女性如此排斥，据说是与鲁师娘识破鲁班做的木头人有关，传说就是因为鲁师娘能识破木头人，才导致鲁班师傅决定在完工前将所有的木头人烧掉，一是怕皇帝察觉自己用木头人帮工，二是觉得这些木头人居然被一个女流之辈识破脸上无光。结果这招来了木头人对女性的记恨，所以对于送木气仪式来说，女性不但不能参与，就是在路上碰见女性都是犯忌的，会导致木气没有成功地从木头中送出去，会给竖房子活动及造房主家庭带来厄运。

综上所述，从价值观念方面来说，"性别的社会差异表现为社会已经建构起并不断再生产着一系列的男强女弱、男主外女主内以及女性应当从属于男性的两性关系的价值观念和意识形态，形成了一整套表达性别差异的象征和符号"①。在白族传统民居营造过程的竖房活动中，白族男性主宰整个活动，而白族女性则处于从属地位。

从两性社会劳动分工和政治参与、权利关系上来看，"虽然女性体力上的劣势没有妨碍她们从事社会公共劳动……但父权社会却借助两性的生理差异来强调女性的生理周期，并由此限制她们在社会公共领域的发展"②。白族女性在竖房中多被束缚在家庭厨房等领域，而与木匠师傅们、与莲池会和与帮忙竖房的村民们进行沟通配合，招待宾客则属于男性的工作领域。

"虽然女性大部分精力都花费在家庭生活中，但是她们在家庭中的地位却深深地受到社会制度的影响，家庭内部的性别差异表现为父权制下的女性从属于男性。"③与男性相比较，女性不但处于弱势和边缘地位，同时还有很多专门针对她们的规矩，比如在竖房活动中不准许女性跨梁木，架木料用的木马上不得晾晒女性的衣物，不允许女性坐在木马上，"送木气"仪式中更是不准女性参与、忌讳碰见女性。

（二）竖房中女性的祭祀

"白族与汉族地区的父性伦理基本一致，都是源于原始的父系家庭公社和父权制下的男性家长一夫一妻制，并通过血缘系统和等级制度得以建

---

① 魏国英：《女性学概论》，北京大学出版社 2000 年版，第 68 页。

② 同上书，第 69 页。

③ 同上书，第 71 页。

图3　燃香祭拜的女主人

立和稳固，形成了以男性血缘为纽带的家族宗法制度。"① 竖房架活动中的很多活动安排体现了充斥着父性伦理的礼教要求，虽然发挥着其忠顺、孝悌等教化功能，但这种以男性为中心的宗法制度中关于女性的要求也成为长期束缚、压抑女性的枷锁。

"在父性伦理纲常在白族地区广泛存在的同时，重视女性的伦理道德价值观并没有被边缘化，它仍以自己特有的方式存在于白族道德文化之中，有效地补充和抑制着父性伦理纲常的扩张。"② 在宋代段氏大理国时期开雕且保存至今的剑川石宝山石窟中，有一尊驰名中外的"阿央白观音"，为了祈求产子平安和子嗣繁茂，白族妇女们会带上贡品和香油来此，一边虔诚地默念祷词，一边将香油一遍又一遍地涂抹在"阿央白观音"上。这尊观音形似女性生殖器，是白族尊崇母性的象征，而这种对母性的崇尚，直到今日仍然延续在白族社会中。

①　何志魁：《白族母性文化的道德教育功能研究——以莲池会为个案》，博士学位论文，西南大学，2008年。

②　同上。

在白族竖房架的活动中，造房主家的女主人承担着重要角色。各种仪式中的进香是由她来完成的，立木竖柱之后是祭柱，要用点燃的香对竖立起来的每根柱子作揖，然后在每根柱子下面插上两炷香，这是由造房主家女主人来完成。上梁仪式中祭祀完鲁班后要在祭台前烧一小堆纸钱，女主人要在这时在祭台前点燃一把粗香，磕头跪拜。

与造房主同住的母亲虽然已经不再承担家中女主人的角色，但她仍然积极参与在白族竖房架的活动中，与女主人及她的女性帮手们不同，造房主的老母亲会参与宾客的接待，在宴客的过程中，她总是亲自来到桌席中间询问菜肴是否可口、菜量是否足够，还会亲自为宾客们倒茶水。不少宾客进门之后会主动找到造房主的老母亲，对她表示问候和祝贺。

（三）竖房中的莲池会

以男女两性的性别为区分，白族人在幼年、中青年婚后和老年时会结成不同的民间组织，在这些性别结社中，白族人相互交朋友、互助娱乐或者追求共同信仰。白族人到了老年，村中妇女和男性大多会加入当地的民间宗教组织莲池会和洞经会，在白族传统民居的竖房活动中，白族老年妇女民间宗教组织莲池会发挥着特殊的作用。

1. 白族社会中的莲池会

白族人有一种特有的本主信仰，几乎所有的白族村寨都有本主庙和他们自己的本主神，以及信仰本主的民间宗教组织莲池会和洞经会，这些组织既是宗教祭祀活动的主持者和承担者，也是白族社会老年人间的性别结社，每个村参加莲池会和洞经会的人数不同，从十几人到一两百人不等。[①]

2. 莲池会对竖房活动的参与

白族老年女性宗教性别结社莲池会在白族传统民居竖房活动中的参与度是极高的。首先，竖柱之前祭祀本主神时需要通过莲池会的经母，由经母们带上造房主家准备好的供品到本村的本主庙里祭拜，请求本主保佑造房主家建房过程顺利。其次，到上中（红）梁仪式这一天，村里的莲池会将作为一个组织被集体邀请，一般是莲池会中最重要的几位经母一齐参

---

① 罗红：《社会性别结社中的白族传统体育——以大理苽碧地区为例》，《大理学院学报》2011 年第 10 期。

加，并要在升梁之前为造房主家念吉词祈福。

莲池会在竖房架活动中的重要性不言而喻。白族中老年女性的宗教结社莲池会，是白族村落中非常活跃的民间信仰组织。在竖房架活动中，竖柱之前祭祀本主神，要请本村莲池会的经母们帮忙。在上梁这天它以组织形式被邀请，并在装点中梁的过程中，以莲池会和女性长辈的双重身份入席接受三杯茶三杯酒，最后在祭梁之后为造房主家念送祝词。莲池会以其妇女组织自身的女性立场实践着白族社会的女性伦理价值观。

纵观白族传统民居的整个竖房活动，由于延续着一整套父权制度的社会性别体制，白族男性和女性的社会地位及社会角色是不同的。竖房活动中的很多活动安排体现了充斥着父性伦理的礼教要求，虽然发挥着其忠顺、孝悌等教化功能，但这种以男性为中心的宗法制度中关于女性的要求也成为长期束缚、压抑女性的枷锁。

此外，白族社会中的社会性别体制，还与白族社会中的政治、经济、文化及白族人间的亲密关系等因素作用在一起，根据所处的社会文化对性别的不同要求，习得和塑造出白族人的社会性别。比较传统汉族家庭，在白族社会和白族家庭生活中，女性的地位是比较高的，虽然"儒家文化也确实严重地栓桔着本来富有野性质朴的白族"[1]，白族妇女的劳动是举足轻重的，可以说是家庭中里外一把手。在男性外出打工时，很多对外的交涉工作都由妇女来完成，女性更是成为一家的主人。随着时代和社会的发展，白族妇女的劳动越来越得到更多人的认同。

---

① 施立卓：《大理白族妇女古今谈》，《大理师专学报》1995 年第 2 期。

怒江傈僳族女性宗教信仰中的伦理观

王　韵*

摘　要： 傈僳族的传统宗教信仰无论是自然崇拜、图腾崇拜或是祖先崇拜，始终与民族文化紧密结合在一起，与宗教有关的各种礼仪、禁忌，约束、规范着妇女的行为和社会生活。基督教的传入使傈僳族女性的伦理道德观发生了变化。

关键词： 傈僳族女性；原始宗教；祖先崇拜；基督教；伦理观念

傈僳族是一个古老的民族，主要分布在云南西北部横断山脉中的云岭山、碧罗雪山、高黎贡山及澜沧江、怒江、恩梅开江的峡谷地带。并分属于维西、贡山、福贡、碧江、泸水、兰坪等县。同时，傈僳族又是一个拥有许多传统美德的民族，其民族伦理道德观的形成是伴随着民族发展进步逐步完善起来的，特别是基督教的传入和影响起到了积极的推进作用。

原始宗教也称自然宗教，同其他民族一样，傈僳族先民认为，自然界的万物都是有灵的，并由一种超自然的力量主宰着，在他们看来，天地、日月、星辰、森林、河流、动植物都有自己的精灵[1]，傈僳族把这些冥冥之中主宰一切自然现象的精灵称作"尼"，主要的精灵多达30多种，有山鬼（米司尼）、院坎鬼（乌沙尼）、家鬼（海夸尼）、水鬼（爱杜斯尼）、梦鬼（密加尼），等等。傈僳族在历史上曾经普遍信仰原始宗教，傈僳族妇女的原始宗教和民族道德是傈僳族妇女社会中的两种不同的社会意识形式。然而，这两种意识在形成和演化的漫长历史中，又相互影响、相互补充，从而具有特殊的联系形式和属性。

---

* 王韵，女，白族，云南省中等专业学校老师，云南民族大学哲学与政治学学院伦理学研究生。

[1] 袁芳，杨国才：《云南怒江傈僳族妇女与宗教》，《中央民族大学学报》2003年第2期。

一　傈僳族女性原始宗教信仰中的行为准则

傈僳族伦理道德观在早期的形成过程中，是以原始宗教的形式来体现人们的行为要求和现实维持社会关系的功能上，主要以崇拜对象、仪式、幻想、情绪、情感、欲望、意志、行为习惯等社会心理形式表达出来，并贯穿在个人和群体的行为方式中。在考察福贡县傈僳族、怒族等几个信仰基督教的民族的早期道德状况时也发现，作为哲学化了的伦理道德并不存在于他们的思想意识中，因而，这些民族的道德观念和原始宗教观念是混沌合一的，很难分清什么是纯粹的道德观念，什么是纯粹的宗教观念。恩格斯曾经说过："古代一切宗教都是自发的部落宗教和后来的民族宗教，它们从各民族的社会和政治条件中产生，并和它们一切生长。"这就意味着，原始宗教伴随着氏族部落乃至民族的形成而成为民族宗教，从而具有鲜明的民族性。同样，氏族部落乃至民族社会中用以调节各种社会关系的风俗习惯、成员间相互帮助的义务等，是傈僳族道德观在形成过程中的具体内容和早期形态，它既是民族群体内部约定俗成的行为准则，又为全体成员所认可，因而也具有鲜明的民族性。①

在傈僳族氏族社会中，图腾既是崇拜对象，又被当作氏族或部落的标记和名称。20世纪50年代以前，在傈僳族内部还保存着氏族制度的残余，各个氏族都有自己的名称。傈僳族的氏族图腾名称有虎、熊、猴、羊、蛇、鸟、蜜蜂、荞、麻、菜、犁等20多种。民间对于各氏族的崇拜物有种种传说：虎氏族相传古时候有一个傈僳族姑娘上山砍柴，被一只老虎发现，虎就化身为一个漂亮的青年男子，要娶这姑娘为妻，否则就伤害她。姑娘被迫与虎成婚，所生的后代即是虎氏族，傈僳语称为"腊扒"。凡虎氏族成员上山不准猎虎，并认为老虎不伤腊扒人。而荞氏族则认为他们的女始祖因食荞而受孕，生下的子女就是荞氏族的祖先，等等。② 总之，各氏族关于图腾名称由来的传说，反映了傈僳族人民对于人类自然现象和动植物的不了解，把自然物或某些动植物加以神秘化，并当作他们的"祖先"，从而产生了图腾崇拜。而成员将图腾视为与人的起源、力量、

① 斯陆益：《傈僳族文化论》，民族出版社1999年版。

② 余新：《怒江文史资料选辑》，怒江州民族印刷厂，2003年。

祸福有关的对象物，并以对图腾的崇拜和态度来衡量行为的善恶，规定人与神、人与人的关系以及氏族成员的禁忌。图腾和禁忌在人伦意义上，无疑是傈僳族道德观的基本规范形式。而且原始宗教与傈僳族道德观不仅在规范形式上相互合一，在内容上也是互相渗透的。对氏族成员来说，人与鬼神的关系本身就是人与人的关系，鬼神不过是亡故之后的先人在鬼界与人界之间进行交往的灵魂。因而，人与鬼魂的关系就是日常生活不可分割的整体。

二　傈僳族女性在祖先崇拜中的行为约束

在傈僳族史诗、《创世纪》中描述了傈僳祖先的祭祀活动的各种行为，这使我们感受到了傈僳族先祖氏族部落的扩大，因生存区域的局限而分支向外扩展，在新的生存区域中发展下去。傈僳族先民在信奉"米司"和诸"尼"的同时，还崇拜氏族的图腾并加以祭祀，如鱼、虎、龙、熊、猴、蜂、芹、麻等氏族都认为自己的祖先与这些动植物有某种关联，由此繁衍后代，因而将这些动植物加以拟人化、神化，对其进行崇拜和祭祀。然而，当傈僳族宗教在其内容发展到祖先崇拜阶段时，则表现为一是对氏族首领和农民起义领袖的崇拜、神化。如带领傈僳族迁入怒江大峡谷的莽氏族首领刮木必、农民领袖恒乍棚等都被神化；二是对傈僳族已有的以家族为中心的祖坟进行扫墓祭祀。[①]

首先，傈僳族其实并无明显的祖先崇拜，每年只在过新年时祭一次祖先。祭品通常是肉、饭和酒，另置一碗水表示供祖先之魂洗脸、手。祭时先在门口插上松枝，并以松枝的枝数代表祭户男子的人数。对祖先的祭祀主要是祈求保佑平安，其祭品和祭祀的次数远比为驱病而举行的祭鬼少得多。人死后一般都行土葬，尸体用棺木装殓，并有停柩择日的习俗。非正常死亡者在有些地方则实行火葬。

在祖先崇拜阶段，傈僳族女性在宗教祭祀、集会、歌舞、日常交往礼节等活动中，必须要遵守更多的禁忌。如苞谷开花季节，遇有刮大风时，妇女们不能织布；妇女不能跨过弩弓、箭囊等打猎工具，否则，男人就会打不中野兽；捞鱼钓鱼，不准妻子或有孕的女子一同去，否则鱼不上钩；

妇女在老人、男人面前走过时要低头弓腰，并足慢行；稻谷开花时，妇女不能在稻谷田旁水沟里洗衣，剥麻皮；"刀杆节"上刀杆时，孕妇不准在场，以免爬刀杆人划破手脚，见红见血；送葬时，妇女甚至是死者的女性亲属都不得将死者送到墓地。各种禁忌极大地束缚了傈僳族妇女的思想和行动。

其次，在社会生产中，具有男主外女主内的特征。妇女除照顾家庭、喂养家畜、抚养小孩、照料老人、炊事外，还同样参加农业生产。家中经济大权，家庭事务决定权，甚而陪客谈话权，都掌握在丈夫或长子手中，人们始终用道德、习俗、禁忌等来约束妇女的言语行为。可见，傈僳族女性成长经历相关的这些人生礼仪及禁忌对女性伦理观念的塑造不容忽视。

可见，民族传统宗教与傈僳族道德观在主体归属上的共生性和民族性，又具有深刻的物质根源和认识根源。就物质根源来说，人作为社会生产力的构成要素，其认识能力和认识水平是与其赖以生存的社会生产力结构水平的状况相适应的。社会生产力水平越低下，人们维持其生存消费的能力也越低下，人口生产的水平和质量也越低下，而对自然的依赖和畏惧则随之增大，人在生产力结构中的能动性也势必与生产力水平相一致。因此，从认识方面来看，原始民族对周围世界、对社会生活及人生意义的解释，必然与自己群体活动的水平相适应。一方面，人民无法真正理解和准确把握自然力，而把自然力人性化、权威化、神圣化，乞求自己也能获得自然力或以某种神秘力量来把握自然和社会；另一方面，人民为了掌握通过血缘关系认同和组织起来的群体力量，使之符合生存的需要，而在尚未对道德现象、社会管理等有科学认识的条件下，就只能以原始的社会制度和规范形式，即以各种崇拜和禁忌、巫术等来表达自己的愿望、情感和掌握自己的行为，也必然以这些形式规定个人的义务、责任和权力，从而协调利益关系，维持社会秩序。① 这两方面已经展示了人在认识和实践中的创造能力。虽然这一创造能力的水平一开始就是粗俗的，但它毕竟展示了人的本质的对象化过程，展示了人类能在对象化过程中把握人与客观世界的关系的特点。显然，文化是人类创造的符号价值系统，文化也必然是人的属性的体现。

---

① ［美］约瑟夫·拉彼得等：《文化与认同：国际关系回归理论》，浙江人民出版社2003年版。

三 傈僳族女性在基督教信仰中的理念

19世纪末20世纪初期，作为西方母体的基督教传入傈僳族地区后，很快与傈僳族所处的社会环境、发展层次、生产生活、生存条件相适应，并以基督教特有的功能，迎合傈僳族人的心理需求，使众多傈僳族人很快入了教，于是，傈僳族在宗教信仰上基本实现了从多神教向现代的一神教转变。同时，基督教内部也分化出了若干个教派，但其信奉的教旨和教义是共同的。一是教义突出了基督教有一个共同的"神"是"上帝"。上帝是创造万物的至高无上的"神"。宇宙间存在着一个上帝，他无所不能、无所不知，并且充满着对全人类的爱，是全善、全智、全爱的至高无上的神，人们必须顺从他的旨意，听从他的安排，把自己的一切都交给他，虔诚地敬畏他、爱戴他。二是明确了基督教的教规为"十诫"，即教徒必须遵循的思想和行为准则。除上帝外不可相信其他的神，不可制作和崇拜除耶稣以外的其他神，不可妄称神名，不可杀人害命，不可奸淫，不可偷盗，不可作假证陷害人，不可贪念他人之物，要孝顺尊敬父母、博爱人类，要安分守己、克制欲求、安于过平淡的生活、当耶稣一样的圣人，把纪念安息日作为守圣日，等等。总之，就是要对上帝绝对忠诚服从。三是明礼守规。明白入教一年要进行"洗礼"；每逢单月的第一个星期日要举行"圣餐"会；每周星期三和星期六晚上要到教堂祷告，唱赞美诗；星期日为"守安息日"，要到教堂"做神拜"，读"圣经"，唱"圣歌"等。同时，还要求信徒要讲礼貌，每天早晚要互相问候，特别是宗教节日，要互相祝福，等等。

此外，基督教传入怒江地区后，教会针对当时傈僳族中存在的吸食鸦片、酗酒、赌博、包办买卖婚姻等大多数群众痛恨的习惯和传统，大力宣传信教的好处等手段，根据当地的情况和各民族的民情，又另立了十条规定：不准偷盗；不准诈欺蒙骗；不准赌博；不准杀人害命；不准吸烟；不准饮酒；不准买卖婚姻；实行一夫一妻的婚姻制度；除上帝外不准信奉其他的鬼神；讲究清洁卫生，等等，与基督教原有的教规同时施行，互为补充，要求教徒人人严格遵守，对违反者要进行严厉的处罚甚至开除出教。开展这些宗教礼仪和活动，不仅为傈僳族妇女提供了一个参加社会活动的机会，也开启了她们的心智、提高了与人交往的能力。由此可见，基督教传入怒江地区对傈僳族道德观的同化，是在少数民族宗教信仰向基督教转化的过程中实现的，通过传教士创立民族文学、发展教育卫生事业、讲经布道、区域示范等方式，消解原始宗教在当地的影响力，并在传教过程中与本地政治和传统文化适当妥协，相互调适，而求得生存和发展。

从比较基督教徒的伦理认同在经济生活领域之中的结果来看，这种身份强化的结果似乎更加具有现实社会生活的普遍性和规范性。它也是一种理性化的结果，预设了宗教生活被社会定义的整体结构。这更意味着这种形式的社会定义结构，并非每个人精神、信仰的内心重构，而是整个基督教信徒为了进入社会而不得不做好的一种相互指认的自我治理技术。

然而，基督教道德与社会道德之间有着实质性的区别。在云南省一些傈僳族地区，由于部分民族群体信仰基督教，这就面临着如何处理基督教道德与社会主义道德之间的关系问题。所以在傈僳族地区的社会主义道德建设中，既要明确区分基督教道德与社会主义道德之间的实质和界限，又要注意二者之间在实际生活中的联系与区别。

基督教的道德是建立在宗教唯心主义世界观基础上的道德原则和规范。在论述道德的起源、道德理想、道德规范、道德原则和道德评价等问题时，基督教总是把这些问题归结为神的启示和上帝的意志。基督教将原罪视为遵守道德的必要依据，否定了道德的现实社会物质基础，它把道德目的确定为彼岸世界的幸福生活，颠倒了道德对于人的完善和社会发展的意义。① 可见，基督教的道德与社会主义的道德不属于同一个思想体系。它们虽然有着本质区别，但在实际生活中，也存在一些共同点或联系点。

---

① ［德］尼克拉斯·卢曼：《宗教教义与社会演化》，香港道风书社1998年版。

当代女性的角色定位和伦理价值选择

周崇锋*

摘　要：当前我国正处于经济迅速发展、生产力不断进步的社会转型期，社会思潮受到各种因素的影响。人们对于社会发展和自我发展的认识有了不同的态度和价值选择，转型期人们的行为和思想相较以往会呈现出更丰富、更多元化的倾向。作为女性群体，在从传统向现代过渡的背景之下，她们以自由开放的心态进入职场和男性同台竞争成就事业，并努力实现对男性地位的超越。

关键词：女性；社会角色；价值选择

传统社会中的女性在家庭中承担着多种主要角色：儿媳、妻子、母亲，以后还会增加婆婆这一角色，"贤妻良母"成为家庭和社会对女性的角色期待。在家庭中，女性必须按照公婆的意见居住在同一个大家庭中，按时做饭洗衣，照顾孝顺长辈。作为妻子，要以丈夫为中心，丈夫的事就是自己的事，听从丈夫的命令同时又要生活在丈夫家的社会网络之中，很少与自己从小生长的娘家生活圈子有联系。有了自己的孩子之后，又得照顾好孩子的生活起居、身体并且教育孩子长大成人。这就是长期以来所创造出来的对女性构成限制的规范，如"三纲五常"，是父权制社会建构出来套在女性身上的枷锁，男权对女性的压迫和剥削严重地束缚着她们的身体和心理自由。

一　处在双重角色中的女性

随着我国经济的发展，社会为其成员提供了广泛的就业机会和工作岗位。女性也得以走向社会进行工作，从而也获得了家庭内部角色以外的社

＊ 周崇锋，男，云南民族大学人文学院 2014 级社会学硕士研究生。

会角色。传统家庭的角色分配模式被打破,女性不再被紧紧束缚在家庭内部照顾家庭成员生活、以操持家务为己任的"女主内"的角色,女性的活动突破了家庭的限制,突破了旧的伦理规范的限制,她们得以走进职场获得一份区别于无酬家务劳动的有酬工作。这就在形式上促进了女性的自我满足,有了除家庭以外的事业,不再是依附于丈夫的从属角色。女性通过工作谋取收入的原因不仅是她们能够通过劳动赚得收入以获得自我实现,另外一方面现代社会的经济压力比较大,单靠丈夫在外工作养家对于消费水平日益提高、支出不断攀升的家庭来说,已经不能维持。女性去工作不仅获得了和男性一样的就业机会,提高了女性家庭内的经济地位,避免了劳动力的闲置和浪费。比较重要的另一点在于,女性通过工作获得收入,在一定程度上减轻了男性的压力。

目前的家庭结构中,核心家庭的发展趋向不断加大,父母与子女构成家庭,相比传统社会家庭,成员数量减少、责任承担也更加明细化。在传统观念影响下,男人作为家庭的顶梁柱外出工作挣钱养家,女性在家庭中的任务相对较少。在社会观念和社会结构发生变化的前提下,相对于男性,女性的角色变化更大。在核心家庭中,女性的角色更复杂,责任更重大。在家庭中,她们首先还是被赋予"贤妻良母"的角色期待,照顾子女和操持家务是她们的职责所在。此外承担社会工作、担任社会角色,增加家庭收入同时实现经济独立,避免了在经济上对男性的依附,使其成为家庭中的经济收入者。但是女性进入社会,在职场中被寄予同男性一样的角色期待,需要遵照社会的规则和单位的规章制度做好本职的工作。处于"家庭—工作"模式中的女性扮演家庭角色和社会角色,同时也具有两种角色期待。在此模式中的女性,承担的责任和压力比较大,不能否认女性在家庭和工作两者中难以兼顾的事实。因此女性在家庭角色和社会角色之中,应该有主次之分还是两者并重?或者通过何种手段达到二者的平衡兼顾?这些问题对现代女性造成了困扰。

二　女性与人类再生产

生育是家庭的重要功能,人们只有通过生育活动才能实现家族人口的延续、财产的继承。无论传统社会还是当代社会,生养子女对夫妻双方来说都是一项不可推卸的任务。而且在这项活动中,传统的中国社会拥有许多特色，例如以男性家族为核心，注重生养子女的数量以及重视男性的性别偏好。因此，人们对于生育是一种没有计划安排、盲目遵循家族长辈意愿的行为。调查表明，随着女性在婚姻家庭中自主性的增强，当代家庭对生育子女的决定是由夫妻共同商议决定的，但更大程度上还要看妻子的态度。再者，女性对于生育的目的不再是"传宗接代"，她们认为一个家庭中有了小孩生活才有了意义和乐趣，养育子女的过程也是丰富自己人生阅历的过程，她们从中能体验到人生更多的生活乐趣；其次孩子作为婚姻家庭中爱的结晶成了夫妻双方共同的寄托，也为夫妻双方共同长久生活提供了动力，缓解了生活的无聊；如果夫妻各自都是独生子女，在他们有了小孩之后，孩子可以由双方老人轮流照顾，在带给老人生活乐趣的同时，也可以增进两个家庭的联系和交流。

在生育子女的数量方面，女性已经更加趋于理性化。"多子多福"不再是她们生育行为的原则和标准。在追求幸福生活的前提下，她们自然会选择生育子女来实现。但是养育子女从怀孕到出生，再从婴儿到成人的过程，则会对女性身体造成巨大的压力和伤害，她们得忍受很多的病痛和风险。孩子成长过程中的健康需要家长，特别是母亲给予充分的关注，这就要耗费很大的精力。在注重子女数量的时代，家长所能提供给孩子的生活条件总体是比较低下的，家庭除了保证孩子基本的吃饭需求之外，其他的花费比较小，社会也没有制造出更多的消费方向，可以称多子女的家庭为粗放式的管理模式。不同于以往，当前社会生养子女的成本不断提高，从孩子未出生之前的营养保障、医学检查到出生后的医疗、教育等方面的花费都在急剧地增长，人们对养育子女的方式已经从传统的"粗放型"转变到重视孩子成材的"集约型"模式。孩子是家庭的希望，父母必须投入更多的精力和财力到孩子身上。在此情况下，女性就不再生养更多的子女，她们不会愿意将人生更多的时间和精力耗费在无限制照顾孩子的事情上。当代女性更重视生活品质的提高，拥有更多的自主性去发展自己的爱好，实现工作家庭以外的梦想。

三　教育对女性的影响

当代家庭中的女性大多都接受过正式的学校教育，这对家庭中夫妻双方是否拥有平等地位具有直接的影响。教育带给人们先进的知识、文明的理念、更高的认知能力，使这些女性不再像传统社会中的女性那样，结婚以前遵照父亲的命令，婚后嫁入新的家庭中又必须遵从丈夫的意见，家庭地位更是无从谈起，完全没有自主性。"父母是孩子的第一任老师。"母亲在抚养孩子成长的过程中，陪伴孩子时间最长，对孩子的言传身教远远多于父亲，因此，母亲是孩子的启蒙老师才显得更贴切。从教育子女的角度讲，提高女性的受教育水平问题不容小觑。当然这里所讲的教育，仅仅是指我们日常所讲的学校教育，即增长学生认知水平的教育。

在传统的学校教育之外，有一类专门针对女性的教育培训近来开始出现。新华网 2014 年 9 月 20 日报道，最近全国多个城市出现了"女学热"，女学班，授课地点从北京、山东、河北一直绵延到陕西、广东、海南等地，他们的课程有"姑娘道"、"妻子道"、"婆婆道"、"媳妇道"。其中"妻子道"这样写："女人要如水一般随圆就方，合五色调五味，原质总是不变。随遇而安，随贫随富，可高可低，如水能养育万物又不与万物相争。"① "女学热"的确能够说明当前社会女性在家庭领域中具体规范的缺失，各大城市出现这样一种广大的女性群体，她们出于各种目的想通过"女学班"的学习改善自身素质和能力水平。但就"女学"所教授的内容而言，仍然是旧的纲常伦理的翻版。不可否认传统的妇女规范有其可取的一面，例如对公婆的孝顺和敬重，重视家庭和谐和子女教育，但其中也有其糟粕的一面，比如告诫女性应当完全听从长辈和丈夫的意见，严格遵守对妇女的各种不合时宜的规矩。在这些很受追捧的"女学"教育当中，其内容是对传统妇女规范的翻版，复制了古代社会中对女性制定的规范，没有根据当今社会的价值理念以适应新的时代需要。以这样的内容进行教学的结果虽然在一定程度上达到了学员求学的目的，学习掌握的角色规范有利于处理好家庭成员之间的相互关系，缓解家庭矛盾，促进她们用智慧经营管理好家庭。但"遵从，忍让，强调男性为中心"的观念，是对男权制社会的留恋，这些观念使丧失了学习机会的女性丧失了本身应当具有的独立、坚强、奋斗的品质，只学会了温柔、服从，依赖这些长期以来人们对女性的刻板印象，其结果只能是回归传统，重新给女性套上精神的枷锁，并在一定程度上造成女性解放以来取得成就的倒退。

---

① 吴俊、冯璐：《"女学热"悄然兴起是智慧课堂还是愚民教育?》，新华网，2014 年 9 月 20 日。

四　当代婚姻观的变迁

当代社会倡导开放自由的婚恋观。传统社会里人们的婚姻是"父母之命，媒妁之言"，结婚双方的青年人没有权利自由选取结婚和恋爱的对象，结婚这一重要的事情都是由家长主持决定，女性很少能参与其中。一般由男方家长聘请专门的媒人到中意的女性家中提说亲事，正常情况下只要没有不可调和的矛盾或者严重的疾病都可以达成一致。订亲、彩礼等事情按照双方的意见，媒人在中间传话协调商议。在此期间，男女双方是不会见面的，大多时候按照这一规范形成的婚姻，双方在结婚当天才是第一次见面，在此之前他们对双方的相貌美丑、身高体胖、兴趣喜好一无所知。社会的规范不允许他们之间相互有所往来，但这更是从对女性的限制出发。在古代没有"结婚证"之类法律认可的契约性文件作为凭证，因此严格遵守这一婚姻道德规范和操作程序的婚姻才是被人们承认的、受到世俗权力保护的合法婚姻。

自由婚恋形式下的男女青年，不再继承由父母包办而不能自由选择婚姻对象的传统婚姻形式。人们社会观念开放，年轻女性越来越倾向于自我决定自己的恋爱和结婚对象，根据自身的条件选择与她们相匹配的异性。条件包括各个方面，比如性格、长相、兴趣或者职业，而门当户对不再是唯一的标准。随着社会交际范围的扩大和社会交往的频繁，他们有了自己偏爱的类型，在认识的人中可以自由地交流联系。旧的社会习俗规范在当下社会已经失效，不能对男女的恋爱和结婚构成限制。新时代的家长都会给予子女恋爱结婚的自由权利，不再过分严格地控制，尊重子女的意见。特别是近年来我国男女性别比失衡，婚龄青年中男性多、女性少。客观上就造成了男女在恋爱方面的权利不对等，这就意味着多出来的这一部分男性暂时找不到或者很难找到结婚对象。因此，女性在恋爱和结婚对象择取中就握有充分主动权和选择权。对于各方面条件都比较优越的女性，更是如此，因为她们本身不乏追求者，对于婚姻对象的选择，她们有更多自己的标准。对男性而言，这就意味着恋爱结婚的压力就更大了。此外我国法律确认公民结婚自由、离婚自由，夫妻双方平等地享有这项权利。

婚姻在社会中被视为一种正常的社会设置，一般而言，每个人都涉入这一设置当中。但在正常的婚姻状态之外，存在着一类更倾向于单身主义的群体，被称为"单身主义者"、"独身主义者"或者"单身贵族"。从正常的婚姻的角度看，人们到了一定的年龄就要进入婚姻状态。不同文化可能对于婚姻的时间界定不一致，不同时代年龄要求也不同，但是在较小范围内受同样的规范要求，男性女性就会相继结婚组建家庭，而持有单身思想的个体或群体就会被当作异类。在适婚年龄选择组建家庭进入婚姻是一种比较常见的生活方式，而不去组建家庭不进入婚姻又是另外一种不同的生活方式，结婚与否也只是生活方式的差异。调查表明，21 世纪都市职业女性有十大特征，其中第四条是"晚婚或者独身"①。单身群体中的女性，他们大多接受过良好的教育，具有不错的工作和收入，能够实现经济独立。她们选择单身不结婚，是不愿在婚姻和家庭中以男人为中心失去自主性和独立性，尤其是对不可调和的婆媳矛盾的预想，而照顾孩子也会占据更多的时间。她们更重视自主性和自我价值的实现，不依赖于他人的供给，也不受制于他人，拥有独立的生活环境，意味着她们有更多的时间可供自己支配，可以做自己愿意做的事情，更能享受到自由的生活。

　　总之，在传统与现代的撞击中，社会结构发生着诸多变化。从女性的角度讲，她们在经历了漫长的"男尊女卑"的男权社会制定的以男性为中心的制度教化之后，深受这些观念影响。文明社会的开放和女性解放运动为女性提供了进入职场的机会。传统的女性角色和性别分工模式被改变，女性角色处于丰富和多元的变化中，女性不再被局限于家庭内部的私人狭小空间，以"相夫教子"为自我的全部价值所在，通过劳动她们可以获得劳动报酬，在家庭中具有经济地位。在社会转型的过程中，随着社会文明程度的提高，社交网络的扩大，受过教育、在开放的社会文化中成长的女性在行为方式、价值观念方面多会出现改变和进步。许多传统的思想和当代先进的思想观念碰撞，她们应对和选择普遍会遭遇到困惑和矛盾。在日益丰富和多元化的价值观的影响下，社会应该重视女性的生存和发展，给予女性更多的关注和包容；国家应该出台相应的法律政策保护女性受教育、工作等各项权利，为女性的发展提供良好的环境。从女性自身而言，要不断地提高自己的知识水平、工作能力和认知水平，做到在家庭和工作中时间和精力的合理分配，家庭角色和社会角色的平衡，努力做到家庭和谐与事业的进步。

---

① 薛亚利、李忠明：《"贤妻良母"都市职业女性的价值观》，《特别企划》2010 年第 6 期。

性别平等视角下农村大龄青年的婚姻

——基于剑川县老君山镇启文村的调查

和金蕾* 董海珍**

摘　要: 本文以剑川县农村大龄青年为调查对象,对启文村大龄青年婚姻失配现象进行了深入的实证调查,且从性别平等的视角剖析了农村地区婚姻失配现象产生的深层原因,并提出了解决剑川县农村地区大龄青年婚姻失配问题的对策与建议,为剑川县农村大龄青年婚姻失配问题的解决提供借鉴与参考。

关键词: 大龄未婚青年;农村;婚姻失配

中国社会科学院发布的《2008 年社会蓝皮书》显示,我国 20 岁以下人口性别比例严重失衡,未来可能会有超过 2500 万人面临"婚荒"。大约在 2010 年前后,20 世纪 80 年代后期出生的人将大量进入婚恋期,由婚龄人口性别失衡所引起的"婚姻挤压"问题日益凸显。这一问题的结果就是使数千万的男子无妻可娶,成为传统意义上的"光棍",而男女性别比在我国城乡地区早已出现了异常,特别在农村,由男女比例失调而导致的大龄青年婚姻失配现象日益严峻,一些地区的农村甚至出现了"光棍村"的现象。婚姻失衡对农村地区的稳定和发展将会产生不利的影响,而农村大龄青年婚姻失配问题的解决直接关系到农村的稳定与发展,因此农村光棍问题的解决变得越来越重要。

本文以剑川县农村大龄青年为调查对象,对启文村大龄青年婚姻失配现象进行了深入的实证调查,从性别平等的视角剖析了农村地区婚姻失配现象产生的深层原因,并且提出了解决剑川县农村地区大龄青年婚姻失配

---

* 和金蕾,女,曲靖市会泽县金钟街道办事处。

** 董海珍,女,白族,云南农业大学讲师,社会学硕士。

问题的对策，为剑川县农村大龄青年婚姻失配问题的解决提供借鉴与参考。而本文中所谓的大龄青年婚姻失配现象是指年龄在 27 周岁以上的青年人无法通过正常合法的途径寻求婚配对象的现象。

一 剑川县启文村大龄青年婚姻失配现状

剑川县曾经被人称作"大理的女儿国"，在 20 世纪 80—90 年代，女性人数一直多于男性，呈现女多男少的状况。从 2000 年开始，剑川县性别比就出现了男多女少的现象，之后性别比失衡现象不断加大。而性别比失衡也意味着大量女性的流失与适婚人群中女性的短缺，适婚人群中女性的短缺最终致使男性婚姻挤压程度越来越严重，面临成为光棍儿的严峻挑战，而这种趋势在农村地区更为严重。笔者于 2012 年初，对剑川县老君山镇启文村大龄青年婚姻失配现象进行了深入的实地调查。

（一）启文村概况

启文村隶属云南省大理州剑川县老君山镇，属于山区，位于滇西北横断山中段、"三江并流"自然保护区南端，是大理州对外交往的北部窗口。该镇平均海拔 2200 米，年平均气温 10.2℃，该镇共有 10 个行政村，30 个自然村，62 个村民小组，共有白、汉、傈僳、普米、彝等 7 个民族。启文村地处老君山镇东南，共有 3 个自然村：启文村、城脚村、城岗村，包括 10 个村民小组，距镇政府所在地 3 公里，距县城 84 公里，交通相对较为方便。启文村共有耕地 3583 亩，其中人均耕地 1.48 亩，主要种植水稻、玉米等作物；全村有农户 688 户，有乡村人口 2428 人，其中男性 1217 人，女性 1211 人，有白族人口 2420 人，傈僳族 3 人，汉族 5 人，属于典型的白族村；启文村有劳动力 1629 人，从事第一产业人数 229 人；2012 年全村经济总收入 830 万元，第二、三产业收入 284.7 万元，农民人均纯收入 1830.00 元，属于贫困村；该村外出务工收入 58 万元，其中常年外出务工人数 120 人，在省内务工 101 人，到省外务工 19 人；到 2012 年底参加农村合作医疗 2104 人，村民的医疗主要依靠村卫生所，人畜混居的农户 600 户。启文村村民受教育水平普遍不高，截至 2012 年初启文村文盲人数为 468 人，具有小学文化程度的人数为 793 人，具有初中文化程度的人数 476 人，具有中专及高中以上文化程度的人数 226 人，约

96%的村民信奉白族本主。①

（二）剑川县启文村大龄青年婚姻失配现象的特点

笔者在调查中发现启文村大龄青年婚姻失配现象呈现出两大特点：

1. 农村大龄青年婚姻困难者人数所占比例较大

据调查，截至 2011 年底，老君山镇共有 16771 人，其中大龄青年婚姻困难者人数共有 635 人。在老君山镇的 10 个行政村中，以新和村、大涧口村、官宅村、启文村这 4 个村的大龄青年婚姻困难问题最突出，其中新和村总人口 1650 人，大龄青年婚姻困难者人数有 65 人；大涧口村总人口 422 人，大龄青年婚姻困难者人数 26 人；官宅村总人口 1238 人，大龄青年婚姻困难人数为 47 人；启文村光棍问题最为突出，总人口 2389 人，大龄青年婚姻困难者人数为 88 人。调查还发现启文村未婚适龄男性有 165 人，其中未婚大龄男性就有 159 人，包括 27 岁以上的有 88 人，30 岁以上的有 39 人，40 岁以上的有 22 人，50 岁以上的有 10 人，与此相对应的是，启文村 20 岁以上的未婚女青年仅有 60 人，且其中有 42 人都已外出务工。② 这也意味着启文村未婚女青年人数与未婚男青年人数比例存在较大的差距，这一性别比失衡状况造成适婚人群中女性短缺致使男性婚姻挤压程度严重，从而也导致了大龄青年婚姻困难者人数所占比例较大。

2. 农村大龄青年婚姻困难者人数呈现逐年上升趋势

从 1996 年到 2011 年，启文村大龄青年婚姻困难者人数一直呈不断上升的趋势，具体情况如图 1 所示。

由图 1 可见，启文村有 3 个自然村，即启文村、城脚村、城岗村，这 3 个自然村在近十多年来的社会经济发展中，大龄青年婚姻困难者人数在不断增加，其中城脚村的大龄青年婚姻困难者人数从 1996 年的 10 人上升到 2011 年的 35 人，而启文村的大龄青年婚姻困难者人数从 1996 年的 2 人上升到 2011 年的 23 人，城岗村的大龄青年婚姻困难者人数从 1996 年的 5 人上升到 2011 年的 28 人，且图 1 还表明启文村随着社会和经济的不断发展，该村大龄青年婚姻困难者人数呈逐年不断上升的趋势。

---

① 数据来源于启文村委会 2012 年数据报表。
② 数据来源于《老君山镇户籍管理资料全册》，2010 年。

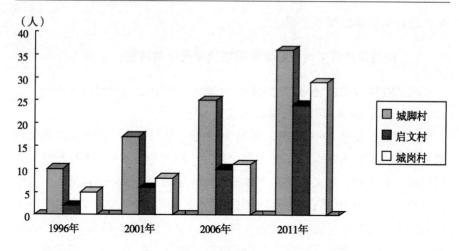

（人）

图1　启文村大龄青年婚姻困难者人数增长情况

（三）启文村大龄青年婚姻失配现象导致的问题

启文村大龄青年婚姻失配现象不仅影响到大龄青年群体的正常生产生活，同时也带来一系列问题，进而不利于剑川县农村的稳定和发展。

1. 性道德失范与社会犯罪率增加

由于启文村大龄未婚男性群体中绝大部分不能获得正常的婚配，因而其性的需要和生育的意愿无法在婚内得到满足，就会导致其在性和心理方面长期处于压抑或扭曲状态，他们会本能地把这种需要的满足转向婚外，形成非婚的性和生育，如到外地去骗婚、买婚、通奸等，这将导致性道德失范现象的发生，同时也使社会人伦发生极大的变化。如果任其发展下去，随着未婚时间的延长，他们会产生失落感和无用感，加之长期缺少与异性的交往使其心理处于压抑状态，甚至由于未婚身份使他们在村里抬不起头，被人歧视。许多农村大龄未婚男性都会明显感到来自家庭、族群的压力，于是在无法正常婚配的情况下，就会采取一些非法的行动，最终会诱发一系列的犯罪问题，如卖淫嫖娼、拐卖妇女、骗婚"买卖"婚姻等现象会增加，性病艾滋病等会更泛滥，甚至童养媳现象将会在农村地区死灰复燃，而且那些缺少和谐婚姻的青年男性会产生暴力倾向，这些问题使家庭和社会不稳定风险系数不断增大。

大龄青年婚姻失配问题的存在也会成为潜在的妇女需求"市场"，助长了拐卖妇女犯罪活动的猖獗，而买婚和骗婚现象的存在，也从侧面证明了在当地女性的稀缺。特别随着老君山镇"光棍群"、"光棍村"的出现，更容易滋生各种犯罪问题。从老君山镇派出所收集的资料显示，2011年老君山镇破获的买卖婚姻、通奸性犯罪等犯罪中，农村大龄未婚男性占到犯罪人数的68%。这说明农村大龄未婚男性人数的增多对社会稳定构成了一定的威胁。

2. 农村养老问题面临更大的挑战

美国文化人类学家穆道克在1949年发表的《社会结构》一书中指出，家庭具有性、经济协助、生育、教育、养老等功能。而启文村大龄未婚男性群体由于不能通过正常的婚姻来组建家庭，就可能会导致其家庭基本功能的缺失以及农村养老负担的加重，更严峻的是大量的大龄未婚男性群体将引发将来的养老问题。目前我国在农村地区虽然实行了农村基本养老保险制度和农村新型合作医疗制度，但这些社会保障制度运行得还不完善、保障力度仍然较弱。所以，当前农村养老还仍然以依赖家庭养老为主。而大龄未婚男性群体的存在将造成大量光棍将来没有子女养老的情况，无疑让今后农村地区老年人的养老问题雪上加霜。

二　剑川县启文村大龄青年婚姻失配现象的原因分析

从对启文村大龄青年婚姻失配现象的调查发现，大龄青年婚姻失配问题的产生是由四个方面的因素导致的。

1. 传统生育文化的影响

由于受到传统生育文化观念的影响，"传宗接代"、"不孝有三，无后为大"等传统观念在农村根深蒂固，大部分村民认为只有男性才是家族的继承者，只有男性才能顶门、立户并承担家庭养老责任。在启文村虽然也有这样的情形发生，如亲生儿子在父母年老时不尽孝、不赡养老人，而上门女婿却很少有这样的情形发生，然而由于受传统生育文化思想的影响，大多数村民都有"靠亲生儿子养老比'招女婿'上门养老有面子"的观念，这无疑使家庭生育中的男性偏好进一步强化，所以在启文村就曾发生村民选择将出生不久的女婴送人抚养或抛弃的现象，据调查自20世纪80年代以来，剑川县共有113个女婴被遗弃或送人，其中老君山镇有30个，弃婴现象较为严重的是启文村和官宅村，启文村有12个，官宅村有7个。据剑川县1980年第三次人口普查数据显示出生性别比为93.4%，1990年第四次人口普查出生性别比为98.1%，2000年第五次人口普查时已达到107.4%，2011年第六次人口普查数据显示为119.72%。而老君山镇的性别比失调现象更严重，到2011年已经达到121.6%。这表明传统生育文化导致了当地性别比失调问题。剑川县的性别失衡带来的男性婚姻挤压和女性缺失问题，不仅侵害了女性的生命权、生存权和发展权，而且对家庭与社会的稳定造成了一定的破坏。

2. 女性婚姻迁移导致婚姻挤压严重

婚姻挤压的后果就会使城镇中的男性转向寻找乡村中的女性婚配，富裕地区的男性转向寻找贫困地区的女性婚配，而在农村中，有经济能力或综合条件较好的男性比没有经济条件或综合条件较差的男性在婚姻竞争中更占优势。

随着社会经济的发展，城乡差距不断加大，农村中大量的女青年加入到农民工行列中纷纷涌入城市寻求更多的经济机会，她们中大部分人都不愿再回到农村生活，更不愿意嫁回农村，她们多数渴望城市的生活，回到农村就会感到不满足，从而导致农村女青年人数由于外出务工而流失的现象较为严重。据调查，启文村目前有6个处于适婚年龄而进城务工的女性，她们进城后就不想回农村，宁愿在城市当"剩女"也不愿意嫁回农村。自1996年以来启文村共有87个适龄女性因进城务工而嫁到外地，而在近20年里只有16个外地女性嫁入启文村，所以也使许多大龄未婚男性持有这样的观念"只想找个会过日子，能种地又不会跑掉的媳妇"，对城里打工回来的女性并不太认可，这也使男女青年间有了误解，即便他们之间有婚姻的结合也大多是以男方家庭多送彩礼、多花钱的方式进行。启文村还有10多户人家，宁愿花很多钱都想娶个农村媳妇而不娶那些进城务工返乡的女性，这在一定程度上也加重了大龄青年的婚姻失配现象。

3. 家庭经济状况成为主要的影响因素

在农村，家庭经济状况大多是决定婚姻成功与否的重要因素。从家庭内部资源来看，由于启文村大龄未婚男性家庭一般都是较为贫困的家庭，由于家中太穷以及家庭中没有像样的房子，致使许多女性不愿嫁来，所以使启文村的许多男性在迈入结婚年龄后却因为经济贫困而娶不到妻子的情况非常普遍。在启文村，由于家庭经济贫困导致成为光棍的共有47个男性，这类光棍数量占光棍总量的53.4%，而在笔者访谈的43位大龄未婚男性中，许多大龄未婚男性都认为不婚的主要原因是贫穷，认为对婚姻最大的挑战是家庭经济状况，这说明家庭经济状况是影响农村婚嫁的最主要因素。家庭的经济情况对大龄未婚男性能否成婚影响极大，家庭的经济状况越好，能够结婚的几率就越大。

4. 青年人自身的原因

笔者调查发现启文村大龄未婚男性无法婚配的原因，大多是由于他们性格内向、不善交流，为人过于忠厚老实，文化素质、劳动技能和综合素质较低，且安于现状，不思进取，好吃懒做，他们的社会交往圈比较狭窄，这些性格特点是他们婚姻失配的重要原因。虽然也有少数是由于身有残疾或疾病缠身，但大多数都是由于自身的原因导致无法婚配。调查得知启文村的光棍都有自己的交往圈，一般不与外人交往，在农村干活都只与光棍同伴一起去。据启文村 32 岁的光棍杨某说："自己小学都没毕业，去城里打过工但不适应，回来后就在农村工地上打工，在农村干活感觉自由，又不会饿肚子，只想和同伴吃饭、喝酒、聊家常。"他们的大多时间是用来酗酒、睡觉，整天从村头闲荡到村尾，甚至有些光棍把政府发的救济款都拿来吃喝，而不去选择用救济款来谋致富之路。另外，他们不喜欢被人称为光棍，对自己的朋友讲义气，但有时会出于义气而与人斗殴。而在当前大多农村女青年婚姻较为自主和比较看重男方品性与能力的情况下，启文村光棍的这些特点是其婚姻问题解决的一大障碍。

三　剑川县启文村大龄青年婚姻失配现象的应对策略

剑川县启文村大龄青年婚姻失配现象的持续存在影响到了剑川县农村社会的稳定与发展，因此对于农村光棍问题的解决变得越来越重要。

（一）加大对老君山镇农村的投入，促进农村经济的发展

剑川县属于贫困县，启文村又属于剑川的贫困村，许多光棍之所以成为光棍，最大原因就是经济贫困，对外交通相对闭塞，自然条件恶劣，这些因素导致了这一地区的贫困和落后。另外经济的不发达也导致了大量农村女青年外出打工，很大程度上导致了这些地区女性的缺失。所以解决光棍问题还要大力发展老君山镇的经济。例如，合理发展老君山镇"八十一工业区"，大力开放老君山地区的特色旅游，吸引更多的农村女青年在本地就业，也可以引来外面的女青年来本地就业，从而在一定程度上缓解大龄青年婚姻失配现象。

（二）实施"关爱女孩行动"项目，加大对农村女婴的保护

在剑川县农村地区应该开展"关爱女孩行动"项目，以此来提高村民的思想意识，使女孩的生存环境逐步改善，妇女的地位不断提高。特别要加大对剑川县农村妇女儿童健康保育站的投入，逐步完善乡级和村级妇女儿童健康与成长保护体制，充分发挥农村中妇女组织的作用，提高初生婴儿成活率和健康水平。另外，对丢弃女婴行为实行有奖举报制度，一是加强农村基层组织的监督力度，二是提高村民的举报意识，要坚决遏制住对女婴的生命与健康权的剥夺。这些行动的开展将会有效治理出生性别比失衡问题。

（三）政府应对大龄未婚男性家庭以人文关怀和社会支持，改善其家庭的生存环境

针对大龄未婚青年的大量存在这一现象，剑川县相关部门应引起足够的重视，并采取有效措施去扶持和帮助这些地区的发展，如政府加大对农村建设的资金投入，帮助大龄未婚男性解决其家庭经济困难问题，组织村级领导干部引导和帮助他们提高知识技能，为其实行婚姻介绍、心理干预等服务工作，也可以通过帮助其进行劳务输出，以解决在当地找对象困难的问题，缓解光棍群体对社会稳定的威胁。

后　　记

　　中国是一个统一的多民族国家，为了弘扬中华优秀传统文化，践行社会主义核心价值观，促进民族伦理与道德生活的研究，推进国家社科基金重大项目"我国多民族道德生活史系列研究"课题的深入开展，由云南民族大学妇女/性别研究与培训基地、云南省民族伦理学会、广西壮族自治区伦理学会、贵州省民族伦理研究者共同参与主办的"民族伦理与少数民族道德生活史讨论会"，于 2014 年 4 月 11—13 日在云南民族大学雨花校区召开，来自宁夏大学、曲阜师范大学、广西教育学院、百色学院、贵州师范学院、凯里学院、云南大学、云南师范大学、昆明理工大学、云南民族大学、云南农业大学、云南财经大学、云南中医学院、昆明学院、大理学院、《道德与文明》杂志社、四川省社科联、云南省社科院等 20 多个单位 50 多位领导、专家、学者及 30 多位博士、硕士研究生参加了会议。会议共收到论文 41 篇，与会成员围绕"民族伦理与少数民族道德生活史"的主题，以培育和践行社会主义核心价值观、提高中华文化国际影响力为指导，就民族伦理与道德生活等方面的问题进行了广泛而热烈的交流。

　　在会议交流研讨的基础上，会后几经周折，又广泛联系少数民族伦理道德的研究者参与投稿，同时又增加了部分伦理学研究生的论文，在 60 多篇论文中，共修改编辑了 47 篇论文入选。全书统一由我征集、审稿并修改；也是我在美国密歇根大学期间完成统稿、编辑成书的，当时正值我宝贝孙女出生两个月，我有时间来读书、统稿。李伟教授对书稿做了审读，王韵老师负责联系出版及参与部分统稿工作。

　　同时，我的学生在编辑过程中先后做了一定的编务、校对工作，他们是任重远、周崇锋、樊庆元、张亚萍、王孔燕、刘晓航等同学。

　　在《民族伦理与道德生活研究》出版之际，我衷心感谢支持本书出版经费的朋友！感谢支持和关注本书编辑工作的朋友们，感谢参与校对工作的同学们！感谢中国社会科学出版社的任明主任，才让本书得以问世！

由于掌握资料的局限和选编工作时间和精力的限制，由于分类的相对意义，《民族伦理与道德生活研究》肯定有很多不足，也肯定有遗珠之憾，敬请大家不吝赐教并多多谅解。

杨国才

2015 年 10 月 26 日于美国密西根大学阿娜堡寓所